国家"211工程"重点建设学科项目
"基础教育若干重大问题"研究成果

农村应用型人才培养与WTO挑战

袁桂林 / 主编

东北师范大学出版社

长 春

图书在版编目（CIP）数据

农村应用型人才培养与 WTO 挑战/袁桂林主编.
—2 版. 长春：东北师范大学出版社，2015.3（2024.
8重印）

　ISBN 978 - 7 - 5681 - 0354 - 1

　Ⅰ.①农…　Ⅱ.①袁…　Ⅲ.①农村—人才培养—研究—中国　Ⅳ.C964.2

中国版本图书馆 CIP 数据核字（2015）第 270723 号

□责任编辑：冀爱莉　□封面设计：李冰彬
□责任校对：施　涛　□责任印制：刘兆辉

东北师范大学出版社出版发行
长春净月经济开发区金宝街 118 号（邮政编码：130117）
网址：http：//www.nenup.com
东北师范大学出版社激光照排中心制版
河北省廊坊市永清县晔盛亚胶印有限公司
河北省廊坊市永清县燃气工业园榕花路 3 号（065600）
2015 年 3 月第 2 版　2024 年 8 月第 3 次印刷
幅面尺寸：170 mm×227 mm　印张：19　字数：340 千

定价：57.00 元

农村应用型人才培养与 WTO 挑战
作 者 名 单

主　编　袁桂林

副主编　任仕君　宋晓华　邵奎燕

编　写　袁桂林　梁红梅　赵　岚　曾庆伟

　　　　许丽英　孙艳霞　张宝歌　陈静漪

　　　　宗晓华　周生芳　高　巍　薛晓丽

　　　　李慧艳　李晓菁　牛　娜　王正惠

　　　　崔艳艳　齐　媛　冯　晖　任仕君

　　　　刘秋红　付玉红　邵奎燕　马　凯

序　言

本书是教育部人文社会科学重点研究基地重大招标项目"欠发达地区农村应用型人才培养与 WTO 的挑战"课题的最终研究成果，也是东北师范大学 211 重点建设项目的研究成果之一。

在过去的几年里，课题组经过多次研讨交流，分别就中国加入 WTO（世界贸易组织）前后在社会经济、文化、教育等领域面临的新机遇和新挑战进行了思考，其中大家基本一致的认识是，WTO 背景下人才战略至关重要。如何迎接挑战，如何抓住机遇，这个问题太笼统，太抽象。但是，仔细分析，不难发现，从我们身边的点点滴滴做起，从平凡的工作做起，也是挑战，也有机遇。

中国地域之间、城乡之间差别比较大，人才也有层次类型之分。在加强发达地区和城市教育事业发展的同时，农村落后地区教育的发展也迫在眉睫；追求高科技人才、理论型人才、基础型人才培养数量和质量的同时，应用型人才、操作型人才的培养也不可忽视，时不我待。多样性应该是我国人才战略最显著的特征之一。

应用型人才不仅仅等同于操作型人才，应用型人才是和理论型人才、基础型人才相对而言的。应用型人才的培养不仅仅是农村教育的任务，也是城市教育的使命。在农村，特别是欠发达地区，农村如何培养应用型人才是个难度较大的课题。应用型人才培养需要较高的培养成本。在教育投入相对较低的农村，在经济发展相对滞后的欠发达地区，怎样培养应用型人才？我们的研究从不同侧面、不同角度对此作了初步探讨，还从国际比较的角度加强了研究。我们的研究只是开始，对上述问题的圆满回答还需要今后继续研究。况且，这是个动态的常说常新的课题，需要与时俱进，不断深化的课题。

课题组的研究者以中青年教师、博士生、硕士生为主，旨在边参与科研，边培养学生，这也是一种锻炼应用型人才的做法。

本书出版力图与读者一起分享新思想、新观念、新材料、新信息，希望读者能将读后的评论和建议反馈给我们，将此书作为一个交流的平台。

袁桂林

目　　录

上 篇

专题研究

农村基础教育学校
培养应用型人才问题初探

我国加入WTO（世界贸易组织。下同）三年多来，总体上过渡平稳，但随着履行承诺进程的深入和过渡期的结束，加入WTO所带来的影响会逐渐加深，后过渡期的应对工作更复杂，更繁重，要求更高。在这种背景下，城乡基础教育改革如何树立科学的人才观，正确处理好基础型人才和应用型人才的关系，将传授知识与培养能力有机地结合起来，保证农村教育，特别是欠发达地区农村教育在提高教育质量方面下工夫，提高人才的国际竞争能力既具有理论意义，也具有实际价值。为此，本文试从基础教育学校培养目标，应用型人才基本素质，应用型人才培养途径等角度入手，探讨培养应用型人才的基础教育学校办学方向，避免走经验主义弯路，避免将应用型人才理解为质量低下的人才。

一、社会与历史视角的应用型人才

（一）从社会的视角看应用型人才

我国社会正处于重要发展阶段，解决"三农"问题，全面建设小康社会是今后一段时期社会发展的主要任务。在解决"三农"问题的过程中，只有农民自身受到良好的教育与训练，素质提高了，获得及时的有价值的改革与发展信息，他们才能自觉主动地行动起来，一方面，主动裂变，流向城市，另一方面，自强自立，发展新型农业，把农村社会建设成小康社会。"三农"问题的解决，不仅需要基础型人才和应用型人才相辅相成，并且需要一般素质的人才、中等素质的人才、高级素质的人才兼收并蓄。每类人才都有这三个层次区分，将应用型人才等同于一般素质的人才是错误的。基础教育在为培养各级各类人才打基础主要体现为打下良好的基础知识和基本技能基础。应用型人才素质应该包括国民的一般素质与创新素质。不同层次的应用型人才素质构成实质是创新素质多与少的程度区别。普通国民素质的培养主要集中在初等教育阶段，而创造性素质的培养主要在具备了一定的知识与能力后的高等教育阶段。根据美国教育经济学家丹尼森（Danison E F）的研究结果，初等教育对国家经济发展的作用是最小的，而高等教育对经济发展的促进作用是最大的。但是，我们认为，包含中等教育在内的基础教育对经济和社会发展的促进作用不可低估。基础教育对公民的一般素质以及创新素质，特别是国民精神的培养是非常重要的，它更多地表现为一种长效性和潜在性。因此，在国家经济尚处于不发达或欠发达时期，基础教育的发展就显得尤为重要。近几年来，随着国内外形势的发展和教育改革的深入，创新素质的培养已经成为全国上下所关注的话题。对于欠发达地区农村，培养一般素质的国民和具有创造性的应用型人才，为我国的经济发展提供强大的牵动力和坚实的支持力，是我国国情所决定的，很有现实意义。

（二）从历史的视角看应用型人才

以前我们主张培养"和谐"、"综合"或"复合"型人才，即培养和造就一种既知书达理又实用的、理论与实际较好结合的和谐的人才。在这种思想指导下，希望普通劳动者学习文化知识以关心天下大事，希望知识分子走出书斋去经世致用，换言之，既希望劳动者知识分子化，也希望知识分子劳动者化。这种教育也确实造就了大批的社会主义的建设者，为我们国家有今天的发展状况作出了不可磨灭的贡献。但是，我们应该认识到，这种教育思想支配下的教育是单一的人才培养模式。经过几十年的实践，我们培养了太多的理论者，但是，能享誉世界的理论大家太少；我们造就出许多关心人类疾苦的谦谦君子或学者，却几乎没有造就出思想史上的巨人；我们很少有知识分子具备坐稳冷板凳、极力探求学术高峰、为学术而学术的勇气和精神。他们注重自己的道德使命而轻视了自己的学术使命，他们对脱离现实的学术研究有清晰的自我谴责的心态，而这种不敢"闭门读书"的心态正是走向学术大师的最大障碍。于是，我们的教育培养了太多的要救国救民、要做英雄、要为人师而不甘做普通人的应用型人才。我们的社会缺少合格的高素质的普通公民，熟练的默默无闻又无怨言的普通劳动者。结果是，本应上达学术高峰的学者又力求实现"社会价值"而甘愿沉到社会的实践中，本应到实践中的实践者却又试图上升到政治层面去"兼善天下"，把拯救人类看成自己的职责而总想升腾到社会的高度。两者均取中庸，相互回归，想成为高度统一的完人，结果导致我们既缺少诺贝尔奖的获得者，又缺少优秀的应用型人才，落得两败俱伤。

以古喻今，在人类社会发展的现阶段，尤其是在市场经济的条件下，这种单一的人才培养模式是不恰当的，培养高度统一的人的理想在一定程度上超越了我们的实际情况。因此，我们的素质教育应理直气壮地培养大批合格公民或普通劳动者，并把此作为最重要的任务，但是我们也不必忌讳对少数学术尖子、基础型、创造型人才的培养。我们的教育要有两种思路：一是回归实践，培养返归世俗的，在实践中摸爬滚打的应用型人才；一是向上突破，培养勇于攀登学术高峰的创造型人才。树立了正确的教育观念后，我们才可能改革进取。

二、农村基础教育学校培养目标不宜提倡培养"新型农民"

长期以来，一些从事农村教育理论的研究者和在农村第一线工作的实践者曾经倡导过农村学校的培养目标是"新型农民"。近年来，随着党和国家领导人对"三农"问题的关注，农村教育坚持为"三农"服务的方向被普遍认可。因此，又有人认为，为"三农"服务的农村教育就应该提倡培养"新型农民"。这个问题要认真研究。我们认为，不宜再提倡"新型农民"。为什么呢？

第一，减少农民人口应该是我国基本国策之一。农民是中国特殊的国情的产物，特指生活在农村，以土地经营为生活消费基本来源的人群。在当代中国，农民人数众多，且社会阶层地位较低。有人分析，中国当代十大社会阶层包括：国家与社会管理者，经理人员，私营企业主，专业技术人员，办事人员，个体工商户，商业服务业员工，产业工人，农业劳动者（农民），无业失业半失业者①。既然农业劳动者（农民）屈居十大社会阶层的底部，我们的教育怎么还要以其为培养目标呢？另外，目前农业劳动者（农民）约占全国总人口的 40%，比重较大，所以今后很长一段时期内，在控制人口增长的同时，转化、减少农民人口应该是我国基本国策之一。发达国家的人口结构一般是中产阶级人数占绝大多数，因为中产阶级人数多，富裕阶层、贫困阶层人口少才有利于社会稳定。

第二，制度化的基础教育要以培养合格公民为培养目标。至于在合格公民基础之上，提倡培训某些职业特长是可以的，但是，农民不是职业的概念，培训目标也绝不可泛化为培养目标。在基础教育阶段培训某些职业特长，一方面是为将来接受高等专门教育作准备，另一方面，如果没有接受高等专门教育的

---

①　陆学艺. 当代中国社会阶层研究报告 [M]. 北京：北京社会科学文献出版社，2001. 17—30.

机会，是为打下一定的技术能力基础，从事某类职业作准备。

第三，"新型农民"概念含糊不清。"新型农民"实质还是农民，如何界定新与旧是个说不清楚的问题。年龄小就是"新型农民"？年龄大就是"老农民"？从年龄角度划分显然是不科学的。现实的农村教育各项发展指标均低于城市教育，农村学校投入较低，不能吸引来高质量的教师任教，更无实力高薪聘请科技专家讲学。农村学校培养"新型农民"的做法大多是聘请当地有经验的农民来介绍经验，很难使学生获得科技含量高的知识与技能。

第四，基础教育，特别是义务教育的使命是为培养人才打基础。无论是基础型人才还是应用型人才，基本知识和技能都是不可缺少的。知识爆炸，信息爆炸是时代的特征，但是其内核没有爆炸。基础知识，基本技能还是应该扎扎实实融会贯通，这是人的一生中最宝贵的财富，其迁移作用最强，使用频率最高。所以，农村基础教育学校和城市学校一样，均不宜提倡培养某种类型人才，而应该提倡为培养人才打基础。

第五，不培养"新型农民"，但培养"爱农"情结很重要。在我国，农民历来是身份的象征。在革命战争年代农民曾经很荣耀，是革命中坚力量。建国以后，农民这一概念渐渐失去了往日的光彩，甚至在某些世俗人眼里成了贬义词。实际上，目前农民受到各种习俗和政策歧视，地位在不断下降，已经被公认为弱势群体。同时，凡是涉"农"的事业，都成了弱势事业。连研究农村问题的人也是"水平低的人"。在这种情况下，培养城乡青少年的"爱农"情结很重要。"三农"问题是我国发展中不可忽视的问题，是实现中华民族伟大复兴的关键问题，全国各族人民要齐心合力，共同参与才能解决。培养城乡青少年的"爱农"情结，就是要在思想感情方面热爱"三农"，关注"三农"，在现实生活中摒弃无视"三农"，毁损农民的言行，将"爱农"情结渗透到日后工作和学习中去。总之，要用城乡一体化的思路考虑农村基础教育培养目标问题。无论在城市还是在农村，基础教育应该提倡为培养合格的公民服务。合格公民既要有基本道德修养，又要具有坚实的基础知识和基本技能。基础教育在完成为上级学校输送人才任务的过程中，坚持"普职结合"，使那些不能继续升学的学生，具有"爱农"情感，初步具有经营农业（土地）的常识，同时又适应城乡社会生活与就业选择，适宜走出国门参与各项活动等。

三、农村初中培养模式改革的三个误区

义务教育的本质特征之一是强化普遍的共同的基础，延缓青少年过早分化。初中属于义务教育阶段，不宜提倡分化。在我国各地比较流行农村初中培养模式的改革，即农村初中阶段课程"普职分流"模式，例如 2＋1 模式，

2.5＋0.5 模式，3＋X 模式，以及全程渗透模式等，与义务教育的本质特征有些背离。具体而言，陷入了三个误区：误区之一是将国家统一的"普九"质量标准降低了；误区之二是这些模式是一种城乡二元化的思维的产物；误区之三是将农村初中教育视为农村儿童一生最后阶段的教育了。

为什么说国家统一的"普九"质量标准降低了呢？

农村学校九年义务教育的课程标准和城市学校相同，但是农村教师队伍的学历结构较低，教育条件资源相对匮乏是不争的事实。大量研究表明，教师队伍的学历结构和教育条件资源对教育质量有直接影响。如果教师、资源条件等因素不能解决的话，农村学校只有增加时间才能达到国家统一的"普九"质量标准。然而，农村初中培养模式的改革占用了大量教育教学时间搞"分流"教育，其做法得不偿失。在这种现实情况下，农村学校很难高质量完成九年义务教育。

为什么说是城乡二元化的思维产物呢？

义务教育阶段普通教育和职业教育"分流"是许多国家的惯例，比如，英国小学之后学生分别进入综合中学、现代中学、技术中学，法国学生在短期初中阶段学习之后接续的是普通中学、技术中学和职业中学，德国中等教育划分为主要学校、文实中学、文科中学等。但是，国外的"分流"一是建立在保障义务教育质量标准之上的，二是没有城乡歧视的学校类型的分化。国外不同类型学校的分化优势在于，无论哪种类型学校均有基础性教育和职业态度培养的任务。我国的"分流"既不是学校类型的分化，也不是城乡一视同仁，是仅限于农村普通初中的"改革"，城市学校不提倡"分流"，这是明显的城乡二元结构思维，是不公平的。

为什么说农村初中不应是儿童一生最后阶段的教育呢？

据统计，2001 年，我国初中毕业生升学率仅为 52.6％。这意味着每年有近一半的初中毕业生无法升学，他们将直接就业或是在家待业[①]。从地区分布来看，东部和西部地区的升学率相对高一些，分别为 56.7％ 和 55.7％。中部地区相对低一些，只有 47.3％。这只是平均水平，中部一些人口大省的初中毕业生升学率还在 45％ 左右徘徊[②]。如果我们将城市和农村数据分开统计，农村初中毕业生升学率更少，辍学率则居高不下。一大半的农村初中毕业生不能升学的后果很明显，将会在农村积聚大批受教育水平较低的劳动者，必然对我国人力资源整体素质的提升形成不利影响。如果我们按照终身教育理念设计农

---

① 翟帆. 从人口规模优势迈向人才优势卡在哪 [N]. 中国教育报，2003-02-16.
② 教育部. 中国教育与人力资源问题报告 [N]. 中国青年报，2003-02-14.

村初中培养模式，我们就会将农村初中视为以后继续学习打基础的教育，而不是仅仅传授简单经验的教育。

我们认为，对于大量不能继续升学的农村初中毕业生来说，国家应该大力发展高中阶段教育，改变升学预备型高中学校一统天下的局面，提供多类型的高中学校。还应该吸引他们通过参加各种各样的社区文化教育活动，各类创业教育和职业培训活动，以便他们得到锻炼和提高。

四、发挥综合高中的作用，培养应用型人才

我国综合高中发展滞后是不争的事实。基础教育学校为应用型人才培养打基础的任务一般应在义务教育阶段和高中教育阶段分别完成。义务教育阶段因其性质决定，不宜搞太大的课程分化。而在高中教育阶段，为升学预备的普通高中显然更多关注基础型人才的培养，而职业高中和综合高中才更多关注应用型人才培养问题。在目前职业高中发展成本较大，阻力较大的客观条件下，综合高中应该发挥更大作为，积极参与到应用型人才培养中来。综合高中具有以下特征：

第一，仍具有普通教育性质。综合高中是九年义务教育后的高层次基础教育，基础性是综合高中的本质特征，综合高中强调为每名学生的生存发展奠定坚实的基础，在基础知识方面不仅让学生能够掌握学术性知识，而且注重实用性知识的学习和掌握；不仅局限于掌握认知领域的知识，而且在情感态度方面也加以扩展；在基本技术专业与能力方面，不仅要掌握读写算的技能，还要掌握社会交往、应变、思考创造能力。

第二，普通教育、职业教育相互融合。综合高中课程融合普通教育的文化课程和职业教育的技术类课程，以选修课的形式为学生升学和就业的毕业去向开辟了广阔的天地。随着工业技术水平的不断提高，单纯的技术教育培养出来的技术工人已不能满足工业发展的需要，他们缺乏宽泛的理论功底，不能为技术提升作好学理上的准备，在科技进步的洪流中，越发止步不前。另一方面，单纯的文化教育课程培养出来的学理性人才，缺乏动手能力和实践经验，他们缺少与生活世界相融合的社会实践，在以技术为先导的社会进步的潮流面前，显得力不从心。综合高中可以弥补上述两类人才在培养模式上的不足。高一年级以宽泛的文化课程打好基础，高二试行职业教育的选修课程，高三年级以分流的形式构建人才培养的立交桥，让学生在自我选择的过程中完成个性的充分发展。综合高中将职业教育和普通教育融为一体，实现一体化管理，这不仅有利于资源的共享和合理配置，也有利于集中管理，统一调度，使学生在学校内部实现横向、纵向流动，打破学科种类的限制。

第三，课程设置多样、灵活。综合高中为学业水平较高和学习能力较强的学生开设升学准备性课程，为有明确就业方向和学习能力中等的以及学习困难的学生开设职业教育和技术教育类课程；部分学生有自己的兴趣和特长，还要为这些学生开设根据自己的需要、爱好自由选择的自选性课程。

第四，校际之间有明显的差别。综合高中一般比较注重因地制宜，因材施教，选择符合自己所处地域文化特点的发展模式，因此，多样性是综合高中的一个显著特点。例如，地处中心城市的综合高中大多采取普高与职高联合办学的方式，地处县级城镇的综合高中一般采取普高与职高并校的方式；地处乡镇的综合高中一般采取在普高或职高增加职教或普教因素的办学方式。

由于综合高中的特征明显，地位重要，在国际上综合高中普遍受到重视。美国学者科南特（Contant J B）认为，综合高中就是将在修业计划中反映社区中所有青年教育需求的一种中学。他将综合高中视为一种独特的美国现象，所谓综合，是因为它在一体化管理下，为城乡所有适龄儿童提供高中教育。它为未来科学家、普通公民提供合适的教育培训，也为有着不同的职业倾向和求学动机的聪明的和不聪明的孩子，提供适宜的学术和职业课程。总之，为所有的年轻一代，创造了民主学习环境。他归纳综合高中的目标有三点：一是为全体学生提供普通教育和公民教育；二是在十一和十二年级为准备就业的学生开设各种职业倾向的选修课程；三是为有才能的学生提供优秀的学术课程。据统计，美国、英国、日本、瑞典、芬兰、瑞士、德国的综合高中设置已十分普遍，数量也很大；法国、奥地利、意大利等国的综合高中数量也呈明显的上升趋势。

在我国，综合高中一般是高一高二年级按普通高中教学计划开设课程，到高三年级让一部分学习有潜力、升学有望的同学参加高考，另一部分同学按照普通中专的教学计划开设学习专业理论课和技能课，复习文化课，参加职业教育的对口招生考试，或掌握一门专业技能，为将来就业作准备，这就是普职渗透的培养模式。概括起来，就是"二一分段，第三年分流"的一种培养模式。从理论上讲，综合高中的优势不可否认。但是，实际上综合高中的数量太少，影响也小。

"十五"期间，我国正值高中阶段教育入学高峰，初中毕业生升学的矛盾十分突出。截止 2002 年，高中阶段入学率大约达到 53％，每年有约 800 万的初中毕业生不能升学。我国小学、初中和高中毕业生升入高一级学校的比例分别为 90％、53％和 58％，呈两头高、中间低的格局，高中教育已成为各级教育协调发展的瓶颈。前教育部长陈至立在全国高中发展与建设工作会议上提出，按照"积极进取，实事求是，分区规划，分类指导"的原则，到"十五"末期基本普及高中阶段教育。占全国人口 50％左右的已实现"两基"的农村地区，要在巩固"两基"成果，提高"两基"水平的基础上，积极发展普通高中教育，加强优质高中教育资源建设，至"十五"末高中阶段教育入学率要达到 60% 左右。占全国人口 15% 左右的未实现"两基"的贫困地区，要在打好"两基"攻坚战的同时，有计划、有步骤地加强高中建设，努力提高高中阶段入学率。

现在的问题是，普通高中发展过程中，为升学预备的普通高中优先发展还是综合高中优先发展。我们认为，综合高中应该得到政策支持，优先发展。在农村地区尤其如此。根据我们对全国许多地区的调查了解，普通高中与职业高中资源比例严重失调①。每个县城只设立一所职业高中，相应几所普通高中，并且普通高中一般不愿意按照综合高中的模式办学。近几年在高校扩招刺激下，普通高中的规模不断扩充，吉林省 D 县普高就有 8 所，而职业高中只有 1 所。职业高中招生数逐年递减，出现了教室闲置和教师工作量不足的现象，而重点高中的规模逐渐扩大，不仅逐年扩招，而且多方合作建立联营的超级学校。高中竞争导致职业高中资源稀缺。因此，将职业高中改办成综合高中就可缓解这一矛盾。综合高中的普高性质保证了大多数未升入重点中学但依旧想升学的学生的求学利益，综合高中设立的职教课程以及资格证书为升学无望的学生开辟了就业途径，可以说是一举两得。

同时，在高中教育增量部分应该大力鼓励兴办综合高中。特别是农村地区如何利用农村现有的教育资源试办综合高中，使综合高中能够在农村扎根，为培养应用型人才服务。

五、因地制宜，"多教结合"，培养应用型人才

20 世纪 80 年代以来，农村地区在培养应用型人才方面有很多特色，例如，有些地方总结出"三教统筹"（亦称"三教结合"）的培养模式，该提法我们在许多文献、经验介绍和各级领导人讲话中可以看到。1987 年国家教委、财政部《关于农村基础教育管理体制改革若干问题的意见》，1990 年国家教委关于印发《全国农村教育综合改革实验区工作指导纲要（试行）》，1993 年中共中央、国务院颁发的《中国教育改革和发展纲要》，2001 年国务院《关于基础教育改革与发展的决定》等文献中都论述到"三教统筹"。但是"三教"中的职业技术教育有时表述为职业教育。在 1993 年，《中国教育改革和发展纲要》谈到大力发展农村成人教育时重点谈的是扫除青壮年文盲，同时，该文献

---

① 袁桂林，秦玉友．高中发展供需矛盾与农村高中发展潜力调查研究报告 [J]．当代教育科学，2003（11）：6—10．

还特别指出，要注重发展面向广大农村的专科教育。1999 年，中共中央、国务院《关于深化教育改革全面推进素质教育的决定》提出，促进农村普通教育、成人教育和职业教育的统筹协调发展。党的十六大提出全面建设小康社会以后，2002 年 12 月 27 日，媒体披露教育部制定的小康社会教育远景规划中，涉及农村教育时谈到，切实加强农村基础教育，实现普通教育、职业教育和继续教育协调发展。2003 年 5 月 30 日，温家宝总理在中南海主持召开国家科技教育领导小组第一次会议指出，促进农村义务教育、职业教育、成人教育"三教统筹"和"农科教结合"。

从党中央、国务院、教育部等文献和高级领导人的讲话看，农村"三教统筹"的内容并不完全相同。除了基础教育、职业技术教育、成人教育外，普通教育、义务教育、继续教育、扫盲教育、专科教育等有时也被强调。我们认为，各种表述都有其特定意义。在农村提倡"三教统筹"的根本动机是发挥农村学校教育的优势，利用农村学校的房舍、设施，因地制宜为"三农"服务。"三教统筹"内涵的实质是将农村视为一个大的教育社区，目的是依托现有农村教育环境和条件，提高农民素质，使农村教育找到合适的切入点，关照农村改革与发展的具体问题。因此，我们不应该仅仅关注"三教"到底指的是哪"三教"，并且不能仅仅局限于"三教"思考农村教育发展战略。我们不应该受"三"的束缚，各地可以自行实验，探讨行之有效的教育改革模式。关键是要整合农村教育资源，"多教"结合，为培养应用型人才服务。

关于教育与知识经济关系的理性思考

进入新世纪，世界经济正在发生着第三次革命，知识经济浪潮，知识的发展与革新成为经济发展的动力。而知识的发展与革新靠教育，因此，在知识经济社会特别是在我国加入 WTO（世界贸易组织。下同）的时代背景下，探讨教育与知识经济之间的关系对我国迎接知识经济的挑战，加强教育改革非常必要。

一、知识：知识经济的燃料

什么是知识经济？1996 年，经济合作与发展组织发布了一份《以知识为基础的经济》的报告，以文件的形式首次正式使用"知识经济"这一概念，指出知识经济是建立在知识的生产、分配和使用基础上的经济。彭坤明在《知识经济与教育》一书中指出："所谓知识经济（Knowledge Economy），也就是源于知识的经济（Knowledge Based Economy）。作为一个新的概念，要准确地规范和界定它的内涵与外延，还需要一个过程，但它的基本内涵可初步概括为：知识经济是建立在知识的生产、分配和使用（消费）基础上的经济，它表明人类经济发展比以往任何时候都更加依赖于知识的生产、扩散和应用。"

知识经济以"信息高速公路"为基础，是相对于农业经济和工业经济的新的经济形态。农业经济是以广大的耕地和众多的人口劳动力为基础，工业经济是以大量的自然资源和矿藏原料的冶炼、加工和制造为基础，以大量消耗原材料和能源为特征；知识经济则是一种以不断创新的知识为基本资源的知识密集型、智慧型经济，知识革命是其发展之路。传统的农业经济和工业经济以大量的有形资产投入为主并起决定作用，知识经济则是以知识、智力、科学技术等无形资产投入为主并起决定作用。如世界首富比尔·盖茨的成功与以往石油大王、汽车大王的成功的根本区别是他不是靠自然资源和大规模的生产来积累财富，而是靠软件和知识创新来积累财富。比尔·盖茨的成功不仅说明当今世界知识经济已初步形成，知识已成为生产中最重要因素的一部分，而且知识比例在整个经济中还在大大增加。因此，如果说在 20 世纪初，人们把石油比做工业经济发动机的燃料，虽然那时刚刚把汽油发动机用在四轮人力车上，还没有好的公路，更没有高速公路，那么在初步有了信息高速公路信息数据库的情况下，我们可以毫不夸张地说知识是知识经济发动机的燃料。

与传统经济形态相比，知识经济最大的特点在于它的繁荣直接取决于知识或有效信息的积累和利用，知识是提高劳动生产率和实现经济增长的主要驱动力[①]。知识的重要性可概括为：第一，知识成为重要的生产要素。传统的生产要素——土地、劳动等资本没有消失，但它们已是第二位的，假如有知识，就容易得到传统的生产要素。第二，知识成为社会和个人经济增长的资源。可持续增长的基础是知识，因为知识可以获得连续、增长的盈利，所以知识经济是可持续发展的经济。第三，知识成为整个社会组织增强竞争力的关键。正如邓小平所说的，科学技术是第一生产力，经济发展得快一点，必须依靠科技和教育。第四，知识正在成为商品和管理的核心。利用知识来找出如何把现有知识最大限度地转化为生产力，实际上就是我们所说的管理。

二、教育：知识经济的内驱力

在知识社会，知识是经济运行的重要信息和实现价值的重要载体，智力是

---

　　① 任辉. 浅谈知识经济与教育 [J]. 外交学院学报，2001 (1).

知识经济的核心，人才是其支柱，而教育是生产和创新知识以及培养创造性人才的基础。所以全球经济、科技的竞争归根到底是教育的竞争。在推动知识经济的发展上，教育是内驱力。

（一）教育是知识经济的基础

近几年，关于教育是一种产业的呼声越来越高，国内外特别是西方发达国家的发展也证明教育是一种新产业。教育具有的知识性、基础性、先导性和全局性等特征，充分说明教育是事关经济发展全局的先导性和基础性知识产业。所以有人说："教育是实现知识经济的先决条件。"[①]

在知识经济发展中，企业虽然仍是技术进步的主体，但高科技知识和高素质人才必须依靠教育。无论从知识与教育两个概念的内涵来看，还是从人类历史发展中教育与知识的关系而言，知识与教育都是密不可分的。可以说知识是教育化的知识，教育是知识化的教育，知识经济是以教育为本的经济。这主要体现在教育的功能上：教育可以最大限度地开发人的劳动能力，教育的经济功能是教育生产力价值的真正体现；教育是推动社会进步的动力，教育是思想文化与经济融合的方式。因此，教育是未来社会发展的最根本的基础。

（二）教育是知识经济的高效增长点

21世纪社会发展的主流是信息、技术和知识的开发及其在社会经济工作中的利用程度。其具体内涵是在提高信息产业发展水平的基础上发展高科技产业，充分运用高科技手段，实现高科技产品的规模化市场占有，从而提高经济发展速度和质量。在知识经济形态下，知识产业将取代传统产业，成为社会生产的主导产业；知识劳动者将取代体力劳动者，成为社会劳动力的主体。有人预测，到2015年，大约有95％的工作将要求就业者掌握信息技术。[②]受良好教育、具有创新精神和创造能力的知识化、智能化的人力资本，是一个国家国力强大和经济发达的标志。因此，作为人力资本开发最基本的手段，教育必将从社会边缘走向社会的核心，上升到经济与社会发展的首要位置。

新经济增长理论认为，知识可以提高投资的回报，而这又可以反过来增加知识的积累，人力资源是一切资源中最重要的资源，代表着未来经济发展的方向。如美国经济学家罗素认为技术和知识进步是经济增长的关键因素；另一位美国经济学家把知识完整地纳入经济和技术体系，初步解释了知识创新活动是如何导致经济的持续增长。根据新经济理论，教育将与科技业、信息业一起，构成知识经济时代的基础产业——知识产业，成为未来社会新的经济增长点和

① 罗路. 发展教育是实现知识经济的先决条件 [J]. 武汉冶金管理干部学院学报，2001（2）.
② 罗路. 发展教育是实现知识经济的先决条件 [J]. 武汉冶金管理干部学院学报，2001（2）.

强大的支撑点。

（三）教育是知识经济的重要动力源

知识经济的出现，从本质上揭示了社会发展的动力和源泉：人类社会正以物质资源的社会发展因素向智力资源的发展因素转变，知识的力量将以前所未有的张力体现出来，教育的地位和作用被提到空前的高度。如果说知识和信息是知识经济的"电流"，那么教育就是生产这种"电流"的"发电机"。无论知识经济是以何种形式和何种知识型产业为支柱出现，都离不开教育的充分发展和提高，从一定意义上讲，知识经济是一种教育型和学习型经济。因此，联合国教科文组织总干事马约尔指出：今天人类社会面临的最大挑战来自教育领域。

发达国家和一些发展中国家的实践已经证明，发展经济特别是知识经济，必须依靠科技教育。邓小平曾指出：我们要实现现代化，关键是科学技术要上去。发展科学技术不抓教育不行，靠空讲不能实现现代化。必须有知识，有人才。教育对经济增长的作用体现在教育直接进入以至主导智力资本密集型的产业，并能为物质密集型产业提供智力资本和管理人员等。发展中国家落后于发达国家的一个根本原因就是发展中国家人力资本短缺。一个国家对教育的重视程度越高，教育越发达，这个国家的经济就越发达。可以说教育已不是一般意义上经济发展的重要因素，而是体现知识经济本质和发展的决定性因素。

三、教育改革：知识经济的时代呼唤

教育是知识经济的动力源泉，知识经济必然向教育提出严峻的挑战。为适应经济发展的需要，必须加大教育改革的步伐和力度。从国际上看，主要表现为以下趋势：

（一）教育成为全社会关注的核心

随着知识经济呼声的高涨，世界各国政府都把教育列为战略产业，加大教育和科技的投入，实施科教兴国等战略，提高国家的竞争力。欧盟强调教育是一种战略投资，是立国之本，把教育放在知识经济的中心。美国早在 1983 年就发表了《国家在危机中：教育改革势在必行》的报告；克林顿政府提出建立一项"21 世纪研究基金"，大幅度增加科研经费；美国国会参议院于 2001 年 6 月通过了《不使一个儿童落后》的教育改革议案等。法国历届政府都把教育作为社会发展和经济振兴的基础。日本也提出教育改革成功与否，是左右日本未来的重要课题，是关系 21 世纪日本的命运问题。自改革开放以来，我国十分重视教育，把教育作为基础性的战略重点优先发展。党的十五大和十六大都提出要把教育摆在优先发展的战略地位。目前举国上下也在实施"科教兴国"战略。但是，现实中仍存在很多问题，严重阻碍了教育的发展和功能的发挥。因此，我们要调整教育改革政策，大力发展教育，使教育成为全民关心和参与的事业。

（二）文凭社会转向水平社会，素质教育代替应试教育

在农业和工业经济时代，教育主要向人们传授人类已积累的科学文化知识。获得文凭就意味着掌握了知识，就可以找到一个社会地位高、经济收入好的职业。现代社会科技飞速发展，知识革新周期缩短，出现了所谓的"知识爆炸"、"技术爆炸"的局面。一个人获得学历文凭只代表过去学习的成功，而不代表未来的发展。知识经济占主导的社会是能力社会，而不是学历社会，任何人只要有将知识转化为生产力的能力，他就会得到社会的认同。正是从这个意义上讲，现代社会越来越重视个人的实际水平、工作能力、学习能力，而不再把文凭看得过于神圣。

实现学历社会向能力社会的转变，素质教育必然彻底代替应试教育。应试教育脱离了社会和人的发展的实际需要，抑制了人的创新精神和实践能力的发展。"木桶理论"认为一只水桶能装多少水，不取决于构成木桶的那些长板子，而取决于最短的木板。人的素质是由许多种因素综合构成的，作为现代人，必须全面发展。教育应以面向全体受教育者、全面提高受教育者的素质为根本目的，注重开发受教育者的潜能，着重培养受教育者的各方面的能力。可以说，素质教育是我们迎接知识经济挑战的一项战略决策，为我们提供了向知识经济发展的全部条件。

（三）一次性的学校教育转向社会化的终身教育

知识经济丰富了人们的物质生活，也改变了人们的精神生活。科技知识革新与老化的加速使人感到需要不断学习和更新知识与技能才能跟上社会的发展，适应工作的需要。人们也意识到掌握更多的知识和信息能使自己的生活更加充实和完善。而学校的一次性教育不可能给予终身享用的知识，再加上职业和劳动的变化、社会的变化、人与人之间规范的动摇、平均寿命的延长、自由时间的增多、对恢复人性的要求等因素的复合作用，便不断产生对终生学习必要性的认识和自学的情势，需要用贯穿一生的终身教育来替代管用一生的教育。教育要走出学校，面向社会，实现教育社会化和社会教育化，构建终身教育体系。为此，要充分利用网络资源和社会上的教育资源，动员构成社会的一切方面都参加教育，鼓励各级各类教育机构对学习者敞开大门，建设一个由社会整体发挥教育力量的"学习社会"。斯坦·戴维斯说过，在农业经济时代，人类在宗教寺院里接受教育，从 7 岁到 14 岁；在工业经济时代，人类接受政府举办的正规教育，一般从 5 岁到 22 岁；在知识经济时代，学习将成为人类的终身需要。

(四) 单一的教育结构转向多元的教育结构

教育结构决定教育功能。在知识经济条件下，社会发展必然要求普通教育与职业教育、正规教育与成人教育、长期教育与短期教育相互结合，使教育发展趋势向多元化。各国为适应知识经济的需要，改革单一的教育结构，分别从教育的层次结构、专业结构和学科结构等方面进行调整，实现教育结构的多元化。在层次结构方面重视加强基础教育，发展职业技术教育；高等教育在注意提高质量和效益的同时，适当扩大规模，满足人们接受高等教育的需要；在横向结构方面重视科技人才、管理人才的开发与培养，在学科结构方面注意文理交叉、学科渗透，培养具有综合能力的通才以及在此基础上的专才。在我国，要进一步扩大高校办学自主权，理顺各级政府与学校的关系；教育结构上，在优先重点发展基础教育的同时，大力发展职业教育与成人教育，加强在职培训；另外要鼓励多种形式办学，把全日制教育与业余教育、教育部门办教育与社会各界举办结合起来。

(五) 传统的教育内容转向现代化的教育内容

作为社会中心的教育"正处在十字路口：它应该彻底抛弃僵化、尖子主义、封闭性和在学生面前设置的人为障碍；它应该勇敢地接受新的内容、原则和方法"。学生、家长和能够超越本专业视野的教师越来越感到，学习必须着重于基本概念和培养掌握、丰富和更新知识的行为和能力。在教育内容的安排上，一方面要统一规定学校的必修课程，加强基础知识和基本技能的培养；另一方面要求学校为学生开设大量的跨学科课程和现代科学与技术课程，以开阔学生的视野，拓宽知识面，适应未来社会的需要。在课程内容上，要体现三种知识，即 Know What、Know How、Know Who；要调整学科和知识结构，采取跨学科、基础厚、宽口径的方式，培养一专多能的通才。未来的文盲不再是不识字的代名词，而是那些不会学习、没有掌握学习方法人群的称谓。正是从这个意义上讲，现代教育更强调给学生打下一个良好的基础，形成良好的学习习惯，掌握学会学习的方法。

(六) 本土化教育转向本土化和国际化并举的教育

教育国际化已成为现代教育发展的趋势。一个国家的教育首先要为本国的政治稳定、经济发展、社会进步服务，满足本国的需要，成为培养本国急需的人才的摇篮。教育是一个民族的"神经系统"，是一个民族的传统和期望的最好的表达，具有独特的民族个性。此外，一个国家的教育权也是一个国家主权的具体表现形式。从这个意义上讲，教育必须本土化，为本国服务，由本国统管。社会主义国家需要的人才不能指望资本主义国家来培养。但由于信息时代的到来，世界正在变小，人类已经共处在一个地球村上。全球经济、贸易自由一体化日益明显，各国之间、各民族之间相互依存的关系日益加强，相互之间都需要扩大交流，增进共识，都需要共同努力，采取一致行动，解决人类社会面临的共同问题。知识是人类共同的财富，知识经济是全球化的经济，教育作为知识经济发展的内驱力，也必然要实现教育的国际化，即知识经济必然会打破各国教育封闭的局面，实现各国间教育的交流与合作。教育要在坚持本国特色的前提下，实现本土化与国际化并举。如建立完善的留学生制度，加强各国的相互学习；建立国际间友好合作学校制度，促进国际间学校的合作与交流；各国相互承认学历，促进人才资源的流动；共同进行科技开发；充分利用国际教育信息网络优势，开发网络教育资源等。著名未来学家托夫勒认为，谁掌握了信息，控制了网络，谁就将拥有整个世界。知识经济可以说是网络经济，教育的网络化建设有利于发挥全球教育资源的优势。通过教育网络，可以集中全球最优秀的教育家和科学家来培养英才，受教育者可以向世界上的任何一位教育家或科学家请教问题，真正实现教育的国际化。

WTO 下农村应用型人才的
定位与绿色证书制度

　　WTO（世界贸易组织。下同）将人才分为两类：一类是商务外交家，一类是各行业专家。农村应用型人才应属于第二类。而我国农村应用型人才的培养制度主要是绿色证书制度。该制度从 1990 年在我国有计划地组织试点实施，到 2004 年共有 1 600 万农民接受培训，约有 800 多万人获得绿色证书，对提高农民的文化科技素质，广泛推广应用农业科技成果，全面推动农业和农村经济的发展起到了巨大作用。然而，这种借鉴国外对农业劳动者实行先培训、后就业的持证上岗制度，在中国的实施过程中还是出现了一些不尽人意的地方。特别是从 2001 年中国加入世界贸易组织以来，根据 WTO 的目标、规则、宗旨及运作规律，我国应用型人才的标准已发生了很大变化，而通过绿色证书制度培养的农村应用型人才的内涵及外延也都应发生改变。因此，我们应打破传统思维定式束缚，重新制定农村应用型人才标准，进一步完善绿色证书制度，为农村培养新型的应用型人才。

一、WTO 下农村应用型人才的定位

　　农村应用型人才的标准究竟是什么？目前，并没有一个公认的、统一的标

准。如果按照 1982 年制定的人才标准"具有中专以上学历的人员"去衡量农村应用型人才，显然不够科学。大学文凭所蕴含的知识量仅占人一生中知识总量的 10％左右，同时知识与能力也存在着不同程度的错位。有文凭的人不一定都有能力，没有文凭的人不一定都没能力。仅靠文凭去衡量是否人才，有失公允。2003 年底，胡锦涛总书记在"全国人才工作会议"上提出了"不唯学历，不唯职称，不唯资历，不唯身份，只要有一定的知识和技能，能够进行创造性劳动，为推动社会主义物质文明、政治文明、精神文明作出贡献的人"的全新人才观。淡化了学历等一系列硬性规定，使对人才的评定更加实际，更加科学。然而，这种人才观是一种抽象的宏观界定，在特定背景下还应有新的诠释。因此，中国农村应用型人才的标准，在 WTO 规则下，就应有自己独特的标尺。

农村应用型人才的标准就是要有足够的外显能力，而不是内隐能力，更不是学历。这种能力应包括生存能力和发展能力。生存能力是指农村劳动者的生存不需他人及社会的援助而能独立生活，也就是要具有较强的就业能力。不论何种组织形式的职业——公有、私有、合资、务农，有一份较稳定的工作，甚至能很快地完成从一种职业到另一种职业角色的转变。发展能力则是指农村劳动者在一定条件下通过其创造性劳动，不仅满足自己生存的需要，而且还能为社会和他人提供剩余服务。即要有较强的创业意识和创业能力。随着中国的"入世"，可再生资源日益减少和稀缺，我们不可能再以已有产业和已有的行业对人才的需求标准来衡量应用型人才的标准。同时，人才跨区域流动已不断加大，人才不仅在本地区、本国流动，还在全球范围内流动。所以，我们应立足未来，按照国际规则重新评价应用型人才。应用型人才必须具有较强的适应性和创新性，才能更快地融入到未来的社会角色中，才能不断提高自己的生活水平，改善境遇，为社会作出应有的贡献。而提高生活水平、实现充分就业也是 WTO 的宗旨。只要具备以上两种能力，不论他是否具有学历，都可称为应用型人才。

能力如何测量，始终是人才评价的一个难点。我们必须找出一些外显的、客观的标准来标识内隐的能力，而且这些标准应具有可操作性、有限性。目前的绿色证书还不能代表农村所有有能力的人，也不能完全代表有绿色证书的人就有相当的能力。所以，农村应用型人才的衡量，既不能靠绿色证书来界定，也不能靠是否接受过一定课时的农村职业技术教育培训来划分，而应看农民在合法化的前提下，其自身的实际生活质量与当地人均生活质量的差别及为他人和社会提供的服务量的高低，如人均收入、人均消费、为社会提供的就业机会数等，这些直观的现实更能说明农民的真实能力。这些量一旦超出他本人生存所需，我们都可以认定他为应用型人才。它是一种显性人才，而非隐性人才。

二、农村新型应用型人才标准与绿色证书制度之间的错位

绿色证书制度是我国农村培养应用型人才的重要制度，但在实施过程中，与 WTO 下农村新型应用型人才的标准却存在较大差距。

（一）资格认定的不同一性

在《绿色证书制度管理办法》（以下简称《办法》）中，对取得证书者的文化程度规定，"具有初中以上文化程度"。学历代表一个人已接受教育的程度，只是衡量一个人现有文化水平的标尺，而有这种文化水平的人能否将此转化为现实能力还是个未知数。以此作为获得绿色证书的前提，不仅不够科学，也与农村新型人才标准突出实践能力相违背，限制了许多有能力、无文凭的农民参加培训的积极性。这实际也与绿色证书制度的宗旨背道而驰。我们实施的绿色证书制度，不仅是要培养一支有文化、懂技术、善经营、会管理的农民技术骨干队伍，让他们起到模范带头作用，更重要的是要提高农村全体劳动者的文化和科技素养。因此，绿色证书制度应面向全体劳动者，不仅面向农村，也应面向城市，面向有积极性参加培训，获得技能的全体公民。绿色证书只表明一个人具有从事某项实用技术的技能而已，与非技能因素关系并不密切。

（二）培养目标、规格的不协调性

农村新型应用型人才是适应生产和服务第一线的技术应用型人才。他们具有以下特点：知识能力的职业性，人才类型的技术性，就业的基层性。然而绿色证书制度培养的人才，能力单一，以此为职业，有很大的不稳定性。特别是随着农村人才流动的加快，农民职业转换的可能性增大，越发显现绿色证书制度在培养人才目标及规格上的缺陷。此外，绿色证书获得者在技术上，标准较为模糊，虽然有实践考核，但更多的是注重纸上谈兵，而非外在能力，这与新型应用型人才的标准是相悖的。新型应用型人才看重业绩——即实际作的贡献，而绿色证书制度更看重人才培养的过程。《办法》中对获证者的要求是：比较系统地了解本岗位的生产和经营管理的基础知识，每个岗位的专业知识包括 3—5 门课程，300 学时左右。这些硬性规定，是强调人才在某专业方面知识的系统性和完整性，与应用型人才强调能力是不一致的。那些没有系统地学习过某种专业，知识结构也并不完整，但却有很强能力的人，我们也应称之为应用型人才。从应用型人才就业的基层性来看，绿色证书制度培养的人才表面上是基层人员，但实际并不是。《办法》中规定：取得"绿色证书"的对象，主要是具有初中以上文化程度的乡（镇）、村农业社会化服务体系的人员、村干部、专业户、科技示范户和一些技术性较强岗位的从业农民。这些人不论是

文化程度，还是所从事的工作及社会地位，就国家范围而言处于基层地位，但就区域范围来看，这些人又是当地社会的上层人员，并没有体现应用型人才培养的基层性。

（三）培养内容的不一致性

农村应用型人才培养应与区域经济、产业结构调整相适应，与农村社会、经济的全面发展和人的可持续全面发展相适应，也应与 WTO 对人才的需求相适应。绿色证书制度注意了区域经济的发展、产业结构的调整，却忽视了人的可持续全面发展和 WTO 对新型人才的需求。

就目前来看，绿证制度的实施范围主要包括：种植、畜牧兽医、水产、农机、农村合作经济管理、农村环保和能源等行业。这些行业只局限在农村狭小的区域范围内，是不是人们所需？在我国进入 WTO 后，它是否适合每个个体的未来发展？我们考虑的并不多。思考更多的却是把人作为一种工具来培养，并没有从人的可持续全面发展及国际背景全方位地加以考察，也就难免使这种制度带有很大的局限性，没有体现人才培养的层次性和发展性。

（四）与社会其他制度的非兼容性

WTO 下，应用型人才是社会最受欢迎，也是最急需的人才。然而，绿色证书获得者们的境遇却恰恰相反，导致人们对它的认同感较差。很多人认为绿色证书的作用微乎其微。目前，获证者并不能靠它找工作，那些在技术岗位上没有获得证书的人员依然工作着，并没有因此而受到大的影响。有些地区要求学校教师也要获得绿色证书，其初衷是好的，但教师往往缺少实践，只能纸上谈兵，绿色证书也因此只能成为一种摆设。很多在校学生也获得了绿色证书，但又有几人能在实际中熟练运用所学技术？往往在实践中还要从头慢慢学习。《办法》中还规定：对取得"绿色证书"的农民要优先安排农业项目承包和贷款，并给予必要的支持，农村基层干部和农业社会化服务体系录用农民技术人员，要逐步做到从获证农民中选拔。但实际却很少执行。可见，绿色证书在我国，至少目前与我们的理想还有相当的距离。因为，我国与绿色证书制度相匹配的其他社会制度还不完善，如用工制度、土地承包制度、学校管理制度等，这是严重制约绿色证书制度实效性发挥的重要因素。

三、未来农村应用型人才的培养及绿色证书制度的发展

（一）以人为本，培养目标多级化

WTO 下，应用型人才培养不应是区域性的，而应在以人为本的前提下，使之具有国际性。因此，在培养目标的定位上应多级化。通过绿色证书制度，我们不仅要培养未来的新型农民，还要培养未来的合格公民，甚至是世界公

民。在此前提下，根据个体的实际需求，分层培养人才。他们可以从事农业生产与管理的工作，也可以和城市人一样从事非农业生产与管理工作。在这两个大的层次下，再分出若干级别，使培训既具有针对性，又考虑了个体的不同需求。体现以人为本，给人以更多的选择空间。这不仅有助于消除城乡二元社会结构的差别，也符合进入 WTO 后，人才流动加快的趋势。

（二）立足未来，培养内容多样化

随着我国农村人才流动的加快，产业结构的不断调整，农村应用型人才培养的内容也呈多样化趋势。一方面要考虑传统农业对人才的需求，一方面又要考虑 WTO 下人才流动所需的技能及未来产业结构调整后对人才的需求。因此，在农村应用型人才培养的内容上，既要有传统农业方面的知识，又要有未来社会人才所必备的知识与技能。许多人现在是农民，可将来未必是农民。他们可能进城，甚至出国。农民的流动性将不断加大。即使他们将来还是农民，但他们已不是原来的农民，而是新型农民。因为，加入 WTO 后，对农产品的生产经营提出了更高、更严的要求，对从业农民的专业知识和技能也就提出了更高的要求。因此，他们在知识结构及能力上就要有别于传统农村应用型人才的标准。不仅要有传统农村应用型人才所具备的素质，还应具有未来新型农民所具备的素质，既要具有普通居民所具备的某些技能，更要具备与国际交流、合作的意识和能力。因此，在培养内容上应多样化，既要有较强的针对性、实用性和实效性，又要具有一定的超前性和持续性。

（三）突破束缚，培养模式开放化

我国不同于国外，要让中国现有九亿多农民完成专业培训一时还很难实现。通过绿色证书制度培养的人才只能是一部分。为加快培养的速度，在培养模式上就应突破传统的束缚。

《办法》规定：培训绿色证书的机构有，具备培训条件的乡级以上（含乡级）农业广播电视学校、农业技术推广培训中心、农机化技术学校、农民文化技术学校、农业中专学校、农村职业学校及其他各类农业成人（职业技术）学校。这实际是将接受正规学校的培训与绿色证书的获得紧密联系起来，对于那些自学成才者将是极大障碍。事实上，现有学校也不可能完成对所有农民的培训。因此，不论从现有学校的承受能力上，还是从应用型人才的标准上，绿色证书的培训机构都应不仅仅局限于学校，而是那些与生产密切相联的劳动、生产场所应直接成为培训基地，它们是更好、更有效的学校。农村应用型人才培养应充分整合和利用各种教育资源，多层次、多渠道、多形式地开展培训工作，由重学校培训向重劳动、生产实际能力转移，这将更有助于农村应用型人才的培养。

（四）淡化绿色证书的获得过程，资格认定能力化、标准化

《办法》规定：除农村职业中学毕业生、其他农民中专及农广校中专毕业生申请同专业类"绿色证书"可免于培训和理论考试外，其他申请者都必须参加培训和考试。对于有些文化基础不好的农民来说，参加培训和考试还是有相当难度的，知难而退，是他们当中大部分人最终无奈的选择。这是不利于应用型人才成长的。而绿色证书制度的目的一个是培养应用型人才，一是鼓励应用型人才，以带动其他人共同致富。显然，目的与效果存在差距。所以，我们应逐步淡化绿色证书的获得过程，注重最后的实际效果，这将更有利于应用型人才的培养。

农村应用型人才的认定，在现有的绿色证书制度内，还应建立一套较为科学的人才测评体系。测评的内容应侧重特殊能力、管理能力等外在能力的测评。测验要求标准化，评价才能客观。这套测评系统应具有可靠性、有效性，形式可以多样化。这样，绿色证书制度在应用型人才资格的认定上将更加科学。

（五）落实获证者的利益，使社会配套机制完善、协调化

绿色证书制度所以没有发挥它应有的作用，主要是受社会相关制度的影响。如学校制度、土地承包制度、社会保障制度、人才流动机制、城市用工制度等。这些制度不能与绿色证书制度相融合，极大地限制了绿色证书制度的健康发展。如果将以上各种制度与绿色证书制度相挂钩，使获得证书者能从中得到现实利益，而不是只停留在口头上或书面上的虚拟利益，必将促进绿色证书制度的完善和发展。当然，这需要社会各部门相互协调，有机运作，而这一磨合期将是十分困难的，但也是非常必要和具有深远意义的。

绿色证书制度在我国实施时间还不长，在 WTO 背景下，绿色证书制度如何培养出农村新型应用型人才，是新时代赋予我们的新课题。而人才是一个动态概念，随着时间的推移，如何使二者协调发展，不仅关系到能否为农村培养出真正的实用型人才，促进我国区域农业结构调整、发展效益农业，推进农村城市化、现代化的进程，更是我国农村能否加快步入小康社会步伐的关键所在。

欠发达地区农村中等
职业技术教育的问题与对策

2004 年 12 月 11 日是中国入世协议生效三周年，这也标志着中国将进入

入世后过渡期。在前过渡期的三年中，中国成为继美国和德国之后的世界第三大贸易国，全球化进程大大加速。全球化的一个不容忽视的后果就是，国家间、地区间的差距将进一步拉大。在新的利益分配格局中，欠发达地区成为利益受损者，因此，寻求新的发展出路的任务日益紧迫。在发展中国家，中等职业技术教育是与地区经济社会发展联系最为紧密的教育形式。因此，2004 年 8 月 19 国务院《关于大力推进职业教育改革与发展的决定》强调指出："十五"期间职业教育改革与发展，要以中等职业教育为重点；要把农村和西部地区作为工作重点。对于欠发达地区的农村而言，以中等职业技术教育为依托开发人力资源，积极实施人才发展战略，是应对 WTO（世界贸易组织。下同）挑战的正确选择，同时也是致力于脱贫致富的良机。

一、WTO 背景下欠发达地区农村中等职业技术教育面临的困境

（一）WTO 背景下欠发达地区农村人才需求分析

加入 WTO 的前过渡阶段，中国面临的一个形势就是国际制造业加快转型，部分低水平、高能耗产业转移到国内。这意味着今后一段时期，应用型人才将成为我国人才需求的重点。同时由于发达国家"能力本位"用人机制的影响，国内企事业单位的人才标准也发生较大转变，即用人单位不再以学历为招聘人才的唯一标准，而是越来越看重实用技能。从上海、北京等大城市的"紧俏职业排行榜"上看，具有较高的理论知识水平和较高的操作技能水平，动手动脑相对平衡的复合型人才——也就是通常所说的"灰领"职业已经取得"领跑"地位。在这种背景下，大力发展职业技术教育，培养大量的"灰领"和"蓝领"，即数以千万计的技能型专门人才和数以亿计的高素质劳动者，这是我国走新型工业化道路和加快城镇化进程的客观需要。

中西部欠发达地区多是一些内陆的农业地区，共同的特点是农业比重偏大，工业化、城市化水平较低，产业结构矛盾十分突出。在世界经济和国内经济迅速发展的今天，这些地区面临的压力超越经济发展阶段的时空，承受发达地区乃至世界知识经济的冲击。欠发达地区经济社会发展面临两个突出问题，一个是劳动力素质低下。目前我国农村劳动力中，小学及以下文化程度占 38.2%，初中文化程度占 49.3%，高中及中专文化程度占 11.9%，大专及以上文化程度占 0.6%，受过专业技能培训的仅占 9.1%。[①] 而在欠发达的中西部地区，劳动力的文化程度更低。因此，大力发展农村中等职业技术教育，提

---

① 陈至立. 抓住机遇积极进取开创职业教育工作新局面. 国务委员在全国职业教育工作会议上的讲话 [R]. 2004-6-17.

高农村劳动力素质和农民的生产技术水平,对于改造传统农业,加大农业的科技含量,实现农业增产和农民增收,提高农产品质量和竞争力,将发挥十分重要的作用。另一个问题是农业从业人员所占比例过大。根据《国民经济和社会发展第十个五年计划纲要》,到 2005 年全国第一、二、三产业从业人员占全社会从业人员的比重分别要达到 44%、23% 和 33%。而西部地区目前的这一比例为 61.7%、12.93% 和 25.37%。如果届时达到全国现有平均水平,即一、二、三产从业人员比例为 50:22.5:27.5,每年就需转移大约 420 多万农村劳动力。① 促进农村产业结构调整和农业产业化经营,加快农业现代化进程,也急需职业技术教育特别是中等职业技术教育大发展。

(二) 欠发达地区农村中等职业技术教育的现状与存在的问题

农村中等职业教育的发展现状与经济社会发展的要求相比,与东部发达地区和城市相比,差距还比较大,还存在着不少困难和问题,远远不能满足当地经济、社会发展的需要。2001—2003 年东北师范大学农村教育研究所对全国十余个省区进行的农村教育调查,反映出了很多农村中等职业技术教育存在的问题,突出体现在以下几个方面:

第一,培养目标与能力要求不明确。多数中等职业技术学校或者与普通高中教育趋同,或者在专业、课程设置、教材选用、教学模式上向大学看齐。

我们的调查发现,职业高中学生绝大多数认为自己"学校的课程设置没有兼顾就业与升学",认为"学校课程设置与普通高中区别不大"的学生也超过半数,具体情况如下:

表 1　　　　　　　　职业高中一年级学生问卷调查 (部分问题)②

学生所在地	课程设置没有兼顾 就业与升学 (%)	课程设置与普通高中 区别不大 (%)
县　城	50.0	92.9
乡　镇	74.4	66.7
农　村	65.8	55.0

第二,办学缺乏吸引力,招生困难。

东北 D 县职业高中,我们调查时 (2002 年) 职高班只招了 49 名学生,其中分流班 23 名 (镇内初中二加一分流,高考班 26 名),职高二年级有 20 名学生、

---

① 刘建同,潘光.两点之间直线最近——西部开发需要重视职教发展 [N]. 中国教育报, 2004 (3).
② 教育部人文社会科学重点研究基地东北师范大学农村教育研究所.2001—2003 年农村教育调研资料 (职业高中一年级学生问卷统计).

技校有 168 名学生，预备役短期班有 37 名学生和村干部学员 58 名。尽管当地县教育局曾把此项任务列为重点，加大宣传力度，但收效甚微。如果招不到学生，职教中心就会成为一所徒有虚名的空架子，势必造成教育资源的严重浪费。

普通高中一年级学生在回答"如果有机会是否愿意转入职高"这一问题时，有 80％以上的学生选择不愿意，希望转入职高的学生不足 20％；而职业高中一年级学生在回答"如果有机会是否愿意转入普高"的问题时，则有近 70％的学生希望转入普高。其主要原因是职高升入大学的机会很小，毕业后不好找工作。

表 2　　　　　　　　　　六县初中毕业生去向①

县	年度	普高	职高	中师	技工学校	其他 *
东部 C 县	1995	44.30	12.40	1.60	5.52	9.72
	1998	43.58	24.40	1.44	3.77	8.11
	2001	44.18	31.91	1.21	3.87	10.36
东北 L 县	1995	41.05	0.16	1.27	3.65	47.0
	1998	31.21	——	1.15	0.31	59.50
	2001	36.30		2.58	0	46.29
东北 S 县	1995	36.30	1.90	6.0	0.26	55.54
	1998	30.50	2.10	2.94	0	64.46
	2001	44.27	1.48	3.02	0	51.24
中原 X 县	1995	18.94	12.43	2.52	9.67	41.91
	1998	25.09	13.94	2.03	13.39	38.62
	2001	25.44	13.94	2.30	11.25	41.08
西南 J 县	1995	12.08	11.19	2.88	5.07	68.78
	1998	18.11	9.42	1.57	4.68	66.22
	2001	30.65	10.41	0.84	2.34	55.85
西南 X_f 县	1995	28.08	7.92	5.44	2.22	56.34
	1998	29.94	4.86	4.90	1.92	64.44
	2001	36.55	6.80	3.87	0.71	51.98

（注：＊其他主要指未升学的学生）

① 教育部人文社会科学重点研究基地东北师范大学农村教育研究所. 农村教育调研报告之二：农村初中辍学现状调查·农村教师现状调查·农村高中现状调查. 2003（4）.

　　从上表可以看出，除经济较发达的东部 C 县和中原 X 县（中原 X 县是一个直接可以与国外签订输出劳动力合同的县级单位，为职业技术教育发展提供了良好的外部环境）以外，其他各县初中毕业后升入普高的人数均占升学总数的绝大部分，而且呈上升趋势。然而，升入职高、师范和技工学校的人数微乎其微。

　　第三，专业和课程设置与行业实务工作相脱节，学非所用现象严重。

　　目前中等职业技术学校专业设置过细过窄，使用的教材陈旧，教学内容跟不上行业实际发展和业务更新的要求。而且多数学校在培养学生实际操作技能上未给予高度重视，同时受对口招生"高考"的干扰，教学形式"普通教育化"，实践教学位置不突出，加上实践基地条件差，难以保证学生参加实习实践活动，致使学生实践技能差，毕业后就业难以适应工作岗位的实际需要。

表3　　　　　　　　　　　　十七县职业高中专业设置①

县	专业设置
京山	信息技术教育
胶州	微机、焊接、韩语
德惠	服装、家电、装潢、栽培、养殖、商业、餐旅、市场营销
东丰	财会、餐旅、烹饪、农学建筑、美术、服装、微机
昌图	畜牧、会计电算化、服装、幼师、艺术、预备役
榆树	计算机、幼师、农业、水电、烹饪
平度	微机、焊接、韩语
滕州	微机、农学、机工、钳工、护理
长兴	信息、机电、艺术、管理
舒兰	计算机、幼师、财经、医护、餐旅、农经
新县	种植、养殖、电脑、财会、计算机应用、旅游
井研	机械、电子、旅游、服装、计算机
息烽	农业、花草、化工、电工、汽车修理、缝纫、家政、医士
天祝	机电、服装、畜牧、卫生
凉州	农业、养殖、种植、企业管理
孟津	种植、养殖、财会、微机、机电、电子、电器、音乐、美术等
甘南	园艺、兽医、食用菌种植等

---

　①　教育部人文社会科学重点研究基地东北师范大学农村教育研究所. 农村教育调研报告之二：农村初中辍学现状调查·农村教师现状调查·农村高中现状调查. 2003（4）.

17个县的数据显示：职业高中开设比较普遍的是计算机、种植、机械等几个专业，其他诸如餐旅、韩语、服装等也多于一般，没有充分照顾到地方特色。设置专业的标准多是以现有师资、教学条件便利为原则，也有部分职业高中以职业对口考试为唯一指针，成为一种特殊的"高考预备校"。这样造成的后果之一就是职业高中脱离生产、生活实际，毕业生就业困难。

第四，师资队伍素质不高。中等职业技术学校的教师绝大部分实践经验不足，专业技能欠缺，"双师型"教师严重匮乏。理论上讲，中等职业技术学校的教师既应具备很深的理论功底，又要有很强的实践操作技能。但现实中农村中等职业技术学校的教师却往往并不具备"职业"专长，特别是综合高中的职业科往往是由教学质量不好或副科教师担任，因此中等职业技术学校中的职业技术含量不高，教学效果不明显。

除了上述这些问题外，农村中等职业技术教育面临的问题还有很多，如教学手段落后；教学设备、设施，直观媒体课件，教学参考资料等跟不上实务部门的发展；学生在校期间无法很好地进行业务操作训练，教学效果较差，等等。从总体上看，农村中等职业技术学校办学规模较小，办学条件较差，不少地方和学校教育观念、专业设置、课程内容、教学方式、教育教学质量等方面相对滞后，不能很好地适应市场的需要。这些都是制约农村职业技术教育为经济社会贡献力量、充分发挥作用的因素。

二、欠发达地区农村中等职业技术教育的发展思路

基于特定的时代背景，挑战与机遇并存，欠发达地区农村中等职业技术教育的发展应该系统设计，综合考虑。笔者认为，应该从目标、培养模式、课程设置与实施、师资队伍建设和职业资格认证等几个方面重新设计中等职业技术教育的发展出路。具体如下：

（一）欠发达地区农村中等职业技术教育的目标

培养目标是决定中等职业技术教育的办学方向和办学模式的基础。中等职业技术教育作为职业教育和整个教育体系中的一个重要组成部分，它既要符合我国总的教育目标和教育方针，又有其特殊性。《中华人民共和国职业教育法》（1996年）第四条规定：实施职业教育必须贯彻国家教育方针，对受教育者进行思想政治教育和职业道德教育，传授职业知识，培养职业技能，进行职业指导，全面提高受教育者的素质。国务委员陈至立在2004年全国职业教育工作会议上的讲话中也明确指出：职业教育的目标是培养数以千万计的技能型人才和数以亿计的高素质劳动者，必须坚持以服务为宗旨，以就业为导向，面向社会、面向市场办学。这些是我们确定中等职业技术教育目标的依据。我国现行

的中等职业技术教育以中等专业学校、技工学校和职业高中为主要形式。中等职业技术教育一般是与当地经济社会发展联系最为紧密的，因此，笔者认为，中等职业技术教育的目标应该定位为：培养为经济发展和社会服务的初级、中级技能型人才和高素质劳动者。具体到欠发达地区农村中等职业技术教育的培养目标，应该突出以下两点：

第一，培养为"三农"服务的、与生产、服务、技术和管理第一线需要相适应的高素质劳动者和初级、中级应用型专门人才。为"三农"服务表现在三个方面：一是促进农业分化。分工细化是行业发展和进步的一个重要标志。从总体上看，我国目前的农业仍处于一种初级分化甚至是未分化状态——农业生产是混合在一起的，虽然也有农、林、牧、副、渔的划分，但这只是一种根据劳作对象进行的粗略区分，没有像工业、建筑业和第三产业一样，细分成不同的专门行业，随着社会的不断进步，农业也该进一步细化。二是促进农民职业化。一直以来，"农民"在我国很大程度上是一个身份和地位的象征，人们在使用这一词语的时候，常常带有一些歧视性倾向。农村中等职业技术教育的一个使命就是要促进"农民"由身份向职业过渡。三是促进农村城镇化。农村问题最终要靠城镇化和现代化来解决，因此，农村中等职业技术教育培养出来的人才要致力于加快城镇化进程和进行农村的现代化建设。

第二，以培养学生就业、创业本领为重点。就业问题是我国近年来非常突出的一个问题，当前在这一问题上存在一个严重误区，就是人们把关注的焦点都集中在了城镇，而忽视了农村的隐性失业问题——据我国农业部门统计，农村有 1.5 亿富余劳动力，这还只是保守数字，如果考虑到劳动生产率的提高，加上农村新增劳动力和农村第二和第三产业的富余劳动力，未来几年内我国农村处于"失业"或"无业"状态的人口将超过 2 亿人。因此，农村特别是欠发达地区农村中等职业技术教育肩负的一个重要任务就是要培养学生就业的本领，在农村地区产业结构不合理、专业分工不完善的情况下，更要注重对学生创业本领的培养。

（二）欠发达地区农村中等职业技术教育的培养模式

中国是一个发展中大国，区域差别很大，发展中等职业技术教育应该根据各地实际，允许和鼓励多种模式并存。在培养模式上，可以参考国际、国内的一些成功经验，比如国际上的德国"能力本位"、校企合作的"双元制"模式，澳大利亚"学校——工作——再学校——再工作"多循环、终身教育的 TAFE 模式，美国"社区合作"模式，日本"产学合作"模式，以及加拿大模式等，国内的成功经验有苏州工业园区职教模式，哈尔滨"定单式培养"模式，山东的职业学校、生产性培训中心及生产企业为一体的"三元制"模式等，这些成功的案例和经验为我们提供了有益的借鉴。欠发达地区发展农村中等职业技术教育应该根据不同地区的经济文化特点，面向市场，构建起多元化的培养模式体系。具体来说，要遵循以下几个原则：

第一，在招生对象上实行开放制，即放开学历、年龄、性别方面的限制。（特殊要求的例外）

第二，在办学时间上，实行全日制、函授制、业余制（定时制）多种形式并举，这样可以满足不同类型人员需要，如学生和岗前人员可以读全日制，在岗人员可以读业余制，距离远的可以读函授制。

第三，在学制上，长期和短期相结合。长期的属于学历教育，短期的属于非学历教育，长期的根据学历要求决定时间长短，短期的则根据课程需要决定时间长短。

第四，课程设置应当依据具体情况而定。长期班应依据系统性、基础性和应用性相结合的原则设置课程，短期班的课程则要突出应用性。

（三）欠发达地区中等职业技术教育的课程设置和实施

农村中等职业技术教育的课程设置要以培养学生的就业、创业能力为核心，以培养学生搜集、选择和处理信息的能力为重点，突出基础性、实用性、灵活性。要避免简单传授生产经验的做法，要使传授给学生的普通文化知识以及专业基础知识和技能既能为学生长远的发展奠定基础，又为学生毕业后的谋生提供帮助，同时还应针对不同的培养模式设置灵活多样的课程。在课程的整体设计和实施上，要打破传统学科之间的界限，强调实际工作岗位和工作过程中职业实践能力的培养；在教学方面，内容应该丰富，专业学习应与一般社会行为能力发展相结合，全面提高学生的综合素质；在课程学习方面，以适应劳动市场和社会快速变化的要求，强调跨学科和跨职业的学习；在学生方面，激发学生的学习热情和发展动力，促进学生个人发展，培养社会责任心。具体而言，要处理好如下几个问题：

第一，面向需求，开发实践导向的职业教育新课程计划。实现职业教育目标的关键是开发务实的课程并组织有效的实施。具体而言，应该注意下面几点：一是遵循科学的课程开发程序。与普通教育相比，职业教育课程除了遵循一般教育学、心理学规律外，还必须符合政治、技术、经济和社会等多方面的要求，职教课程必须按照科学的程序进行，从而在方法上保证课程目标和教学内容的合理性。二是与技术、劳动组织和文化发展的外部条件相协调。课程计划要体现出对该专业所在职业领域（职业群）的技术、劳动组织和就业环境的全面理解。三是面向需求和发展制定学习目标和学习内容。课程计划的学习目标应着重体现以下三个方面：理论知识与认知目标、过程与技能目标、后果与影响目标。按照这三类目标，课程可以设计三种类型的学习内容，即基本常识、专业技术知识和专业技术问题。

第二，建立规范化的实习制度。实习包括校内实习和校外实习两方面。首先，建立和实施校内实习的质量保证机制。为加强学生实践能力的培养，保证实习实训的质量，学校要及时总结有关教学管理和教学改革经验，在此基础上根据学校现状和实际需要，逐步建立起一套系统的校内实践教学质量保证制度。其次，实施规范化的校外实习。学校可以尝试建立一套对企业实习进行规范管理的体制。如与实习企业建立健全合作关系、加强企业实习的计划性、建立完善的监控体系、改革和完善校外实习考核办法等。

第三，加强职业指导，突出能力培养。职业指导是指为学生分析某特定职业或行业未来发展的趋向以及对人才方方面面的要求，帮助学生了解自己的能力倾向、知识结构、个性、兴趣等适合从事什么工作，并帮助学生寻找工作。职业指导的做法不尽相同，但至少应该包括三个方面的工作：一是职业介绍，即介绍职业特点和未来发展前景，包括介绍工作环境、收入状况以及对人才的要求；二是职业能力诊断，即通过测验、谈话、观察等手段诊断学生个性特点、能力倾向等，为学生选择职业提供咨询；三是为学生提供就业信息，帮助学生就业。

总之，农村中等职业技术教育在课程设置和实施方面，要统筹处理好问题取向与学科取向、知识取向与技能取向、课堂教学取向与实践操作取向等这样几个基本问题。

（四）欠发达地区农村中等职业技术教育的师资队伍建设和职业资格认证

师资队伍的素质是中等职业技术学校教育质量的决定性因素。中等职业技术教育对教师素质提出了更高的要求，除了具备普通学校教师应有的一般素质外，职业技术学校教师还应该具备一些实用的专业技能，也就是说理想的中等职业学校的教师应该是既懂专业理论，又具有很高的专业技能的"双师型"教师。针对师资缺乏和师资素质不高的现状，应着重从三个方面进行欠发达地区农村中等职业技术教育师资队伍建设，一是要加大对优秀师资的引进力度；二是要充分利用各种资源，实现高等教育与中等教育、职业教育与普通教育、城市教育与农村教育、教育与企业等多方面的交流和合作，实现教师资源共享；三是加强对现有的农村中等职业技术学校师资的在岗培训。

职业资格认证是中等职业技术学校教育质量的重要保证。目前我国中等职业学校给学生颁发的毕业证书与社会行业内颁发的职业资格证书是脱节的，如要获得会计师、税务师、证券从业人员等职业资格，必须通过社会统一组织的资格考试，才能取得从业上岗证，而中等职业技术学校颁发的执业资格证不具有同等的效力，也就是说中等职业技术学校培养出来的人不能完全符合市场的用人要求。因此，建立健全职业资格认证制度是保证中等职业技术学校教育质量的重要环节。笔者认为，实行行会与学校的合作，把行业的从业需求与学校的培养过程有机结合起来，由行会和学校联合颁发职业资格证书是实现中等职业技术学校培养的人才规格与各行业的实际需求相契合的关键。

当然，欠发达地区中等职业技术教育的发展还需要国家和社会加大投入和支持力度，广泛吸收各方面的资源，这样才能逐渐形成一个完善的职业技术教育网络，为欠发达地区农村经济社会发展作出突出贡献。

应用型人才培养取向的
高中课程改革研究

随着我国经济全球化的加速和社会经济结构多样化的凸现，国家对人才的复杂性认识和多样化需求已达成共识。我们既需要大批从事科学研究、工程规划设计的人才，也需要更多在生产第一线从事施工、制造等技术应用工作的专门人才。后者在存量上严重不足，难以适应我国社会经济发展的需要。因此，我们认为应用型人才的培养，同样应纳入国家的战略发展规划和系统的培养计划中。在应用型人才培养的系统过程中，义务教育之后的高中教育具有举足轻重的地位。高中阶段教育一方面承担着为高层次应用型人才培养打基础的任务，另一方面承担着培养一般应用型人才的重要任务。但是，"官本位"思想和"应试教育"主导着我国教育发展，使承载完整教育功能的高中课程在发展和实际实施中变形，极不利于应用型人才的培养。

一、现行高中课程体系单向性问题检视

传统的高中课程在长期发展过程中形成了传统高中课程观，即精英主义的课程观。这种课程观认为只有考上学术性大学才是成才，对"成才"的理解具有很大的片面性。在这种畸形课程观的影响下，高中课程（特别是农村高中课程）忽视学生劳动能力与劳动技术的培养，游离于地方社会经济发展需求之外，与现有的社会经济发展相脱节，具体表现有：

（一）课程结构单一化

就目前来看，我国高中课程结构还比较单一，脱离生活实际，不利于应用

型人才综合素质的培养。一是课程结构整齐划一，缺乏弹性和选择性。重视必修课，忽视选修课；重视分科课程，忽视综合课程，特别是忽视综合技术课程和基础职业课程，从而遏制了学生多方面、多层次、多规格的发展。二是过于强调学科本位，以学科课程作为教学的唯一内容和唯一依据，所提供的教材过于注重学科知识的逻辑系统，不能密切联系社会生活和学生经验，不利于学以致用能力的培养。三是各学科之间缺乏沟通和联系，造成知识割裂，而且各学科强调各自体系的完整性极易造成部分内容重复，从而使学生精力分散，导致学习负担过重。总之，现行课程结构这种彼此缺乏联系、缺乏整合的状况不但会导致学生能力培养的单一性，使学生缺乏解决综合问题的能力，而且还会导致未来学生能力的畸形发展，无法满足高级应用型人才培养所具有的基本能力和基本素养。

（二）课程内容唯升学

长期以来，我国高中课程的编制由于重在考虑"升学"和培养"英才"的需要，从而就导致在课程内容的选择上过分强调学科的系统性，重视学科知识内容的系统传授，却忽视了教学内容的实用性和实效性。与高考升学无关的科目无人问津，职业教育的课程内容更是如此。如，在农村地区，所选课程内容很少反映农业现代科技发展的新成就、农村社会发展的新内容，不能适当传授给学生适应农村生产和管理的相关知识和培养学生生存所需要的各种实践能力和技能，等等。其内容的选择，脱离了农村的生产和生活实际，不注重职业基础能力的培养，从而影响了返乡毕业生的自我生存质量，使其面对现代化的农业无所适从，致使回乡高中毕业生在思想、心理、技术、劳动技能等方面缺乏从事农业生产的必要准备，出现了"就业无路，致富无术"的现象。也由于学生就业知识和就业技能的缺乏，学生返乡后在接受从事农业生产和管理的培训时很难达到预期的效果。这已成为制约农村经济社会发展的严重障碍，直接影响着全面建设小康社会宏伟目标的实现。

（三）课程设置断层化

所谓的"断层化"，就是指课程设置缺乏系统性和连贯性。特别是对应用型人才的培养而言，高中阶段是一个承上启下的重要发展环节，是为发展高级技术人才打基础的重要阶段。当前我国高中课程衔接不力、连贯性不强表现在：一是高中教育阶段所涉及的职业教育内容过少。因为国家过于追求城市教育、精英教育，过于注重选拔功能，所以，高中除了设置劳动技术教育课程外，几乎无其他职业学科。这必然导致学生高中毕业后，当接受职业教育时动手操作能力较差，几乎所有的东西都要从头学起。不连贯不系统的职业教育课程，无法使学生接受全面系统的职业知识学习和职业技能训练，无法培养出与社会主义现代化建设要求相适应，德智体美等全面发展，具有综合职业能力，在生产、服务、技术和管理第一线工作的高素质劳动者和初中级专门人才。所以，我们常见的一个现象是，高中毕业未考上大学的学生，对自己的未来充满迷茫，几乎没有自己的理想，大多数情况都是父母替他们规划生活的出路。再者，由于基础教育阶段缺乏就业创业教育，很多已经升入职业院校或普通高等学校的学生缺乏基本的职业认识、职业向往和从业创业激情，不善于为未来职业生涯作好学业准备，往往凭借他人的介绍和自己一时的兴趣盲目选择专业，并不是结合社会发展的需要和个人的职业兴趣及自身的条件慎重选择。毕业后，当发现自己所选择的职业不适合本人时，就不得不作出第二次选择，或者选择其他的职业重新学习，或者再继续深造诸如继续读本科、读研究生，等等。可以说这种情况对本人的成长既是一种浪费，同时也加重了家长和学生本人的经济负担。

（四）劳动技术课程形同虚设

劳动技术教育是全面实施素质教育、提高学生素质的一条重要途径。通过劳动技术教育，一方面可使学生掌握必要的劳动知识和训练操作技能，另一方面还可使学生在劳动实践活动中培养劳动观念、磨炼意志品质、树立勤俭创业相互合作的精神，使自己具有初步的职业意识和职业取向，为自己将来从事各种职业，拥有各种技能形成较强的迁移能力。所以劳动技术教育是培养人才尤其是应用型人才必不可少的重要环节。但是由于受应试教育的影响，再加上人们对劳动技术课程开设的重要性和必要性认识不足，在具体的实施过程中存在很多问题。主要表现在：一是教育行政主管部门和学校重视程度不够。尽管劳动技术课是基础教育阶段的必修课，可是很多学校为了比拼升学率，大都把该门课程从课程表上删除，即便是开设，也是为了应付上级教育行政部门的检查，课时也不足，也没有专职教师从事该科教学，且教学方法陈旧，单纯以教师讲授为主，学校不为学生提供实习的场所，从而导致学生没有参与劳动和技术实践的机会。二是教师、家长和学生存在认识上的误区。目前，教师、家长和学生依然认为升学才是发展的最可靠的基石和保证，认为通过在学校学习的初级职业课程所掌握的技术依然是肤浅的，对将来成为高级应用型人才或从事其他行业的作用不大。所以，教师在教学中普遍存在着应付、敷衍了事、不认真的现象，而学生也不重视这门课的学习。总之，在目前，从学校、教师到学生、家长对劳动技术课程的开设都不重视，从而导致劳动技术课程的开设大多流于形式，形同虚设，收效甚微。显然，这极不利于各级各类应用型人才的培养。

二、高中教育的功能与课程定位

首先必须明确的是，我国现阶段高中教育课程的功能选择定位，这是进行高中课程改革的基础和前提。一个有机的高中课程体系，应当着眼于人的真正全面发展，其必须实现的功能有：

（一）形成现代人格：高中教育的最终目的

人格现代化既是中国现代化的根本目标，又是中国现代化的必要前提。因为，无论是经济现代化还是政治现代和文化现代化，最终必须通过人格的现代化和人的素质体现出来，而人格的现代化和人的素质的提高只有通过教育才能实现。基础教育在人格形成过程中起着非常关键的作用。其中，作为基础教育最高阶段——高中教育对学生的现代人格的形成有着举足轻重的作用，正如《教育——财富蕴藏其中》所言："中等教育应在培养学生今后为预见和适应重大变革所需的性格素质方面，发挥越来越大的作用。"[1] 因为高中学生只有有了独立的现代人格，才能真正构建自己的具有时代先进性的精神世界，才能规划自己的生活，才能在激烈的社会竞争中找准自己的位置，勇往直前，有所作为。就中国农村地区的高中学生而言，其意义更加深远。因为，我国地域、经济、文化的差异导致农业、工业、后工业文明同时存在，处于农村中的人们很容易形成与农业文明相对应的传统人格。适应农村社会的转型，农村高中教育要塑造与农村社会现代化相适的现代人格，从而推动农村社会向现代社会转变[2]。所以把培养具有现代人格的人才作为农村高中教育的最终目的，是因为只有具有现代人格的人才才能真正进入和适应现代文明。

（二）重视基础学力：实现升学预备与选拔功能

基础教育发展的目的在于确保为义务教育阶段的儿童提供均等的就学机会，努力使每个适龄儿童掌握国家课程标准所规定的基础知识和基本技能，满足不同学生对课程的不同需要，为每一名学生的终身发展奠定良好的基础。特别是学习化社会的来临更需要提高学生的基础学力。基础学力是儿童适应未来发展的前提，是开展终身学习、促进自我完善的基础。目前，高中阶段教育成为基础教育发展的瓶颈问题，由于我国高中阶段教育既是九年制义务教育阶段的延伸，也是为大学、高职院校输送合格新生的关键一环，其培养学生质量的高低直接影响着我们国家各级各类高等教育人才的质量。另外，由于我们国家还没有实现高等教育大众化和普及化，除有一部分学生能升入高一级学校继续深造外，还有大批的高中毕业生直接参加就业，因此，我们的高中教育又要承

---

① 联合国教科文组织. 教育——财富蕴藏其中［M］. 北京：教育科学出版社，1996：118.
② 叶南客. 边际人［M］. 上海：上海人民出版社，1996：124.

担选拔学生的功能和任务。

(三) 加强职业课程: 落实课程就业预备功能

早期国际研究表明,"当教育发展到只有少部分学生能够毕业后升入大学或从事学术性工作时,要迫切解决的问题必然是教育的职业化问题"[①]。20世纪 80 年代,世界银行的调查证实,许多国家经济起飞的原因,不在于大力发展学校职业教育,而在于努力实现中小学全面的义务教育,集中优势培养人的广泛的潜能和职业变通力。因此,西方国家普遍强调在职业准备教育中,为职业教育打基础作准备,并将其职能主要放入普通学校中进行。大多数发达国家如美国、加拿大、日本等均在义务教育阶段的高中强化职业意识,进行初步的职业教育[②]。普通教育与职业教育的结合成为全球的共同趋势。在未来社会中,凡是社会成员都要履行各自的"社会角色",他们毫无例外都应具备基本的职业素养,从这个意义上讲,作为基础教育的普通高中作好职业预备教育责无旁贷。实践证明,任何一个高级应用型人才和高级研究型人才的成功都在于其良好的知识基础和专业基础。随着科技进步和经济社会的发展,我国对从业人员提出了更高要求,即,从业人员要有宽厚的科学文化基础和较强的适应能力。这就是说,我们的高中教育不仅要给他们足够的知识和能力,更要给学生某种就业技能。通过高中阶段的职业训练,学生能"为从事现有的工作作准备和培养一种对尚未想象出来的工作的适应能力"[③]。

三、应用型人才培养的高中课程体系建构

课程改革,就是以一定的理论为基础,按照某种观点对课程进行的集中一段时间的有目的、有计划的改造。基于上述对高中阶段教育的功能定位,针对我国当前高中课程体系存在的问题,依据统一课程与地方课程相结合、学科课程与活动课程相结合、文化课与职业课相结合、必修课与选修课相结合的原则,构建科学的高中课程体系。笔者就构建有利于应用型人才培养的高中课程体系提出以下几方面政策建议与对策。

(一) 高中课程宏观设计思路上要体现灵活性、选择性和针对性

我国三级课程管理体制的推行,为各地区教育行政部门和各个学校按照本地区或本校的实际情况自由设置具有本校特点的课程提供了广阔的空间。所以,地方教育行政部门和学校只要有利于促进学生生存能力的提高、职业意识的培养和创业能力的提升,可以灵活多样有针对性地选择课程结构,主要体现

---

① 崔相录. 今日发达国家教育改革导论 [M]. 北京: 教育科学出版社, 1992: 168.
② 邓志伟. 21 世纪职业教育的方向 [J]. 外国教育资料, 1998 (1).
③ 联合国教科文组织. 教育——财富蕴藏其中 [M]. 北京: 教育科学出版社, 1996: 119.

在以下几个方面：一是课程结构要根据地区间经济文化的差异，有所变化。我国发达地区、一般发达地区、欠发达地区差异很大，各区域的经济发展需要不同知识结构和不同类型的各级各类人才，因此，各地可以利用地方课程和校本课程自由地根据本地经济发展的现实需要设置相应的课程。同时，我国又是一个多民族国家，不同民族对本民族的文化有强烈的认同感和归属感，课程结构应适应不同民族的文化认同需要，努力开发有利于本民族文化传承的课程资源。为此，不同地区和学校根据自身的需要作出选择。二是课程结构要适合本学校的特点，体现自主性。国家三级课程管理模式的实行，使学校有了更大的生存空间，面对这样的机遇，无论是城市高中还是农村高中一定要根据本校的办学理念和办学条件，选择有利于学生生存和满足其未来生活需要的课程结构。三是课程结构要适应学生的个性差异，建立和完善课程选修制。教育面对的是一个个具有独特个性的学生，教育的根本目的和内在价值是促进每一个人的个性发展。因此，建立选课制是很有必要的。

（二）加强劳动技术教育课程的管理，确保其顺利实施

劳动技术课程是向学生进行劳动技术教育，提高学生基本职业素养的主要渠道，但是由于劳动技术教育课程内容广泛，实践性强，对教学条件和教学设施要求较高，再加上受高考升学压力的影响，这就给劳动技术教育课程的正常开展增加了难度。尽管如此，我们各级教育行政部门和学校要充分认识到劳动技术教育课程在学生的个人成长中的重要作用，要切实加强对劳动技术教育的指导和管理，采取必要措施切实解决学校在开展劳技教育中遇到的实际问题，以确保劳动技术教育的顺利进行。

焕发劳动技能课活力的关键，在于学校要开发课程资源，采用灵活多样的方法进行教学。无论是城市高中还是农村高中要结合自己的教学环境和学生的实际需要，挖掘有利于本校实施的课程资源。在具体的课程实施过程中，学校可以采用灵活多样的教学方式进行教学，把实施劳动技术教育与各项实践活动有机地结合起来，把实施劳技教育与创造发明活动有机地结合起来，逐步构建学校、社会、家庭相互协调、互为补充的劳动技术教育课程体系。

另外，学校要建立一支数量足够，质量较高，能胜任劳动技术教育课程教学的教师队伍，并保持这支队伍的稳定和发展，这是劳动技术教育顺利开展的关键。各级教育行政部门要重视劳动技术教育课程师资队伍的建设，帮助学校通过招聘、引进、调整、培养等多种途径，基本配齐劳动技术教育课程教师。

（三）增设就业和创业教育课程，引导学生作好职业规划

我们发展教育的目的在于引导学生健康地成长，挖掘自己的潜能，寻找到自己的生长点。面对高中学生的现实需要和未来需要，我们必须通过学校教育

引导学生在获得国家规定的基础知识和基本技能的同时，还要从学生的生存与发展出发重新思考我们的课程设置。

我们的学校教育，特别是高中阶段的教育还要关注学生的生存能力，引导他们作好自己的职业规划，以使不能进一步深造的高中毕业生具备初级应用型人才的素养，能快速地适应社会。江泽民在 1999 年全国教育工作会议上曾指出："不要造成未能进入高等学校学习的普通中学生，只是带着一般的语文和数、理、化知识回到了农村和城市。由于所学的这些一般的基础知识还不足以使他们在农村和城镇的生产活动中进行新的创业，不少人就加入了四处流动的求职大军，以致带来影响社会稳定和社会秩序等方面的问题。"这就从政治高度充分肯定了对学生进行职业和创业教育的重要性，为我们设置这方面的课程提供了纲领性文件。教育部正在制定的高中新课程改革方案中也已经明确要"培养学生的社会责任感，使其具备基本的人文精神和素质，有初步的职业意识、创业精神与人生规划能力"。更重要的是，当前国家正在实行国家、地方、学校三级课程管理，课程管理权力下移，为高中教育阶段增设就业和创业教育课程提供了基础性条件和契机。为使学生作好就业意识、技能和心理方面的充分准备，增强离校后的社会适应性，培养出各级各类应用型人才，对学生进行职业技术和创业教育，也必须从基础教育阶段开始实施。

（四）课程实施要坚持实践性，体现变通性和时代性

由于在高中阶段开始培养学生的动手能力、协调各种关系的能力、学习一些职业技术和职业技能等，给以对学生进行基础学力教育的高中教育带来了很大的困难，主要表现在教学设施不配套，职业技术教育课程实施所需求的教学设施与设备不仅品种多，数量大，而且精度高，更新快，且本身教学设施也不配套，教师队伍无论从数量还是质量都无法满足学生的需要等，这些都严重制约着职业技术和创业教育课程开设的质量。但是，为了真正培养学生的职业能力和职业素养，我们对设置的课程实施要坚持实践性。如果我们仅靠"书本上学种田，黑板上开机器"，是很难培养出行业所需的高质量的实用性职业技术人才的。鉴于在开设职业技术课程方面遇到的多种困难，我们在课程实施的过程中要借助各方面的力量，充分开发课程资源，变通性地实施课程，特别是，为了适应职业世界和各地区劳动力市场的迅速变化，为了满足学习者多样化的要求，职业技术教育课程必须随着职业需求的变化而变化，必须根据不同学习者的不同需求，灵活地选择和组合课程。

（五）课程评价关注学生的职业性向和生存能力

高中阶段的课程评价与考试改革的根本目的是为了更好地促进学生的发展，改变评价过分强调甄别与选拔功能，突出评价的发展性功能是学生评价改

革的核心。另外，为了促进地区和学校开设职业技术和创业教育的课程，还要
建立和健全劳动技术教育和职业技术教育课程的评价考核制度，把对学生的生
存能力、职业性指导纳入评价指标体系。各级教育行政部门要把是否重视劳动
技术教育和职业技术教育课程，是否开设劳动技术教育和职业技术教育课程作
为评优的重要内容之一。各类示范性学校、文明学校的认定都必须有劳动技术
教育和职业技术教育课程的要求。要研究和改进高中会考劳动技术教育和职业
技术教育课程考核的办法。学校要建立对学生劳动技术教育和职业技术教育课
程考核的制度。考核内容包括基本知识、实际操作和劳动态度等方面。考核办
法一定要从劳动技术教育和职业技术教育课程的特点出发，注重考核学生的动
手实践能力。考核结果要记入学生的成绩档案，并与学生的其他评比挂钩。

农村应用型人才培养的教育政策反思

　　我国已进入 WTO（世界贸易组织。下同）的后过渡期，这就意味着前三
年曾给予适度保护的一些领域和行业，如农业、纺织和钢铁等将在此期间陆续
达到"入世"之初我国政府所承诺的终极目标，完全融入世界贸易竞争。经
济、社会发展全面国际化的前夜，前所未有的机遇和挑战都将取决于我们所拥
有人才的数量和质量。相关研究已经表明，我国未来十几年经济、社会发展需
要的是一种比较合理的"橄榄型"人才结构——即更多具有一定知识技能的应
用型人才，配以相对少量的学术型的拔尖人才和一般劳动者。

　　目前我国的人才结构呈"金字塔"型，为数不多的高级技术人才下面是数
量庞大的、纯粹的体力劳动者，中高级应用型人才处于紧缺状态，而廉价劳动
力处于一种近乎"无限供给"的状态，尤其是农村劳动力大量富余。传统劳动
者单纯依靠体力已经不能适应经济发展需求，将他们培养成具有一技之长的应
用型人才，促使其成功地向第二、三产业转移，向城市转移，是当前我国人才
培养政策的重心。因此，培养数以千万计的应用型专门人才成为当前和今后一
段时期我国教育政策的主要目标，而且应用型人才培养的主要对象在农村。人
才培养的成效在很大程度上取决于相关的政策环境，尤其是教育政策，它决定
所培养人才的规模、结构和质量。本文从教育学的立场对农村应用型人才培养
的教育政策进行理性分析，回顾政策历史演变的痕迹，借鉴其他国家应用型人
才培养政策的有益经验，透视应用型人才培养政策的取向与路径问题，促使对

应用型人才培养教育政策的调整进行更多的思考。

一、农村应用型人才培养政策的简要回顾

我国作为一个农业大国，占总人口 70％的农村劳动者整体素质的提升不仅仅影响农业、农村的现代化，更会影响社会的整体发展。所以，我国历届政府都十分重视农村人才的培养，出台了许多政策，如农村普职分流、职业教育和劳动力培训等相关政策，都致力于把农民培养成具有一定专业技能的应用型人才。尤其是近几年来，随着经济社会发展的国际化和国内城乡差距的进一步拉大，关于农村人才培养的政策力度也逐步有所加强。

首次提出农村教育怎么办、农村人才怎么培养的问题始于 1979 年，中共中央批转《中共湖南省桃江县委关于发展农村教育事业的情况报告》，在农村开始实施"两条腿走路"的指导方针，即发展普通教育的同时，大力发展职业教育。一时间，应用型人才培养成为农村教育的主要目标。此后的近三十年里，中央和各级地方政府陆续出台的十几部关于发展农村教育、职业教育、普职分流、综合高中的政策法规中，均体现了大力培养农村应用型人才的思路。

从 1991 年国务院《关于大力发展职业技术教育的决定》、1996 年《中华人民共和国职业教育法》和 1998 年中共中央《关于农业和农村工作若干重大问题的决定》开始，国家开始逐步调整和优化农村教育结构，以此促进农村人才结构的转型。要求全国农村学校从主要为升学服务转变到主要为农业和农村工作服务的轨道上。在农村初中进行"普职分流"，将部分普通高中改办为职业（技术）学校、职业中学、农业中学，坚持"三教统筹"和"农科教结合"，对农村劳动力普遍开展实用技术培训，形成与农村科技体制和社会主义市场经济体制相适应的农村应用型人才培养的教育体系，培养经济和社会发展迫切需要的初、中、高各级应用人才。2002 年，国务院《关于大力推进职业教育改革与发展的决定》、教育部《关于进一步加强农村成人教育的若干意见》、2005年教育部《关于实施农村实用技术培训计划的意见》、《农村劳动力转移培训计划》等等政策先后出台，在农村人才培养方面，要求确保"每个县要办好一所示范性职业学校"，使"每个农户有一个劳动力通过培训掌握一两项实用技术"。并且国家计划从 2006 年起到 2010 年，对拟向非农产业和城镇转移的5 000万农村劳动力开展转移就业前的引导性培训，对其中的 3 000 万人开展职业技能培训等等。使他们掌握一两项在非农产业和城镇就业的技能，并取得相应的职业资格证书或培训证书，将纯粹依靠体力求生的农民变成掌握一定知识和技能、从事专业技术工作的人才。

系列政策的实施，在农村已初步形成了以县职教中心（或骨干职业中学）

为龙头、以乡镇成人学校为骨干的县、乡、村三级应用型人才教育培训网络。农村学校已经成为"农村传播科学文化知识的基地，农业科技成果普及和推广的基地，提高农民劳动技能和创业能力和促进农村社会主义精神文明建设的基地"。为中国农村城镇化、农业现代化和整个社会的发展培养了大量应用型人才。

二、对关于应用型人才培养的教育政策的反思

任何一项政策都以一定的价值理念为指导，农村应用型人才培养的教育政策，体现了国家解决"三农"问题和应对"入世"挑战的思路与决心。然而，细察上述各项教育政策，不难发现其在目标定位、责任主体和培养重心等方面存在的取向偏差与路径失衡。

（一）人才目标定位囿于"新型农民"

长期以来，我国基础教育的培养目标从理论上说是城乡分离的，城市教育为升学服务，农村教育为学生回家务农服务。应用型人才培养政策的价值取向也狭隘地定位在"农民"身上——教人以农业生产技能，为农业、农村服务为主。农村人才培养任务是从"本地"农业和农村生产、经营、服务需要出发，所谓"培养适应 21 世纪农业和农村经济发展需要的高素质的劳动者和带头人，造就一批有文化、觉悟高、懂科技、善经营的新型农民"。"新型农民"成了农村应用型人才的代称。

很明显，这一目标定位是狭隘的，是不准确的。真正的应用型人才，应该是分布在各个产业领域里，从事生产、管理或服务，具有较高知识层次和较强实践（操作、创造）能力的脑体兼容的劳动者，也就是马克思所说的复杂劳动者。它进一步又可分为研发型人才、技术型人才、技能型人才等层次。对于这一点，理论界和实践界是有普遍共识的。应用型人才的内涵相对来说是比较宽泛的，包括了国民第一、二、三产业发展所需要的各类技术人才，不仅仅指掌握种植、养殖等技术的农业人才。"新型农民"只是应用型人才的一种，是掌握农业生产知识和技能、从事第一产业的人才（笔者始终认为应该把农民看成是一种职业，而非一种身份符号或等级代号）。"新型农民"的人才目标定位，实质上没有将农民同城市"公民"同等看待，农民依然被"绑定"在土地上，也变相剥夺了他们自由流动、选择职业的机会。

（二）农村成为培养应用型人才的责任主体

"新型农民"的目标定位，决定了培养主体的农村化。1983 年《关于加强和改革农村学校教育若干问题的通知》提出，"提高新一代和广大农村劳动者的文化科学水平"是农村学校的任务。2002 年教育部《关于进一步加强农村成人教育的若干意见》继续强调，"形成以县级职业学校和成人学校为龙头，

以乡镇成人文化技术学校为骨干,以村成人文化技术学校为基础的县、乡、村三级人才培训体系"。这表明我们的教育政策始终认为提升农村人口素质、培养农村应用型人才的重任应该由农村社会、由农村学校来承担。城市人才由城市培养,农村人才的培养则要依托农村教育的资源,这又是"二元"框架内的解决思路。

随着整个国家城市化、现代化的推进,农村应用型人才将全面参与国民第一、二、三产业的发展,依据"谁受益谁负担"的原理,应用型人才的培养责任不应该全部推给农村社会。更为重要的原因是,政治、经济和文化均处于劣势的农村教育资源和教育能力是十分有限的,根本无力完全承担应用型人才培养的重任。目前各地方县级财政基本上都是"吃饭"财政,乡村基本无财政收入。仅仅依靠县乡,根本无力负担农村科技开发经费、技术推广经费和扶贫资金,更无法确保职业学校和职业培训机构的财政性经费逐步增长。农村人才资源匮乏,缺少真正懂科学、懂技术、懂专业的教师,农村社会无法为现代化人才培养提供智力支持。

(三)培养重心落在农村基础教育身上

我国农村应用型人才的培养重心过于偏低,《中共中央关于农业和农村工作若干重大问题的决定》指出,农村教育要转变到为农业和农村工作服务的轨道上,增加农业和其他实用技术的教育内容,实现普通教育与职业技术教育相结合等等。就这一点,可以看出我们的教育政策实质是将"科教兴农"、应用型人才培养的重心落在了农村基础教育的学校身上,更确切地说,农村的中小学不仅要像城市中小学一样对适龄学生进行普通教育,还要再肩负起农村应用型人才培养这一重任。

这种情况下,最直接的办法便是从初中开始普职分流。这一措施不仅使农村义务教育大打折扣,专业人才培养目标也难以顺利实现。初中阶段的农村学生对基础知识的学习深度和广度有限,加上年龄小、时间短,往往只能学一些最简单的农村生产生活实用技术,而无法获得更多更深的专业技能。要在这一阶段培养出合格的应用型人才是很不现实的。

综合高中的兴起,成为应用型人才培养的又一"捷径"——学生既掌握了基础知识,又学会了专业技能。然而,从目前中国农村综合高中的教育资源和教育能力现状来看,根本承担不了培养合格应用型人才的重任:一是资金不足,目前高中阶段学校基本上以收学费维持,有限的经费负担不了职业班的发展,(职业班生师比例大,资源占用量大);二是缺少专业技能教师,综合高中的专业教师基本上都是普通教师转行的,其本身的专业技能尚一知半解,如何培养学生?其三,综合高中的职业班已变了味,基本上以对口升学为主,以理论知识学习和应对高考为主。不能升学的学生理论不足，操作能力不强，也算不上应用型人才，只能算是最初级的应用技术人员，无法适应经济发展的需求。

应该说，应用型人才结构与上述人才培养的教育政策有着直接因果关系，导致目前我国无论是数量还是质量上都存在供需不平衡的状况。目前我国农村还有 1.5 亿富余劳动力急需转移，并且每年以 600 多万的速度递增，这还不包括至少还有 1/3 的农村劳动力或多或少存在就业不足的问题。这些农村劳动力中，接受过短期培训的只占 20%，接受过初级职业技术教育或培训的只占 3.4%，接受过中等职业技术教育的只占 0.13%，而没有接受过技术培训的竟高达 76.4%。我国农业科技推广人员只有 88 万，初中文化程度以下的就占了 60%，平均万亩土地仅有 0.80 个技术人员，万名劳动力仅有 0.16 个技术人员。另一方面，经济发展缺少大量的合格技工，尤其是中、高级人才严重不足，一度出现"技工荒"。据有关统计资料显示，我国目前有技术工人约 7 000 万人，其中初级工所占比例为 60%，中级工比例为 35%，高级工比例仅为 5%，高技能人才少，初级技工多，呈现出不合理的"金字塔形"技工人才结构；而在西方国家中高级技工占技术工人的比例通常要超过 35%，中级工占 50% 左右，初级技工占 15%，呈现"橄榄型"人才结构。借鉴其他国家人才培养的有益经验，并重新思考农村应用型人才培养政策的路径与取向成为当务之急。

三、应用型人才培养政策的国际经验借鉴

(一) 高层政府提供经费，承担人才培养的主要责任

为应对世界经济竞争的挑战，各国政府对应用型人才培养的重大意义均有深刻认识，纷纷采取积极措施。最主要的表现是由高层政府承担全国人才培养的主要责任，提供经费支持，而不是完全依靠落后地区自己发展。在美国，联邦政府出台的每一部有关职业教育的法案，几乎都有一部分内容规定配套专项经费的数额。如为开发经济教育水平落后的阿巴拉契亚地区，1965 年政府通过了《地方重新开发法》，在这一地区实施了上千个职业教育项目，培养了大量技师，政府拨款达 3.3 亿美元。如果仅靠阿巴拉契亚地区投资，是无论如何也无法实现的。在澳大利亚，联邦政府和州政府的投入约占职业教育总经费的 50% 以上，企业和社会力量也会承担一部分费用，基层政府提供更多的是一些非资金的配套服务。

(二) 改革教育体系，培养各类技术人才

许多国家和地区在不同的经济发展阶段，都会适时地改革已有的教育体系，以确保技术人才在类型和水平上与经济社会发展保持同步。最典型的是韩国，20 世纪 40 年代中期到 60 年代初的韩国主要是个农业国，农业是整个国

民经济的带动点。国家教育的重点集中在扫盲和基础教育上，职业教育自然也以培养农业人才、提高农业生产率为主。到了 20 世纪 60 年代以后，韩国逐步进入工业化阶段，农业人才的需求量锐减，而第二、三产业需要大量各类应用人才。韩国政府能够迅速调整人才培养策略，改革教育体系，将职业高中由 279 所增加到 1970 年的 479 所。其中，将农业高中减少到 123 所，而为第二、三产业服务的工商、汽车、纺织等其他职业高中达 356 所，占到 74％左右，为韩国经济的腾飞培养了大量不同专业的应用型人才。

（三）人才培养主体多层次、多形式、多元化

办学主体多层次、多形式、多元化是国外人才培养不同于我国的主要特征。在多数国家，除由政府负责一部分正规职业教育外，还鼓励社会各部门、行业、私人企业、社会团体和个人进行多层次多形式的人才培训。在西德，企业提供的人才培训经费达 155 亿马克，是各级政府支付额的 7 倍多。日本的人才培养类型有正规学校教育中的职业教育、企业内部的技能培训和公共人才培养机构的职业训练等。其他一些国家如美国、澳大利亚、韩国等，也都十分重视多主体培养人才，私立培训机构在人才培养中占有很大的比重。美国培养技术人员的五年制高等专门学校有 23％是私立学校，韩国这一类的学校甚至超过 90％。可以说多层次、多形式、多元化办学，是这些国家应用型人才教育持续稳定发展的重要因素。

四、对应用型人才培养政策的思考

首先，应用型人才培养要体现城乡一体化的发展思路，打破目前城乡分割局面。目前我国的一项重要任务是减少农村人口数量，加快农村的城镇化建设。为此，不能再把农村人才培养圈于县及以下普职高中和农林专业学校的狭隘范畴，必须由城乡共同努力培养各类人才。中央和省级政府要承担起农村应用型人才培养的重任，在经费、师资、设备方面提供有力的支持。另外，城市所有的职业学校都有责任培养农村应用型人才，都要服务于农村剩余劳动力的转移。"为农村培养大批专业技术人才"是一种狭隘的观念，大量农村应用型人才不只参加农村现代化建设，影响农村城市化，更要参与整个社会的发展，影响整个社会的现代化进程。人才是全社会的，人才的培养重任也应由城乡社会共同完成，不能只推给县乡村。

其次，全面把握人才的本质特征及其科学内涵，摆脱以农为"笼"的思想束缚，建立多种多样的专业人才体系。农业是一个产业概念，农村是一种区域概念。农村应用型人才培养要跳出"农门"，不再局限于传授机械化、化肥和农膜等农业技能。2001 年，农村劳动力转移到第二产业的比例为 49.9％，转

移到第三产业的比例为 44.6%，转移到外地仍然从事农业的仅占 5.5%。可见，农民迫切需要的是第二、第三产业的专业技能，农村的人才培养应该适应整个国家经济产业结构调整需要，与城乡社会转型相结合。要适应小城镇建设和发达地区的客观需要，培养经济发展所需的从事第二、三产业的高级人才，引导农业劳动力合理有序流动。

再次，提高培养重心，发挥高等教育的人才培养作用。应用型人才的专业技能教育必须是在义务教育阶段以后进行，培养主体也要从以农村初中、高中为主转向以大专、高职高专和普通高校为主。一般本科院校由于各方面限制，并不能培养出完全学术型的人才，就必须以培养具有专业技能的学生为目标，这也是高等教育大众化本身应有之意。目前我国出现大学生的结构性失业和教育过度的表象，皆源于一些普通院校无视自身办学特色，盲目追求向上升格、做大做全，培养了大批理论功底不深厚，又忽视专业技能的学生。普通高校要调整培养目标，建设应用型本科以及应用型研究生教育，为社会经济发展培养大批"蓝领"、"灰领"等高级应用型人才。

最后，人才培养主体多元化，教育资源融通、共享，国家包揽"三教"、包揽各类人才培养实质是计划经济体制的思维产物，已经不适应市场经济的人才需求。一方面，要正视民办机构的强大力量，发挥民办机构分布广、学制短、专业灵活且适应市场、效率高、重操作性应用性的优势，积极鼓励社会力量和吸引外资举办职业教育，促进职业教育办学主体和投资多元化。另一方面，要实现人才培养资源的相互融通、共享。鼓励具有专业和办学优势的职业培训学校跨地区、跨城乡招生，促进人才城乡双向流动；城市和发达地区的教育资源要着力提高外来劳动力的就业技能；实行开放办学模式，既要关注社会资源为我所用，也要考虑教育资源如何更好地为社会服务。如学校利用较先进的仪器设备承担对外加工、检测、服务等任务，既可以提高仪器设备的利用率，取得良好的效果，还可以解决学生的实习问题等等。

"双师型"教师培养模式研究

一、"双师型"教师形成的历史背景

加入 WTO（世界贸易组织。下同）说明我国经济发展已融入国际经济社会，并参与国际市场经济的竞争。经济竞争的核心因素是人才的竞争，也就是需要大量的应用型人才参与国家的发展和经济建设，以适应必须面对的竞争和挑战。如何培养富有竞争力的应用型人才？这给我国的职业教育提出了一个新的课题。

(一)"双师型"教师形成的社会背景

第一，国际教育竞争加剧。按照 WTO "取消主要服务业限制"的规定，我国将要开放或部分开放教育市场，与国际接轨，这就要求教师在理论和实践上向国际标准看齐，适应新机制的要求。这意味着，我国的教育不仅要走出国门，而且面临着国外办学机构介入我国，面临新的竞争。我国高等职业教育的发展，在一定程度上要借鉴国外发达国家的教育经验。德国利用高校为职业学校培养师资已有多年的历史，目前德国高校职业教育师资专业，学制为八学期，并且参加至少一年的实习工作，毕业时须通过三个专业的国家考试（笔试和口试），毕业后还要做两年的实习教师，并通过第二次国家考试后才能成为正式的职业学校教师。其他西方发达国家在职教师资培养上也各具特色。英国提倡采用"能力本位"理论来培养职业教师，美国则十分重视职教师资的职前培养和职后教育的协调[①]。我国这类教育起步较晚，受制于经济发展，基础非常薄弱。入世后，高等职业教育发达的国家，势必要进入国内与我们竞争，这样对我们国家本就不规范的办学机制和滞后的办学理念会产生重大冲击。

第二，应用型人才严重匮乏。加入 WTO 必然导致国际国内人才的竞争。高等职业教育行业中的既精通专业理论又有丰富的实践经验的人才，在入世后众多的优厚条件的诱导下，流向国外、外企和其他高收入行业，使得本来就缺乏的应用型人才，更加紧张。另外，由于职业教育发展缓慢，培养应用型人才的教师缺乏，而对这样的教师本身要求又较高，师资队伍建设就更加滞后，所以加快应用型人才培养及加快培养应用型人才的教师队伍的建设是摆在我们面前的刻不容缓的任务。

第三，新的教育观念给教师带来新的要求。目前，我国处在农业经济向工业经济转型和工业经济向知识经济转化的复杂阶段，高等职业教育培养的学生除了能够适应生产、建设、管理和服务第一线的需要外，还需要具备将科技成果转化为生产力的能力。为此，高等职业教育培养目标特别重视培养学生的创新能力。这就要求教师必须有创新的能力。试想一下，如果一名教师自己没有创新能力，他怎能培养出具有创新能力的学生？高职教师的创新能力应体现在科技成果转化的能力之上。要达到此要求，高职教师必须在精通理论的同时具备丰富的实践经验。

---

① 颜明忠. 从国际比较角度看"双师型"职教师资培养 [J]. 职业技术教育（教科版），2002：(19) 50.

第四，加入 WTO 以后，新的知识呈加速度的趋势增加，所以，职业教育教师的职能除传统的职能外，还应增加为学生的未来设计，为学生接受终生教育留好接口的职能。所以作为高等职业教育的教师，要不断地学习，除终身接受教育外，还要不断地从事现场的实践工作，了解科技发展的新动态。

第五，职业教育要在国际竞争中立足，必须要有自己的特色。这种特色必须在学校的特色专业中体现理论与实践的结合，这种结合的核心是要建立好一支具有高水平的"双师型"的教师队伍。可以看出，WTO 有关条款本身对我国高等职业教育中的教师队伍提出了直接挑战。所以，在教师队伍建设中，我们要注重学习，转变观念，尽快适应国际竞争的环境，要注重学习国外的先进的理论和管理方法，提高国际竞争力。

(二)"双师型"教师形成的时代意义

培养"双师型"教师，是高等职业技术教育发展的客观需要。随着市场经济的发展和科技的进步，特别是在入世后，我国急需大量的高层次、高素质、复合型、应用型的综合人才。但目前我国高等职业技术教育师资现状与社会的需要还很不适应。

第一，社会需要复合型的教师，即"双师型"教师。市场经济要求高职教育的专业课教师不能是纯学者型、教学型的，而是能教学、懂生产科技、了解市场经济的综合性人才。既要有丰富的专业理论知识，又要有专业实践能力和操作技能，还要有经营管理能力和市场科技信息意识。只有具备这种综合能力的"双师型"教师，才能适应实践教学的需要，才能适应培养"技术型"人才的需要。

第二，高职院校师资队伍的现状需要"双师型"教师。高职院校师资队伍的现状与教改、素质教育的要求还很不适应，表现在：理论课教师须技能化，专业课教师须技术化，实践课教师须理论化。

第三，培养"双师型"教师是由高职教育的基本特征所决定的。表现在以培养适应生产、建设、管理、服务第一线需要的高等技术应用性人才为根本任务；以社会需要为目标、技术应用能力的培养为主线设计教学体系和培养方案；以"应用"为主旨和特征构建课程和教学内容体系。基础理论教学以应用为目的，以必需够用为度；专业课要加强针对性和实用性；实践教学的主要目的是培养学生的技术应用能力，在教学计划中占有较大比例；"双师型"师资队伍的建设是高职高专教育成功与否的关键。

二、"双师型"教师内涵及发展现状

(一)"双师型"教师的内涵

关于"双师型"教师的定义，现在还没有统一的权威的说法，可谓众说纷纭，莫衷一是。当前"双师型"教师定义大致分为三种：

第一，"双学位"。日本采用双专业学位的职业资格制，"双师型"教师称为"职业训练指导员"，是指具有技术专业（机械、电工、家电维修）和教育专业双学士学位的教师，他们主要在职业学院、专修大学、短期大学、及公共职业训练机构从事专业技术人才培养工作，"职业训练指导员"是一种职业资格①。

第二，"双职称"。此种观点认为，"双师型"教师是具备不同系列技术职称中相对应的两种职称，即教师系列职称既是"讲师、副教授、教授"又是工、农、医、经、管、法等社会技术职称的复合型教师。乌克兰采用"4+1"学院双证书制，"双师型"教师称为"工程师—教师"，是由工程师范学院培养，四年工程院校学习后加一年教育学、心理学的教师教育课程，学生毕业后获得学术性证书和技术性证书双证②。

第三，"双素质"。此种观点认为，"双师型"教师是职业教育对专业课教师的一种特殊要求，即要求专业课教师具备两方面的素质和能力：一要类似文化课教师那样，具有较高的文化和理论水平，有较强的教学、教研能力和素质；二要类似工程技术人员那样，有广博的专业基础知识，熟练的专业实践技能，一定的组织生产经营和科技推广能力，以及指导学生创业的能力和素质。

第四，"多素质"。苏联（1991 年）职业技术教育界认为，职业技术教师的工作是具有综合特征的职业，他们应是同时具备教育家、工程师和高级熟练工人等三种职业所需要的素质与能力的工程师——教育家。这个观点强调了"双师型"教师的综合素质和能力，确切地讲应当是"多师型"教师，突出了"高级熟练工人"这项内容③。

综上所述，我们认为"双师型"教师的内涵应当从以下几方面理解：其一，"双师型"教师是针对高职教育对专业课教师和实践课教师的一种特殊要求，是具有综合知识特征的高素质人才；其二，"双师型"教师既具有高校教师教研、教学能力和素质，又具有工程技术人员的专业实践能力和素质；其三，"双师型"教师既是"讲师"（教授、副教授），又是"工程师"（高级工程师）或"技师"。所以，"双师型"教师的界定应从构建"双师"的基本要素、知识、能力和素质入手，所谓"双师型"教师，即具有集中一年以上工程实践经验，或者具备工程师、技师、设计师、律师等系列的职称资格，同时获得教

① 马颜. 日本、乌克兰"双师型"教师培养模式及借鉴 [J]. 职业技术教育（教科版），2004（34）：68.
② 马颜. 日本、乌克兰"双师型"教师培养模式及借鉴 [J]. 职业技术教育（教科版），2004（34）：68.
③ 施克灿. 国际教师专业标准的三种模式的启示 [J]. 比较教育研究，2004（12）：82.

师系列职称的具有较高的专业知识素养和教学能力的职业技术院校教育工作者。

(二)"双师型"教师的基本特征

"双师型"教师是职业技术教育特有的师资类型,是职业教育区别于普通教育的重要标志之一。高等职业技术院校的"双师型"教师除了具备一般教师所应具备的正确的思想政治方向和高尚的职业道德以外,还要具备技术性特征和学术性特征。

第一,"双师型"教师具有综合职业能力的特征。职业能力不仅是操作技能或动手能力,还指综合的职业能力,包括知识、技能、经验态度等为完成职业任务所需的全部内容及基本的学历层次。

"双师型"教师要熟悉和不断探索高等职业技术教育规律。高等职业技术教育在教育与社会的关系上,在教师和学生方面,在教学基本环节上,在教学评价指标上诸多方面,都与普通高等教育存在一定的差异,具有与其他类型的教育所不同的特殊规律,所以它的教学规律有待探索。"双师型"教师应当结合职业教育学和教育心理学的知识面对新问题,探索新路子。

"双师型"教师具有综合性人才的特征。市场经济要求高职教育的"双师型"教师不是纯学者型、教学型的,而是通教学、懂生产、会管理的综合性人才。既要有丰富的专业理论知识,又要有专业实践能力和操作技能,还要有管理经营能力和市场科技信息意识。高等职业技术教育的特征决定了对学生技术应用能力的培养的重视,这些能力的培养必须经过大量的实际操作训练。这就要求专业课教师对专业课的实践程序了如指掌,能向学生作操作示范演示,并能向学生讲解操作要点。一般说来,"双师型"教师操作技能应达到中级工以上的水平。因此,"双师型"教师应具备工程技术人员的专业实践能力,能进行工程的设计、施工,能制订操作工艺规程;具有指导学生进行科研、实习和实验的能力;善于做好学生的思想工作,善于激发学生的上进心,善于帮助学生就业谋职;具有一定的组织生产经营、创业和科技推广能力。

三、"双师型"教师培养问题及成因

(一)"双师型"教师培养存在的问题

1. 认识不到位,缺乏思想动力

由于学校的体制、办学类型、所处地区环境等有很大区别,决定了对"双师型"教师概念有着不同的理解和认识水平,决定了对"双师型"教师队伍建设的紧迫感的认识不同,因而直接影响着建设"双师型"教师队伍的具体行为和工作成效。

第一，对"双师型"教师内涵理解不一致[①]。对"双师型"教师内涵的解释主要有以下几种：一是同时具有中级以上高校教师职务和工程技术或其他相关技术职务；二是高校教师具有一定实践经历（实践经历是指持有某种上岗证书，或者有两年以上的企业工作实践经历，或者开发过数项技术项目等）；三是高校教师具有工程师素质，但大多对此"素质"没有确切的解释。"双师型"教师是相对于整个教师队伍结构而言的，不是专指某个具体教师的素质，但对每名教师也指出了努力的方向；"双师型"教师专指专业教师，并非是基础课教师。上述几种解释各有侧重，但都没有对"双师型"教师赋予文化素质的内涵。认识的不同，使得不同的学校提出的"双师型"教师队伍建设的目标相差较大。

第二，师资来源较单一。"双师型"教师队伍建设是高职教育能否办出特色的关键。近些年来，虽然教育行政部门制定了不少政策加强这方面的工作，各个学校也采取了一系列措施努力解决这些问题。但受到客观条件的限制，高职院校从企事业单位招聘人才渠道并不十分畅通，教师来源主要还是高等院校应届毕业生。据调查统计，高职教育教师中高校毕业后直接任教的占66%，从其他高校调入的占9%[②]。由于先天不足（从校门到校门），这部分教师普遍感到"双师型"教师的目标要求比较高，达到目标困难也较大，从而产生畏难情绪，不愿积极创造条件加强实践动手能力的培养，缺少追求目标的原动力。因而，"双师型"教师队伍建设的群众性思想基础比较薄弱。

第三，关注不够，积极性不高。由于高职教育发展历史不长，对高职的理性认识还不够，在社会上鄙薄高职教育的现象还较为普遍地存在，专家的认识未能变为一般教师的理念。同时，本科院校绝大多数是以教学和科研为中心，学校领导的主要精力都放在学科发展上。在专业性报刊杂志上，我们较少看到校级领导在职业教育方面的研究性文章。综合性大学所属的二级职业技术学院的"双师型"教师队伍建设，很多没有得到学校领导应有的重视，要么对学历要求过高，要么对编制卡得过严，使"双师型"教师队伍建设举步维艰。另外，综合性大学一般都具有浓厚的教学科研氛围，教师大多有较高的学历。综合性大学所属的二级职业技术学院的教师处在这一特殊的环境中，大多不同程度地存在着自卑心理，他们较多地关注提高学历和晋升职称，却对提高自身实践动手能力和工程技术素质积极性不高，从而制约着"双师型"教师队伍的建

---

① 张联朋. 培养"双师型"教师面临的问题、原因及对策 [J]. 河北理工学院学报（社会科学版），2003（5）：88.
② 方桐清. 高职教育"双师型"教师队伍建设中的困难和问题 [J]. 徐州建筑职业技术学院学报，2003（3）：10.

设和自身"双师型"素质的提高。

第四，企业认识不到位，产教结合不紧。《职业教育法》规定："企业、事业组织应当接纳职业学校学生和职业培训机构的学生和教师实习。"可见，关心支持职业教育虽然是全社会应尽的法律义务，但是在实践中，由于种种原因，许多企业却不欢迎教师到企业内调研、锻炼。一些企业虽然接受了少数教师到其企业内挂职锻炼，但是大都建立在个人关系基础之上，关键技术、关键岗位和整个生产过程也不愿对教师开放，人为地把教育与生产隔离开来，使得产教结合不紧，"双师型"教师队伍的建设缺少工程实践和先进技术的支撑。

2. "双师型"教师缺口大

近几年，高等教育规模迅速扩大，高等学校数量的增加和在校学生数量的增多，不论是通过合并还是通过改制，不论从绝对数上还是从相对数上，都可以看出高职教育的迅速发展起到了重要的作用①。与此同时，也带来了高职教育教师的严重不足。"双师型"教师数量缺口很大，为维持正常的教学秩序，教师只得把绝大部分时间都用在课堂教学和校内工作上，他们很难有较多的时间和精力提高实践能力。出于无奈，很多职业技术学院还聘请了一些从事学科教育，甚至低层次学校的、不甚了解高职教育的教师，学生接受的教育实质上仍然是学科教育，有的甚至是中等职业技术教育，从而严重影响了教育教学质量的提高和高职教育特色的形成。这些在客观上造成了"双师型"教师队伍建设没有时间保障，各种措施难以真正有效地落实。近些年来，虽然国家对高职教育教师的培养培训工作已经给予足够的重视，但是由于培训基地较少，加之此项工作起步时间不长，难以满足实际工作需要，经验也有待进一步总结和提高。

第一，急需人才进不来，优秀人才留不住。现行的人事政策不鼓励、不支持企业人才向事业单位流动，人事管理政策不统一，严重地制约着"双师型"教师队伍的建设。随着社会主义市场经济体制的深入发展，人才市场正逐步形成，在这一新的形势下，高职教师一旦具有了较高学历、较高职称，掌握了工程实践知识，具备了工程应用能力，就成为较好的企业和普通本科院校挖掘的对象。同时，由于地区发展水平和自然条件不同，也使得"双师型"教师在高职教育学校间向发达地区流动，从而造成了高职教育"双师型"教师的严重流失和畸形流动。

第二，政策倾斜不够，教师积极性不高。"双师型"教师队伍水平的提高，

---

① 方桐清. 高职教育"双师型"教师队伍建设中的困难和问题 [J]. 徐州建筑职业技术学院学报，2003（3）：10.

必须走产教结合、产学研一体化的路子，必须与企业先进技术和现代管理紧密结合。这是教育理论界在实践中形成的共识，但从实际看，多数学校在这方面并没有像对待提高教师学历那样，从政治上、待遇上制定得力的措施予以鼓励和支持，这些一方面使得专业教师只关注自身学历的提高和职称的提升，而不太重视培养和提高自己的实践能力，另一方面校企结合又缺少政策性的支持和外部条件作保障，有的教师即使希望提高实践能力，也缺乏提高实践素质的机会和环境，造成现成正确的路子既没有更多的人去走，也没有得力的政策来引导教师去走。

第三，政策不配套，兼职问题多。兼职是"双师型"教师队伍建设的一条重要举措。一是校外符合教师条件的人员兼任学校教师（即兼职教师），二是校内教师在社会兼职从事技术和管理工作（即教师通过兼职来提高社会实践能力）。实践表明，兼职教师和教师兼职对密切高职教育与企业的关系，促进校企结合是十分有利的，但同时也存在着不容忽视的问题，主要有：目前各校的兼职教师大都不具有教师任职资格，缺少教育教学理论的指导和有兼职动机上的功利性，时间上精力上难以符合教学要求，教学责任心不强等问题，从而影响了教学效果。教师在外兼职同样存在精力分散、研究学生不够的问题，对上述问题各校还没有成熟的监督和考核办法。

第四，分配政策不合理。劳动报酬问题也是制约高质量的、稳定的高职教育兼职教师队伍形成的重要原因。校外专业技术人员兼任教师的费用普遍较低，但又比校内教师标准高，相对而言多占了教师们上课的费用份额，造成高层次兼职教师难以聘用。在两级财务管理体制下，院（系）在教师不足的情况下出现了不愿意使用外聘教师的反常现象，合理稳定和良性运转的兼职教师队伍很难形成。另外，不论是校内评优，还是职务评聘，绝大多数学校目前还都只注重课堂教学质量和学生、同行对教师的评价，尤其注重学术成果，却轻视了实践环节的经历和工作成效。这说明高职教育还没有制定出符合自身特色的职称评定和晋级制度，使"双师型"教师队伍建设缺少有力的政策导向和工作杠杆。

3.　心理问题较突出

随着高等职业教育的迅速发展，教育行政部门和各高等职业学校都对教师的学历和科研成果提出了很高的要求，对于"双师型"教师压力更大。他们在担负繁重的教学任务的同时，既要进修提高学历，又要从事科研，还要培养实践动手能力。随着人事制度的改革，教师上岗靠竞争，待遇比成果，他们既承受着沉重的工作压力，又承受着较大的心理压力。

第一，校内政策不合理，教师心理不平衡。在调查中我们发现，各高职学校对专业教师都提出了"双师型"的建设目标。但在改革过程中，广大教师面对其他部门较低的入门条件、难以量化的工作标准和不低的劳动报酬，尤其对一些不是在教师岗位上的、所谓有特殊贡献人的重奖，产生了严重的不平衡心理，从而对工作产生了消极的情绪，在一定程度上影响了朝"双师型"目标努力的积极性和动力。

第二，功利意识较浓厚。教师队伍缺乏后劲，部分教师功利意识较浓，这也在一定程度上影响了"双师型"教师队伍的建设。有些教师是因为教师这一职业有相对较高的工资待遇和相对安逸的工作环境而选择了教师职业，有些教师则是把具有较好学习环境的学校作为跳板，为进一步提高学历、远走高飞作准备，这使得一些青年教师对提高"双师型"素质不太感兴趣，对建设"双师型"教师的政策措施漠不关心，对提高实践动手能力不愿投入足够的精力。

第三，环境有差别。"双师型"教师队伍建设需要良好的企业环境支持，需要先进的技术条件支持，需要宽松的政府政策鼓励。但是，地处市场发育不成熟、经济欠发达地区的高职教育院校由于"双师型"教师队伍建设缺少方便、优越的生产技术环境条件支撑，难以形成良性互动的培养机制。与发达地区比较而言，"双师型"教师队伍建设的成本较大，周期也较长，与具有较好条件的学校相比，如果不下大力气稳定教师队伍和培养中青年教师，与这些学校的差距会越拉越大。

这些困难和问题并不是所有高职教育学校都普遍存在，但有的学校还可能存在其他方面的困难和问题。应该看到，在高职教育改革和发展过程中，总会遇到难以回避的各种各样的困难和问题，解决了老问题，还会再出现新的问题。更重要的是，困难和问题总是与机遇相伴而生的，而且办法总比困难多，关键是我们以什么样的态度去面对困难，以什么样的工作精神去解决困难。

(二)"双师型"教师培养问题的成因

1. 政策制度不配套

第一，从"双师型"教师培育的实践条件看，"渠道不畅，缺少培训计划"是目前"双师型"人才培育的主要障碍。虽然"双师型"教师实践能力培训的途径很多，但由于对教师"走出去"及校外科研技术管理人员"请进来"后可能涉及的费用、报酬、管理考核方法等问题缺乏明确的政策和制度保障，加上学校传统独立办学的意识比较浓厚，产学研结合松散，与企业合作意识淡薄，对外聘技术人员存有排斥心理，对教师"走出去参与实践，从事第二职业"易害红眼病，视做不安心工作，常常以影响正常工作为由而严格限制。学校图书资料欠缺，教师学术科研气氛不浓，因此现有的生产、实验、管理、服务条件不能充分用于"双师型"教师的培养。

第二，从教师的积极性方面看，学校对"双师型"教师培养缺乏切实有力的激励措施。当前这方面的欠缺表现主要有两点：一是缺乏一套"双师型"教师队伍的管理体制，包括任职资格、管理条例、考核办法、职称评审体系等。一般说来，教师第一职称及教师系列职称的评定各院校都比较重视，制度也比较完善，但对于第二职称（如"工程师"）的评聘却无人管理，使得一些已具"双师"素质的教师难成"双师型"人才，同时一些专业职称的认定国家已实行以考代评的办法（如经济师、会计师、律师、税务师、程序员等），但一些院校对已取得相应任职资格证书的教师往往以种种借口不予聘任，有的则以"考聘分离"或以目前无第二职称"岗位"等为由而不予聘任，这些都极大地挫伤了具有"双师"素质教师的工作积极性，同时也给其他教师向"双师型"转变带来负面影响。另外，"单师"、"双师"一个样，对"双师"人才无特殊待遇，这也使许多教师认为"当不当骨干教师，是不是双师型教师对自己目前利益影响不大"。二是在工作上，实践教学不受重视，教师是不是"双师型"都能带学生实习，形成"谁都能带学生实习"的状况，这对不具有实践教学能力的非"双师型"教师产生不了压力。现行高职教师在职务评聘制度上套用"本科标准"，不利于引导高职教师走"双师型"的发展道路，那些具有一定教学和学术水平又有较强实践能力的"双师型"教师往往因精力分散评不上高级职称，使这些教师感到发展"双师"不如提高"单师"，因而挫伤了教师的积极性。

2. 领导认识不到位

第一，对高职发展的前景认识不全面——过于乐观，只看到高职发展的机遇和目前的繁荣景象，却看不到高职当前存在的问题和将来面临的危机，缺乏忧患意识和危机感。众所周知，我国的高职教育是基于普通高等教育办学模式单一、偏重理论教学，而轻视实践教学，学生理论基础扎实，但实际能力薄弱的弊端并在借鉴世界发达国家职教经验的基础上发展起来的。作为高等教育改革的产物，高职教育在未来发展中同样面临教育结构进一步调整和市场经济优胜劣汰竞争规律的制约。在理论教育方面，高职教育与普通高等教育相比，"底子差，起步晚"，有很大差距，没有竞争力。因此高职院校必须在战略上选择"差异化"之路，避开同普通高校在同一层面上的竞争，谨遵培育应用型人才的使命，在实践教学方面狠下工夫，办出特色。只有如此，高职院校在竞争中才会有顽强的生命力和美好前景。但要办出特色，高职院校就必须有一支有特色的师资队伍。一流的人才，一流的职教，首先取决于一流的职教师资。可以说"双师型"的教师队伍就是高职院校师资队伍的特色。各高职院校必须进一步加强对"双师型"教师队伍建设重要性和紧迫性的认识[1]，并做到未雨绸缪，以应对将来更加激烈的教育竞争。

第二，对教育产业认识不足，办学指导思想不端正，不能正确处理规模、质量、效益的关系。我国的教育产业是在"穷国办大教育"的历史背景下，为解决长期困扰教育发展的教育投资渠道单一，经费不足却又浪费严重，教育投资者与收益者分离，投资效益低下问题而提出的。本质是要重建符合市场经济要求的内在的投资与收益的良性运转机制，使教育步入"以教养教"的可持续发展的轨道。然而，一部分人对此认识不清，误把教育产业化与教育商业化、企业化、市场化等同，使教育产业成了一部分学校大幅提高学杂费，甚至违规招生，违规收费，变法敛钱的理论依据[2]。为提高办学效益，一些院校领导以"开源节流"为借口，往往只重视办学规模的扩大，忽视教学质量的提高；重视学院发展的眼前利益，忽视长远利益；重视校舍建设，轻视师资建设。在教师学习、深造、科研，尤其是外出考察、实践锻炼方面舍不得投资，甚至把教师素质的提高看成是教师纯个人的事情，推给其本人。这种态度或认识最终都以某种客观的形式影响"双师型"教师的形成。

四、"双师型"教师培养模式的建构

(一)"双师型"教师培养模式构建的背景

加入 WTO 对我国职业教育产生重要影响，要求我们积极主动地调整高教结构及其专业结构，以适应我国经济和产业结构变革和调整的需要。设置专业时，一要充分进行社会调查，进行深入的分析，了解社会急需的专业或专业岗位，大力加强面向第三产业的专业，以适应产业结构调整的需要；二要从国情、市情出发，充分考虑本校的条件，考虑自身的人力、物力和财力；三要充分研究吸纳此类人才的市场容量和潜力，防止一哄而起，作好市场预测；四要拓宽专业方向，提高应变能力，在培养目标的定位上要实事求是，切实与普通本科培养目标相区别，充分体现应用性、适用性和技能性。高等技术教育人才培养模式，要特别重视对学生的岗位实践能力的培训，提高学生的适应能力和应变能力。需要具备适应多种岗位要求的素质，即便是同一岗位，要求也在变化，内涵也在发展；岗位之间的联系更紧，沟通更多，关系也在重组。因此为了提高这种适应和应变能力，我们要仔细分析学生的知识、能力和素质结构，

---

① 李津石. 新时期高职教育师资队伍建设的对策研究 [A]. 中华人民共和国教育高等教育司. 高职教育改革与建设 [C]. 北京：高等教育出版社，2003；231.

② 中华人民共和国职业教育法 [A]. 高等职业教育的理论探索与教改实践 [C]. 北京：高等教育出版社，1999；377.

加强基础性知识和能力的传授和养成，制定一种弹性的培养计划。

传统的师资培养模式，教师不具备"双师型"的素质和能力[①]。造成这种模式缺陷的最主要原因是，在师资培养的观念和导向上，忽略了高职的实践型人才培养需要实践型教师的高职教育的特点。目前教师能到企业去挂职锻炼的机会越来越少，锻炼的效果也越来越差。高职教育事业快速发展，高职招生规模越来越大，教师的教学任务越来越重，专业教师很难有整块的时间到企业去挂职锻炼。另外，到企业挂的是虚职。如果挂职时间短，企业将老师当临时工对待，没有具体的任务分配给老师，老师只能袖手旁观，难有亲身实践的体验，对提高教师的实践能力起不了多大的作用。

（二）"双师型"教师培养模式的主要特征

1. 素质的基础性

素质是个性发展的基础，也是人实现价值的基础。良好的素质，必须以德智体美全面发展，知识、能力、素质协调发展为前提。素质对人的当前和未来的发展，具有稳定的基础性、支配性的作用。

2. 能力的应用性

对能力的要求主要是培养分析和解决本专业方面的工程技术问题的综合能力，实际上是一种职业能力，适应职业变化的能力。这些能力，主要是围绕专业技术的应用能力，具有鲜明的应用价值。

3. 知识的扩张性

知识浩如烟海，急遽增加，无论是感性知识，还是理性知识，对加强能力，提高素质，接受知识经济的挑战，都十分重要。

4. 素质、能力的适应性

一是适应经济建设、社会发展和市场经济体制改革的需要，适应高等技术教育应用性人才的需要；二是素质与能力之间的互相适应和协调发展。素质和能力并不完全等同，素质好的人，各种能力不一定就强，能力强的人素质也不一定就好，某一方面能力强，有时另一方面的素质却可能较差。因此，能力强，需要良好的素质作支撑，才能充分发挥这种能力的积极作用和影响，才能适应经济发展和社会进步的要求。

5. 素质和能力的发展性

根据高等技术教育培养应用型人才的目标，对素质和能力的要求要有个基本的规格，同时也要与时俱进，体现时代特征[②]。

[①] 中华人民共和国职业教育法 [A]. 高等职业教育的理论探索与教改实践 [C]. 北京：高等教育出版社，1999：377.

[②] 卢晓春. "双师型"师资队伍建设面临的问题和对策 [J]. 机械职业教育，2000 (10)：10.

（三）"双师型"教师培养模式的构建要素

1. 更新教育思想是构建人才培养模式的先导

指导思想上要解决三个问题：一是"面向"问题，处理好教育的外部关系。二是"定位"问题，处理好教育的内部关系。教育是一个大系统，高等教育是其中一个子系统，为科技创新、科技成果转化服务，通过人才和科研成果为现代化建设提供智力支持。三是"育人"问题。随着市场经济的发展，毕业生的适应能力、应变能力和竞争能力难以满足需要，人才培养模式的改革势在必行。我们要把"育人"和"育才"统一起来，即重智育，重德育，重理论，重实践，重知识，重素质和能力，显示出鲜明的时代特征和技术应用性人才的培养要求。

2. 明确培养目标和规格是构建人才培养模式的前提

人才培养模式是实现一定的人才培养目标的整个管理活动的组织建构方式①。高等技术教育的培养目标是培养面向生产、管理、服务第一线的应用性人才，是根据高等技术教育在高等教育子系统中的定位而确定的，由此实事求是地确定培养规格，人为地拔高或降低这种目标和规格都是脱离现实的。培养目标和规格，体现了教育为经济建设和社会发展服务的教育目的和价值取向，是构建人才培养模式最重要、最基本的前提。

3. 坚持和深化教学内容和课程体系改革是构建人才培养模式的核心

根据培养目标，毕业生在知识、能力、素质方面应达到一定的规格和要求，这种规格和要求是个有限的目标，毕业后还要继续学习，不断提高，才能适应社会的进步和经济发展的需要。教学内容和课程体系，决定了学生知识、能力和素质的结构，决定了学生理论知识储备的广度和深度，决定了学生毕业后在社会上的竞争力、适应力、应变力和可持续发展的能力。当今时代，知识总量剧增，不根据培养目标精心重组教学内容、优化课程体系，是无法构建人才培养模式的②。教育内容和课程体系的改革，是通过培养计划的修订表现出来的，我们要把教育思想讨论中取得的共识和成果，固化到修订后的培养计划之中，巩固教育改革的成果。

4. 制定一个合理、优化、操作性强的培养计划是构建人才培养模式的关键

培养计划应融知识传授、能力培养、素质培养为一体，统筹规划学生的校内外、课内外各项培养环节，形成理论教学体系、专业实践教学体系和课外活

---

① 张海峰. 高职教师继续教育的价值偏失与对策 [J]. 职业与技术，2001（4）：8.

② 贺金凤. "双师型"教师队伍建设的实践与思考 [J]. 中国高教研究，2001（5）：52.

动培养体系。既明确各个体系的基本要求，又给各个专业自主安排、学生自由支配和个性发展提供时空余地，做到因专业而异，因课程而异，因学生而异。

5. 完善实践教学体系是构建人才培养模式的重点

职业环境的建设和职业岗位实践的训练，要注重实验教学的改革，要注重实践环节的配套，要建立综合性实训中心，进行本专业系统的综合性大型实训，建立稳定的校外实训基地。进一步改进和完善实践教学方法，研究行之有效的考核评估体系。按"规定的情境"，建立职业岗位实践环境。"规定的训练"建立项目模式，明确训练要求，"规定的标准"严格按标准进行考核。建立一个"反馈系统"，对在训练过程中各个阶段是否达到要求进行检测，监控和管理。

6. 加强师资队伍建设是构建人才培养模式的保证

要培养具备基本素质的人才，教师必须具备较高的素质，要培养学生的岗位实践能力，教师本身必须具备较强的岗位实践能力。在提高学生能力与素质的同时，不断提高自身的能力与素质，促进教师从"双师型"向素质、能力"双优型"发展，为构建和推行高等技术教育人才培养模式提供强有力的保证。

(四)"双师型"教师培养模式的具体内容

产、学、研结合的教师培养模式是培养"双师型"教师的主要模式，也是最可行的教师培养模式。产、学、研结合是指学校和企业在双方自愿的基础上，开展市场开发项目的合作，学校主要提供智力和人力资源，企业主要提供项目的投资和管理，双方都为实现既定的市场目标共同努力，并用签订协议的形式来确定各自的权利和义务。企业与高校携手合作开拓市场，企业为教学实践提供一个市场环境的平台，高校充分利用自己的智力资源和人力资源，攻克企业市场实践的难题，最终使合作双方都受益，同时也为提高教师的"双师型"素质提供了最佳的实践途径。主要表现在以下方面：

其一，从产、学、研相结合的项目选择看，这些项目都是企业亟须解决的难题，是客观存在的，市场情景不能虚拟，这就给师生们提供了一个真实的职业岗位环境，创造了实战锻炼的机会，有效地突破了长期困扰着教师开展专业实践教学的瓶颈，找到了能实现人才培养训练目标要求的市场实战能力训练的新途径。

其二，从产、学、研相结合的活动过程看，为了保证研究成果出效益，企业会提供必要的实现项目目标的条件和研究所需要的各种充分的信息，而学校则相应提供人力、物力和必要的财力、实践时间等条件的保证。由于产、学、研项目的合作得到了企业和学校的全力支持，进一步调动了教师参与实践教学改革的热情和积极性，在参加市场实践的同时使教师的聪明才智在理论与实践相结合中得到很好的发挥，培养了教师的"双师型"素质，能极大地满足他们的事业感、成功欲、积极性。

其三，从产、学、研相结合的效果看，通过产、学、研相结合的项目，使企业的有限资源优势和高校有潜力的人才与智力的资源优势都得到了充分的发挥，双方共同努力开发市场，达到优势互补，实现产、学、研项目的目标，即企业效益和培养教师双赢的目标。教师是产、学、研项目的最大的受益者，通过产、学、研项目，教师在市场竞争的实战中得到了锻炼，增长了实际才干，也发挥其专业的特长和优势。

五、"双师型"教师培养模式的评价

高职院校科学合理的教师培训体系和模式是"双师型"教师持续发展的源泉，高效、公正的教师评价机制是"双师型"教师培养的永恒动力。从这一视角来看，如果把教师与学校比做杠杆的两端，"双师型"教师培养模式是支点，那么"双师型"教师评价机制就是杠杆。高职院校管理的重要目标之一就是要实现这三者之间的平衡，协调发展，以推动高职教育的发展，为向社会输送多层次、高质量的应用型人才提供保障。

（一）"双师型"教师的培养依据和评价的内涵

1."双师型"教师培养模式与评价机制

"双师型"教师的提出，在理论上为培养实用性人才指出了新的路径，但在学校教学实践中，"双师型"教师的培养却面临诸多困惑[①]。这一新"教师"概念的引入，首先指出其"培养模式"与一般教师来源不同，现行师范类院校的教师培养目标没有"双师型"教师，既有院校更不可能自动生成"双师型"教师。许多高职院校利用本校的资源，积极探索培养能教学、能实践、能经营管理和主动掌握市场科技信息的教师，构建具有特色的"双师型"教师培养模式，已取得一定成果。另一方面，由于"双师型"教师扮演着特殊的角色，呈现出理论课教师需技能化、专业课教师需技术化、实践课教师需理论化的典型表征，意味着"双师型"教师的评价体系必须在原有教师评价规则的基础上进行改革。伴随着"双师型"教师队伍的建设与发展，高职院校已清醒地意识到教师管理体制的变革对学校发展的重要性。高职院校"双师型"教师的发展，基点在于培养模式，可持续发展取决于评价机制。教师培养模式与评价机制之间，如何进行衔接，如何相互影响以实现"双师型"教师的可持续发展，这些都是理论界不能回避的现实课题。

---

①　朱新生. 我国职教师资队伍的现状分析及对策研究 [J]. 职教通讯，1999（8）：13.

2. "双师型"教师的培养依据及其评价内涵

"双师型"教师的提出与其培养模式的逐步完善，已成为职业教育发展必须探讨的现实课题，这类教师的培养依据是什么，有什么价值，有什么意义？早在十几年前，国家教委就制定了一系列相应政策、法规，特别强调了教师的专业知识、专业技能和实践能力，高职高专院校在现实的抉择中已认同和接纳"双师型"教师，但是却面临对这类教师考核的困惑。主要表现在：一是在同级别普通教师考核中增加收入，却引来评价机制公平与否问题；二是在职务晋升中，"双师型"教师优先，结果却导致很多教师拿了一个与本专业无关的证书，导致评价的效率低下；三是"双师型"教师与教育教学紧密联系在一起，对能够开辟学生就业与开拓教学途径的教师予以优先考虑，但实施难度比较大，对教师激励不够。实际上，这些措施都有其可取性，遗憾的是缺乏整体观，往往断章取义，并没有真正形成考核"双师型"教师的评价机制。笔者认为，"双师型"教师的考核应该建立在本校教师考核的基础上，依据其培养目标，针对"双师型"教师的特点建立一套完整的评价体系。

（二）"双师型"教师的培养模式与评价之间的关系

"双师型"教师的培养与评价成为高职院校师资队伍建设中最重要的两个环节，如何处理好这两者之间的逻辑关系已成为高职理论界探讨的热点之一。"双师型"教师的培养促进其评价机制的完善，而评价机制的建立则有利于推动培养的质量与效益的提高[①]。而要真正实现这两者之间的良性互动，还应以制度建设来保障其实施。

1. 树立学校"双师型"教师新理念

"双师型"教师从开始提出之时，其概念就存在诸多争议，众说纷纭，这给我们在培养"双师型"教师及评价时都带来很大的模糊性和不科学性。对"双师型"教师的讨论，本质上是一种教师素质的探讨，是对教育者培养观念的认识。这种教师首先应是知识渊博的学者，在掌握科学文化知识和系统的专业理论基础上，还应具备教育科学理论与方法。只有在这一基础上，"双师型"教师才能名副其实地成为学生学习的指导者，才能实现"把整个指导视为整个教育体系的一个连续不断的过程，帮助所有的人进行自觉的和积极的教育和职业选择"的教育理念。"双师型"教师这一理念的树立，直接指向高职高专院校教师模式和评价机制的构建，指导和作用于教师管理体制的变革和运作。

2. 构建强有力的"双师型"教师管理体制

"双师型"教师管理体制应该为"双师型"教师的培养与评价提供制度保

障，构筑不断创新的平台。"双师型"教师管理体制中，最核心的还是依据"双师型"教师的特点建立相应的评价指标体系，现有"双师型"教师考核、评价制度存在滞后性①。实施"双师型"教师管理的评价环节，应确立客观、公正、民主、公开的原则，注重工作实绩的原则，领导考核与民主评议相结合的原则，采取定性分析和强化定量，注重数量、质量和效益指标的原则。其具体的评价指标体系应突破"德、勤、能、绩"的模糊概念，应包含政治思想品德（师德修养、工作态度、敬业精神等）、业务水平（学科建设、实验室建设、研究能力、知识结构等）、教学工作（教学质量、教学研究、指导学生情况等）、科研和成果工作（科研项目、获奖或鉴定情况、产学合作开发、成果转化及效益等）、社会服务工作（社会兼职、行政兼职、科技服务、科技咨询、学生就业等），从而形成可以操作和持续变更的指标体系。高职院校应制定相应的师资管理制度，将"双师型"教师培养过程和评价指标结合起来，做到定性考核和定量考核、过程考核和目标考核的有机结合，实现评价公开、公正、客观、公平的原则，合理评价教师的劳动，以达到尊重劳动、尊重知识、尊重人才、尊重创造的目的，激发教师的积极性、主动性和创造性，为人才培养、科学研究、社会服务和高职教育事业的发展服务。

3. 实现"双师型"教师培养模式的制定与评价机制运作的一致

"双师型"教师的培养和评价都必须制定"双师型"教师队伍的发展计划，分析"双师型"教师的现状，包括数量、年龄、学历、职称、专业、性别，以及现场经历、教学能力、身体状况、组织能力、协调能力、产学研结合能力、思想政治素质和工作态度等方面，拟定具体培训计划，选择管理政策和模式。同时在培训的基础上，加强"双师型"教师的聘用，制定聘用原则，明确双方的权利和义务，遵循科学、规范的聘用程序以及实施聘后管理，使"双师型"教师聘用制的实施直接为其评价提供平台和相应的考核依据。"双师型"教师的评价实施，贯彻"全面性、评价互主体性、过程性和效益"观念，使评价结果既成为"双师型"教师培养的终点，同时亦是"双师型"教师培养的起点。"双师型"教师的内涵与标准纳入教师评价指标体系的构建，采用考评体系和资格认证制度，将高职教师的专业水平能力和技术成果有机结合起来，促进教师业务素质和高职教学质量的提高。

---

① 姚贵平. 解读职业教育"双师型"教师 [J]. 中国职业技术教育，2002（6）：30.

欠发达地区中等职业
教育发展机制研究

科学发展观要求三大产业和谐发展。入世以后，我国三大产业优势区段应定位于劳动密集型产业，这对具有熟练中等专业技术的人才需求很大。作为转移劳动力主要来源的欠发达地区，其中等职业教育的发展具有重要意义。

一、社会发展对中等职业教育的需求

（一）科学发展观要求三大产业和谐发展

科学发展观的根本要求是统筹兼顾，三大产业和谐发展。现代工业的发展极大地增加了工业产品的供给，同时也从农业部门吸收了大量的劳动力，并为支持繁荣的服务业提供了坚实的经济基础。现代工业和服务业的发展使传统农业的人地矛盾得到缓解，为其向现代农业过渡提供了了可能，同时，也只有农业的生产率的提高才能解放部分劳动力，并源源不断地输入工业和服务业。因此，三大产业和谐发展、相互促进才是科学的社会发展模式。

（二）三大产业的发展对中等职业教育的需求

三大产业和谐发展的一个关键环节是优化人力资源配置，提高人力资源素质。入世以后，中国的经济日益融入世界经济链条之中。从比较优势来看，发展劳动密集型产业是目前我国第二、三产业竞争的优势所在。而劳动密集型产业对受过中等职业教育，具有专业技术的劳动力需求极大。统计表明，2002年全国共转移农村劳动力 2 385 万人，其中初中毕业生占 62.7%，受过专业技能培训的只有 12.5%。市场需求和人力资源的尖锐矛盾为中等职业教育的发展提供了巨大的空间。而欠发达地区是劳动力转移的主要来源地，因此，为第二、三产业提供合格劳动力，欠发达的中等职业教育更是责无旁贷。

随着农村剩余劳动力永久性转移，欠发达地区农业部门的人地矛盾得到缓解，土地适度集中并逐渐形成规模经营，引进新的农业生产要素的收益率将会提高。由于引进的新要素常常不是一个，更多的是多个要素，如新的品种、与新的品种相适应的新的肥料、灌溉与防止病虫害的特殊技术等的综合使用，而且在生产的决策过程中必须考虑市场信息，这就对农民的素质提出了较高的要求。[①] 这使得接受一定的农业类中等职业教育培训将会显得更加重要。随着农

---

① ［美］西奥多·W·舒尔茨. 改造传统农业［M］. 北京. 商务印书馆. 2003. 128：13.

业的现代化，农业的前导产业和后续产业也将快速发展，这也为中等职业教育的发展提供了广阔的空间。

二、欠发达地区中等职业教育的发展状况

中国社会发展对中等职业教育的巨大需求并没有使中等职业教育获得较大的发展。相反，中等职业教育不论在规模、质量，还是在对劳动力市场的适应上都没有明显的进步。

（一）中等职业教育规模急需扩大

中等职业教育规模扩展的迟缓主要表现在两个方面：学校数量的减少；与普高相比在校生数量的下降。根据《2003年中国教育年鉴》，2002年，全国普通中等专业学校有2 953所，比上年减少307所，技工学校3 075所，比上年减少395所，职业高中6 400所，比上年减少了300所。在学校数量减少的同时，在校生数量占高级中等学校的学生总数的比重也急剧下降。从1990年到2000年，中等职业学校占高级中等学校的学生总数的比重仅上升了1.2个百分点，然而，从2000年到2002年，这一比重却下降了9.2个百分点。但是，这里显示的是全国的总体情况。如与发达地区相比较，欠发达地区的学校规模萎缩情况更为严重。

表1　　　　　　　　　2003年四县职高与普高招生数对比表

	西南X县	华北L县	华东C县	西南J县
2003年普高招生数（人）	1 222	5 437	3 684	2 195
2003年职高招生数（人）	319	530	3 704	207
2003年职高招生数占高中阶段招生数的比例	21%	9%	50%	9%

（数据来源：东北师范大学农村教育研究所调研数据）

根据东北师范大学农村教育研究所的四县调研数据显示，2003年，欠发达地区的三个县的中等职业学校招生数量明显低于普高的招生数量，而属于发达地区的华东C县中等职业学校招生数量却稍高于普通高中。因此，如果考虑到发达地区中等职业学校的学生数量所占比重较大这一事实，那么欠发达地区的中等职业学校的学生数量所占比重将会更低。因此欠发达地区的中等职业教育在发展规模上的形势十分严峻。

（二）中等职业教育质量提高缓慢

中等职业教育与普高有着根本不同的培养目标和培养模式，它需要合格的专任教师来传授专门的生产知识和技术，更需要专门的实验仪器和设备或实习

基地来进行实地操练。这就决定了中等职业教育需要大量合格的专任教师和更多的固定资产投资。否则,培养方式将只是纸上谈兵,培养目标将无法实现。因此,专任教师与实验仪器设备将在很大程度上决定中等职业教育的质量。据《2000 中国教育统计公报》的数据显示,中等职业教育的专任教师达标率和理科实验室达标率都是很低的。虽然自 1994 年以来,我国中等职业教育专业教师合格率和设备达标率一直处上升趋势,但是直到 2000 年,专任教师的达标率才达到 44%,设备达标率仅达到 39%,远远没有达到应有的水平。这项统计资料还没有剔除发达地区的中等职业教育数据的影响,否则,情况会显得更加糟糕。据西南师范大学的一项调查显示,在其调查的西南某地区,至 2002 年秋,21 所职业中学校舍面积 58 071 平方米中,其中危房面积高达 3 457 平方米,体育器械配置达标的只有 3 所,音乐、美术器械配备达标的只有 2 所,数学自然实验仪器配备达标的只有 4 所,建立校园网的只有 1 所[①]。

(三) 中等职业教育毕业生就业困难

由于欠发达地区的中等职业教育资金匮乏,专任教师的达标率低下,实习设备配备不足,学生的实践机会较少,同时,没有突破普通教育的办学模式,对教师的约束和激励机制缺失,造成其毕业生既没有普通学校的文化基础优势,也没有企业学徒工的操作技能优势,毕业生在劳动力市场中可替代性很大,就业十分困难。

三、阻碍欠发达地区中等职业教育发展的因素分析

(一) 企业用工制度缺陷消解接受中职教育的必要性

由于中国劳动力市场准入机制不够健全,大批未经接受职业教育培训的廉价劳动力进入第二、三产业,使得从欠发达地区转移出来的劳动者错误地认为,接受中等职业教育似乎多余,缺乏接受职业教育的动力机制。此外,欠发达地区的农业承担了更多的社会功能而不是经济功能,农民还不是一种完全意义上的职业,接受完义务教育且无法升入普高的年轻人回家务农没有任何制度性障碍,他们不用接受职业教育,劳动力市场准入机制不够健全使接受中等职业教育的必要性丧失。

(二) 高额的交易成本降低企业介入中职教育的积极性

由于存在劳动力的无限供给,企业主可以在工资不变的情况下雇佣到劳动力,从而获得大量收益。这种情况使得企业主倾向于维持现状,而不愿过多地投资于企业员工的教育和培训。如果技术条件的变化和市场竞争要求企业投资

---

① 周谊. 西南少数民族地区职业技术教育调查 [J]. 当代教育论坛,2003.

于员工的教育和培训，企业也很难将投资量达到最优水平，因为职业教育具有一定的外溢性。由于技术在相关行业的普适性，人才的流动将导致企业的投资，尤其是中小企业的投资不能得到全额的回报。另外，我们所以不能仿效德国的行会筹集资金建立专门基金，用于本行业的职业技术培训，原因是我国的行会制度并不健全，行业内部无法自律，搭便车的行为难以根除，组织成本和监督成本将会很大。因此，企业并没有投资中等职业教育的足够激励，也没有分担欠发达地区的中等职业教育成本的义务和责任，虽然这些地区及其中等职业教育机构为其提供了大量的劳动力。

（三）支付能力与收益低下减少农民投资中职教育的可能性

中国存在明显的二元经济结构，中国的传统农业主要集中在中西部的欠发达地区。从家庭联产承包责任制实施以来，传统农业中的隐性失业逐渐凸显，大量农村剩余劳动力涌入城市。由于城市的现代工业部门可支付高于从事传统农业的收益，又由于从事传统农业的收益很小，所以工业部门在不用提高工资的情况下获得了源源不断的劳动力供给。目前，农村劳动力以每年 1 500 多万的速度向东部发达地区转移，已有 1 亿农村劳动力在城市工作。以深圳为例，700 万人口中有 500 万农民工。如今深圳人均 GDP 已达到 5 000 美元，然而，农民工的工资水平近十年没有太大变化，平均月工资仍维持在 800 元人民币左右。农民工在支付了较高的生活成本费后，已无力投资职业教育和培训以提高自己的知识和技能。

另一方面，由于欠发达地区的人均耕地面积较少，土地细碎化极为严重，土地的细碎化致使农民使用新的生产要素的边际收益很低，甚至为零或负数①。所以新生产要素引入农业生产的机会较少，没有引进新生产要素的农业不可能为掌握新的生产技术的农民提供实践空间。于是根据成本收益原则，农民将不会进行人力资本投资，接受农业类的中等职业教育和学习农业科学知识。这种做法是不能简单地解释为农民对闲暇的偏好，文化知识的缺乏，或农民的储蓄主要用于婚丧大事而较少投资农业的风俗，更不能武断地归结为贫穷农业社会中的年轻人接受教育后就厌恶农业劳动，急于跳出农门，而应该解释为农民是理性的，传统农业中的劳动的边际生产率、资本的边际生产率以及技术的边际生产率都是极为低下的②。

因此，农民工无力支付职业教育成本和传统农业的人力资本投资收益率低下是阻碍农民投资中等职业教育的主要原因。

---

① 谭淑豪等. 土地细碎化的成因及其影响因素分析 [J]. 中国农村观察，2003 (6)：24—74.
② 贾德裕. 现代化进程中的中国农民 [M]. 南京：南京大学出版社，1998：1—22.

四、欠发达地区中等职业教育发展的政策建议

（一）建立具有一定职业技术标准的企业用工制度

为了提高劳动力素质，实现劳动力的有序供给，必须建立健全劳动力市场准入制度，健全和完善学历证书、资格证书制度和就业准入制度。通过优先录用资格证书拥有者，来强化社会和个人对职业资格的价值取向，并激发社会和个人投资职业教育的热情。当然，健全劳动力市场准入制度还需要有相应的配套改革，如城市准入的落实。在城市化进程中，建立具有一定技术标准的企业用工制度，既能促进职业教育的发展，又能使企业的生产率得到不断的提高，以优质的产品在激烈的国际市场竞争中胜出。

（二）实施职业教育成本补偿措施，对企业开征职业教育税

根据教育成本分担的能力原则和受益原则，国家、个人和企业都应该有分担职业教育成本的义务，但由于我国企业用人与中等职业教育，尤其是欠发达地区的中等职业教育在经济关系上是完全脱离的，发达地区的企业也没有承担欠发达地区的中等职业教育费用的责任，这从客观上造成欠发达地区的职业教育投入主体的企业缺位，并导致经费不足以满足培养企业所需的足够且合格的劳动力。根据国际经验，政府可以通过对企业开征职业教育税的形式使企业合理分担职业教育成本。法国1971年通过的《终身教育法》规定："凡雇员超过10人的企业主必须拿出工资总额的1.1％以上作为继续教育的费用。"1976年又将此比例上升到2％，要求各企业交纳"成人职业培训税"和"学徒税"，对办学和接纳学徒的企业，减免培训税和学徒税。为了使职业教育获得充足的资金，我国应尽快通过立法对企业开征职业教育税。根据效率原则和财政原则，职业教育税的课税对象应指向企业的工资支出，并参照职业教育的经费需求以确定合适税率。课税权主体应为中央政府和地方政府，即它是中央和地方的共享税[①]。这样既能调动地方政府的积极性，满足地方职业教育发展的基本需求，又能加大中央政府进行宏观调控。在此基础上，建立职业教育的转移支付制度，对欠发达地区的中等职业教育实施成本补偿机制。这样欠发达地区的中等职业教育就能拥有充足的经费来提高其办学质量，吸引较好的生源，在劳动力市场上体现自己的相对优势，满足企业对具有一定技能和良好素质的劳动力的需求，并为本地区劳动力的永久性转移作好铺垫。

（三）通过立法规范政府对欠发达地区农业类中等职业教育的投资行为

近年来农业类中等职业教育萎缩相当严重，传统农业的投资收益率低下是一个主要原因。而要改造传统农业，必须加大对农业的物力资本和人力资本的

---

① 陈浩. 从税收要素谈教育税税制的建构 [J]. 教育与经济，2003（3）：43—46.

投资。舒尔茨认为："在解释农业生产的增长量的差别时，土地的差别是最不重要的，物质资本的质的差别是相当重要的，而农民的能力的差别是最重要的。"① 随着农村剩余劳动力的永久性转移，人地矛盾的缓解，引入并有效使用新的农业生产要素将成为农业发展的关键，而这一点在入世后我国农业面临的巨大压力下就显得更为迫切。乌拉圭回合谈判形成的《农业协议》对政府直接对生产要素和农产品的价格补贴限制十分严格，我们只能利用"绿箱政策"中允许的方式对农业进行投资，其中对农业类职业教育的投资是一个重要渠道。然而，目前地方政府对中等职业教育的投资很低，而且整个拨款过程纯粹是政府的单方行为，缺乏法律约束。在欠发达地区，虽然农业人口比重很大，但是他们对地方政府的财政决策影响微弱，因为地方政府的合法性不是因为其作为地方公民利益的代表的政治实体，而是其作为上级政权机关的派出机构的缘故。因此，人大应通过立法来规范地方政府对农业类中等职业教育投资行为。

（四）提高欠发达地区中等职业教育经费的使用效率

通过开征职业教育税和对农业类职业教育投资的立法，政府需要将筹集到的资金拨付到中等职业学校。为了提高资金的使用效率，拨款过程应该成为中等职业学校之间公平竞争的过程。政府可以采用招标的方式来配置资源，使中等职业学校间充分竞争，在竞争中提高自身的办学质量。但是，这种方式又增添了监督政府职教项目招标行为的成本。相比而言，发行中等职业教育券的方法可能更为有效。职业教育券可由省级政府发行，在省内流通，初中毕业生可以以券代缴中等职业教育学费，中等职业学校可以以券到受政府委托的银行兑现。其次，欠发达地区中等职业学校自身也亟须体制改革，以建立现代学校制度，其中关键是将学校的所有权与经营权分离。较为可行的办法是对学校进行股份制改革，积极推行校董事会领导下的校长负责制、全员聘任制、岗位责任制等现代学校制度，使之产权清晰，权责分明，政校分开，管理科学，从而提高中等职业教育经费的使用效率。

WTO 的挑战与高级
应用型人才培养研究

自 2001 年 12 月中国入世，迄今已有 4 年。在关税大幅消减的情况下，我

---

① ［美］西奥多·W. 舒尔茨. 改造传统农业 [M]. 北京. 商务印书馆. 2003. 128：13.

国企业和教育服务直接面对国际竞争。在这种经济全球化的背景下，只有根据我国的资源状况，发展我国的比较优势，才能在经济竞争日益激烈的时代和平崛起。我国是人口大国，劳动密集型产业是我国经济优势所在。而如何将人口转变成人力资源，则是我国在激烈的国际竞争中胜出的关键。除了要有研究型和开发型人才外，我国经济的发展更需要拥有一大批掌握技术原理和熟悉生产实践的技术应用型人才，尤其是高级应用型人才。由于高级应用型人才的培养主要依靠高质量的高等职业技术教育，所以，国家提出了大力发展高等职业教育的方针。通过发展高等职业教育，培养适合生产、建设、管理、服务一线需要的，能上能下，能文能武，既能动手操作，又能设计研究的高级应用型人才，才能使企业拥有充足的人力资源，促进经济的长期稳定，快速发展。

一、WTO 对我国高级应用型人才培养的挑战

（一）我国企业直面国际经济竞争，高级应用型人才短缺

根据中国加入 WTO（世界贸易组织。下同）时货物贸易关税减让表的规定，我国关税总水平将由 2001 年的 14％降到 2005 年的 10.1％，其中工业品将由 13％降到 9.3％，农产品由 19.9％降至 15.5％。实际上，中国降税速度超出了承诺水平，从 2005 年 1 月 1 日起平均关税降低到 9.9％，而不是承诺的 10.1％。其中，工业品关税降至 9.0％（承诺 9.3％），农产品降至 15.3％（承诺 15.5％）[①]。

在关税大幅度下降的背后，是中国企业失去了一个保护伞，从而直接与国外企业竞争。但是，最大的挑战不是来自外部，而是源于自身。国际市场对于中国制造的产品的总体印象仍是技术含量低，技术附加值低。我国企业能力建设虽已大大加强，但相对于形势发展的需要仍然滞后，尤其表现在高级应用型人才的短缺上。近年来，高级应用型人才的短缺成为制约我国企业竞争力提升的重要障碍。

相对于企业的需求，高级应用型人才的缺口巨大。据劳动和社会保障部信息中心提供的数据，我国三大经济圈，即珠江三角洲、长江三角洲和环渤海地区在 2004 年第一季度对高级技工的需求均无法满足。珠江三角洲对中级和中级以上的技工的需求量是供给量的 1.66 倍，珠江三角洲则是 1.61 倍，环渤海地区为 1.52 倍。人力资源是经济发展的根本动力，这些巨大的缺口表明，我国高级应用型人才短缺已经成为经济发展的制约因素。

---

① 陈文敬. 中国加入 WTO 三年回顾与评析 [J]. 中国招标，2005（21）：31—33.

表 1　　　　　　　　三大经济圈 2004 年一季度高级技工供求情况

区　域	职业资格等级	求职人数	岗位需求	求人倍数
珠江三角洲	职业资格四级（中技技能）	21 191	32 875	1.55
	职业资格三级（高级技能）	7 221	12 296	1.70
	职业资格二级（技师）	6 445	12 003	1.96
	职业资格一级（高级技师）	1 561	2 833	1.82
	中级及以上技工	36 088	60 008	1.66
长江三角洲	职业资格四级（中技技能）	38 226	49 640	89 915
	职业资格三级（高级技能）		69 468	1.82
	职业资格二级（技师）	6 180	10 480	1.70
	职业资格一级（高级技师）	4 762	8 189	1.72
	中级及以上技工	472	1 778	3.77
				1.61
环渤海地区	职业资格四级（中技技能）	27 907	43 914	1.57
	职业资格三级（高级技能）	9 113	11 520	1.26
	职业资格二级（技师）	3 879	6 816	1.76
	职业资格一级（高级技师）	3 877	5 681	1.47
	中级及以上技工	44 776	67 931	1.52

（资料来源：劳动和社会保障部信息中心，中国青年报，2004 年 7 月 7 日）

（二）我国教育服务发展滞后，高级应用型人才培养质量堪忧

高级应用型人才的培养主要依靠高质量的高等职业技术教育。国家对发展高等职业教育高度重视。2004 年 2 月，教育部公布了《2003—2007 年教育振兴行动计划》，强调加强职业技术学院建设，广泛开展岗位技能培训。要以就业为目标，进一步转变高等职业技术学院的办学思想，实行多样、灵活、开放的人才培养模式。在国家的大力推动下，2004 年，独立设置的高职高专院校已达到908 所，占普通高等学校总数的 58.5%，612 所本科院校举办高等职业教育。高等职业教育在校生达到 479 万，约占普通高等教育本专科在校生总数的 43%。

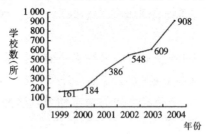

图 1　1999—2004 年我国高等职业技术学院数量变化趋势

注：图 1 中学校为独立设置的高等职业技术学院，数据来自教育部公布的教育信息资料。

　　高等职业教育的规模扩展很快，但是其规模的扩展与劳动力市场中对高级应用型人才数量短缺的鲜明对比，更彰显出高等职业教育质量低下。由于我国教育服务的理念较为落后，高等职业教育的管理体制的缺陷，高等职业教育在专业设置、课程开设、实训基地、就业指导、师资力量等方面都不尽如人意，造成高级应用型人才培养的质量与高等职业教育的培养目标有很大的差距。如果说质量是顾客对所提供的产品或服务所感知的优良程度的话，那么高级应用型人才培养质量的评价主体可分为受教育者和市场两部分。目前我国高等职业教育质量低下可以表现在两个方面：（1）受教育者对教学质量满意度不高。根据 2003 年 3 月中国教育和科研计算机网的调查问卷表明，近八成的学生对目前高等职业教育的教学质量感到不满，认为自己没能学到必备的知识和能力，在竞争中处于劣势。（2）从市场方面看，我国的高等职业教育培养出的人才优势不明显，特色不鲜明。很多毕业生的实践技能不强，尚需要较长的时间培训才能上岗，增加了用人单位的成本。有的毕业生发展无后劲，分析问题、解决问题的能力差，更谈不上创新能力，与中专、技校毕业的学生差别不大。由于我国已经加入 WTO，大量外国教育机构将不断涌入，目前国内高等职业教育的"卖方"市场将会逐渐变成"买方市场"。教育市场的竞争会更加激烈，在这种背景下，我国高等职业教育质量低下，是没有多少优势来与国外教育机构竞争的。

二、高级应用型人才在国民经济运行中的定位

　　（一）高级应用型人才是研发环节到生产环节过渡的枢纽，注重复合型的知识结构和实践型的能力结构

　　从供给角度看，现代经济活动从逻辑上可以分为三个环节：研发阶段、技能内化和推广阶段、现场生产阶段。如下图所示，学术研究和工程设计属于研发阶段，它产出预期的生产力。但预期的生产力转化为现实的生产力则需要通过技术的内化和推广，否则实验室的工作只能是空中楼阁。这个中间环节需要大批的应用型人才来实现。由于它是衔接研发和现场生产阶段的中间环节，所以应用型人才内部又分为两种类型，一种是技术理论基础较厚的应用型人才，一种是熟练的技能操作性应用型人才。前者可称为高级应用型人才，后者可称为一般应用型人才。高级应用型人才所承担的责任是工作于生产、管理、服务的第一线，对一般应用型人才进行领导或直接与其协作，具体组织和操作各种设计、规划、决策活动，使之转化为现实的物质形态或者直接的生产力。

　　由于承担的责任不同，高级应用人才既不同于学术型、工程型人才，又不同于一般的技能型人才。一方面，高级应用型人才由于需要将实验室的规划、

方案和技术步骤转化成企业的技术应用，所以必须具备较高的技术理论基础。另一方面，高级应用型人才由于需要直接服务于一线现场，处理具体技术问题，并进行领导和协调，所以必须具备很强的实践性能力。可以得出结论，高级应用型人才由于是研发环节到生产环节过渡的枢纽，所以需要具有复合型的知识结构和实践型的能力结构。

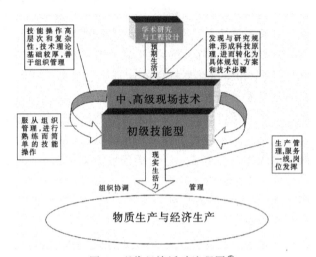

图 2　现代经济活动流程图①

（二）高级应用型人才是经济发展的中坚力量，强调数量与质量兼顾，质量优先原则

UNESCO 总干事马约尔先生在 1999 年在"第二届国际技术与职业教育大会"上说："未来，促使一个国家社会经济腾飞的骨干力量是专业技术人员。"这里的专业技术人员即上文所说的应用型人才，因此，应用型人才对经济发展具有特殊的作用，高级应用型人才在应用型人才中的特殊地位使得其成为经济发展中的中坚力量。

高级应用型人才的需求既强调数量又强调质量，但质量更是核心。我们以美国就业人员的工作技术水平变化（见表2）为例来分析。在 1950 年，美国需要的技术、技能型人才占应用型劳动力总量的20%，到 2000 年时这一数字增长到65%。与此同时，高级技术人才却始终保持20%左右的比例不变。从中可以看出，高级应用型人才在经济发展中的功能相对稳定，并不随着经济的发展在数量上激增，而是保持相对稳定的比例。从中可以看出，虽然经济发展对高级应用型人才的数量有一定的要求，但其对质量的要求可能更高。

① 贾岩. 我国高等职业教育人才培养模式探讨 [D]. 大连：大连理工大学，2001.

表2　　　　美国就业人员的工作技术水平变化（1950—2000年）①

年　份	高级技术人才	技术、技能人才	非熟练工人
1950	20％	20％	60％
1990	20％	35％	45％
2000	20％	65％	15％

三、我国高级应用型人才培养的政策建议

从以上对高级应用型人才在国民经济运行中的定位分析可以看出，其对于一国的经济发展的重要地位不言而喻。作为社会人才结构中的一个重要的组成部分，技术应用型人才在社会企业中的重要作用已越来越为人们所重视。但是，在我国，由于长期受到重学术、轻技术、重理论、轻技能的传统思想影响，造成社会上片面追求高学历人才，忽视了社会需要量最大的应用型人才培养，使社会对应用型人才数量、质量的要求得不到充分的满足。为了更好地迎接入世后中国在国际竞争中遇到的前所未有的挑战，笔者针对高级应用型人才培养问题提出以下四点政策建议。

（一）构建完善的高级应用型人才培养体系

1. 以职业能力证书为依托，纵向上使高等职业教育与中等职业教育衔接

从纵向上来说，应用型人才培养是一个循序渐进的过程，它涉及中等职业教育和高等职业教育。从纵向上衔接是应用型人才成长的一条可持续发展道路。发达国家的经验证明，两者的衔接对于高级应用型人才的培养具有重要意义，而且能促进经济的发展。由于各国的国情不同，中等职业教育和高等职业教育的衔接模式也各不相同，但多以职业能力证书制度为依托。英国主要通过建立职业资格证书制度，既明确了职业证书课程及其对应的职业能力（包括中、高等职业教育）的各专业在职业知识、技能和能力上应达到的标准和程度，又规定了证书等级与对应的职业能力等级和职业教育层次的关系。中高等职教之间的课程和教学注重以职业能力为基点，以核心技能课为内容进行衔接。澳大利亚中学开设高级证书职业课程，其对应的职业能力等级是4—8级，而准学历、学历和学位职业课程则要达到职业能力等级的6—8级。其学历证书体系和职业资格证书体系相通。以职业能力证书为依托，既能使中等职业教育中不深造的毕业生持职业能力证书直接就业，又能使继续深造的毕业生具有初级技能基础，有利于其向高级应用型人才前进，更有利于工作过一段时间的

① 傅正泰.发展高等职业教育，培养创新应用型人才.光明网，2000（12）.

一般应用型人才接受继续教育。以职业能力证书为依托体现的是能力原则，而这是高级应用型人才培养的关键所在。

2. 以实训基地为平台，横向上使企业与高职院校共同承担培养责任

高级应用型人才优势在于具有较强的职业意识和实践能力，能实现零距离上岗。这一优势的取得一定程度上要依赖于体系完备、运行良好的实训基地，依赖于学校营造的真实或仿真的职业实践环境。高职院校在进行实验实训基地的建设过程中，仅仅依靠学校单方面的力量难以达到预期效果，因此必须有企业的深度参与。由于企业是高级应用型人才的主要需求者和受益者，企业在高级应用型人才培养的体系中必须承担自己应有的责任，而实训基地建设就是企业和高职院校共同承担责任的最佳结合点。企业承担责任，与校方合作建立实训基地，需要一系列的制度安排，尤其是行业协会的协调与自律，因为单个企业培养承担高级应用型人才培养责任，其收益具有外溢性，而且企业与企业之间的协调的交易成本和组织成本又很高，所以行会介入是一个理想的选择。

（二）重建政府与高职院校的治理结构，为高级应用型人才培养创造良好的宏观环境

1. 转变观念，明确政府在资助高职院校发展中的责任

高级应用型人才培养的经费筹措问题涉及各个受益方的成本分担。高级应用型人才培养是一个有回报的投资，原则上其成本应该合理地在政府、企业、社区和学员之间分摊。但是，虽然高级应用型人才培养的外部性已经明显地少于基础教育阶段的国民基本素质教育，但它仍然具有准公共产品的属性。因此，政府必须明确自己在高职院校成本分摊中的责任。但是，近年来我国高职院校成本分担上出现了一些偏差，主要表现是政府预算内资金太低①。由于我国大部分高职院校经费投入不足，试验和实训资源严重短缺，从而使高级应用人才培养质量大打折扣，反过来又影响了高等职业教育的声誉，制约着高等职业教育的发展。特别是经济欠发达地区，这种情况尤为严重，迫切需要各级政府加大投入和支持力度。

我们可以参考一下发达国家在这方面的经验。在美国，承担高等职业教育任务的是"社区学院"，其"社区学院"的投资是多渠道的，经费主要来自政府拨款（包括联邦政府、州政府、学院所在的地方政府）、学生学费、社区税、社区债券、公共性服务收费等。据有关资料分析，在各项经费来源中，联邦政府拨款约占 5%，州政府拨款占 60%，当地政府拨款占 11%。学费收入占

---

① 刘慧丽. 我国高等职业教育成本分担中存在的偏差及纠正 [J]. 天津市教科院学报，2003 (10)：55—60.

15％，其他收入占 9％，由此可见，联邦、州、地方三级政府的拨款占到了"社区学院"经费来源的 76％，因此各级政府拨款是"社区学院"投入的主渠道，而其中州政府已占 60％而承担了主要责任。英国对学校形式的职业教育的资金投入，是通过"职业教育基金会"进行的。这种基金会是与"普通大学教育基金会"并列的，由政府拨款设立。职业学校所需经费 75％来自"职业教育基金会"，其余的 25％则来自企业赞助和海外留学生学费等收入①。由于高等职业教育的发展直接关系着高级应用型人才的培养，关系着国家用人单位尤其是现代企业的发展，并影响到整个经济和社会的长期稳定和发展，所以政府应对高等职业教育保持足够的投资，这是决定高等职业教育是否能正常发展的一个关键因素，政府在高等职业教育成本分担中更是起着决定性的保障作用。

2. 限定政府权力边界，使高职院校面向市场，具有充分的自主权利

政府在财政上的投入并不是政府过多干预高职院校管理的合理理由。近年来，高职院校的学校的办学方向不明确、教育质量不高、管理体制不健全等，在很大程度上是政府对高职院校管得过多的缘故。高职院校的发展体现了更多的"设计"性质，而少了一些"生长"元素。只有通过立法途径明确界定政府对高职院校的权力边界，给予高职院校充分的办学自主权，高职院校才能真正地面对市场。高职教育面对市场是其固有的属性，是高级应用型人才培养必须适应社会经济结构、产业结构和教育结构的根本要求。加入 WTO 后，我国政府要转变教育观念，要树立适合 WTO 规则的教育理念，包括教育市场化观念、服务观念、教育竞争观念等。在对高职院校的管理上，要进一步放权，使高职院校面向市场，按照市场的需求设置专业，开设课程，培养人才，以满足劳动力市场和教育消费者市场"两个市场"的需求。

高等职业技术教育发展现状及对策

一、我国高等职业教育发展的现状及其背景

（一）我国高等职业教育的现状

我国高等职业教育从 20 世纪 80 年代初创，到现在已经走过 20 余载。20 世纪 90 年代中后期，在经济的推动和政策的支持下，我国的高等职业学校有

---

① 傅制明. 世界各国职业教育投入体制述要 [J]. 职教通讯，2004（8）：62—64.

了较快的发展。在《教育部等七部门关于进一步加强职业教育工作的若干意见》中，要求各地扩大职教规模，在高等教育中，高等职业教育规模占一半以上。根据《中国教育统计年鉴》数据显示，2003 年我国共有高等院校 1 552 所，其中高等职业院校 908 所，高职院校总数占到了高等院校总数的 58.5%，高职在校生占全国高校在校生的 68.5%。作为高等教育的一部分，在高等教育大众化的趋势下，高职的地位越发变得不可替代。就目前我国高等职业教育的现状来看，虽然已经具备了一定的规模，但是质量方面依然不尽如人意。

（二）我国高等职业教育的发展背景

1. 产业结构的战略性调整

随着我国产业布局、产品结构的调整，岗位结构和就业结构将发生变化，不断有新岗位的产生，旧岗位的淘汰，因此也就会有不适应市场需要的落后的专业的淘汰与新兴专业的兴起，新旧岗位不断组合，不同产业之间的从业人员大幅度流动，高层次的一线应用型人才需求必然加大。据资料表明，美国近五年中，有 7 000 多岗位消失了，随之又新增了 8 000 多个技术含量较高的岗位[①]。同时，在产业技术升级过程中，我国劳动力价格低廉的传统优势正在减弱，在职专业人才和劳动者对岗前培训、在岗培训、转岗培训以及继续教育的需求空前高涨；此外，由于第二产业处于以科技为先导，以结构调整为重点的转型期，急需有能力的高级技术人员，第三产业作为城市"加速发展"的战略重点，其从业人员的整体素质也亟待加强……所有这些，都对中国人力资源的结构、素质以及人才培养模式等提出了新的更高的要求，教育与培训的任务十分艰巨。

2. 经济全球化的影响

经济全球化使中国越来越深度地参与国际分工和国际间的交流与合作，中国经济近年来的快速发展和发达国家制造业的外移，正在促使中国成为最吸引外国直接投资的国家，逐步成为世界重要的制造中心。而由于原来经济和文化教育基础比较薄弱，目前中国的劳动者素质和劳动生产率都还较低，人才的数量特别是高层人才数量严重不足。2003 年，我国 3 900 多万专业技术人员中，具有副高级以上职称的人员仅占总数的 5.7%；在我国约 7 000 万技术工人的队伍中，初级工占 60%，中级工占 35%，高级工仅占 5%；而发达国家的高级工的比例一般占 30%－40%。要提高中国企业的劳动率和全球竞争力，关键问题是提高产业的技术含量，特别是掌握具有自主知识产权的核心技术，这对劳动者和各类专门人才的素质提出了更高的要求；同时，随着国际间竞争、

① 吕鑫祥. 面向 21 世纪的职业教育观（上）[J]. 北京成人教育，2000（3）：4—5.

交流与合作的日益加强，也要求不断提高广大社会成员的思想道德素质和整体素质，这不仅需要大力发展各类学校教育，尤其需要高等职业院校的发展壮大，而后者正是当前中国教育体系中最薄弱的环节。

二、我国高等职业教育存在的问题

（一）我国高等职业教育的定位出现偏差

高等职业教育的定位主要涉及两个方面，一是培养什么样的人才的问题，即培养目标定位；二是作为一种教育类型，高等职业教育的发展水平问题，即层次定位。目前高等职业教育在发展过程中出现了如下的一些现象，即部分高等职业教育院校把高等职业教育办成了普通本科教育的"压缩饼干"。课程设置上照搬某些本科院校的课程；教材编写和使用上，与普通本科院校几乎没有区别；在实践方面，接触实践的机会微乎其微，理论与实践结合能力也很差，完全体现不出高等职业教育的技能和特色。

（二）我国高等职业教育的经费投入不足

高等职业教育的发展需要大量的资金投入，从许多职业教育发展好的国家经验中不难发现，他们对职业教育的投入是巨大的。而我国财政性教育经费占国民生产总值的比例在 3.3% 左右，距离《中国教育改革发展纲要》确定的 4% 的目标还有较大的距离。同时，政府在非常有限的教育投入中，又侧重于对普通高等教育和基础教育的投入，用于高等职业教育的投入很少，而据统计，每名高等职业教育学生平均需要投入的经费是普通教育学生的 2.5 倍。目前，我国高等职业教育的投入存在着巨大的缺口，多渠道的资金投入体制也没有良好地运行起来。

（三）我国高等职业教育生源基础普遍较差

在我国高等教育大幅度扩招的前提下，高职院校普遍存在"生源紧缺，学生基础趋低，水平参差不齐"的现象。由于传统观念的影响，许多家长不愿让孩子读高职，即使进入高职的学生，其成绩也十分差。由于，学生自身的基础偏低加之高职院校在人才能力培养上的不重视，高等职业院校培养出来的学生与普通高校培养出来的学生没有任何竞争力，更谈不上优势和特色。

（四）我国高等职业教育发展的根本动力不明确

高等职业教育肩负着实现高等教育大众化的目标，缓解劳动力市场就业压力的目标，满足经济发展对高级技术人才的需求的目标等多种功能，而在这其中发展职业教育的第一推动力应当是经济目标。而从我国目前高职发展看，它实际上偏离了经济目标而大力追求社会目标和教育目标。无论是从个人还是社会角度来看，高等职业教育是经济效益回收最快的一种教育形式，而一些高职院校的创办，实质上却带有追求规模效益，急功近利的色彩，其主要表现就是盲目地升格，其根本目的是为了提高声誉，扩大生源。从而导致更多问题的出现，最终结果就是质量的下降，培养的学生不适应社会的需要，更谈不上创造社会效益。这些都偏离了高等职业教育的初衷。

三、我国高等职业教育的发展对策

（一）给予高等职业教育以准确定位，从而确定高职教育的培养目标

不同类型的学校有不同的功能，不同的价值取向，不同的人才类型要求有不同的学校类型，普通高等教育的本质是高等学术性教育，高等职业教育的本质是高等技术教育。只有确定了高等职业教育的本质，才能对其培养规格和培养层次给予定位。《国际教育标准分类》（ISCED）新修订本对高等职业教育的培养规格及培养层次进行了明确的定位，它将整个教育体系划分为 7 个层次①。在属于高等教育的第 5 层次划分为 AB 两类。A 类为"面向理论基础，研究准备或进入需要高技术的专业课程"，B 类为"实际的，技术的或职业的特殊专业课程"（practical/technical/occupationally specific），对于 5B 级来说，"课程内容是面向实际的，是分具体职业的，主要目的是让学生获得从事某个职业或行业或某类职业或行业所需的实际技能和知识，完成这一级学业的学生一般具备进入劳务市场所需的能力与资格"。我国高职经过多年的发展，结合我国的社会实践，明确提出其培养目标是面向基层、面向生产、服务和管理第一线的实用型、技能型、管理型人才，这样的人才理论与实践紧密联系是其显著的特点。只有给予高等职业教育以准确的定位，重新确立其培养模式，才能突出高等职业教育的自身特色。

（二）针对高职学生自身特点，注重人才能力培养

针对高职学生基础差的劣势，高等职业教育院校应当坚持以能力为本位的指导思想，努力满足职业岗位实际需要，突出培养学生的专业技能，在人才培养上凸显特色。许多人认为进入高职院校学习的学生是被精英教育淘汰的学习者，而许多实例证明，这样的学生同样具有巨大的开发潜力。因此，高等职业教育管理部门和全体教育工作者要更新教育质量观、人才观，要具有承认人的个性才能各异的人本理念，同时，加大人才的能力培养。而我们所说的"以能力为本位"的"能力"当然不仅仅是指"技能"，而是包括职业道德、行为规范、思维能力、表达能力、团队合作能力、继续学习能力、职业发展能力和实

---

① UNESCO. International Standard Classification of Education (ISCED) 1997，151EX/8，Annex Ⅱ. Original：English，March，1997：4－9.

践能力等关键能力在内的综合职业能力。《教育——财富蕴藏其中》一书中指出："职业培训应使下述两个完全不同的目标协调起来，为从事现有的工作作准备和培养一种对尚未想象出来的工作的适应能力。"因此，要树立整合的能力观（一方面承认能力不等同于任务；另一方面也承认这种素质结构总是与一定的职业活动或工作情景联系在一起的，总是通过劳动者在完成特定的具体任务时体现出来），培养学生不仅应具有适应现在工作的职业能力，而且还要为自我学习和发展打下必要的基础，甚至是创造就业岗位的能力。使学生毕业时，在劳动力就业市场上具有较强的竞争优势。

（三）以就业为导向，建立灵活的适应经济建设需要的专业设置机制

专业设置的好与坏，直接关系着学生的就业情况。学科是相对稳定的而职业岗位千变万化，有的学校为了维护学科体系的完整，守住一些过时的专业不放，直接导致培养的学生就业出现问题。高等职业的专业设置不能仅仅为了维护学科体系的完整性而设置，应当针对职业岗位或岗位群。因此，高等职业院校在设置专业时，不仅要考虑学科的系统性、完整性，更应当具有针对性。因此，专业设置必须瞄准经济结构与产业结构调整的走向，以大量市场人才需求调查资料为前提，由学校、社会、企业各方面人员参与课程开发与设置。学校还应当及时调整课程结构，对于那些过时的专业要及时停止招生。要不断进行市场调研，对课程予以评价，保证高职院校专业的针对性和适切性。只有这样，才能使高职院校培养出来的学生能适应市场经济的需要，保持较高的就业率。

（四）促进学校与企业合作，实行联合办学，推行"订单"培养

教育与生产实践相结合，学校与企业合作，在国外有的学者将其称为合作教育。目前，国际上合作教育的模式有，美国的合作教育模式，德国的"双元制"模式，英国的"三明治"合作教育模式，日本的"产学合作"模式，韩国的校企合同"订单"培养模式等。学校与企业合作，一方面，解决了学校资金不足，生产实习设备少的问题；另一方面，也解决了许多企业的职工培训及继续教育的困难。这种合作既优化了资源配置，又提高了学生的就业率。确保了学校能培养出适合市场需要、适合地方经济需要、适合企业需要的人才，为生产服务，为管理一线培养适用的人才服务，强调了用人单位参与办学。在这方面不仅需要政府的政策支持，例如出台企业职工培训法案，用法律的约束力保证每个企业的职工都有接受继续教育的权利，并且规定企业要有对口培训的单位。同时学校也要提高自身的生存意识，加强学校与各方面的联系与沟通，加强与相关企业的合作，建立合作办学，联合培养的机制。

（五）加强高等职业院校教师和企业专业技术人员的交流，建立"双师型"教师队伍

师资是实现高职院校培养目标的关键，要保证应用型人才培养模式改革取得成功，关键是要建设一支素质优良、结构合理的师资队伍。高职院校与普通高等院校在基础课师资队伍建设方面差别不大，但在专业课的师资方面有其特殊性。我国高职院校在师资建设中提出"双师型"教师基本上反映了这种特性。从应用型人才的素质构成要素及其培养模式对教师教学要求来看，高职教师必须具备较强的应用意识，较强的实践技能和适应市场需要的多专业的教学能力①。加强高职院校教师与企业技术人员的交流，一是学校与企业建立一定的合作关系，建立专业教师定期轮训制度，院校派教师到企业进行实践，以提高其专业和教学能力；二是要定期聘请企业技术人员到院校讲学，加强实习指导教师队伍建设，这样不仅可以给学校带来生产科研第一线的新技术，还能在与学校教师共同进行教学的活动中，促进学校教师向"双师型"转化，从而形成具有"双师"型素质的师资队伍。

（六）加大政府对高等职业教育的投入力度，拓宽高等职业教育的经费来源渠道

高等职业教育表面上看，具有部分产业属性，但它作为高等教育的一部分，更重要的是其公益属性。高等职业教育同其他任何教育类型一样，是一种介于公共物品和私人物品的"准公共物品"。本着谁受益谁承担的原则，高等职业教育的投入应该由受益方——政府、企业、受教育者个人及家庭共同承担。因此，认为高等职业教育应靠自身产业的回报和学费来实现自我发展是完全错误的理念。对于高等职业教育投入问题，我们可以参考一下发达国家在这方面的经验。在美国，主要是"社区学院"承担高等职业教育任务，其"社区学院"的投资是多渠道的，经费主要来自政府拨款（包括联邦政府、州政府、学院所在地政府），学生学费，社区税，社区债券，公共性服务收费等。据有关资料分析，在各项经费来源中，联邦政府拨款约占 5%，州政府拨款占60%，当地政府拨款 11%，学费收入占 15%，其他收入占 9%。由此可见，联邦、州、地方三级政府的拨款占到了"社区学院"经费来源的 76%，因此各级政府拨款是"社区学院"投入的主渠道，而在其中，州政府占 60%而承担了主要责任。英国对学校形式的职业教育的资金投入，是通过"职业教育基金会"进行的。这种基金会是与"普通大学教育基金会"并列的，由政府拨款设立。职业学校所需经费 75%就来自"职业教育基金会"，其余的 25%则来自

---

① 朱勤. 特色：高等职业教育发展的生命线 [J]. 职教论坛，2004（3）：53—55.

企业赞助和海外留学生学费等收入。据统计，德国教育经费 85％来自企业，15％由州政府、地方政府承担①。从发达国家的经验中，我们可以得到一些启示。首先，应当加大政府对职业教育的投入力度，特别是地方政府对职业教育的支持，同时，应当制定一些有关职业教育方面的法律法规，加大对企业征收职工教育培训费。此外，政府还应当利用金融、税收以及社会捐助等手段支持职业教育的发展，鼓励社会各界及公民个人对职业教育提供资助和捐赠。

农业科技高等院校为地方培养应用型人才的个案研究

　　吉林农业科技学院的前身是 1958 年成立的吉林特产学院，1966 年因"文革"停办，改为吉林省五·七干部学校。1984 年由农业部与吉林省政府协商，在吉林特产学院原址创建吉林特产高等专科学校。随着我国加入 WTO，经济、科技的发展，我国农业发展前景广阔，对农业、特产业高科技人才的需求急剧增加，作为全国唯一的特产高校仅仅培养专科层次人才远远满足不了社会的需要，同时经过 20 年的发展和建设，学校的办学条件和师资队伍建设已经达到本科院校的要求，2004 年 4 月经教育部批准，学校升为本科院校，定名为"吉林农业科技学院"。

　　学院位于吉林省中部地区，分为南、北两个校区。北校区位于吉林市左家自然保护区，南校区位于吉林市经济技术开发区。学院占地面积 6375 亩，建筑面积为 22.14 万平方米，教学仪器设备总值 2 262 万元。现有专兼职教师332 人，教授 13 人，副教授 113 人，博士学位教师 10 人，硕士学位教师 192人，职业技能鉴定国家级考评员 70 人；"双师型"教师 185 人。设有植物科学系、中药科学系、动物科学系、动物医学系、食品科学系、工商管理系、信息科学系、生物工程系、外语系等九个大系；涵盖农、工、管、医等四个学科12 个本科专业、34 个专科专业。共有全日制本、专科学生 5 560 人，函授生、自考生 800 人。学院现有实验室 66 个，其中专业实验室 41 个；另建有 17 个校内教学实习实训基地；一个国家级特产旅游观光生态园；一个东北地区最大的野生动、植物标本馆。另外，在吉林、黑龙江、辽宁、山东、河北等省建立

---

　　①　傅志明. 世界各国职业教育投入体制述要 [J]. 职教通讯，2004（8）：62—64.

了 40 多个稳定的校外实习基地。在科研、教研方面，共有吉林省教学成果奖一等奖 1 项，三等奖 5 项，省级教育科学优秀成果 4 项；国家级精品专业 1 个，省级教学改革试点专业 4 个，省级优秀课程 9 门。在科教兴农和科研成果转化工作上，先后与吉林省七个县市建立了合作关系，并积极开展联合办学和项目推广工作，累计培训各级各类农业干部和特产技术人 15 000 余名，推广实用技术 150 多项，扶持 78 个种养大户，成为地方政府科技兴农最佳依托单位。

学院办学方向定位在"立足吉林，面向东北，服务全国，办成在国内有地位、国际有影响的以农业、特产业为主的农学、工学、管理学、理学、经济学相结合的具有鲜明特色的应用型本科院校"。

学院办学培养目标确定为："全面贯彻党的教育方针，坚持教育与社会实践相结合，以培养学生创新精神和实践能力为主线，面向市场，面向三农，为地方经济建设服务，为农民致富服务，培养高级应用型人才。"

一、调　查

（一）对象与方法

对象：左家镇，研究对象所在的乡镇。土门岭镇，对比乡镇。

方法：调查法、访谈法、对比分析法。

（二）调查对象概述

1. 左家镇概况

左家镇位于吉林市西北部，属中东部丘陵区，气候属北温带大陆性气候，适于主要农作物生长。镇政府所在地距吉林市 39 公里，距长春市 77 公里。东北部与昌邑区两家子交界，东部、南部与昌邑区桦皮厂镇为邻，西部与北部分别与九台市加工河乡、土门岭比邻，总幅员面积 254 平方公里。

全镇有 21 个村，1 个街道办事处，总人口 34 622 人，密度为每平方公里 136 人，其中农业人口 22 825 人，占总人口的 67%，非农业人口 11 797 人，占总人口的 33%。全镇有耕地面积 5 505 公顷，其中水田 700 公顷，旱田 4 770 公顷，科技田 134 公顷，主要农作物为玉米、水稻、大豆，主要经济作物有人参、西洋参、山葡萄、各种中药材，主要养殖牛、马、猪、羊、鸡、鸭、鹅等，还饲养鹿、貂、狐、山鸡等珍稀品种。森林资源丰富，天然次生林和人工林共 7 324 公顷。

1993 年经国家科委批准，以左家镇为核心，建立了全国唯一的以特产综合开发为基础的示范区——吉林高效农业星火技术密集区。

全镇共有中小学 18 所，其中中学 2 所，共有教职员工 85 人，在校生

1 100人；小学 16 所，共有教职员工 167 人，在校生 1 745 人。全镇共有农村劳动力 8 764 人，女性为 4 236 人，占总人数的 48%。

镇内共有左家特产研究所制药厂、吉林市东昌化肥厂、鑫汇建材有限公司、宏大重钙粉厂、左家砖瓦厂和吉林市汇森建材厂等六家企业。驻镇单位有吉林农业科技学院、左家特产研究所、吉林市综合高中。

2. 土门岭镇概况

土门岭镇位于九台市东南部，属中东部丘陵区，气候属北温带大陆性气候，适合主要农作物生长。镇政府距离九台市 17 公里，距吉林市 55 公里，距长春市 61 公里。东与吉林市昌邑区左家镇为邻，北部与九台市营城镇接壤，西部与九郊乡为界，南与加工河相接，全乡面积 216.34 平方公里。

全镇有 16 个村，114 个社。总人口 29 536 人，农业人口 25 465 人，占总人口的 86% 左右，农业劳动力 10 980 人。全镇耕地面积 5 976 公顷，98% 以上为旱田，主要农作物为玉米、大豆，主要经济作物为烟草、中药材。镇内主要养殖牛、羊、猪、鸡、鸭、鹅。森林资源丰富，覆盖面积达 80% 左右，主要林产品有松籽、榛子以及野生的各种食用菌。

全镇共有中、小学 18 所，其中中学 2 所，共有教师 88 人，在校生 960 人；小学 16 所，教师 208 人（包括民办教师 14 人），在校生 2 745 人。

镇内共有吉林省冷冻食品厂、吉林铁安预制件厂，七〇四分油厂、中国人民解放军八一一三二部队。

(三) 调查结果

经过 3 个月的实地调查，我们发现两个乡镇在经济、文化、教育、社会治安等方面存在着许多差异。

1. 经济领域

表 1　　　　　　　　　两镇自然情况对比表

	幅员面积 （公顷）	耕地面积 （公顷）	农业人口 （人）	人均耕地面积 （公顷）	农村人均年 收入（元）
左家镇	25 400	5 505	22 825	0.2411	3 512
土门岭镇	21 634	5 976	25 465	0.2346	2 450

（注：表中数字为 2003 年的数据）

左家镇的总幅员面积比土门岭镇多 3 766 公顷，但因为左家镇内有特产研究所、吉林农业科技学院这两所占地面积较大、人口较多的单位，所以在耕地面积上，左家镇反而比土门岭镇少 471 公顷，农业人口也少于土门岭镇 2 640 人。在人均耕地面积上，两镇相差不多，但农民在人均收入上相差 1 062 元。说明两镇经济产业结构有着较大的差别。

表2　　　　　　　　　　两镇各项产值情况对比表

单位：万元

	总产值	农业产值	百分比	林业产值	百分比	牧业产值	百分比	渔业产值	百分比
左家镇	8 261	3 107	37	59	0.72	5 035	61	60	0.78
土门岭镇	6 086	2 917	50	58	0.95	2 982	47	129	2.05

（注：表中数字为2004年数据）

表2的数据表明：两镇的总产值相差2 175万元。两镇的产业结构都以农业、牧业为主，分别占到98％和97％。左家镇的牧业产值占到总产值的61％，是镇内主要经济增长点，而土门岭镇的农业产值占到50％，成为镇内经济增长点。林业、渔业产值两镇相差不多。

表3　　　　　　　　　　两镇农业产值情况对比表

单位：万元

	农业产值	谷物			百分比	蔬菜	百分比	水果	百分比	中药材	百分比	烟草	百分比	其他	百分比
		玉米	水稻	大豆											
左家镇	3 107	2 139	353	14	81	142	4.2	44	1.4	402	13	0	0	12	0.4
土门岭镇	2 917	2 341	0	23	81	176	6.0	84	2.9	106	3.6	169	6	18	0.6

（注：表中数字为2004年数据）

表3中的数据表明，两镇的农业产业结构存在着较大的差异。左家镇的旱田种植以玉米、中药材为主，尤其中药材的种植有着较大的优势，此项产值占总产值的12.93％。由于受地理位置的影响，左家镇有水田700公顷，该项产值占总产值的11.36％。土门岭镇虽然耕地面积多于左家镇，但多为旱田，所以在玉米、大豆、蔬菜、水果、烟草的种植上较占上风。总的来说，两镇在农业产值上没有太大的差异，各有优势，各有特色。

表4　　　　　　　　　　两镇林业产值情况对比表

单位：万元

	林业产值	育种育苗	百分比	林木采运	百分比	林产品	百分比	食用菌	百分比	造林	百分比
左家镇	59	2	3.38	19	32.2	3	5.08	34	57.6	1	1.69
土门岭镇	58	2	3.44	13	22.4	10	17.2	3	5.2	30	51.7

（注：表中数字为2004年数据）

表4数据显示，两镇的林业产值相差不大，左家镇在林木采收、食用菌上收入较多；土门岭镇在林产品、人造林上收入较多，说明两镇的林业工作重点

有所不同。需要说明的是，左家镇依托农业科技学院的药用植物系，镇内食用菌的种植已粗具规模，收到了一定的经济效益。

表5　　　　　　　　　　　　两镇牧业产值情况对比表

单位：万元

	牧业产值	牛	奶	羊	猪	家禽	蚕茧兔	经济类动物			
								鹿	珍禽	狐狸	水貂
左家镇	5 035	30.18%	0.39%	1.8%	3.8%	2.1%	1.3%	23%	11.8%	10.32%	14.7%
土门岭镇	2 982	77.8%	0.47%	5.5%	9%	5.1%	2.2%	0	0	0	0

（注：表中数字为2004年数据）

表5的数据表明：两镇牧业产值相差2 053万元。左家镇因靠近农业科技学院，在经济动物的养殖上占有非常大的优势，占牧业总产值的59.8%。学院的动物科学系、动物医学系不仅为附近的农民提供养殖技术、经济动物市场分析、前景预测，并组织学生成立动物常见疾病救治小组，利用节假日、双休日下乡活动，大大促进了当地农民经济动物养殖的热情。而土门岭镇内的牧业仍以传统的家畜饲养为主，相比之下已经远远落后于经济动物的效益。

2. 文化、教育领域

表6　　　　　　　　　　　　两镇农村劳动力文化状况统计表

镇	总数	大中专		高 中		职业高中		初 中		小 学		文 盲	
		人数	百分比	人数	百分比	人数	百分比	人数	百分比	人数	百分比	人数	百分比
左家	8 764	53	0.6	813	9.3	150	1.7	2 892	33	4 292	44.9	127	1.5
土门岭	10 980	62	0.56	659	6	53	0.48	4 194	38.2	5 451	49.6	461	4.2

（注：表中数字为2003年数据，农村劳动力指18—60岁的村民）

表6数据显示，在左家镇，大中专毕业生所占的比例为0.6%，高中、职业高中毕业生比例为10%，初中、小学毕业生比例为83%，文盲的比例为1.4%。而在土门岭镇，大中专毕业生所占的比例为0.56%，高中、职业高中毕业生比例为7%，初中、小学毕业生比例为88%，文盲的比例为4.1%。从这些数字上来看，在农村小镇，大中专毕业生所占的比例还没达到1%，在这不到1%的比例中，大多数是镇领导或政府工作人员。非九年义务教育的高中、职业高中阶段学生数，左家镇的比例为12%，高出土门岭镇6个百分点，说明在左家镇，农民已经清醒地认识到知识、科技的重要性，已经把子女的教育问题放在首位。

82

农村应用型人才培养与 WTO 挑战

表 7   两镇农民成人板报情况对比表

	乡镇数	建成数	达标率%	出刊期数	村数	建成数	达标率%	出刊期数	社屯数	建成数	达标率%	出刊期数
左家镇	1	1	100	24	21	13	60	130	148	56	46	600
土门岭镇	1	1	100	24	16	7	43	65	114	32	28	351

（注：表中数字为 2003 年数据）

从数字上来看，在镇政府所在地，板报出刊率能达到 100%，这也符合我们调查时所看到的情况。村一级的情况有较大的不同，在比较富裕的村子里，还能看到板报，但从内容上来看，已经不能保证每月一期。到社、屯一级，基本上能看到板报就已经不错了，已经谈不上内容了。在左家镇，受农业科技学院的影响，农民已经认识到文化、科技的重要，板报上经常出现法律常识、科技知识、社会风俗、子女教育、生活小窍门等方面的内容。

表 8   两镇农民子女入学情况对比表

	本科以上		大、中专		高 中		初 中		小 学		幼儿园	
	总数	入学率	总数	入学率	总数	入学率	总数	入学率	总数	入学率	总数	入学率
左家镇	135	23	118	28	283	53	1 200	76	1 745	100	487	47
土门岭镇	56	4.4	35	5	91	9.4	960	65	2 745	95	254	28

（注：表中数字为 2003 年数据）

在左家镇，因受到吉林农业科技学院的影响，附近的农民都把子女送到学院的幼儿园学习，六周岁学龄儿童的毛入学率基本达到 100%，上初中以后学生的辍学率在 23.57% 左右。左家镇没有高中，高中要到镇外去上，学生须要住宿，这就增加了家庭的负担，只有 23% 的初中毕业生可以上高中。在土门岭镇，农民子女上幼儿园的较少，只有居住在小学附近的农户把孩子送到小学的学前班，多数孩子直接上学。六周岁学龄儿童的毛入学率也能达到 95%，初中以后学生的辍学率 35% 左右，土门岭镇也没有高中，高中要到九台市念，9.4% 的初中毕业生可以上高中。

表 9   两镇计划生育情况对比表

	出 生 情 况								死 亡			节育情况	
	出生数	出生率	计划内			计划外			死亡数	死亡率	自然增长率	节育人数	节育率
			一胎	二胎	计生率	二胎	多胎	非婚生育					
左家镇	247	8.3	175	70	99	1	1	0	199	6.7	1.6	5 774	90
土门岭镇	253	8.7	150	88	94	13	2	0	156	5.3	3.4	4 210	78

（注：表中数字为 2004 年数据）

从表 9 我们可以看出，两镇的计划生育工作都完成得非常好，计划生育率都在 94％ 以上，节育率也在 75％ 以上。我国从 20 世纪 70 年代实行计划生育政策，经过三十多年的实践，农民已清楚地认识到这一基本国策的重要性，这一政策的实施已经从强制执行过渡到自觉执行。但从计划外二胎、多胎的数字上分析，该数字在左家镇只占出生率的 0.8％，而在土门岭镇占到出生率的 6.3％，两镇相差 8 倍。说明在土门岭镇少数农民还存在着"养儿防老，多子多富"的封建思想。

3. 社会领域

表 10　　　　　　　　　　两镇社会治安情况统计表

	重大刑事案件	刑事案件	破案率％	治安案件	查结率％
左家镇	0	2	100	10	95
土门岭	3	7	85	28	64

（注：此表中的数字为每个乡镇近三年案件的总和）

这些数字说明，两个小镇的治安情况较好，三年共发生 3 起重大刑事案件。随着温饱问题的解决，农民在搞好家家户户的经济建设的基础上，更加关注各方面素质的提高，村民已经掌握了基本的法律常识。土门岭镇在治安案件上数目较大，说明该镇存在较多的打仗、斗殴、赌博、偷盗事件。

二、调查结果分析

从前面的背景介绍中我们可以看出，两所小镇所在的地理位置几乎相同，气候条件、农作物种植的种类及家畜饲养的种类也相差不多，但调查结果却显示两镇在总产值、人均收入、子女受教育程度、社会治安等方面存在着较大差异。产生这些差异的原因有许多，既包括主观因素，也包括客观因素。通过分析、研究，我们发现左家镇内的吉林农业科技学院这所普通地方高校对小镇经济、文化、教育的发展起着至关重要的作用。

作为一所地方农业院校，自 1988 年至今，学校在联合办学、科技培训、选点帮扶、园区建设等方面均取得了一定的成绩，积累了很多的经验，也受到了上级部门的好评。为把科教兴农工作不断引向深入，学校力求在科研、推广、生产一体化上有所突破。从 1996 年起，学校以科学技术为先导，以经济效益为中心，发挥特产技术密集优势，坚持科研、推广、生产三位一体，把握机遇，深化改革，真抓实干，把学院科教兴农推向新阶段。为进一步巩固和扩大以往的工作成果，进一步加大工作力度，发挥学校优势和特长，以投资少、见效快，并能加速农民致富的农业科技项目为突破口，建立教学、生产、科研三结合的示范基地。首先，根据单位职能和业务，确定帮扶领域，选择服务对象。如野生动物系 1996 年扶持榆树县建立饲料厂，深受养殖户的欢迎；同年，野生动物系成立科教兴农小组，与吉林市金珠乡结成"帮扶对子"，为农民举办多期养殖培训班，提高农民养殖技术，使全乡养殖收入由 1995 年的 2 050 元增加到 2 650 元。2000 年 4 月，该校药用植物系与长白县十道沟镇人民政府签订《关于合作筹建食用菌基地》协议书，由学校派出专业技术人员无偿搞好食用菌种源基地建设项目的设计，并按低于市场价、高于成本价的价格提供所需的一级菌种，一年后，学校以技术参股的形式参与收益分配，大大地提高了农民的收入。

其次，学院领导也鼓励教师走出学校，积极参与当地经济建设，组织教授、副教授职称的教师成立专家小组，赶科技大集，送科技下乡，鼓励专业技能较强的教师与农户"结对子"，并将这些工作算入教师工作量中，作为晋升专业技术职称的硬件。这些教师将所学的知识应用到实践上，使农户获得较大的经济利益的同时也了解了农民的需要，从而调整了授课计划、讲课内容及重点难点，既锻炼了自己的实践动手能力，又使培养的学生"下得去、留得住"。既适时调整了学院的人才培养目标，又为区域的经济建设作出了巨大贡献，使高等教育与区域经济、区域社会之间形成互相依托、互相促进、互相交融的紧密关系。

（一）经济领域的分析

高等教育区域经济功能不是高等教育经济功能所及空间范围的简单缩小，它在对区域社会的近距离作用中，发挥了某些特殊的作用。

1. 孕育区域新产业的功能

20 世纪 70 年代美国的"硅谷"，80 年代世界各地广泛出现的科技工业园区，都是依托高等学校而建成的，它们都依靠高等学校的科技成果、科技人才与科技生产相结合，使高等学校成为区域高新技术产业重要的"孵化器"。可以说，高等学校的优势学科和优势学科群，在高新科技产业化和产业高科技含量化的双重趋势推动下，高等教育的调整区域结构、促使区域新产业形成的作用越来越明显。左家镇多年以来一直以种玉米、大豆、水稻，饲养牛、羊、猪、鸡、鸭、鹅为主。自 1994 年以来，依托吉林农业科技学院的高新科技，已形成了多个具有较大经济效益的新产业。

（1）中药材种植

左家镇的耕地面积为 5 604 公顷，旱田 4 770 公顷，以种植玉米为主，少量种植大豆。1998 年开始，在学院药用植物系的扶持下，镇内部分村、社开始试验种植中药材，主要种植防风、黄芪、五味子、穿龙薯蓣、板蓝根、龙胆、细辛等中药材。经过几年的发展，一部分村、社中药材的种植已逐渐成熟，并形成了一定的规模，经济效益非常显著。

以马虎头村为例。马虎头村位于左家镇的北部，与特产研究所、农业科技学院为邻。人口1 455人，耕地面积201公顷，人均面积0.138公顷。种植中药材以前，人均收入为2100元。1998年春，村中4个农户与学院的药用植物系老师合作，种植两年生黄芪0.17公顷、防风0.15公顷、龙胆0.23公顷，到1999年秋，共收获鲜货1 995公斤，按市场价格，获利23 940元，扣去投入5 500元，纯获利18 440元，是种植同等面积玉米的4—5倍，大大地提高了农民的人均收入。从此以后，药用植物系与马虎头村结成互助单位，签订合同，由药用植物系提供中药材的栽培技术、田间管理技术、病虫害防治技术、农民的科技培训任务及中药材的包装运输及储藏要求，每年冬季，系里的老师利用学校的信息资源库为农户作市场信息分析、产品前景预测等一系列讲座，指导农户种植中药材的种类；而马虎头村则为学生提供实习、实验基地和场所，保证学生随到随学。到2003年春，村中共建立了百亩以上的中药材基地5个，村中90％的农户以种植中药材为主，人均收入达到3 954元，中药材种植已经成为马虎头村的主导产业。中药材种植在马虎头村取得较大成功以后，左家镇政府与药用植物系协商，扩大中药材的种植面积，由学院附近的马虎头村、马场村向于家、柳树、迎风村转移。现在，全镇中药材种植面积已超过150公顷，种药农户近500户，年出货量330余吨，产值达到400万元左右，农民人均增收百余元。

（2）食用菌种植

左家镇位于长白山余脉的低山丘陵地带，属于半山区，林地面积10 522公顷，森林资源丰富。每年秋季，农民都上山采榛蘑、松蘑等食用菌，由于连年过度的人工采摘，野生菌类资源匮乏，人工种植已成必然。从2000年开始，左家镇为发展庭院经济，聘请农业科技学院药用植物系的老师为食用菌协会的名誉会长，在对左家镇的食用菌栽培作了可行性分析后，以马场村10社为基地开始实验种植。为了使这一产业有效地开展起来，镇政府要求村干部带头种植，为农民作示范，让农民自己算一算种植食用菌的经济账，从而有效地调动农民种植食用菌的积极性。

马场村位于左家镇中心地带，与农业科技学院相邻。人口1 629人，农户512户，耕地面积211公顷（全部为旱田），人均耕地面积0.129公顷，1998年人均收入1 800元左右。为了提高农民的经济收入，1999年镇政府将该村10社定为食用菌种植实验基地，因为食用菌种植为庭院经营，只要在房前屋后搭起大棚，就可以种植，不占用大面积耕地，而且栽培料大多为农村常见的玉米芯、秸秆、锯末子、豆粉等原料，因此，这一产业一开始就受到了农民的普遍欢迎。为了使这一新兴产业长期有效地发展从而成为农民的支柱产业，左家镇特聘请农业科技学院药用植物系几位老师为技术顾问，负责提供栽培技术、日常管理技术、病虫害防治技术。1999 年冬，唐老师、宫老师为马场村 10 社农民举办了 3 期 50 多人参加的培训班，主要讲解平菇、香菇、金针菇、黑木耳的栽培要点、市场预测、品种介绍、操作程序及管理技术，有了学校老师作技术指导，农民对种植食用菌更加有信心了。2000 年 10 社农民共种植平菇 6 000 袋，黑木耳 5 000 袋。平均每袋平菇成本 1.8—2.5 元，袋产 3—4 斤，按市场价格每斤 1.5 元计，每袋赢利约为 3 元左右，5 000 袋共盈利 15 000元；黑木耳每袋成本 0.5 元，袋产 8 钱，按市场价格每斤 30 元计，每袋盈利 1.5 元左右，5 000 袋共赢利 7 500 元。农民们看到平时只种点零散小菜的房前屋后就有这么大的经济效益，纷纷学技术，种植食用菌，2002 年村中共种植平菇 22 500 袋、黑木耳 35 000 袋。平菇每袋成本 1.8—2.5 元，袋产 3—4 斤，按市场价格每斤 1.5 元计，每袋赢利约为 3 元左右，22 500 袋共盈利 67 500元；黑木耳每袋成本 0.5 元，袋产 8 钱，按市场价格每斤 30 元计，每袋盈利 1.5 元左右，35 000 袋共赢利 52 500 元。扣除前期建大棚的费用 30 000 元左右，仅此一项就获利 90 000 元，村中人均收入提高 55 元。两年的尝试让农民看到了效益，更加激发了农民种植食用菌的积极性。现在，村中家家户户利用房前屋后搭起大棚种植蘑菇、木耳，几个有头脑的年轻农民承包土地，扩大规模，有 12 个 100 多平方米的大棚，大大地提高了农民的经济收入，到 2003年，村中人均收入已从 1 800 元提高到 4 274 元。在农民收入提高的同时，学校的"食用菌栽培"这门课也有了较大的发展。一方面向农户提供菌种增加了系里的经济收入，经济收入的增加又使系里加大了向教师科研课题投入的经费，科研课题经费的提高又促进教师不断提高课题的质量和范围；另一方面，随着种植农户的增加，菌种的需要也大大增加了，这就加强了学生的实验操作能力。现在，食用菌栽培的实验部分已经从实验室搬到了农户的种植大棚中，农民与学校已经成为一个互利互惠、彼此依存的紧密关系。

2. 改造、完善区域传统产业功能

我国是发展中国家，全国 40 万个工业企业中，80％属于传统产业，其产值占国民生产总值的绝大部分，是整个社会生产的基础。也就是说，就是社会完全进入知识经济时代，具有这些社会功能的传统产业也不会消失，仅仅是这些产业的具体原料、生产过程和产品设备将随着科技进步而不断更新，因此，对传统产业进行改造是势在必行、迫在眉睫的。而地方高等学校是地方经济、产业发展的缩影，它与区域社会有着千丝万缕的联系，它对区域新兴经济和工农业生产实际有着最大的适应性，在某种程度上可以说它是依区域经济发展的必要性而创立，依社会的各种可能条件而生存和发展的。在对传统产业的改造工程中，地方高等院校担任着重要的角色，这也是高等学校的区域经济功能表现的主体。

高等学校对区域传统产业的改造功能主要体现在两个层面，一是以高新技术带动、渗透、改造区域传统产业；二是发挥现代科技向传统产业的普及的重要作用。我们知道，在一般情况下，高新技术的创新主体多为省一级以上的大学，而省一级以下的地方大学多发挥科技普及的作用。吉林农业科技学院作为一所地方院校，在自身不断发展壮大的同时，更多地发挥着科技普及的作用。它主要表现在：

（1）传播、推广现代生产观念、现代经济观念。农业科技学院通过各种社会职能、社会活动来向周边的地区传播集约化、信息化、专业化的现代生产观念，从而改变几十年一贯制的原始作坊式、初级加工型、以简单劳动力资源为优势的区域产业状况。通过传播建立在机械化、科学化基础上的生态大农业观念，使第一产业改变数千年来的畜力加人力的小农经济状况；通过传播依靠产品不断更新换代追踪市场需求不断创新生产，来赢得高额利润。左家镇在2000—2004年期间采用玉米缩垄增行、水稻简塑盘、"秦龙九"玉米种、"通王308"水稻等农村实用新技术大大提高了农民的人均收入。（见表11）

表11　　　　　　　　左家镇农村实用技术推广效益统计表

项目技术	推广范围	参照产量	增加产量	参照产值	增加产值	收益户数	人均增收
玉米缩垄增行	10公顷	2万斤/公顷	2.3万斤/公顷	8万元	1.2万元	8	600元
水稻简塑盘	40公顷	1.7万斤/公顷	2.1万斤/公顷	53万元	12.8万元	50	500元
"秦龙九"玉米种	30公顷	2万斤/公顷	2.5万斤/公顷	28万元	6万元	40	500元
"通王308"水稻	30公顷	2万斤/公顷	2.2万斤/公顷	48万元	4.8万元	30	800元

经济动物的养殖在左家镇有着悠久的历史，早在20世纪60年代，左家镇的乌鸡、鹌鹑、美国七彩山鸡等珍禽养殖业就已初具规模。80年代以后，左家镇兴起了养兔热，不管是街道还是村社，几乎家家都养兔，养兔业为农民带来了一定的经济效益，为了使这一产业有效地发展下去，保护、帮助农民养兔

的积极性，镇政府于 1985 年成立了左家镇养兔协会。随着改革开放的进行，人们看到鹿、狐狸、貂、貉市场行情好，有更广阔的发展空间，于是改变过去养兔、山鸡、乌鸡、鹌鹑等经济效益较低的品种，纷纷饲养鹿、狐狸、貂、貉、蜂、等一些经济效益较高的新品种。养殖这些动物虽然有较高的经济效益，但也需要较高的养殖技术。1990 年，左家镇政府根据农民的需要，将养兔协会发展为左家镇特产协会，聘请吉林农业科技学院野生动物系几位教学经验丰富、有着较强实践操作能力的教师为技术顾问，定期为农民作市场分析、品种介绍，孔雀、山鸡、火鸡等的育雏技术，貂、狐狸、鹿、麝鼠的养殖技术以及这些动物的防疫及常见病的防治技术报告，有了科技学院的技术支持，更加激发了农民养殖经济动物的积极性。据 2004 年左家镇统计，全镇共养殖鹿 1 525 头、狐狸 8 400 只、貂 14 980 只、貉子 4 000 只、蜂 2 160 箱、山鸡 53 000 只、兔 65 600 只。

现在，位于学院附近的马场村、马虎头村、小塘村每村都有十几户的经济动物养殖专业户，这些养殖户经过几年的发展，都获得了较大的经济效益，成为各村的经济致富带头人。

小塘村位于左家镇的西北部，与特产研究所、农业科技学院为邻。全村共有人口 1 329 人，农户 368 户，耕地 200 公顷（全部为旱田）。因为该村处于"两山夹一沟"的地理位置，村子周围林木高密，植被丰富，非常适合养鹿、山鸡等。2004 年村中有 14 户农民养鹿、狐狸、貂等经济动物。我们以三社的程宪奎一家为例进行比较，程家以养鹿为主，家中共有 5 口人，上有两位老人，下有两个儿子，家有土地 9.06 亩，主要种植玉米、大豆，一年的毛收入大约 12 000 元，扣除种子、农药、化肥费用及上缴各种税款，一年纯收入 7 500 元。自 1998 年起，该农户开始饲养梅花鹿，经过几年的发展，已由最初的两头发展成拥有 25 头梅花鹿的小型养殖厂，每年的纯收入大约 50 000 元。

（2）扶贫解困改变左家镇的落后面貌。贫困落后地区的特点基本上是"三缺"，即缺人才，缺资源，缺资金，而"三缺"的核心就是缺乏高素质的人才。农村人口人力资源虽然丰富，但是存在文化素质较低的问题，这严重制约了农村社会经济的发展和农村剩余劳动力的转移。左家镇的情况也是如此，在全镇 8 764 名劳动力中，只有 53 人具有大、中专学历，其比例仅为 0.6％，就是高中、职业高中毕业生也仅占到 10％，针对这一实际情况，左家镇充分利用吉林农业科技学院的教学、科研技术的高智能优势，一方面组织农村优秀青年开展以科技培训为主的综合性培训，向他们提供技术、信息和咨询服务，为他们讲解现代的生产观念，以培养农村致富带头人和建设社会主义新农村的中坚力量。（见表 12、表 13）

表 12　　　　　　　**2004 年左家镇"科技之冬"培训项目统计**

单位：人次

	养牛	养猪	珍禽	养兔	养鹅	食用菌	果树	粮食作物	中药材	狐鹿貉
河弯子	24	27	14	2	25	26	2	43	2	7
前娘庙	5	2	3		3	2	2	2	1	
塘房	9	5	4		9	1	3	32	1	
兴隆	26	9	4	1	14	44	1	131		
白庙子	5							15		
土门子	17	11	4	3	5	7	5	9	2	
于家	26	16	2	2	1	23	2	20	1	
王家岭	3	7			3	4		9		
石家岭	48	41	45	5	18	5	2	90	12	
梨树	36	78	24	7	16		11	120		
马厂	23	8	3			20	4	16	14	5
马虎头	24	9	3	9	9	6	14	15	16	3
小塘	23	21	40	13	14	3	5	15	3	18
万昌	10	4		5	10			20		
富山	15	10		5	10			20		
柳树	90	40			20			100	2	
洪家	10	2			5	5		20		
迎风	20	20								
大官地	20	10								
黄花		2	2		1			7	2	
前鸭河	12	15	5	2	25	3	6	24	4	
合计	446	337	153	47	188	149	57	708	60	33

表 13　　　　　　　　左家镇 2005 年"科技之冬"活动安排表

时　间	地点	培训内容	参加人数	主讲教师	备　注
2005.1.7	左家镇政府	食用菌	80	赵承忠	中药科学系
2005.1.13	小塘村	狐貉鹿	30	李　升	动物科学系
2005.1.14	石家村	珍禽	90	孙万福	动物科学系
2005.1.20	左家镇政府	养猪	110	董万福	动物科学系
2005.3.1	左家镇政府	养牛	170	张喜才	动物科学系
2005.3.3	左家镇政府	玉米水稻肥料高新技术	120	杨林杰 王孝甲 曾凡江	植物科学系 植物科学系 植物科学系
2005.3.8	马厂村	中药材	50	赵传彦	中药科学系
2005.3.10	左家镇政府	养鹅	110	张德森	动物科学系
2005.3.16	马虎头村	养兔	50	张　贵	动物科学系
2005.3.19	左家星火小学	果树	50	刘贤林 张忠宝	植物科学系 植物科学系

　　另一方面，因农业生产回报率低和城市就业相对较高的现金收入以及农村人多地少的矛盾冲突，农民工成为我国经济发展中一支独特的生力军，2003年我国共有 9 800 万农民进城就业，农民进城获得的工资性收入已成为农民现金收入的主要来源，也成为我国农民收入的主要增长点。据全国农村固定观察点办公室的抽样调查，外出就业的农村劳动力人均年收入 5 597 元，汇带回家的约为 3 472 元。据此推算，2002 年农民打工总收入约 5 278 亿元，汇带回家的约 3 274 亿元，由此可见，农民外出务工的工资性收入在农民日常收入中所占的比重是比较高的。为了使左家镇内的 4 000 名剩余劳动力都能有一技之长，左家镇政府又聘请学院的 70 名职业技能鉴定师对镇内的剩余劳动力进行职业技能培训，同时，聘请学院的法律教师为他们讲解法律常识。截止到去年，全镇 4 000 名剩余劳动力全部接受过一次培训，现在，这些人中 350 人出国劳务，400 人出省劳务，3 250 人在省内劳务。他们主要从事建筑业、搬运、保姆、业务员等工作，每年 6－10 个月的时间在外打工，打工的年收入在 3 000－5 000 元者居多，明显高于本地农村的平均年收入水平，已成为左家镇人均收入提高的主要部分。

表 14　　　　　左家镇农村剩余劳动力转移培训情况统计

	劳动力总数	剩余劳动力	餐饮服务行业培训	摄影摄像培训	家电维修培训	计算机培训	其他培训
左家镇	8 764	4 000	250	100	150	800	2 700

另外，学院充分发挥好咨询、参谋作用，使区域政府成为远见卓识、敢于和善于改革创新的区域经济发展优秀组织者。左家镇政府为了调动农民科学致富的信心，先后成立了中药材（食用菌）协会、珍禽养殖协会、养猪协会、养牛协会、经济动物协会、农村经纪人协会等六个专业协会，每个协会都聘请学院的资深教师为名誉会长，指导协会的服务工作，这些教师经常利用业余时间带领学生到会员家去走访，既随时解决了农民种植、养殖过程中遇到的技术问题，又锻炼了学生的实践动手能力，更主要的是培养了学生为"三农"服务的思想意识。

表 15　　　　　左家镇专业协会带动增收情况调查表

单位：万元

协会名称	覆 盖 范 围	带动农户	年经营额	农户收入	农户增收
中药材（食用菌）协会	马虎头、万昌、马场、河弯子、于家、迎风、白庙子、洪家、小塘、塘房	205	107	53	36
珍禽养殖协会	街道、马虎头、兴隆、马场、小塘、黄花、塘房、前鸭河、河弯子、王家、白庙子、于家、土门子	490	278	134	53
养猪协会	大官地、梨树、马场、迎风、前鸭河、黄花、兴隆、小塘	712	825	205	89
养牛协会	柳树、兴隆、石家、土门子、富山、万昌、马场、小塘、河弯子、于家、迎风、王家、白庙子、梨树	1 603	1 425	712	303
经济动物协会	街道、马场、河弯子、小塘、马虎头	436	845	498	214
农村经纪人协会	河弯子、马虎头、富山、于家、兴隆、小塘、白庙子、柳树、土门子、马场、街道	1 500	750	300	100
合　计		4 946	4 230	1 902	795

（二）文化、教育领域的分析

与政治、经济相比，文化与高等教育的关系有着更悠久的历史和传统，文化对高等教育有着更深刻、更潜在的影响力。我们知道，高等教育的根本任务是培养专门人才，使他们成为社会主义的合格建设者和接班人，同时它还依靠自身的优势，为社会提供信息咨询、科研成果、促进社会经济的发展和社会文明的进步。因此，可以把高等教育的文化功能概述为：通过文化的承继、选择、创造，在培养人才、促进社会进步中所显现出来的社会价值功能。高等教育集结了和产生着大批高智商的专门人才，从事专门性的物质文化与精神文化的研究和创造，在区域社会中，他们成为当地科学文化和人文文化发展的标志，是引导当地文化进步的龙头，被称为区域文化传播与发展的中心。尤其在知识经济时代，知识已成为社会的核心，社会的各领域、各层次以及各社会成员从来没有像现在这样对知识的强烈渴望，对知识产生强烈的依赖性，地方高校对人类的核心文化，通过多种媒体和渠道选择、传播、发展，成为区域中核心文化的辐射源。从某种意义上说，高校通过其文化功能导向社会文化，促进社会经济、文化和谐发展的社会价值，远远大于它直接参与社会经济活动所创造的有形物质价值。

1. 区域的文化选择功能

文化选择，就是人在对象性关系的逻辑基础上，根据内在与外在的现实条件，对自己的生存方式所作的选择。教育存在的价值就在于对人类文化传播其精华，摒弃其糟粕，把人类文化精华编入课程，有目的、有计划地将那些知识、技能、态度、理想传授给学生，将其培养成社会需要的人才，完成文化传承职能。高等学校为区域经济与社会发展服务，按其自身规律通过确定培养目标、课程及教材、教师及校园环境进行文化选择，这既是对区域文化精华的继承发扬，又是新文化选择的母体与基础。高等教育要直接有效地为区域经济和社会发展服务，首先应准确掌握区域文化传统，深入、准确了解区域状况，通过高校的区域文化选择功能的发挥，继承区域文化传统优势，有的放矢地选择融合外来文化，从而形成区域新文化。

吉林农业科技学院是一所以区域为服务及办学主要目标的地方院校，在发挥区域文化选择功能上，是以左家镇的总体进步为着眼点和落脚点。在左家镇内，物质文化既有农业、自然资源、工业等第一、第二产业，又有劳务性的服务业、金融业等第三产业，还有间接从事经济活动的政府职能部门，精神文化中有文化、艺术、教育、卫生等方面。由于文化构成的复杂性、综合性，该校在引导区域居民文化选择时充分考虑各类文化的协调发展，选择与当地的生产方式相协调的文化模式，以达到学校与地方社会共同发展进步。

2. 区域的文化传播功能

文化传播，就是将文化特质或文化元素从一个社会传递到另一个社会，从一个区域传递到另一个区域，从文化创造点向外扩散的一种流动过程。每一个民族文化中，绝大多数是通过传播而来的，人类正是通过使用、控制传播媒介，才使得文化得以传承、共享、延续下去的。地方院校是区域中目的性最强，系统性、科学性、负载信息量最大，基础性与现实性、地域间的普遍性与差异性兼顾的文化传播媒介，在加强文化传播的速度、质量，提高区域人民的文化素质上有着不可推卸的责任。

吉林农业科技学院为了自身更好地发展，更为了区域的经济、社会各方面快速发展，积极发挥着区域文化传播功能。

首先，充分发挥"三馆一园"的作用，营造和谐的、文化的、学习的校园气氛。学校内园林、雕塑以及图书馆、标本馆、实验室，各种文体设施、活动都散发着时代风采和知识底蕴。它们不仅为师生的学习研究提供了协调的外部环境，也为附近的农民领略高雅文化作了感观的启迪，潜移默化地提高农民的文化素养，引导他们处理好闲暇的时间，从而形成良好的区域文化氛围。

该校拥有东北地区最大的标本馆，面积 500 平方米，主要以收藏、展示经济（药用）动植物标本为主，分为动物标本展区和植物标本展区。动物标本展区收藏动物标本 180 件，植物区共有 1 500 多件标本。这些形象逼真、姿态各异的动植物标本，在百余幅珍贵照片和自然布景的衬托下，配合简洁准确的文字诠释和生动的导游解说，充分显示了它的展示作用和社会影响力。作为基础教学设施，它不仅宣传和保护自然、热爱生命，在弘扬绿色文明的公众教育中，也发挥了积极的作用。

学校建有占地面积 200 多平方米的体育馆，一层为国家标准的篮球场地，二层为能容纳 30 个乒乓球台的乒乓球馆，这里经常组织各种比赛，丰富了广大师生的业余文化生活。同时，这里也为农民提供体育比赛的场所，左家镇每年的篮球赛、排球赛、运动会都是在该校举办的，为了使比赛能公平、公正、安全、顺利地举行，学校派出专业的体育教师担任裁判，这些举动不但使每一次活动都圆满完成，更主要的是激发了农民的积极性，形成了全镇 21 个村，村村有体育标兵的好风气。

学校的图书馆占地 5 100 平方米，拥有图书 20.4 万册，各种中文期刊 520 种。主要收藏农业经济、畜牧、药用植物、野生动物、农畜特产品加工、综合性图书以及国内外各种动植物专业工具书、百科全书等文献资料。除了满足学生、教师的学习、科研外，为了满足农民学习知识的需要，图书馆特开辟了"农民卡"业务，每个农民只要交纳一定的抵押金就可办理一张农民借阅证，定期借书、还书，这一举动得到了农民的极大欢迎。图书馆的电子阅览室也向农民开放，极大地方便了农民上网查阅资料，收集信息。

2003 年，该学院被确定为"吉林左家特产生态观光园"和"吉林市生态教育基地"，年接待游人逾万人。在这里，人们不仅开阔了视野，增强了自然资源和野生动植物的保护意识，启发和加强了生态道德观念，同时，也激发了对大自然的热爱和保护自然与生物的责任感和使命感。

其次，"请进来，带出去"，全面开放学校的实验室、实习厂、幼儿园，加大学校与地方的全面接触。为了提高镇内农民的素质，开阔眼界，使他们能尽快接受现代的生产知识，该校的实验室定期对外开放。左家镇星火小学总是组织学生参观学习，为了达到更好的效果，每个实验室都有一名教师进行讲解，回答孩子们的问题。同时，学校的化学、土壤、解剖、生理、药理、病理、中药等实验室，也对农民开放，农民可以拿着自家的土壤到实验室测定土壤的酸碱性，以确定种植作物的种类。也可以将有病的动物带到学校的动物医院来治疗，更可以将病死的动物先拿到解剖实验室进行解剖，再拿到病理实验室作病理鉴定，找出动物感染了哪一种细菌、病毒，以便对症下药，预防大面积的瘟疫。几年来，学校的动物医院已经为镇内的农民出诊 1 500 多次，减少经济损失 56 万元左右。现在，动物医院已经完全接手了镇内农户鸡、鸭、鹅、牛、羊、猪、鹿、貂、狐狸、貉子、山鸡、孔雀等动物的疾病预防、诊治工作，定期为农户的家禽、家畜打疫苗，因为动物医院每学期都有学生实习，老师们将学生分成科技扶贫小组，经常带领他们到养殖户家中检查动物的疾病防治情况，向农户们传授先进的疾病防治技术、养殖技术及日常管理，受到农民的一致好评。

学校的食堂、公寓、动物厂、药植园、葡萄酒酿造厂等实习单位雇请了240 多名农民来工作，在这里打工的农民不仅增加了工资收入，更主要的是开阔了眼界，学会了技术，增长了知识，改变了以往落后的生活方式，接触了现代先进的思想、意识。尤其在对待子女的教育问题上，纠正了以往"孩子想念就念，不想念就不念"的落后思想，以学校的教师、学生为榜样，鼓励孩子念书，鼓励孩子学习先进的科学文化知识，成为对社会有较大贡献的人。

学校的幼儿园也对外开放，积极吸收农民的孩子入托，使这些孩子从小就与现代的生活方式、生活习惯接触，不但自己养成了文明的行为，甚至影响父母养成文明的生活方式。这几年，农民子弟考上大学的比例明显增多，从表 8 左家镇子女的入学情况就可以看出。

第三，"走出去，带起来"，丰富农民的文化生活，全面提高左家镇居民的各方面素质。为了全面带动左家镇的整体情况，使农民广泛与学校的专家、教授接触，随时帮助农民解决生产、生活中遇到的问题，学校组织知识经验丰富、实践能力强的一线教师定期赶科技大集，将教师掌握的新技术、新方法随时传给农民，带动农民科技致富的积极性，更让农民认识到只有依靠科技，才能走上致富路。

学校的学工处每月组织学生到镇内的养老院，军烈属、五保户家中去问寒问暖，帮助他们擦窗扫地，拆洗被褥，给老人剪指甲、洗头，干些力所能及的活，同时，为老人表演节目，唱歌跳舞，给老人带来了欢声笑语。这项活动已经坚持十年了，已有几千名学生参与到活动当中，这些平时娇生惯养的独生子通过这个活动在思想上受到了教育，体会了父母的养育之恩，也为社会上敬老、爱老风气的形成起到了推进作用。

（三）社会领域的分析

高等教育的区域社会功能是从建立共同的物质生产活动基础上，人们交互作用、相互联系的社会整体发展的角度和社会学的角度来探索高等教育的作用。教育最基本的功能是人的培养，现代化最基本的因素是国民素质的提高。而社会的现代化实质是人的现代化，社会现代化程度越高，要求人的素质越高。经济发展的政治环境、体制环境在逐步改善的同时，国民的素质更应该提高。要想提高国民的素质，首先应该提高国民整体的先进开放的社会理念、道德伦理水准、科学文化水准、顽强的创新意识、不竭的创造力等等，使整个社会具有良好的社会道德风尚，高雅的文化品味、较深的科技文化蕴含、蓬勃的创新意识和能力，为经济及社会的持续发展奠定基础。这就要充分发挥高等学校的作用，使其成为区域社会持续发展的奠基工程，通过高等教育行为、高等教育功能，使区域居民接受良好的人格教育、伦理教育、现代理念教育、现代科技文化教育和社会人文道德教育，即适应于区域经济与区域社会发展需要的区域居民现代化素质教育。

吉林农业科技学院对区域社会的现代化辐射功能主要表现在丰富的科学知识和先进的科学理念的传播、价值观念和生活方式的现代化、全民教育和终身教育理念的形成等几方面。

1. 丰富的科学知识和先进的科学理念

人类社会从以劳力资源的占有和配置为主的劳力经济的农业社会，到以自然经济资源占有为主的资源经济的工业社会，现在又进入了以知识资源的占有和配置为主的知识经济的后工业社会。随着人类对现实世界认识的加深，人类越来越深刻地认识到知识的重要性。科学技术知识已成为新时代生产的重要依托，是创造财富的真正源泉。

2. 价值观念和生活方式的现代化

随着社会经济的日益现代化，人们的生活方式也趋向现代化，生活方式现代化的主要标志是物质生活水平的极大提高，闲暇时间不断增多，精神生活极大丰富，精神生活在整个社会中比重不断提高，人们健康水平不断提高，等等。

3. 全民教育和终身教育理念的形成

现代化社会应使社会的每一个成员人人都有受教育的权利，实施全民教育，促进教育机会平等是当今世界教育改革的重要课题，并且成为各国教育改革进程的主要趋势。区域居民现代化素质的普及与提高，地方高等学校发挥着特殊的作用。这是因为：第一，地方高等学校的办学目标主要是为地方经济及社会发展服务，地方社会对地方大学的各种制约关系决定它要面对地方，服务地方，在满足地方社会发展的种种需求基础上，求得学校自身的生存与发展；第二，地方高等学校的地理位置决定作为高等教育机关，它是最先最直接接触、感受、了解地方社会发展进程中对高等学校的种种需求，同时，地方高等学校的层次决定它的办学形式灵活，具有较宽松的改革、试验、探索的空间，地方社会可以向它提出自己现代化实践中的各种问题，它可以调动、挖掘和创立高等教育各种功能，全方位满足这种要求。因此，地方高等学校在整个社会向终身学习体系过渡过程中，发挥着先锋、表率的作用。主要方法有：协助地方建立各种社会教育团体、机构，支持民间文化教育事业发展；建立函授、进修等各种成人高等教育形式，充分发挥自身的社会教育作用；提供学习情报信息，建立学习情报信息网；将高校教育活动与区域社会的教育、文化活动相结合，共同开展区域经济、科技、社会生活、文化等多方面的研究课题；把高等学校的教育活动与企事业单位的职业活动联系起来，使高教系统与企业之间建立起互补的伙伴关系。

（四）高等教育区域功能的负功能分析

以上我们所分析的是高等教育促进区域经济、社会发展的方面，属于高等教育区域功能的正功能，是高等教育区域功能中的积极部分、主体部分，它顺应社会的发展方向，促进社会的进步，是高等教育在区域的人才培养、政治、经济、文化及社会发展进步中的积极作用。高等教育的区域正向功能结合地方特色，通过传播、移植、应用、创新社会新理念、新科技、新文化来实现促进区域的发展，促进区域社会的整体进步，以获取区域的新的特色和更高层次的优势，以增强区域社会整体发展的进步。

人们研究高等教育的区域功能时，较多的是探讨它的正功能范畴，但事实上，高等教育的区域功能也存在着负功能范畴。所谓高等教育区域功能中含有的负功能因素，是指其在大环境和长期历史时期中可能显示出的某些局限性和损害作用，造成对个人发展与社会进步的消极影响。比如，由于急区域社会发展需求所急，没有处理好局部适应与整体适应、近期适应与长远适应的关系，而导致"教育的短期行为"，甚至造成高等教育在科技进步与创造社会文明中表现出"无后劲"。它是高等教育区域功能中的消极因素，居于次要地位，但也应引起我们的重视，只有对它进行客观、公正的分析，才能更好地发挥其功能的积极一面，抑制其功能的消极一面。

吉林农业科技学院在促进区域社会、经济等方面积极发挥着高等教育区域功能的正功能作用，但由于作为一所地方院校与区域有着较为密切的接触，由此易产生以下问题。

1. 办学目标短期行为化

为迎合区域社会的需求，获得更高办学效益，形成了重应用、轻基础，重技术、轻理论，重眼前效益、轻长久学术发展等问题，从而导致学校的学术水准下降，人才质量失去了对社会长远适应的基础。该校自1990年起开始招收初中毕业的四年制中专生，因当时社会对这种毕业生需求量也非常大，学生毕业后都能找到理想的工作，开始几年生源非常好，为学校带来了较大的经济效益，但由于学校没有认识到随着改革开放的进行，社会对人才需求的质量有所提高，自1995年起，中专生毕业后的就业出现问题，导致95－98共4届1 000多名毕业生找工作出现困难，既影响了学生个人的发展，也给学校的声誉带来负面的影响，一度曾严重影响了学校的招生情况。

2. 教育质量的下降、创新功能的萎缩

作为地方院校，为区域社会全面开放、全方位服务是必要的，但是，若是无限度地开放，背离了高教规律的全方位服务，就会引发教育质量的低层次循环，在满足区域社会的各种需求中，更多的知识、研究课题是属于普及型的，创新因素含量较高的提高型较少，这样会影响高等教育的质量和创新功能。在吉林农业科技学院也出现了类似的情况，由于学院面对的主体是地方，学院的科技成果及著作、论文等多以省级、市级为主，对于有较大创新水平的国家级成果出现了短缺，甚至空白。

三、启示和建议

（一）发挥高等教育区域功能的启示

党的十六大提出了到2020年全面实现小康社会的奋斗目标。中国要实现全面小康关键在农村。没有农村的小康、农民的小康，就不可能有全国的小康、全民的小康。因此，全面建设小康社会的主体对象是农民，工作的重点和难点在农村。"小康社会"具有全面性，即小康不仅是经济上的小康，而且还是政治民主、科技发展、文化繁荣、生活质量提高、人的全面发展的小康。教育作为人力资源生产者，决定着劳动力的素质和人民精神生活的丰富程度，教育的改革和发展是全面建设小康社会的应有之义。将大学下移，将有利于高等教育区域功能的发挥并进一步促进农村终身教育体系的构建，保证农村居民享有接受良好教育的机会，提高农村人口的思想道德素质、科学文化素质和健康素质，这不仅仅是全面建设小康社会的一项重要目标，而且是全面建设小康社会的重要动力源。

吉林农业科技学院是一所地方农业院校，位于较偏远的左家镇，距最近的吉林市 40 公里。多年来，该校的全体师生员工一直为学校的生存发展努力工作，学校领导多次组织召开教学工作会议，进行教学改革，适时调整教学计划、培养目标，鼓励教师献计献策，共同商讨学校未来的发展方向，以便培养的学生更能适应社会的需要。经过多年的努力，2003 年该校升格为本科院校。学校在自身发展壮大的同时，积极带动周边地区的发展，从前面的调查与分析中我们可以看出，该校通过发挥其区域功能的作用，已经实实在在地为农村的经济和社会发展服务，实实在在地促进了农村人口素质的提高，推动了农村经济社会的发展。至此，我们可以作出肯定的结论：高等教育的区域功能在现代社会的广泛领域发生着、发展着；高等教育的区域功能在现代社会及可预见的未来社会具有极其重要的意义；发挥高等教育的区域功能对实现农业的现代化、产业化、城镇化有着举足轻重的作用，是全面实现小康社会的有力保障。因此，通过对高等教育区域功能的个案研究，我们获得了许多宝贵的启示。

1. 高等教育的区域功能将极大地促进周边地区经济、文化、社会的发展

从前面的案例中我们已经看到，位于左家镇内的吉林农业科技学院对左家镇的发展起到了巨大的推动作用。

在经济方面：首先提高了镇内农民的人均收入，与处于同一地理位置的土门岭镇相比，农民的收入有较大的提高，农民收入的提高意味着农民温饱问题的解决，使农民能将目光放长远，更多地考虑子女教育问题，有精力、物力、财力为子女及家庭今后的发展作出一个合理的规划。其次在学院的带动下，左家镇的农民已从传统的农业耕种中解放出来，种植业多以经济效益较高的中药材、食用菌为主，养殖业多以经济动物为主，这一简单的变革让农民获得了实实在在的收入，使农民更加相信科学，更加依靠科技，更想靠科技致富。

在教育、文化方面：温饱问题的解决，使农民没有了后顾之忧，靠科技致富，使农民更加相信科学，对科技的依赖使农民更加注意自己及子女的教育问题。在子女的教育上，积极引导教育孩子知识的重要性，有意识地让孩子多读一点书，把子女的教育费用作为家庭主要的一项开支。这一点从前面的数据中

可以看出，左家镇子女受教育情况明显好于土门岭镇，高中的入学率高出 5 倍，在所有上高中的学生中 90％都考上本、专科学校，在左家镇历届毕业生中共有三人考入清华大学。在自身的学习上，这些农民会利用冬季等非农忙季节积极参加镇内组织的各种培训班，以提高自身能力，为明年的发展找好项目，获取资料。

在社会方面，农民将主要精力放在科技致富及子女教育问题上，很少出现聚众赌博、打仗斗殴现象，社会风气有了明显的好转，农民素质有了极大提高。从表10 我们可以看出，左家镇三年共发生刑事案件 2 起，治安案件 10 起，这个数字对一个乡镇来说，是很低的，说明农民的素质的确有了较大的提高。

通过这个案例分析，我们得出结论：改变高校布局，将大学下移，主要是地方高等农业院校下移，将有利于区域社会的发展，将极大地推动区域内经济、教育、文化发展的步伐，是建设社会主义新农村、实现小康社会的行之有效的方法。

2. 大学下移将加快农村高等教育体系的形成

目前，制约中国农村发展的主要因素之一是缺乏热爱并了解农村、农民和农业的高级专门人才。现有的农村教育，从根本上讲是"在农村"为城市培养高级专门人才。我国现有的高等学校（包括地方农业类高等院校）都在培养城市需要的人才，现有高等教育培养的高级专门人才很难通往农村。当今社会，技术密集、智力密集产业的就业比重显著上升，就业机会倾向于智力密集的群体，经济分配也主要以知识的占有量为基础。然而，我国广大的农村仍然处于农业经济形态，要使农村摆脱贫困，必须促使其经济形态发生转变，而实现其经济形态转变的唯一途径是建立和发展面向农村的高等教育体系。

农村高等教育体系是依据科教兴农的要求，满足农村人口接受高等教育和多方面发展的需要，为农村培养适用人才和农村教育全面实施素质教育的"立交桥"。农村高等教育体系立足于农村经济和社会发展的需要，着眼于农村人口整体素质的提高，致力于使学习者具有适应农村生存与发展需要的良好文化基础和适应农村生产生活的适用技能，为农村培养多方面多层次的留得住、用得上的适用人才。大学下移，即把高等院校开办在县（市）、乡镇可以大大加快这一体系的形成。

首先，在我国现有条件下，农村高等教育体系的建立是以普通高等院校为依托，以地市高等院校为龙头，以县（市）农村社区学院为中心，形成辐射乡镇的分散性网状结构。我们知道，在辐射点附近，辐射强度最强，随着距离的加大，辐射强度将逐渐减弱。开办在中心城市的高等院校作为一个辐射点，对学校周边的城市地区有着最强的辐射能力，随着距离的加大，到农村地区时，它的辐射强度已明显减弱，而开办在乡镇的高等院校作为一个辐射点，对周边的农村地区有着最强的辐射能力，这种辐射能力主要体现在两个方面，一是经济方面，高校的高科研成果、高科技人才极大地促进了周边地区经济的发展；二是社会方面，高校的高素质人员、高层次文化氛围对改善社会环境，提高周边地区人民物质和精神生活水平有着较大的作用和影响。

　　其次，开办在乡镇的高等院校可以解决中国农村教育长期以来存在的教育资源匮乏、师资水平较低、办学条件较差的问题。高校丰富的教育资源可以为当地农民提供高质量教育服务，使周边地区的农民有机会、有条件接受先进的生产、生活方式，尤其是高校的图书馆、网络等资源极大地开阔农民的视野，更新农民的观念，较高的师资水平和办学条件让当地农民直接接受科技前沿的资料，使那些没有升学的初中毕业生、高中毕业生也能接受高等教育，获得多方面发展的能力，从而提高农村人口的素质。

　　第三，大学下移有利于农村社区学院的建立。农村高等教育体系的实施以县（市）农村社区学院为中心，从目前情况来看，我国的县（市）农村社区学院还不完善，许多地方的社区学院还没有建立起来，即使有少数地区建立了社区学院，但它们的教育资源、师资水平、办学条件比较落后，无法满足学员的学习需要。大学下移，即把高校办在县（市）或乡镇，将有利于社区学院的建立。高校能与社区学院资源共享，这种共享不仅包括师资方面，更主要的是实验设备的共享，高校所具有的高尖端科研设备，可以为社区学院的广大师生提供较好的实验设备，以弥补社区学院办学条件的不足，从而推动社区学院的辐射能力，促进农村高等教育体系的建立。

　　3. 大学下移有利于终身学习化社会的实现

　　大学下移将会带动农村社区、城镇各方面的发展，将大学的人文气息渗透到农村社会中。大学不仅培养高、精、尖人才，大学还将发挥其政治、经济、文化、科技的辐射功能，最终为终身学习化社会的实现起到"催化剂"作用。从人口分布看，终身学习化社会体系组成部分的继续教育、成人教育、职后教育的最大需求者在农村。很难想象一个农民为了提高自身素质，要用较多时间，花费较多路费，赶到省城或首都接受教育、培训。空间上，没有高等教育星罗棋布的布局，终身学习化社会就是一句空话。任何现代计算机网络技术都取代不了直接的师生面对面的教育过程。据统计，我国 1990—1999 年新增劳动力总数为 1.89 亿人，其中大专以上技术人才仅占 3.5%，中专、技校、职业高中毕业生占 14.5%，只接受过初中教育的占 46%，有 36% 的新生劳动力还达不到初级技术所要求的文化程度。目前，我国低素质的劳动力绝大多数留在农村，形成农村庞大的剩余劳动力市场，供过于求的现状将长期存在。这是农村经济和社会发展在资源层面需要解决的一个根本性问题，也是我国农村将长期面对的人才资源的形势。而将部分高校，特别是农业院校开办在农村地区将有效地改善这一局面。

4. 大学下移有利于加快我国农村城市化的进程

众所周知，小康社会的全面实现取决于三农问题，三农问题解决的关键是必须改变 8 亿多农民围绕土地谋生的现状，把大量农业人口从农村转移出来，把剩下的土地交给有能力的农民搞规模经营，以求降低成本，提高效益，增加收入。如何使大量农业剩余劳动力向非农部门转移是关系到农业发展、农民增收以及整个国民经济健康发展的重大战略问题。据分析，城市化每增长一个百分点，就可以拉动 GDP 增长 1.5 个百分点，对经济发展起着巨大的促进作用。因此，只有顺应经济发展的规律，积极引导农村剩余劳动力向城市转移，推进城市化进程，农村剩余劳动力问题才能得以解决，才有利于我国实现城乡经济社会的共同发展。

城市化的发展可以使更多的农民摆脱土地的束缚，从事第二、三产业的生产，这样既可以增加这一部分人的收入，农村也因大量剩余劳动力的转移，减少了直接从事农业的劳动力数量，相应增加了农业劳动力的人均自然资源，使得规模经营成为可能，留在农村的农民收入会因此得到大幅度的提高。农民收入的提高，必然会带动国内需求的稳步增长，从而推动经济的持续发展。另外，城市化在改善农民收入、生活水平的同时也为农村经济发展带回资金、技术和劳动致富的新观念。但是，在农村城市化的过程中，必须提高农民的科技文化素质，美国经济学家米凯·吉瑟研究证明，在农村地区，教育水平提高 10%，将多诱导 6%－7% 的农民迁出农业，按照净效应，它将把农业工资提高 5%。而大学下移将加速农村高等教育体系的建立，使许多新生劳动力能够接受高等教育，大幅度地提高农村教育水平，将农村人口从农业向非农产业转移，从而形成生产要素的集聚，并产生辐射作用，促使经济增长方式由粗放型向集约型转变。因此，为农村人口提供高质量、高水平的教育，是确保农业劳动力转移的一个有效措施。农村的劳动力不断由农业转为非农产业，人口以及经济活动不断由农村向城镇聚集，整个农村地区出现了城市化、工业化的趋势，农村经济结构发生转换，逐渐达到更高级阶段。

（二）建 议

1. 建立以大学为中心的农村科技园产业

21 世纪，我国农业和农村经济已进入一个新的发展阶段，为了确保农业增效、农民增收和农产品国际竞争力增强，今后工作的出发点和落脚点放在了

"建设现代化农业，发展农村经济，增加农民收入"，大力推进农村小康社会的建设这一重大任务上来。不断强化农业的基础地位，全面推进农村经济发展，尤其是加入世界贸易组织后，农业科学技术迅猛发展，各地都在努力把高新技术成果迅速地向农业领域转移，通过创办农业高新技术开发区、科技园和现代农业示范区，加快利用高新技术改造传统农业的步伐。据不完全统计，2000年低，国家、省级农业科技园区和示范区已达 1 000 多个，市、县级不同形式的农业科技园区约 3 000 个左右。实践证明，广泛建立农业科技园是较快地提高我国农业科技进步的一条重要措施，是推进我国农业现代化的一条新路。

农业科技园要做到基础设施和生产技术先进，离不开地方高等农业院校的技术指导。科技示范园只有广联高等农业院校，及时地引进各种先进的科技成果，为己所用，这样才能使农业科技园区紧跟科技潮流。因此，农业科技园应以地方高等农业院校为中心才能进一步发展。农业科技示范园在建立之前要进行一系列考察、分析、评估、论证，包括选址、投资规模、规划、布局、产业方向、产品结构、市场定位等相关的工作应依靠地方高等院校的技术指导。高等农业院校在本着互惠互利原则的基础上，选拔一批技术骨干直接参与示范园的规划，积极参与农业科技示范园的创建。农业科技园在规划建设时，地方高等农业院校要主动与企业挂钩，采取各种形式建立合作关系。农业科技园应该是和农业、农村、农民息息相通的开放型示范园，这样有利于示范园内外相互交流促进，促进农业科技成果的转化和推广。农业科技示范园的建设与发展离不开高等农林院校的支持和合作，同时农林高等院校需要将自己的科研成果转化和推广。鼓励高等农林院校的科教人员积极投身到农业科技示范园建设中去，既为科技创新服务，也为自身改革发展探索新的道路。农业科技示范园首先是一个农业企业，它的发展必须要有超前的技术、旺盛的市场需求和现代的企业管理手段，而这些皆需要具有一定的专业知识、市场开拓能力和经营管理才能的科技人员才能胜任。高等农业院校是培养农业高级专门人才的摇篮，也是知识创新和技术创新的重要源头。充分发挥高等农林院校的这一优势，为农业科技示范园区代培生物技术、设施农业、农业工程等方面的技术人才，以及农业科技示范园区急需的经营管理人才。

2. 地方农业院校应为当地农民提供接受高等教育的平台

我国是一个农业大国，13 亿人口，9 亿人口在农村，有 4 亿多农村劳动力。"三农"是党和国家始终十分关注的重大问题，是工作的重点和难点。而解决"三农"问题的关键是农民自身文化科技素质的提升。来自《2001 中国农村统计年鉴》的数据显示：每百名农村劳动力中，大专及以上人数为 0.48人，中专人数为 1.83 人，高中人数为 9.31 人，初中人数为 48.07 人，小学人数为 32.22 人，文盲及半文盲人数为 8.09 人；农民文化程度指数（接受文化知识教育的平均年限）为 6.55；农业科技人员数（每万人中）为 5.29，而发达国家农业从业人口中接受过正规高等教育者达 45％－65％。尽管我国是农业大国，但农业工作者的社会地位一直很低，长期得不到较高的社会认同。农业较低的劳动生产率和艰苦的生活状况致使广大学子产生了非农偏好、脱农为荣的观念。在高考志愿填报上，城市居民倾向于高等农业院校的只有 1.6％，农村居民把高等农业院校作为子女求学首选学校的不到 13％。在录取中，农业院校一般在最低分数线附近徘徊，有的专业新生不报到率高达 14％，根本完不成招生计划。要改变上述情况，地方高等农业教育应向农民开直通车，具体做法是：

（1）要对农林高校农科专业招生制度实行政策倾斜，允许农林高校自主招生，自主考试录取，大量招收具有高中文化和一定农业生产经验、立志务农的农村优秀青年，培养农民身份的大学生，为农村优秀青年继续深造创造条件，打通农村有志青年通向高等农业教育的通道，为每一乡、村基层培养几名留得住的农业高等人才。

（2）对毕业后愿意到农村基层工作的大学生，实行免费（含学费和生活费）或低收费培养方式。这样做既能解决农民子弟读大学难的问题，还可能吸引部分优秀学生读农务农。需要强调的是，培养农民大学生所需经费必须主要由国家和省级财政负担。

（3）农民大学生面向农村基层，应根据区域农业发展需要，开设通往"三农"的学科与专业来培养实用型、技术型农民大学生。比如，广东省农业呈现新的发展趋势：由单一的种植业变成了农、林、牧、副、渔等多业并举，种（植）、养（殖）、加（工）、贸（易）一体化的大农业格局，并向产业化、规模化、国际化推进；农村产业结构正由单纯的农产品生产向产前、产中、产后延伸，一、二、三产业相结合，农、工、贸一体化。显然，培养大田作物栽培专门人才的传统农学专业已不能满足农村基层的需要，只有将其改造、整合、提升为"现代大农学专业"，培养"种、养、加工相结合，农、工、商、管一体化"的复合型、实用型、技术型大农业"通才"，才能满足现代"三农"的需要。

（4）大力发展地方农业院校的成人高等学历教育，充分发挥其直接有效地提高在职从业人员素质的作用，促进农业科技的大发展。这既是地方农业院校为促进地方农业经济和农村社会进步责无旁贷的任务，也是地方农业院校进一步深化教育改革、主动适应社会和加速自身发展的需要。但是，诸如人们受传统农业观念影响而缺乏现代农业意识、缺乏对农业科技教育重要性的认识问题，社会对农业干部的使用缺乏严格岗位规范要求的问题，农业系统在职从业人员的收入偏低，使个人难以支付学习费用的问题，以及国家对成人高等学历教育招生考试制度一刀切的问题等等，导致地方农业院校成人学历教育生源严重不足，许多地方高等农业院校难以完成招生任务。

据此，对目前实行的成人高考招生制度在地方农业院校可试行如下措施：

（1）改革报名考试时间，试行冬季报名考试、春季入学的制度，将现行的报名考试时间由 3 月初至 5 月初改为 10 月下旬至 12 月下旬，翌年 1 月录取，2 月份入学。这样不仅可以使农业在职从业人员在农忙季节安心工作，而且也可以使他们利用农闲季节有足够的时间和精力认真复习准备应考，有助于保证和提高学生入学质量，有利于增强他们参加考试的信心，扩大生源。

（2）试行推荐免试（或加试一定专业知识技能）入学和单独考试招收实践生制度。

对已经取得农林中专、职业技术学校、农业广播电视学校和农林中专自学考试毕业证书，且在岗位参加工作一年以上的农业在职从业人员，由本人申请，单位推荐，省招生管理部门审核批准，实行免试（或加试一定专业知识技能）进入地方农业院校成人高等学历专科对口专业学习。

对高中毕业（或同等学力）参加工作两年以上，具有一定实践经验的农业在职从业人员，由本人申请，单位审查推荐，在省招生管理部门的统一组织和指导下实行单独考试，单独划线录取，进入地方农业院校成人高等专科对口专业学习。

国别研究

美国应用型人才培养研究

美国的职业教育已有近140年的历史，走过了一条健康而又曲折的发展道路。在杜威思想影响下形成的美国职业技术教育，具体的做法是在普通中学里蕴涵职业能力的培养，而不是大量地开设专门性的职业技术学校。20世纪70年代美国的生计教育运动，也旨在消除职业教育与普通教育的鸿沟，强调教育与现实生活的联系。美国实行单轨制，中等教育开设职业教育方面的课程，承担着职业教育的任务，而专门进行职业教育的职业技术学校并不发达。美国义务教育阶段普通教育和职业教育的界限不明显，职业教育与普通教育两者相互融合。美国应用型人才的培养强调学校与实践工作的联系，以及教育与生活的联系，重视农村地区和成人职业技术人才培养和培训。

一、美国学制和职业技术教育管理体制

（一）美国学制

美国教育实行的是单轨制，实施12年的义务教育。美国各级各类教育主要是由各州教育委员会和地方政府管理，学校分为公立和私立两种。由于美国实行地方分权制管理，所以各州学制不一。如下页图1所示，大体可以划分为：（1）学前教育阶段：包括保育学校和幼儿园。（2）一至六年级初等（或基础）教育阶段。（3）七至十二年级中等教育阶段，学生在这一阶段学习有关学术的、职业的和技术的知识。在整个义务教育阶段，各地区学制有所不同，分别有6－6学制（6年小学和6年综合中学）、6－3－3学制（6年小学，3年初

级中学和 3 年高级中学）、4－4－4 学制（4 年小学、4 年中间学校以及 4 年制中学）和 8－4 制（8 年小学和 4 年制中学）。（4）十三年级以后：高等教育阶段（专业的，职业的，技术的学院与大学），其中十三至十六年级有两年制的初级学院、技术学院和四年制的大学本科。十七至十九年级的学制包括两部分：一是硕士学位和博士学位修业阶段，二是学制 3 年的专业学院，主要是医学、神学和法律的专修。十九年级之后则为博士后修业和研究阶段。在美国的整个学制中，成人教育计划可以由初等、中等和高等教育水平提供。

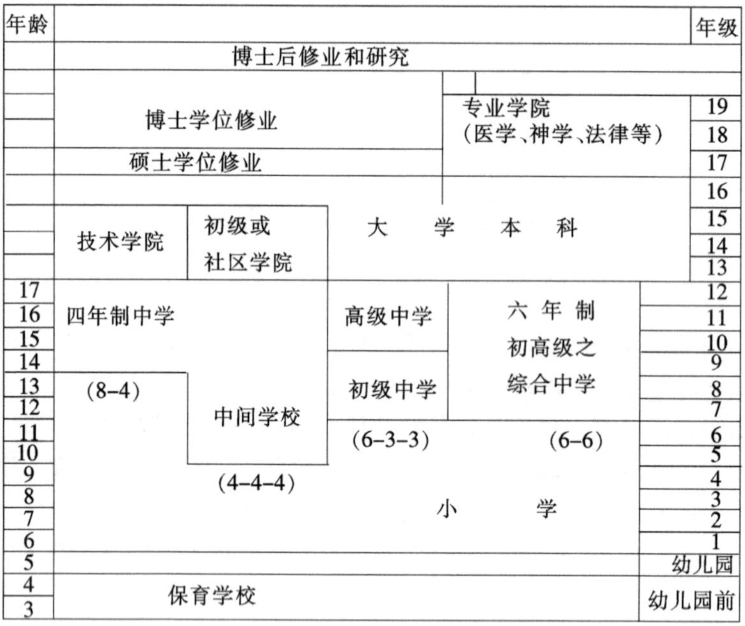

图 1　美国现行学制图

（注：上图未单独列出的成人教育计划，可在初等、中等或高等教育水平提供。此表反映典型模式，可能的差异则不在反映之列）

资料来源：美国教育部国家教育统计中心（NCES）（1998）

从美国的学制我们可以看出，美国的职业教育与普通教育并非双轨，其学制图也没有反映出中等职业技术教育的分支。这并不能说明美国不重视职业技术教育，也不能据此得出美国职业教育不发达的结论。相反，美国政府及社会各界非常重视职业技术教育，职业技术教育与普通教育相互融合。美国这种单轨制的教育体系是在移植和改造欧洲国家教育制度基础上形成的，是在借鉴基础上的创新。在美国这块古老而年轻的土地上，这种单轨制的教育体系对实现教育民主化，促进资本主义的发展及加速教育的现代化进程发挥了极其重要的作用。

(二) 美国职业技术教育管理体制

美国实行典型的地方分权制教育管理体制，其职业教育和培训制度最大的特点是分散性和开放性。联邦政府只提供一个立法框架，各州在此基础上制定自己的政策，具有很大的灵活性。政府培训和就业的主要主管部门是劳工部和教育部，两者联合管理，实行中央联邦政府引导——宏观调控，州政府和地方政府分级负责，重心在地方的管理制度和市场化运作的社会管理机制。

联邦政府间接调控，以拨款、立法等方式间接地干预教育和培训。按1990 年职业教育法规定，联邦政府每年向各州提供 16 亿美元的职业教育专项补助经费，另外美国还将财政预算的 3％用于就业服务。联邦经费的目的就是最大限度地开发人力资本，以增强美国的国际竞争力。

美联邦各州的教育行政管理机构拥有相当大的自主、自治权力，直接对联邦政府的经费进行管理，并自行筹集教育培训的经费。其经费主要来自教育税收以及一些大企业和基金项目的捐助，具体由各州的职业技术教育委员会作为政府的职能部门，统筹、协调和规划全州职业技术教育。全美有 8 个州成立了职业技术教育委员会或类似机构，其他州的职业技术教育大多归高教委员会管理。这两个委员会有共同的职责：制定本州有关职业技术教育的政策、法规和确定发展规划；管理分配联邦政府和州政府用于职业技术教育的资金；审议、评估课程设置和培训项目；颁发教师资格证书，确定学生的收费情况和审计学区财务执行情况等。各州下面设的学区教育委员会负责讨论制定学区财务预算，确定和调整专业设置和培训计划，向学生提供经济资助和就业指导，聘任校长和聘请教师等。

二、美国学校应用型人才培养模式、课程设置和学校类型

美国发展职业技术教育不是把它孤立、封闭，游离于普通教育领域和生活领域之外，而是把它融合在整个体系中的，普通教育和职业教育融合，教育与实践、与生活相融合。这种衔接表现在人才培养模式上，也表现在中等职教在公立中学实施，开设普通职教课和特别职教课上，现在有 930 万中学生在16 000 所公立中学中接受职业课学习。中学后的高等职教则以预备教育的形式作为高等教育的一种，这就是社区学院。二年制的社区学院学生毕业后，既可就业，又可升入对口大学继续深造，社区学院的教育是职教和普教并重双重目的的教育模式。

(一) 应用型人才培养模式

美国中等职业教育在发展过程中出现过许多模式，有的仅昙花一现，实施几年后便销声匿迹；有的历经百年而不衰，愈益显示出其自身的价值，美国职

业技术教育的课程设置也是与这些培养模式息息相关的。

1. 合作教育模式

合作教育模式产生于 20 世纪初，由学校与企业签订合同，共同对学生实施职业教育①。合同的内容包括学生的劳动内容、职责、时间、报酬等。企业根据自身的条件和需要，提供劳动岗位并付给一定的报酬，同时指派管理人员，让学生在企业学习职业技能；学校指派教师到企业对学生进行指导和监督，帮助企业了解学校的要求，以使双方能更好地配合，共同教育学生。它的具体实施方式是：参与的学生一半时间在学校学习，一半时间在企业劳动，学习与劳动交替进行，交替的时间可长可短，可以是半天，也可以是整天或更长的时间。许多学校为了减少学生实践教学所需的场所和设备采用了二部制，让两个班的学生在学校和企业轮流使用一个班的教室和劳动岗位。合作教育在 20 世纪 60 年代发展很快，但到了 80 年代，由于受到"回到基础"教育运动的影响，再加上合作教育缺乏企业认可的证书等弊端，其发展开始受到阻碍，一些合作计划无法顺利实施。90 年代以来，美国职教界积极努力，采取多种对策促进合作教育的顺利发展。目前，美国约有 40 万中学生接受合作教育②。

2. 青少年中专（Youth Academies）模式

青少年中专模式于 1961 年首先在费城出现，目的是为缺乏工作技能、学习成绩不佳和行将退学的学生设计一种教育计划，它既包括普通课程又包括职业培训，在企业与公立学校之间建立合作关系以解决青年的失业问题。青少年中专一般以"校中校"的形式进行，它为十至十二年级学生开设，学制为三年，学生必须达到入学标准方可入校学习。学生分成小组，教师编成小队，每班学生控制在 15—20 人左右。合作企业要提供下列帮助：参与决策；指派公司人员帮助中专的教师；为学生提供暑假或兼职工作机会；赞助计划的实施；为学生现场参观提供便利，以补充学生的课堂学习；为所有学生配备指导师傅。青少年中专在美国许多社区都存在，学生毕业后可以直接就业或升入大学。

3. 生计教育模式

美国生计教育计划是由教育总督署署长西德尼·马兰（Sidney P Marland）于 1971 年提出的，也称"马兰计划"。生计教育是一种持续性的综合教育计划，要求以职业为中心，把普通教育和职业教育结合起来，并把这种教育形式贯彻到小学、中学甚至高等学校的所有年级中去。生计教育并不是特殊的职业教育和职业指导，而是使普通学校中的学生学习一定的职业知识与技

---

① 周加仙，石伟平. 20 世纪美国中等职业教育模式的历史演变 [J]. 外国教育资料，2000（2）.
② Bailey. Learning to Work-Employer Involvement in School-to-Work Transition Program. 1995, Washington D. C. : The Brookings Institution, p7.

能，了解职业生活。

生计教育的模式基本有四种：（1）以学校为基础的生计教育模式，其目的是对现有的学校教育进行改造，使之符合生计教育的目的。从小学到中学的12年内分三段进行：一至六年级是"职业了解阶段"。美国把2万种不同职业归纳为15个职业系列，从小学开始实施职业认识的教学计划，使儿童通过活动树立关于各种职业的观念，扩大儿童对职业的了解。七至十年级是"职业探索阶段"。通过对农业、商业、通讯、建筑、家政、文艺、医药、旅游、制造业、航海、销售与分配、私人服务、公用事业、运输业等门类的一般职业训练，引导学生按自己兴趣爱好和特长作尝试性职业选择，七、八年级是以校内学习为主，九、十年级是以社会实践为主。十一至十二年级是"职业选择阶段"，集中学习学生选择的一门职业课程，同时也学习英语、文艺、社会科学和自然科学等基础课程。目前中小学的课程很多，时间分配不够，生计教育不能单列课程，在实践中主要将生计教育的要求融入各门课程，即在一般课程中讲授生计教育的观念，以达到生计教育目标。（2）以雇主（企业）为基础的生计教育模式，它适用于13—18岁的年轻人，鼓励学生在不同的环境里用不同的方法进行学习，其目的是为年轻人提供包含学术性教育和职业教育的综合教育课程，利用学习者在工商企业里的实习条件，增进教育的有效性，学习者所得学分为学校和用人单位所承认。这种生计教育模式要求学校、企业合作起来对学生实施教育。企业人员可以到学校讲课，教师可以到企业去工作，学习实际工作经验。（3）以家庭为基础的生计教育模式，这是为那些不能接受学校教育的家庭妇女、儿童和行动不便的人设计的，目的是帮助他们今后能顺利地进入劳动世界。它运用特殊的方式提高学习者的学习兴趣，如加强辅导、组织参观、放映电影和录像等。（4）边远地区的生计教育模式（或称以农村、住宅为基础的生计教育模式）。[①] 目的是帮助农村里没有教育机会的贫困居民，使他们改善经济和生活条件。一般采用将贫困居民暂时迁至训练中心的方式，由训练中心为他们提供教育、医疗以及其他社会福利服务。

生计教育经过多年的发展已经建立牢固的基础，相当多的州已经确认了生计教育的地位并决定在财政上给予资助。生计教育的思想已经广泛传播，在社会上有所影响。生计教育的实验已经编写了一批教材，将生计教育的思想融入各科教学；有的地区还把生计教育的要求列入评价标准；有的能力测验也吸收了生计教育思想。总之，生计教育提出的要把各种教育结合起来为更好地准备和发展生计服务的思想，正确处理普通教育和职业教育的关系，把学校与工作

---

① 顾明远，梁忠义主编. 世界教育大系：职业教育［M］. 长春：吉林教育出版社，2000（1）：365.

现场结合的思想都是值得我们借鉴的。

4. 企业—教育契约（Business—Education Compacts）模式

在美国，比较成功的企业—教育契约模式有两种："波士顿教育协定"和"底特律契约"。

"波士顿教育协定"于 1978 年开始出现，它是由波士顿市内的学校（主要是公立学校）、教育委员会、地方企业、工商协会等组织经协商而签订的一种契约，以解决学生的逃学问题，改善中小学教育，提高基础学力。签订协定的地方企业利用暑假开办职业培训班，向学生提供职业培训，企业中的技术人员和教育专家到学校指导学生，完成"协定"提出的目标。"波士顿教育协定"的签订，在学校与企业之间建立了互惠互利的合作关系。

"底特律契约"是美国密歇根州出现的一种企业—教育契约模式，它由州及市的各级行政主管、劳动组织、大学、银行、电视台、社区组织、企业、学校等部门共同研究制定，签约者还包括家长与学生。学生签约后能获得暑假工作、培训岗位、未来就业以及大学奖学金等多方面的机会及待遇。为了保证质量，"契约"对学生的教学、实习等每一个环节都制定了具体完整的细则，对上课迟到、早退、平时考核成绩、学科分数都作了明确的规定。只有达到各项考核标准，学生才能获得就业机会或大学奖学金。此举加强了对学生的严格管理，提高了教学与实习质量，签订"契约"的学生毕业后深受企业和大学的欢迎。

5. 技术准备计划（Technical Preparation Programs）模式

技术准备计划是一种为期四年的教育计划，从高中二年级开始，再加上 2 年高中后教育培训，因此也被称做"2＋2"模式。这一概念于 1985 年由前美国"社区及初级学院协会"主任帕纳尔（Dale Parnell）提出，并引起社会的广泛重视。在他的倡导下，20 世纪 80 年代后期全美各地开始出现这种计划，并受到联邦政府的重视。1990 年国会通过的《卡尔.D. 帕金斯职业与应用技术教育法》修正案中专列了《技术准备教育法》，采纳了帕纳尔的许多观点。过去，美国也实施过一些衔接性的"2＋2"计划，但这些计划很少将职业课程与学术性课程衔接起来。而技术准备计划最鲜明的特征即在于，它要求在教育机构之间、教育机构与工商企业之间进行合作，签订协议，允许高中生在中学修课，获得大学阶段的学分，并向学生提供培训岗位。例如，一个对财会有兴趣的学生在参与技术准备计划的第 1、2 年修满了高中毕业所需的职业课程和学术性课程，同时选修了推荐课程，在 12 门推荐的课程中他修满 8 门，就获得社区大学承认的学分。如果他继续在财会专业方面修课，就能获得转入四年制大学的学分。在 27 门课程中修满 18 门就获得四年制大学文凭。

由于联邦政府的积极支持，这一计划发展很快。1991 年，联邦政府为此计划拨款达 6 300 万美元，1992 年增加到 9000 万美元①。目前有 45％的中学开设了技术准备课程，16％的高中生参加了技术准备的学习。

6. 青年学徒制（Youth Apprenticeship）模式

青年学徒制近几年在美国兴起，并日益受到关注，被认为是最有前途的职业教育模式之一。它借鉴了德国"双元制"的成功经验，青年学徒要与企业雇主签订合同和学生培训学程计划。研究和实施青年学徒制的权威组织"未来工作"（Job for the Future）将其特点归纳为：①企业提供有偿工作，指导工作现场中的学习；②学校将学术性学习和职业性学习结合起来；③学校学习与工作场所的学习相结合，相协调；④青年学徒制使高中与高中后学习相衔接，时间不短于两年；⑤完成青年学徒制计划的学生获得通用的学术性和职业技能证书；⑥青年学徒制由正式合作者共同管理。

青年学徒制注重资金投入、人员配置、评估总结，尤其是资格证书的授予等环节，在许多试点计划中获得成功，受到企业、学校及学生的欢迎，也吸引了一些企业的参与，目前在许多州都有这类计划。但由于青年学徒制起步较晚，对企业的要求较高，这一计划尚未在全国范围内普及，参与的学生数量也很有限。

7. 职业－学术群集（Occupational—Academic Clusters）模式

职业－学术群集模式向所有高中生提供多种职业选择，每一种职业选择都提供一系列与一组职业群，如环境工业、服务业、制造业和工程技术等相关的课程，学生在选择职业群集时，先接触广泛的职业，并可以在选择之后调换职业群。职业－学术群集将职业性教学和学术性教学整合起来，有时采用实践教学与职业技能培训的途径，使学生有更多的机会探索其未来的职业。有些群集侧重于学术而不是职业，但许多群集都提供工作场所，虽然这可能处于次要地位。群集具有宽泛性的特点，这使许多职业和工作都可能适应某一群集，因此，这种计划更容易提供工作岗位来培养学生。

8. 学校—工作多途径模式

20 世纪 80 年代以来美国经济日益受到日本、德国及其他欧洲国家的挑战，而美国的学校却未能令人满意地培养出合格人才，80 年代中期开始的教育改革虽然取得了 些进步，但进展相当缓慢。据 80 年代末 90 年代初的许多调查报告表明，现行教育系统没能把进不了大学的高中生培养成为有熟练技能和创造能力的劳动力，许多学生没有从中学毕业，尤其是贫困学生、少数民族

---

① Stern, D, ete. School to Work：Research on Programs in the United States. London：The Falmer Press. p107.

学生、有残疾的学生，他们是被遗忘的一半，而许多毕了业的学生却又没有受到很好的教育。为了改变目前这种状况，帮助美国高中和高中后的青年更好地进行就业训练，美国总统克林顿于 1994 年 3 月和 5 月，分别签署了《2000 年目标：美国教育法》（Goals 2000：Educatate America Act）和《学校—工作多途径法案》（School to Work Opportunities Act），在全国范围内推行学校—工作多途径体系，这两个法案的颁布对美国的教育产生了自 1965 年以来最为深远的影响。《学校—工作多途径法案》由联邦教育部和劳工部联合制定，其目的在于[1]：①在各州为所有中学年龄段的青年，特别是高中接受职业教育的青年和已辍学的青年，建立学校—工作多途径体系；②重新组织中学年龄段青年的学习，与《2000 年目标》相配合，使参与学校—工作多途径体系的所有青年人都能达到学术和职业的高标准，为继续高中后教育和第一份高技能、高工资的职业作好准备；③使联邦、州、地区、各级学校、各企业、劳工组织、社区组织、家长等合作起来，支持和发展学校—工作多途径体系，使之成为美国终身教育体系的一部分。

学校—工作多途径模式包括三个组成部分：工作本位学习、学校本位学习以及联合活动。它吸收了美国历史上实施过的职业教育模式的各种优点，如它采纳了青年学徒制和合作教育模式中强调实际工作经验的特点，保持了技术准备计划模式的中等、高等学校课程协调、学分连续的做法，提倡青少年中专融合普通高中和职业技术课程的办法，鼓励地方工商、教育、工会和社区领导人员积极参与，在具体实施中汲取了生计教育的精华。学校—工作多途径模式还根据情况向学生提供高中毕业证书、全国通用的技能证书、学士学位，克服了以往许多职业教育模式中缺乏证书造成的弊端。虽然，学校—工作多途径计划是美国教育改革中的一个新举措，从法案出台到实施至今仅有 6 年的时间，其今后的发展还有待实践的检验，但最近美国许多部门对其实施状况所作的调查，已显示了许多令人可喜的成就。目前，美国 42% 的中学生参与学校—工作多途径计划。

（二）美国学校职业技术教育的课程设置和专业结构

美国的职业协会要求从 1998 年起使用"生计和技术教育"（career and technical education）即 CTE 这个术语代替"职业技术教育"（vocational education）[2]，除了术语的变化外，最大的变化就是生计和技术教育要增加学

---

① A—Plus Communications. Understanding attitudes on school—to—career. A review of public opinion data 1997. Rochester business education alliance.

② Lynch，R. L. High school career and technical education for the first decade of the 21st century. Journal of Vocational Education Research 2000，Vol. 25，155—198.

生的学术性技能，要改变人们对其存在的偏见（人们往往认为职业教育培养的学生文化素质都较低），并让所有的学生都能满足现代社会对人才的高要求。在美国职业技术教育的课程设置中体现了这些转变。

美国的职业技术教育不仅学习专门的职业性课程，职业性课程也不仅在职业学校才设立，而是呈交叉渗透的趋势。职业教育课程设置交叉，普通教育课程、职业性课程与学术性课程相融。美国的基础教育阶段的职业技术教育主要是通过在普通教育中开设职业技术课程实现的。

美国的普通高中开设职业技术课程，而同时在职业学校也开设普通性课程，二者是融合统一的。据统计，目前美国共有2万所左右的普通高中，其中一半开设了职业技术课程，另外一半虽没有开设专门的职业技术课程，但也有一些基础课程与职业技术紧密联系。在职业学校中，越来越多的课程具有普通课程的性质。因为那些仅仅具有职业技术的学生很难适应社会和雇主的要求，许多雇主抱怨职业学校毕业的学生缺乏数学、英语等基本技能，缺乏良好的工作习惯，不肯安心工作，缺乏沟通能力、适应能力等。而这种适应能力主要是在普通课程的学习过程中培养出来的。

美国在普通高中和职业学校开设了融合普通性、职业性与学术性的综合课程。随着美国科技的迅猛发展，工作岗位对从业人员学术能力和工作技能的要求越来越高，雇员的理论理解能力和独立学习能力越来越重要。加强职业教育中的学术内容，可以使职业学校的学生有足够的理论基础以应对技术变化，为解决问题和革新技术作好准备。而对于普通高中来说，增强普通教育的学术性和职业性，既可以使学生为进入大学作准备，又加强了学校教育与未来工作的联系，增强了学生的学习动机。

另外美国实施生计教育，又称"职业前途教育"。这是一种融职业教育、普通教育和大学预备教育为一体的教育。目的是为了沟通职业教育和普通教育，强调教育与现实生活的联系，针对不同年龄阶段学生实施相应的分段教育，加强了普通教育和职业教育的联系。

美国是工业高度发达的资本主义国家，其产业结构的特点是第三产业占绝大比重，美国职业技术教育的专业结构也根据这种情况调整。根据1982—1983年美国全国职工教育资料，开设的主要专业和各专业学生人数如下。

表1　　　　美国职业教育主要专业和各专业学生人数

专业类别	学生人数（万）	比例（%）
农　　业	89.3	5
公　　务	377.2	22

消费和家政	308.1	18
保　　健	101.9	6
职业性家政	54.9	3
工业艺术	176.3	10
市场和分配	94.9	6
工业教育	322.4	19
技术教育	60.3	4
其　　他	110.7	7

（资料来源：国家教委情报资料室编：教育参考资料，58 期）

从上表可以看出，公务、消费和家政、保健、职业性家政、市场和分配以及工业教育（培养空调器、电冰箱、汽车、收录机、电视机等维修人员，建筑物修缮等服务人员）总共占 74％，即使在农业、工业、技术教育及其他各项专业中，培养服务人员也占有很大比例，可见美国职业技术教育的重点放在第三产业从业人员的培养上。

（三）美国应用型人才培养的学校类型

适应美国多元化应用型人才培养模式，美国应用型人才培养的学校也有很多类型。

1. 普通教育中的生计教育

美国的职业技术教育是渗透于普通教育中的，职业教育与普通教育的分流可以说是从高中阶段开始的。这一阶段设有职业技术类中学，但数量很少。基础教育阶段的职业技术教育主要是通过在普通中学中开设职业技术课来完成实施生计教育的。

2. 美国职业技术学校类型

美国专门的职业技术学校开始于中等教育阶段，高等教育阶段较为发达。

（1）中等职业技术学校类型

中等职业技术教育在公立中学实施，开设普通职教课和特别职教课，共有三种情况：32％的中学毕业生要修习一定数量的职业课程，至少四年中每周一课时，这种课程是为就业作准备的，全美国有这类课程的中学大约有 1.6 万多所；兼有职业教育的中学，这类学校的学生通常用一半的时间（半天）学习职业课程，另一半时间学习普通课程；完全的或具有职业教育性质的中学数量较少。中等职业学校开设的课程主要有农业、商业、销售、健康、家政、工艺技术和贸易与工业七大类。为了将升学预备教育与就业预备教育统筹好，在美国多数中学规定职业课题为选修课，也有规定为必修课的。据1988年统计，全国有730万中学生学习职业课程，现在美国大约有25%的学生专修职业课程，每年中学毕业生中90%以上至少接受一门职业课程的训练，在学习职业课程的约2 000万学生中，63%在公立中学，其余在私立中学和中学后教育机构中。

职业技术教育的学校类型主要有以下三种：

① 综合中学。1918年，美国教育协会成立的中等教育改组委员会在它提交的报告中要求建立包括多种教学计划的综合制中学。综合中学一般分三科：普通科，要为所有学生提供普通教育；职业科，为毕业后作为劳动力的那些学生提供职业技术课程；学术科，为需要升入学院深造的学生提供学术性课程。据历年统计，综合中学的全部学生中，33%的学生进入普通科，43%的学生进入学术科，只有24%的学生进入职业科。学习职业科的学生有两种类型，一种是具有明确就业倾向的学生，另一种是学习能力中等或下等的学生。其中女生多于男生，农村学生多于城市学生，低收入家庭的学生多于富裕家庭的学生，少数民族学生多于其他民族学生。从中可以看出，职业科主要为社会上处境不利的群体服务。

有的综合中学中的高中阶段依据学习年限，分为一年统整，二年试探，三年分流选择。也就是说，第一学年，学生以学习必修课程为主，以保证同一年级的学生达到一个基本统一的水平；第二学年开设部分选修课程，学生可根据不同的情况、方向和能力及兴趣选择不同的课程；第三学年基本进入分流阶段，对学生分别施以普通教育和职业教育。

综合中学为适应今后学生从事各种职业的需要，开设很多职业技术课程，如开设工业、农业、办公室工作与商业、产品销售、家政、卫生、技术等职业课程。学生毕业后，能够从事某一行业的熟练劳动，或充当初级职员、店员等。其学制为3—4年，招收初中毕业生，课程设置为技术类课程占34%，普通课程占58%，实践课程占8%（见下页表2）。如瓦润高级中学开设的100多门课程中，有大约40%是职业技术课程。这些课程分为农业教育、商业教育、汽车驾驶教育、技术教育、家政教育和职业教育六大类，除职业教育是在职业学校进行外（每门课程3学分），其余均属技术教育，在本校进行。这些课程每一门占0.5—1个学分，都是选学课程①。综合中学是美国在中等教育

---

① 高有华. 美国职业教育课程体系及其启示 [J]. 职业技术教育，2003 (10).

阶段进行职业教育的主要机构，但职业教育仅仅是综合中学所要完成的一项任务，而不是它的主要任务，更不是它的全部任务。

表 2　　　　　　　　　　　　课程设置比例表①

	技术课程	普通课程	实践课程
学术科	0%	92%	8%
普通科	4%	71%	25%
职业科	34%	58%	8%

②　职业技术中学。除综合中学外，美国还设有工业技术学校、技术中学、手工艺和工业学校以及商业学校等，统称为职业技术中学。这类学校数量较少，学生一般是从非综合中学学完十年普通课程之后，自己申请或由学校推荐而来的，也有来自企事业单位的在职人员和失业工人在这类学校里进行职业培训。学生在校既学习普通文化课，也学习职业教育课，以后者为主。职业技术中学以培养半熟练工人、熟练工人和初、中级专业技术人员为目标，学制大多为四年。

这类学校有明确的指向性，开设的课程以专门性的职业技术课程为主，也有一部分属于普通教育范围的课程。这类学校注重实际的职业技能的训练，强调生产实习，在一些学校生产实习要用一半的教学时间。

③　地区职业教育中心。职业教育如何有效地为地区经济发展服务是美国自 20 世纪 60 年代特别是《职业教育法案》颁布以来的一个现实问题。适应这一需要，美国职业教育机构的类型和形式趋于多样化，并向高层次扩展。中等职业技术教育机构，除了传统的综合中学、职业中学或技术中学外，还发展了一种新型的"地区职业技术中心"、"地区职业技术学校"，这是 60 年代中期美国兴起并发展得最为迅速的一种职业教育形式。

地区职业技术学校是指同时为几个行政区域服务的职业学校或机构。地区职业技术中心是指由几个学区共同合作支持的职业教育机构。它与地区职业技术学校颇为相似，都是针对地区经济快速发展，为较多地区的学生提供高水准的职业技术教育课程而设置的。② 地区职业教育中心是一种集中的服务站，一般与综合中学的职业教育相配合，为本地区的一些综合中学提供进行职业课教学的场所。地区职业教育中心专门开设职业课，以弥补综合中学在提供职业训练方面的不足。因此，职业教育中心的学生一般来自综合中学，他们用一半的

---

①　王斌华. 今日美国综合中学 [J]. 外国中小学研究，1995（9）.
②　张晓明. 美国职业教育发展的产教结合 [EB/OL]. http：//www. edu. cn/20010823/207875. shtml.

时间在综合中学里学习普通文化课,用另一半的时间在职业教育中心学习职业课(包括职业理论课和实践课)。在职业中心所得的学分可记入综合中学的学分①。

据统计,全美国 47 个州有 2 000 余所地区职业教育中心,这类学校的服务范围各校有一定差别。据 1984 年美国教育行政专家纳尔逊的调查,全美有 20% 的地区职业技术学校(或中心)为一个学区的学校提供服务;33% 的地区职业技术学校为 2 至 5 所中等学校学区提供服务;14% 的地区职业技术学校为 10 个以上学区的学校提供服务;14% 的学校其服务范围扩及整个州。地区职业教育中心的建立有利于中等职业教育质量的提高,集中一个地区的财力重点装备一个中心,就可以较好地改善训练设施,将有限的职业教育方面的师资适当集中,也有助于建立一支学科齐全、力量较强的师资队伍。由于一个中心为多所学校服务,师资和设备都可以得到充分的使用,学生可以在中心得到较为充分和高质量的职业教育。

美国实施 12 年义务教育,中等职业教育基本由公立学校实施。独立的职业高中不多,中学都开设职业课程。1993 年,设有职业课程的学校(职业高中、综合中学、少数普通高中)达 1.6 万所。总体上说,60% 以上的中学毕业生还将进入高中后教育机构,继续接受教育。这样,中等职业教育学校在美国未能构成职业教育的主体,其办学体制也较为单一,主要是政府(地方)办学和政府领导下的社会管理。

(2)中等后职业技术教育学校类型

据 1992 年美国教育部统计,有 60% 的中学毕业生将在某种类型的中学后教育机构中继续接受职业教育。目前承担职业技术教育任务的主要是社区学院、专业(职业)技术学院和初级职业学院。

① 社区学院。美国社区学院的职能包括职业教育职能、普通教育职能和大学转学教育职能等,其中职业教育职能是其最主要的职能。美国的高等职业教育主要是由社区学院来实施的②。高中后二年制的社区学院全美超过 1 400 所,占高校总数的 41% 左右。社区学院以其学制短、办学形式灵活、收费低、学生选择余地大而受到欢迎。

美国社区学院实行开放招生的政策。凡具有高中文化程度,不受年龄、种族、宗教、甚至国籍限制都可以申请注册,入学无须通过考试,只要有高中文凭或同等学力即可入学。社区学院为一切想学习的人提供学习的机会和创造生

① 吴雪萍. 国际职业技术教育研究 [M]. 杭州:浙江大学出版社,2004:5.
② 吴雪萍,蒋新峰. 美国社区学院的高等职业教育管窥 [J]. 教育与职业. 2002 (2).

活的乐趣，它满足了相当广泛的学习要求，满足了社会对各种人才的需要，这种开放性是美国高等教育大众化的一个重要因素。

社区学院主要为区域经济服务，多数为公立，少数为私立。社区学院课程和专业设置多，实用性强。美国大多数社区学院提供证书和学位两种课程，颁发的最高级学位是副学士，主要有两年制文科副学士、理科副学士和应用科学副学士三种。社区学院强调为当地经济和生产发展服务，其专业和课程设置反映了社区的需要。一所社区学院通常开设的专业从 10 多种到 100 余种，而开设的课程数量则更多。如伊利诺斯州社区学院委员会认可的专业目录即达 140 多种，涉及文、理、工、农、经、商、管、法、医、家政、服务、环境、交通、通讯、食品、保健、维修等诸方面，其中大部分为实用性专业，包括最新科技成果，其目的是满足社区内各种人员的入学要求[①]。社区学院毕业生有一半以上选择上大学或就业若干年后再读大学。

社区学院采用学分制，在一定时间内修完学分课即可毕业。如果两年内不能达到毕业学分数也可延长时间，最终以达到规定的学分为毕业条件。各专业对学分的要求不同，一般要求在两年中修满 60 或 60 以上的学分，各类课的比例也取决于专业性质。一般说来，修学职业课程的学生至少要用一半时间来学习专业课和进行实习等，至少要用 15％的时间进行基本技能的训练，如仪器和设备的使用、机器操作、制图与设计等，要用约 1/5 的时间加强文字和语言表达能力，剩余时间再选修其他课程。由此可见，社区学院的课程实用性很强，内容密切结合就业需要，重视理论与实践，学生毕业后可以成为合格的技术员、机械师、推销员和秘书等，因而很受当地工业部门的欢迎。

② 专业（职业）技术学院。专业（职业）技术学院学制一般为高中后 0.5 －1.5 年，办学形式与社区学院相似，只是多为私立，而且规模小于前者。学生大部分直接就业，如华盛顿 TESST 职业技术学院每年划分为四个学期，每三个月为一个学期。收费标准依专业不同，一般为 2 000－3 000 美元/学期，80％以上的学生通过学校贷款助学机构从政府得到贷款或资助。毕业后有 84％的学生可直接就业，有些可进入四年制大学或二年制社区学院继续学习，原学分仍承认。

③ 初级职业学校（培训中心）。初级职业学校（培训中心）主要为附近若干所高中二年级以后在校学生或尚未取得高中毕业资格的社会生提供培训，多为公立学校，收费低。还有一些融以上各种功能为一体的职业技术学院，学制

---

① Kantor, Harvey. Work, Education, and Vocational Reform: The Ideological Origins of Vocational Education, 1890－1920. American Journal of Education, 1986, 402.

有 2 年，有 0.5—1.5 年不等，还兼有职业培训任务。如南加州北臣县 ROP 职业技术学院，生源为高中后或高中阶段均可，高中在校生不收学费，职业培训学分可转到高中，社会生仅收 40 元注册费，开设有电子、机械、卫生、艺术、建筑等专业，在校生达 2 万人，学生毕业后大部分到社会就业[①]。

3. 美国校企联合的职业教育类型

美国近年来，为使高中教育与学生就业更加紧密结合而作出种种努力，美国职业教育出现了很多校企联合的形式，在 20 世纪 90 年代粗具规模。美国的这种合作教育最初是在大学开始实行的，后来扩展到中学。中学的合作教育是为高中生开设的，接受合作学习的学生半天在学校学习，半天在企事业单位工作，学习与工作交替进行[②]。

（1）技术预科计划

该计划为期四年，将后两年高中教育和两年社区学院教育连接一起，学生结业时可获得技术证书，这种计划既可包括也可不包括工作现场学习。1985 年，美国社区学院协会前主席代尔·帕内尔（Dale Parnell）在其《无人理睬的大多数》的著作中最先提出技术预科的概念。1990 年，美国国会修订《职业教育与应用技术教育法》时采纳了技术预科的概念，该法规定政府资助各州创建高中和社区学院连接一起的地方技术预科联合体[③]。目前，美国各地约有 1 058 个技术预科联合体，为约 50 万名学生服务。技术预科的一个特点是设置"应用学术课程"，即利用实际例子、动手演示和活动、企业和社会中的问题来讲授英语、数学、科学、社会研究等学科中的概念。技术预科的另一特点是大多数教学计划中包含工作现场学习。

（2）职业实科中学

职业实科中学通常是围绕某个宽泛的职业主题如保健、通讯、金融等在大型中学里组建的校中小型学校。职业实科中学在其职业领域与工商企业合作，由这些工商企业提供工作实习指导人员，参观访问公司的机会，有关职业各个方面的信息和暑假工作实习，并且通过顾问委员会的途径协助教师制定教学课程。由于课程是由教师和行业专家共同制定的，就比许多传统的职业教育计划更真实地反映了劳动市场的需求。1989 年，美国捷运公司在纽约成立了全国职业实科中学基金会，在全美推广这种办学模式。20 世纪 90 年代加州教育厅、全国中学校长协会、卡内基促进教学基金会等纷纷发表报告，建议将所有的大型综合中学都改成人数规模较小、学习重点突出的职业实科中学。

---

①　姜立增. 考察美国职业技术教育后的启示 [J]. 机械职业教育. 2000 (2).
②　吴文侃，杨汉清. 比较教育学 [M]. 北京：人民教育出版社，1996：6.
③　方彤. 美国校企联合 [J]. 外国教育研究. 2000 (5).

（3）职业主科计划

职业主科计划类似职业实科中学，不过它鼓励高中的所有学生而不是部分学生去探索各种各样的职业，学生选择他们感兴趣的一个较宽的职业，而不是某个特定职业。职业主科计划提供学生学习和应用他们学校技能和形成他们未来职业目标的场合和机会。

（4）学徒培训计划

学徒培训计划是校企联合最为紧密，对学生就业最有影响，也是花费时间和资金最多的形式，在美国主要是以德国双元培训制为样板，使高中学生边在学校学习，边在某家企业接受职业培训。目前，许多国际知名企业与高中合作在美国开展学徒培训计划，如西门子公司、波音公司、通用汽车公司、宝洁公司、麦当劳公司、三星公司等。

实践证明，学徒培训计划对校企双方都有利。对高中而言，能促进学以致用的教学，能激发学生的学习动机，便于学生就业；对企业而言，能培养骨干职工，能弥补劳力短缺，能提高生产效率或经济效益。美国的这种合作教育以学校为主，采用两组制，学校的一套设备可供两组学生上下午交替使用，提高了学校设备的使用率，由于密切联系实际，也提高了教学质量。但是美国的这种合作教育的办学规模并不是很大，受训人员只占同龄青年的5％左右。

三、美国农村职业技术教育

在我们了解了美国职业技术人才培养模式和学校类型后，我们再进一步了解美国的农村职业教育。目前，我们正在大力发展农村教育，因此，了解美国的农村职业教育概况、政府的政策支持和拨款情况以及他们的经验和问题，会对我们的工作有所启示。

（一）美国农村职业技术教育发展概况

在美国，"农业教育"（agricultural education）与"农村教育"（rural education）差异很大。众所周知，美国的农业非常发达，虽然农业人口只占总人口约3％，而农业的产出却很丰富，除供应本国需要外，每年还有三分之一的农产品要出口到世界各地。在中等职业学校和高等院校中，近几年来，"农业教育"专业的招生数一直在上升。在私立学校和家庭学校，也开设了"农业教育"课程，甚至企业办学也开设这类课程。美国农业教育的课程主要是"生物、化学和计算机"（英文中的三个"el"，即cells, gels and dells），已经实现了向科学化的现代农业转变。美国的农业教育的特点是：农业职业教育融于社区经济发展之中，教学方式灵活，突出能力培养，重视实践教学，坚持可持续发展战略，实行教学、科研、推广紧密结合，三位一体，实行学分制，沟通普通教育、职业教育与成人教育。总体上看，农业教育已经和一般现代科学技术教育差异不大。而农村教育则不完全一样，美国的农村（rural）指的是远离大都市的人口少于 2.5 万的小镇和社区。居住在农村的人口占到总人口的五分之一，这些居民已经基本不是农民或牧民，但是社会经济情况和受教育程度比大都市的人群要差一些。据统计，全美国高中阶段有三分之一的学生在农村地区，有三分之二的学区、半数的公立学校、三分之一拿政府工资的教师在远郊或农业地区，美国的农村学校和农村教育远没有城市学校和城市发达，也与农业教育不一样。这里主要分析美国的农村职业教育。

1. 国家政策支持

同世界上其他国家一样，美国的农村职业教育发展也一直需要国家政策的支持[①]。联邦政府于 1862 年颁布的《莫雷尔法案》，可以看做是第一个职业教育法。该法案规定，按各州在国会中参议院和众议院人数的多少分配给各州不同数量的国有土地，各州应当将这类土地的出售或投资所得收入，在 5 年内至少建立一所"讲授与农业和机械工业有关的知识"的学院，后来这类学院被称为"农工学院"或"赠地学院"。当时把联邦拨地用于独立设置农工学院的就有 28 个州，宾西法尼亚等州是把拨地转给原有的农业学校，有的州是在州立大学增添农工学院。农工学院的发展为美国职业技术，尤其农工业职业技术的发展培养了不少人才。

从 1917 年《史密斯－休斯法案》开始，到《2000 年教育目标：美国教育法》和《学校－工作多途径法案》，几十年政府颁布的数十部法案极大地强化了国家对职业教育的干预，使职业教育在国家政策导向的影响下，沿着政府设计的方向发展。美国政府的每一项法案都有经费支持，多年来美国的农业职业教育也从中获得了巨大的支持。

2. 财政情况

美国的财政实行联邦、州、地方三级预算制度，并依据各级政府间事权的划分确定三级财政的支出范围。美国联邦政府的财政转移支付分为 3 种：专项补助、收入分享和总额拨款。专项补助又称项目拨款，一般集中用于教育、卫生、环保、交通等公共服务。收入分享又称一般性补助，即联邦政府每年拿出一定数额的联邦收入，并按照一定的公式对各州进行分配。公式考虑的要素包括州的人口、人均收入、税收课征率、城市人口、州所得税收入等。在各州分享到的资金中，约三分之一留给州政府使用，其余三分之二再根据一定公式分配给地方政府。这种补助有利于各州间财政的横向平衡，有利于加强州和地方

---

① 王文槿. 美国的农村职业教育 [J]. 中国职业技术教育. 2005 (1).

政府的财政能力。此外还有总额拨款，又称一次性拨款，主要用于重点工程建设。

农村义务教育经费也是由联邦、州和学区三级政府共同分担的，而且州政府逐渐成为第一投资主体。联邦政府主要通过专项拨款实现其对州和地方学区教育发展的影响和教育政策的引导。这些专项拨款都有指定的专门用途，主要包括双语教育项目、特殊教育项目、补偿教育项目、职业教育项目以及教学改革项目等。各地区获得联邦政府资助拨款的款项和数额可能很不相同，一般讲财力较差的州或学区可能获得较多的联邦补助拨款。政府出台的每一部有关职业教育的法案，几乎都有一部分内容规定配套专项经费的数额。1965 年，为开发经济教育水平落后的阿巴拉契亚地区，政府通过了《地方重新开发法》，在这一地区实施了上千个职业教育项目，拨款达 3.3 亿美元。

简单地说，美国对公立义务教育不分城市和农村实行一体化的财政管理体制。就农村义务教育而言，虽然是由学区负责管理，但其财政体制是由三级构成，其中州和学区是主要提供者。联邦和州政府通过拨款补助即财政转移支付实现对学区义务教育的经费支持，财政转移支付是一种规范的财政支出，而非一次性支出或某个时间段的支出。近 20 年来已经超过学区通过征收财产税自筹的资金，州政府已经成为农村义务教育的第一投资主体。学区是上级政府财政转移支付资金的最后支出者，有权根据本学区情况对获得的资金和学区自筹资金作统一分配和使用，包括对教师工资的确定和发放。

（二）农村职业学校的课程设置

美国公立高中的 89％为综合高中，其中有的开设职业教育专业或课程。其余 11％又分为地方职业学校（半工半读）和全日制职业高中，数量大约各一半。据 2002 年的一份对城市、近郊和农村职业学校开设专业的调查发现①：农村职业学校开设的专业种类较少，变化也小，这一方面反映了这类学校平均学生人数少（437 人，城区职业学校平均 1 120 人），另一方面也反映了农村劳动力市场需求与城市不同。

1999 年，美国教育部国家教育统计中心曾选定最流行的 6 大行业中 28 种不需要学士以上学位的典型专业进行调查，表 3 中列出了农村学校和非农村学校开设这些专业（至少一个）的百分比。除 28 个专业之外，还有交通、保安、精细加工和通讯技术，由于这些专业学生总人数少于 10％，所以调查集中在28 个专业中。

---

① Bradby, D. and Hoachlander, G. Vocational Education Offerings in Rural High Schools [EB/OL]. http://nces. ed. gov/surveys/frss/publications. 2002－12.

表3　农村学校和非农村学校在28个专业中至少开设1个的百分比（1999）

序号	专　业	所有学校	农村学校	非农村学校
	技　术　类			
1	计算机制图操作员	31.8	28.3	35.0
2	计算机/电子技术人员 *	14.2	9.7	18.4
3	计算机图画设计 *	13.3	7.6	18.5
4	计算机程序员 *	11.4	8.3	14.3
5	工程技术员	2.8	1.6	3.9
	服　务　业			
6	厨师	20.3	16.4	24.0
7	幼儿看护或幼儿教师助理 *	20.0	15.3	24.5
8	美容师	9.2	5.0	13.2
9	律师助理 *	1.9	1.0	2.6
	机　械　工　业			
10	车身修理工	10.6	8.7	12.4
11	汽车机械技术员	27.1	22.5	31.4
12	机械师	9.9	7.5	12.1
13	空调制冷技术员	4.2	1.8	6.5
	健康/生命科学领域			
14	农业科学技术员	13.6	16.8	10.5
15	急救技术人员 *	6.3	5.0	7.5
16	兽医助理 *	6.1	5.4	6.7
17	护士或助理 *	19.2	15.3	22.9
18	牙医助理 *	9.1	5.1	12.9
19	医药/生物实验室技术员	4.3	2.4	6.0
	商　业			
20	会计/簿记员	46.3	46.7	45.9
21	管理助理/秘书	35.8	33.0	38.4
22	销售助理	17.0	10.7	22.8
23	餐馆/食品服务经理 *	14.0	9.6	18.0
	建　筑　业			
24	焊工	23.3	28.2	18.7

续 表

25	木工	28.0	29.6	26.5
26	电工	12.9	12.6	13.2
27	砖瓦工	7.7	6.5	8.8
28	管工	6.8	7.2	6.4

（资料来源：美国教育部国家教育统计中心〈1999〉）

调查显示，在综合高中里有 67％至少开设 1 个专业。有的只开设某门课程而不是整个专业，有的综合高中让学生到地方职业学校修职业教育学分。1998 年有 91％的高中毕业生取得了不同的职业教育学分。农村职业学校开设专业与城市职业学校的不同，调查还显示了以下几点：

农村职业学校开设的专业数量少，平均为 3.7 个，而城市学校为 4.8 个；

农村职业学校普遍开设少的专业有技术类（5 个中的 4 个）、服务业、健康和生命学科、销售、助理/餐馆、食品管理，与城市学校开设一样多的是会计/簿记、管理助理/秘书，比城市学校开设多的是焊接、农业科学，这反映了农村劳动力市场需要，特别是农业科学发展的需要。

根据美国劳动统计局的预测，在 1996－2006 年间，28 个专业中的 10 个（表 3 中带"＊"）将会快速发展。城市职业学校开设这 10 个专业的 25％，而农村学校只开设了 17％。显然，城市学校更愿意开设需求增长快的专业，这也是由于劳动力市场需求的不同所致。

除了公立职业学校外，美国还积极鼓励各部门、行业、私人企业、社会团体和个人举办多层次多形式的农村职业教育。职业学校在农村广泛举办培训班，利用冬季和农闲对青年农民进行系统培训，还办有农民继续教育班，向成年农民传授新的科技知识。此外，全美国有农民俱乐部 7 万多个，帮助农村青年学习各种专业技术，制订生产计划，提高经营管理能力。

（三）问题和计划

美国的农村职业教育也面临一些困难和问题。比较突出的是师资问题，现有的教师人数不够，且年龄偏大。随着退休人数的增加，教师短缺问题逐渐显露出来，而在大学里培养新的农村教师的专业不多，愿意毕业后从事农村职业学校教师工作的青年人也不多。

现有的教师普遍反映需要在职提高。农村职业学校的特点是小、远、偏、杂，即学校小，远离大城市和现代气息，地理位置偏僻，专业和课程多且杂。农村职业学校里还有一些单人授课的年级或专业，超课时授课和多门课程的备课使这些教师的进修和提高很困难，他们感到地理和学术的双重隔绝，要求接受现代教育技术和新科学技术的培训。这种情况持续发展下去会影响学校的生存和发展，很难跟上国家职业教育改革的步伐。

虽然从政策上联邦和州政府都对农村职业教育有所倾斜，但是国家的教育政策和各种项目的具体内容基本都是基于城市制定的，"参观城区或近郊区的价值百万美元的实验室对我们意义不大，农村的小规模学校很难有机会得到同样的设备"，农村教师说。农村职业学校很难执行各种项目基于城市环境的具体内容，这样就会逐步造成脱离项目的情况，一旦脱离了项目进程，又无法利用政府向农村倾斜的办学资金。比如，在远程教育和信息化教育普及的过程中，先进的教学方法和教学资源往往是基于城市内容的，对农村的职业学校并不适用，使得本来就缺乏优质教育资源和教学方法的农村学校反而利用不上远程和信息化教育。

针对以上问题和困难，美国的农业教育督学们提出应当尽快启动培养农村职业学校教师的专门项目，应当呼吁政府的办学资金进一步向农村倾斜，应当帮助学校与企业和外部建立联系，应当将先进的教学方法和教学资源和农村的教学内容结合，特别要让教师亲眼看到实施的案例。

美国农业协会农业教育分会副主席盖瑞莫尔在 2003－2004 年度报告中谈到，该委员会计划在近期完成如下工作：完成界定农业教育对社会和教育的贡献白皮书；建议立项——实际测量农业教育在培养学生理科、数学和阅读能力上的效果；建立全国的报告体系以便得到准确的、最新的农业教育的全景；列出以学校为基础的农业教育目前和即将出现的问题及趋势；制定国家农业教育的标准。

美国早在几十年前就完成了工业化进程，他们的农村职业教育与我国的农村职业教育差距甚远，但是回顾他们的发展过程，研究他们的经验和教训，认识他们的困难和问题，再看看他们近期的工作计划，还是能找到值得我们借鉴的地方。比如国家从政策和财政上对农村职业教育的支持；鼓励多方面、多形式、多层次办学；支持学校与地方农业联合办学并参与当地经济活动；强化教师培训，强调先进的教学方法和教学资源应当与农村职业教育的实际相结合，建立全国范围的报告系统及国家标准，等等。

四、美国成人和社会职业技术教育对应用型人才的培养

美国是一个市场经济发展较为完善的发达资本主义国家，它的成人和社会职业教育基本上是市场经济条件下的运转模式，实行政府、企业和个体积极参与的社会全民办学模式，投入大量资金、人力、物质设施，从而使成人在整个职业生涯中普遍接受职业培训。政府积极立法，从法律上促进成人职业教育制度化，在长达近百年的成人职业教育发展史中，形成了自己独特的多目标、多

渠道的职业教育人才培养和培训的运行体制①。

（一）成人职业教育的管理体制

美国成人职业技术教育的管理体制同职业教育管理体制是一致的，采用地方分权制教育管理体制。

1. 联邦政府间接调控，以拨款、立法等方式间接地干预教育和培训

与成人职业培训相关的联邦拨款主要有以下几种：服务合同金，主要用于资助特别培训，如直接运行金，用于政府雇员在职培训；学生资助金，主要以津贴形式用于退伍军人、现役军人等的再就业培训。而且联邦经费管理多采取临时性委托培训项目，引入市场化经费运作模式，实行"购买培训"，社会培训机构竞标培训项目，以优化培训质量。

另外，联邦政府采取立法的形式规范全国的成人职业教育。自从 1862 年的《莫雷尔赠地法》以来，直接针对成人职业教育的以及相关的法律形成了一整套的体系，从教育培训对象、课程设置、经费管理与运作等方面给以规定。1998 年，克林顿政府又通过了《人力投资法案》，强化了联邦政府的职业培训、再就业培训服务的角色。另外，联邦政府干预职业培训的途径还表现为建立和完善了职业教育的资格证书制度和资格鉴定制度，1994 年依据《目标2000——美国教育法案》，由劳工部和教育部共同制定国家职业技能标准，联邦政府还成立了全国职业技能标准委员会，旨在将行业的技术标准变成国家经济和教育政策的组成部分，以通过行业来影响和规范职业教育和培训。

2. 州和地方分权负责

美联邦各州的教育行政管理机构拥有相当大的自主、自治权力，直接对联邦政府的经费进行管理，并自行筹集教育培训的经费。经费主要来自教育税收以及一些大企业和基金项目的捐助。另外，社会各部门以及私人或社会团体也积极参与管理和监督。由于企业组织以及纳税人还有社会其他组织直接对成人职业培训投资或间接地支持了这一教育形式，推动着他们积极监督或者直接参与对经费和教学的管理。而且政府也积极吸纳社会人士作为管理委员会的成员，以增加管理的公正性和有效性。如校企合作办学，就由企业组成职业教育培训理事会，从办学目标、课程设置、质量评价等方面来实施监督功能。

（二）成人职业教育的实施机构

美国的成人职业本科教育属于高等专业教育，不划归技术教育，主要由各类正规大学举办；而职业技术教育则由以社区学院为主的各类教育和培训体系开办。以社区学院为主进行的高中后和高等职业教育是美国成人职业教育的主

---

① 秦发盈. 美国成人职业教育的运作机制［J］. 湖北大学成人教育学院学报. 2004（2）.

要形式。这一现状拉动了各类成人的教育和培训的需求。目前，美国成人职业教育机构具有多元化、多层次性等特点。主要有各大公司企业附设的学校培训机构、各级各类教育机构、公共机构以及各种社会团体等，诸如各级各类中小学、综合高中、地区性职业教育中心、职业技术学校、工会、社区、学院、技术学院、企业办培训中心和学校。其他还有行业协会提供的培训、联邦政府资助的培训项目等，构成了不同层次、不同类型的办学主体。这些机构实行政府宏观调控、地方政府实施管理的市场化运作模式。这些机构的归属、经费来源和管理均不相同，从体系角度来细分，可达 57 种。具体分析代表政府的有联邦政府、州政府、地方当局、工商行会组织、工会（企业）、其他团体等；代表个人的有直接办学者和间接办学者。所有这些办学主体在成人职业教育组织体系中所处的地位，承担的责任，发挥的作用维持着成人职业教育和培训的良性运作。在美国举办成人职业教育的各级各类机构中，企业和社区学院是两个最突出的部分。

1. 社区学院是举办成人职业教育的主要基地

美国社区学院作为独创的形式，逐渐成为美国高等教育中最大和最有活力的一个办学层次，培养了大批训练有素的技术人员和普通劳动者，也为高层次人才的培养提供了后备军。除升学教育以外，主要着眼于在职人员进修提高、补习和训练服务如生计教育、社区服务等，也包括成人继续教育获得职业资格证书和工商业的培训与再培训，学生以更新知识、充实提高为目的，占 70％左右。

美国社区学院的成人高等职业教育所以受到成人学员的广泛关注，正如我们前面论述的，办学优势相当明显：办学和教学形式灵活多样；课程讲求实效，科学化；有充分的经费保障。社区学院还有联邦政府和州政府的财政补助，其中地方税收补助占 20％－30％，州政府补贴占 60％－80％，而联邦政府占 10％左右，政府以各类奖学金、助学金、贷学金的形式支持学生学习和培训。社会的个人捐助、校友奉献、公司赞助、社会集资兴学等也构成了学院的经济来源，公司、企业还通过选送职工、委托办班等形式向学院支付学费，赞助办学，充分显示了社会力量的最大限度地参与学校办学，有效地减轻了受教育学生的学费负担。

目前社区学院作为实施成人高等职业教育的主要场所，正日益受到在职人员的关注，表现在三个明显的发展趋势上：一是部分时间制的学生比例不断上升，全日制的学生则相对下降；二是社区学院使成人高等职业教育逐步地方化、地区化。由于社区便利的就读方式，低廉的入学费用以及周到的教育服务，使各个阶层的在职人员依据自己的需要灵活学习。加上社区学院与社区的密切联系，资源共享、人力资源开发的合作等，都均衡了各地区的高等教育机会差异以及社区成人的高等教育机会的平等；三是社区学院日益成为实施终身教育的重要机构，逐步建立"学习型组织"，这一目标成为美国社区学院的焦点。社区学院将成为社区的学习中心。

2. 企业内的成人职业教育

20 世纪 80 年代以来，美国的企业高度重视职工培训，把它作为一项重要的人力投资。1990 年，美国企业用于培训自己员工的费用为 300 亿美元，培训员工 3 650 万人。目前每年达 2 100 亿美元左右，企业平均培训投资为工资总额的 2%，大多数公司的预算中都有用来进行员工培训的专项资金，全美有97% 的企业为职工制订了培训计划。政府也大力支持职工培训。《成人教育法》要求所有雇主每年必须至少以其全员工资总额的 1% 用于雇员的教育与培训，并逐年递增，对未达标的企业，每年必须上交其工资总额的 10% 作为国家技能开发资金。为鼓励企业对员工开展继续教育与培训，联邦政府还在税收政策上予以优惠，允许企业将教育开支列入成本，免于征税。企业内继续教育是一种以人力资本的开发为目的的企业行为，能够培养和挖掘企业职工的潜在能力，其内容涉及面也比较广泛，包括识字扫盲、各类补习课程、学位课程以及高层次的博士培养，还有博士后水平的课题研究。一些大公司开办自己的教育和培训学校，并已形成了从普通教育到研究生教育的整套系统，每一部门都有相应的培训职能，如摩托罗拉、西部电气、通用电器、国际商用机器、美国电报电话等大公司就是如此。

美国企业组织实施职业技术教育的形式各异，层次不同。按出资情况分，有独家企业举办，数家企业联办，厂校合办（企业出资，学校提供培养服务，但培训目标与要求的决定权在企业），一家或数家企业委托（学校）代办培训，企业和政府合作办学等等。政府不仅为企业办学提供法律和政策之便，而且考虑到中小型企业缺乏办学所需的人力、物力和财力等因素，也出资开办职业培训机构。雇主提供的培训大多是在企业内进行的，也有部分培训包给企业外的公立或私立培训机构。概括起来主要有四种类型：①企业内部自办的短期培训班，它属于在职培训性质。②为企业在职人员提供到企业外的高等院校进修深造的机会，教育对象多为熟练技术工人或中高层管理人员，主要由社区学院实施。③企业自办大学培养人才。这一形式在 20 世纪 80 年代进入鼎盛时期，截止 1985 年美国共有 18 所企业办大学。④跨企业培训。美国的全国技术大学就是由 18 家企业和两所名牌大学联合举办的。贝尔实验室与麻省理工学院、斯坦福大学、马里兰大学、密歇根大学等 37 所大学联合，从其在职人员中培训研究生①。此外，为了实现教学与课程开发方面的合作，一些企业正在通过学分转换，将企业内的实践和培训与社区学院或大学的教学协调起来，以达到取长补短的目的。

由于拥有坚强的后盾，充裕的学费，先进的科研设备，便利的实习基地，企业的办学具有很强的发展势头。美国企业内部的继续教育的特色有以下几个方面：一是企业办学目标明确。其根本目的是通过开发企业的人力资源来实现企业的可持续发展。很多企业把企业教育作为一个重要的部门，一项有效的投资，也作为企业精神和企业文化塑造的手段。公司实行全员培训，对各个层次的人员实行有针对性的培训，如对新职员主要进行有关理解公司战略目标，熟悉公司业务的培训；对高层管理人员则是提高其对市场、金融、信息系统以及人力资源等方面的认识和管理水平。二是生产、科研、教育三位一体的"学习型组织"。从 20 世纪 90 年代起，美国不少企业正在逐步创建学习型企业，讲求全员学习即决策层、管理层、操作层人员积极投入学习。包括参加企业自办的培训、高等院校的继续教育等各类教育和培训。强调"全程学习"，边学习边准备，边学习边计划，边学习边进步，把学习渗透到企业各项工作的全过程。企业也把培训员工作为一项重要投资。注重团体学习，加强群体智力的开发，培养团队精神。美国不少企业如杜邦、英特尔、苹果电脑、联邦快递等正积极构建学习型企业。三是企业培训的全球化。随着经济发展的全球化趋势，各种"跨国银行"、"跨国公司"、"国际人才"越来越受到关注。这一类企业是在国际化和本土化的双重作用下发展的，美国众多跨国公司普遍重视本土人才资源的开发。其措施有：一是设立研究机构吸引大批优秀人才；二是设立"管理学院"或"培训中心"，加快人才本土化进程。摩托罗拉公司在北京组建了摩托罗拉大学，每年都吸收一批中国青年学员进行培训，计划在 2000 年末至少训练 100 个部门主管代替外籍人员。IBM 公司在全球共有雇员约 38.9 万人，其中有三分之一是技术人员，包括工程师、程序员、科学家等，这些人员在本部有 8 万左右，在欧洲有 3 万，在亚太有近 1 万，该公司 1987 年教育费用高达 9 360 万美元，其中 3 210 万用于国外的教育中心。

3. 现代化的公共就业服务体系

这里公共就业服务体系指包括针对在职或失业成人的职业介绍、职业信息资源及职业培训服务一整套服务体系。其服务对象多是就业困难群体，可大体分为三类：第一类为就业能力较强的初次求职者和自愿转换工作的人员；第二

---

① 劳动保障部赴美国、加拿大考察团. 赴美国、加拿大考察培训和就业情况报告 [EB/OL]. http：sina. chinaacc. comnew2002＿3％5C20816175904563. htm. 2005－3－26.

类为需要提供基本服务的人员，即需要接受职业基本能力测试、求职技巧培训的人员；第三类为需要提供重点帮助的对象，如长期失业人员、困难群体、为结构调整造成的大规模失业群体。为此美国加大了服务的技术现代化水平，职业介绍、职业培训信息的发布逐步实现了现代化。政府利用因特网（Internet）和信息技术于上世纪90年代初建立了与各州联网的国家级"美国职业信息库"（AJB）和"美国人才信息库"（ATB）。功能为发布职业岗位供求信息，以实现岗位与人员的优化匹配。最近，又开发了美国职业生涯信息库（ACINET）。该信息库主要是为求职者、雇主、政策制定者提供就业发展趋势、工资变化状况以及劳动力需求预测等方面的信息。目前正在开发另一信息库，称为"美国学习介绍信息库"（ALX）。该信息库主要介绍各职业培训机构的基本情况和开设的课程。个人、企业和政府既可在该信息库寻找相关培训信息，也可以进行培训项目投标。这一技术体系的运用极大地提高了职业培训效率和职业信息的发布。另外美国为了提高就业率和培训效率，整合了职业介绍、职业培训和失业保险服务项目，提出了"一站式服务"理念，设立一站式服务中心，并建立资源中心，拓展了服务对象和服务功能，由原先的单纯劳动力的供需信息发布到现在包括所有年龄段的集合就业服务、培训信息于一体的高效平台。以社会服务帮助最终提升其自我职业服务能力，目前它成为美国各个年龄段个人职业生涯设计的服务中心。

（三）成人职业教育的理论研究

成人职业教育在美国的大力发展，一方面归因于它丰富而成功的实践领域，另一方面也得益于更多的机构或团体参与成人职业教育的理论研究，因为成人职业教育的理论研究涉及成人个体、企业团体、行业组织以及国家等多元的主体，更多地依托企业、社区或者学校教育机构，具有高度的社会开放性，所以在课程开发、标准制定、教学模式的创新、教学效率的优化、科学技术的普及等方面更需要发挥社会研究的优势。其中发挥重要作用的有行业协会、团体学术协会以及研究机构大学等等。企业内教育协会、继续工程教育协会、人力资源协会以及与之相关的继续教育和成人教育协会，而且还有各个行业的协会组织构建了一整套成人职业教育研究体系，负责成人职业教育的信息、会议、研究资助、著作发行以及资源的共享管理等方面的工作，极大地促进了理论的发展。

成人职业教育理论发展的另一个表现是各类企业举办自己的科研机构，而且有些达到了相当高的科研水平，承办培养硕士、博士，开展博士后科研课题等，如华裔电脑大王王安博士创办的王安公司的企业学院，可以授予理科硕士学位，而著名的兰德公司可以授予博士学位。以培养高级工程师为目标的继续工程教育也始于 20 世纪 50 年代的美国，加上培训普通技术工人的职工教育，形成了相对完善的成人职业教育体系。同时与成人职业教育的发展相关的理论如终身教育理论、成人教育理论、职业教育理论、成人心理学、社会学、人才学、现代企业制度、人力资本开发理论等理论构成了这一学科发展的宽广的理论基础。理论的发展回应到实践也取得了可喜的成果。美国麦道飞机制造公司作为制造飞机的大型企业，在培训过程中形成了一套严密的麦道技术培训的科学分类、科学的培训方法、科学的培训管理等一系列规范，称为麦道技术培训分类，产生了很大的国际效应。还有上世纪 90 年代，美国麻省理工学院根据系统动力学的观点创造出了"学习型组织将是最成功的企业组织"的理念，并提出了一套创建"学习型企业"的理论和方案，形成了"学习型企业组织运动"，直接推动了成人职业教育的发展。

五、美国应用型人才培养简析

(一) 美国应用型人才培养的特点

美国应用型人才培养的模式有很多，基本上都是基于教育与实践结合，学校与企业联合的人才培养理念。从美国应用型人才培养模式的演变过程中可以看出：

1. 联邦政府的政策导向作用愈益增强

如果说 20 世纪初的职业教育模式是自发产生的，那么其发展壮大则得益于政府颁布的一系列政策，政府出台的每一部有关职业教育的法案，几乎都有一部分内容规定配套专项经费的数额及其分配办法，使得职业教育模式在物质利益的强化下朝政府设计的方向发展。政府拨付的资金的数额愈益增多，从《史密斯—休斯法案》拨款 186 万美元增加到 1995 年的 3 亿美元，在 77 年间增加了 160 多倍。在构建"学校—工作多途径"模式时，政府的作用更加明显。

2. 美国职业教育模式动员了越来越广泛的力量，其中企业起着关键的作用

美国历史上出现的每一种职业教育模式几乎都有企业的积极参与，这是由于其生产力的发展和经济体制所决定的。美国生产力高度发达，企业资金和技术实力雄厚，使其有条件、有能力去关注职业教育，与学校合作；市场经济的竞争机制也使得美国的企业不得不关心职业教育，参与职业教育。随着美国经济的发展和全球经济竞争的加剧，产业界关心职业教育、参与职业教育的热情也越来越高涨。

3. 美国职业技术教育和普通教育紧密结合

美国普职分流基本上开始于高中阶段，出现有专门的职业技术学校。《史密斯—休斯法案》为了适应当时社会的需要，倡导职业教育独立于普通教育，而 1963 年和 1968 年的《职业教育法》又积极促进普通教育与职业教育的融合，关注在学术、社会和文化方面"有缺陷的人"，1994 年的《学校—工作多途径法案》不但发展了这些思想，而且又提出了中等教育、高等教育相互沟通的主张。这些思想和主张在许多职业教育模式中得到贯彻和实施。"学校—工作途径模式"最为完整地体现了这些思想和主张，成为普职融合，中等、高等教育沟通的联结点，使所有学生都能为就业作准备。

4. 重视农村和成人职业技术教育

美国是世界上职业教育比较发达的国家，作为其重要组成部分的农村和成人职业教育与培训更是取得了重大教育成就，就其原因来看，应该得益于美国对这一领域的高度重视，有一整套发展农村和成人职业教育的运作机制，主要有相应的管理体制、实施的机构体系、特色教育形式、科学的专业课程设置、公共就业服务体系、职业教育理论研究整合等。

总体上而言，美国实行的是单轨制，实施 12 年的义务教育，初中毕业生全部或大部分都能继续升学，因此职业技术教育的重点在高等教育阶段。美国是一个高度发达的资本主义国家，对专业人员的需求相对稳定，而对熟练技术工人的需求不断上升，对非技术工人的需求逐年下降，这种情况决定美国的职业技术教育的重点在高等教育上。美国职业技术教育发展较快，呈现职业教育普通化，普通教育职业化的趋势，并在成人和农村职业技术教育上取得初步成效。

（二）美国应用型人才培养模式的启示

美国应用型人才培养的模式很有特色，在建国初期就抓紧科学技术教育，发展职业教育时深受自由、平等等观念的影响。在中学阶段不采用其他国家常用的双轨制，而是推行综合中学，企图以一种形式完成为升学和就业服务的双重目标，体现教育机会均等。在学校里又实行选课制，允许学生根据自己的意愿在众多的课程里选学一部分课程，着重向某一方向发展。这样灵活的制度是其他国家所少有的。同样，美国的职业教育也存在一些问题，如中学里如何兼顾好升学和就业的双重目标，如何处理普通教育与职业教育的关系，如何加强学校同社会的关系等。目前美国正试图以自己的方式来解决这些问题，这一过程中的经验和教训是值得我们研究和借鉴的。

美国应用型人才培养的特点就是职业技术教育与普通教育的融合，将终身教育的思想运用到职业技术教育中来，在这一过程中秉承平等、自由的教育观念，兼有法律政策保障①，重视农村和成人的职业技术教育和培训。企业及社会各界的参与也是美国职教发展的动力。反观我国的职业技术教育，我们在政策法制上的建设还不够健全，近几年才出台了比较完备的职教法规；社会各界的重视程度不高，对职业技术教育存在一定的偏见；重视普教发展而忽视职教，职教与普教相互渗透与贯通的程度较为薄弱；职业学校独立性较差，学校的办学模式也不够灵活。鉴于此，我国职业技术教育应该从职业教育法制化，加强职教宣传，转变各级政府和社会的观念，促进职教普通化、终身化和社会化等角度考虑职业技术教育的发展。

当然，我国职业技术教育既要借鉴国外的先进经验，又要结合我国的实际情况，树立能力为本、市场需求为重的职业教育新理念，积极探索适合我国国情和应用型人才发展需要的培养模式，培养符合社会发展和企业生产经营和持续发展要求的技能型人才。总之，职业教育只有在竞争中求生存，在创新中求发展，才能真正保持自身的活力和可持续性发展。

英国应用型人才培养研究

从 20 世纪 80 年代起，英国的教育体制一直处于不断的变革之中。英国现行公立教育大致由义务教育、继续教育和高等教育几个部分组成。在义务教育阶段英国实行了普职分流教育，设置多种类型中学，为应用型人才培养打下基础。本文主要从英国的继续教育和高等教育两个方面阐述英国当前在应用型人才培养上面临的主要问题和重要政策措施。

一、英国继续教育阶段应用型人才的培养

英国教育经过 30 多年的改革，原来的精英式教育结构已发生明显变化，高等教育规模在迅速扩大，而且出现了许多适应学生和社会各种需要的新型课程和学位。促使英国教育结构发生明显变化的一个重要原因是英国继续教育的迅速发展。

例如，在 1994—1995 年以及 2001—2002 年间，接受学士学位以下高等教育的人数增长了 39%，远远高于接受学士学位以上高等教育人数的增长率

---

① 王保星. 二战后美国的职业教育：发展历程，经验及启示 [J]. 教育研究，1996 (2).

（12％）。另外，参加与工作有关的部分时间学习的人数也有所增长。目前，英国学士学位证书持有者中有 11％是通过部分时间学习获得的[①]。

英国政府在 2002 年 7 月发表的技能战略白皮书中进一步强调，人是经济不断取得成功的关键因素。英国必须提出一个适当的框架，不仅使年轻人能够通过最初的教育打下牢固的技能基础，而且使成年人有机会去发展适应其一生职业所需要的技能。技能不仅是实现工作和经济目标所必需的，而且是一种终身学习的文化的组成部分，每个人都应有发挥潜力、扩展兴趣和充分施展个人才能的机会[②]。

(一) 英国继续教育概况

根据《1944 年教育法》，英国继续教育的含义是指为超过义务教育年龄的学生提供的全日制教育、部分时间制教育和业余消遣活动。在这一阶段，政府为完成义务教育的青年（16—19 岁）的继续学习提供一系列明确的选择。目前主要包括下述三类文凭：（1）高级水平普通教育证书。高级水平普通教育证书属 1951 年开始实行的普通教育证书的一种，与前面提到的普通水平普通教育证书一样都是为准备升大学的学生设计的。1984 年普通水平普通教育证书与中等教育证书合并，但高级水平普通教育证书得到保留。这种考试一般在 18 岁进行，每个学生一般考三门，也可考三门以上，成绩分 A 至 E 五个等级，是进大学的主要依据。（2）高级补充水平普通教育证书，所开设的课程更为广泛，主要是为了避免课程过于专门化造成学生知识面狭窄，考试结果也可作为大学的入学依据。（3）普通国家职业资格，普通国家职业资格主要是为不想过早进行职业训练或是接受高等教育的全日制青年学生设立的一种文凭，既可作为就业的依据，也可作为升大学的依据。与国家职业资格不同，它并不是直接基于职业能力的培养，而是重视各大类职业的基本技能、原理和过程的学习。自 1992 年 9 月起，英国开始在 16 岁后的教育机构中实施普通国家职业资格课程。国家职业资格分为五级，普通国家职业资格的第二级水平相当于中等教育普通证书较好的等级，第三级水平相当于高级水平普通教育证书。普通国家职业资格的设立，消除了普通教育和职业教育之间的鸿沟，成为义务教育后青年的第三选择。

---

① Charles Clarke. The future of Higher Education. Presented to Parliament by the secretary of state for Education and skills [EB/OL]. http://www. dfes. gov. uk/hegate way/strategy/hestrategy/index. shtml. 2003-9.

② Department for Education and Skills News Center. 21ST Century skills — Realising Our Potential：The skills Strategy White Paper [EB/OL]. http://www. dfes. gov. uk/skills strategy back ground shtml. 2003-7-9.

（二）继续教育的机构

英国的继续教育机构大多是公立的，但也有私立的。通常有：公立中学附设的第六学级、第六学级学院、城市技术学院、第三级学院以及继续教育学院。这些继续教育机构的规模和重点有所不同，但都提供全国承认的课程和资格证书，一些继续教育机构在一个或更多学科领域有类似于大学或其他专业教学机构的教学计划。如第六学级是英国特有的教育组织形式，最初出现于文法学校，招收16—18岁学生，专门以升大学为目的，是中等教育与大学联结的一个重要环节。随着中等教育综合化运动的兴起，第六学级教育不再以升学为唯一目的，也开始开设其他职业文凭课程，第六学级学院也在这一时期开始出现。目前第六学级和第六学级学院的课程主要以高级水平普通教育证书课程和高级补充水平普通教育证书为主，也开设一些普通国家职业资格课程。第三级学院最初出现于1970年，大部分是由中学第六学级或第六学级学院与继续教育学院合并而成。其主要意图是将16岁以后的教育集中在一起进行，目前开设既有以升学为导向的课程，也有以职业技术为导向的课程。

典型的公立继续教育机构一般规模较大，课程涉及面广，学生类型多样，有面向就业的学习设施，有为全体英国学生提供的可延长至19岁的免费义务教育。相比之下，私立继续教育机构的规模比较小，提供的课程范围也比较窄。一些私立继续教育机构的专业性较强，甚至只提供一个学科领域的教学。私立继续教育机构可以提供与公立机构相同的课程而不需政府批准，但有大约100个私立继续教育机构已在英国私立继续教育及高等教育鉴定委员会（BAC）注册[①]。

目前，英国共有600多个教育机构提供继续教育课程，约500万人在这里学习。英国的继续教育形式非常灵活，而且还在不断发展，以适应各种需要。

（三）继续教育的课程和证书

英国的继续教育通常包括大学预科教育、职业教育和延长的普通教育三种类型，除此之外，一些继续教育机构也提供学位课程、短期培训和现代学徒培训。

1. 大学预科是为准备进入大学学习的16-18岁的学生提供的教育，是一种使中等教育与高等教育相互衔接的教育。英国的大多数学校都设有大学预科班，学生完成义务教育后，可以在原来学校的大学预科班继续就读，也可以转入其他有大学预科班的教育机构继续学习。学生在这里经过一两年的学习，获得必要的资格证书，才可以申请进入大学学习。英国大学通常将"普通教育高

① British Council. UK Education and Training Systems [EB/OL]. http：//www. britishcouncil. org/learning－uk－education－systems. htm.

级证书"（A-Level）作为入学的要求。获得此类证书通常需要两年时间，学生需要学习两三个与所申请的专业课程有关的科目。从 1987 年开始实行的"普通教育准高级证书"（AS-Level）的目的是降低对 16 岁学生的专业化要求。获得准高级证书所需的时间相当于获得高级证书的一半，两个准高级证书可等同于一个高级证书。

预科课程几乎提供每一项职业或技能的学位课程所需要的基础知识。在预科学习阶段，学生可以在计算机、金融、法律、政治、经济、财务、管理、设计、生物、建筑、环境、化工、制造、音乐、戏剧等广泛领域中学习，并通过随后的学位课程获得世界公认的学位和职业资格。

2. 职业教育主要是为准备接受专门职业教育的学生提供的一系列广泛的面向职业或以就业为核心的培训课程，这些课程由继续教育机构和一些学校提供。职业教育课程有全日制的，也有部分时间制的，学制的长短因地区、部门和专业的不同而有所区别。在英国，比较普及的职业教育证书是"国家普通职业教育证书"（GNVQ）、"国家职业教育证书"（NVQ）和"苏格兰职业教育证书"（SVQ）。从 1993 年开始实行的"国家普通职业教育证书"虽然与"中级普通教育证书"和"普通教育高级证书"一样，被公认为是一种获准升入大学的资格证书，但是它有更广泛的职业适用范围。"国家职业教育证书"和"苏格兰职业教育证书"是某种特殊职业专门技能的资格证书，通常需要两三年的学习，课程学习不以教学大纲为准，而以使学员能力达到既定要求为目标。2000 年 9 月，"国家普通职业教育高级证书"更名为"职业高级证书"。

国家职业资格证书是一个建立在职业能力基本概念上的综合职业资格证书系统，是以职业为基础，以岗位能力为本的一种表明具备专门职业特殊技能，可累积达标的证据，主要形式是在职培训和就业培训。授予机构资格须经国家资格与课程管理机构的审查批准，目前，英国有 134 个国家职业资格证书授予机构。英国 54% 的劳动力已取得国家职业资格证书，参加国家职业资格证书学习的学员中，70% 在职，55% 年龄超过 24 岁。

国家职业资格证书由一系列单元组成，各单元都有明确的要求，可通过任何学习模式完成学习，不受时间限制，直至全部达标后，取得证书。它不仅要求具有技术技能，而且要求具有解决问题、计划、处理疑难故障、与他人协作和将知识运用于实践的能力。所有职业领域的国家职业资格证书分为 5 个等级：①常规工作技能；②重要的工作技能，包括非常规的、较复杂的工作技能，一定的个人责任和协作能力；③多种工作技能，包括非常规的、复杂的工作技能，较重要的责任和一定的组织协调能力；④广泛复杂的技术及专业工作能力，附加的个人责任、领导团队工作的能力和资源分配能力；⑤应用典型的原理、复杂技术于各种条件，包括不可预见条件的实际环境中的能力，重要的领导责任，较强的资源分配能力和分析、诊断、计划、执行及评价能力。

职业高级证书主要对象为全日制学校的学生，要求具有较宽范围的职业相关的知识和技能基础，是普通教育与职业教育之间的一条中间通道①。

职业高级证书分为初、中和高 3 级，涉及 15 个职业领域。初级证书招收 16 岁以上的青年，接受 1 年左右的教育，包括 6 个职业单元和 3 个第一水平必修核心单元，6 个职业单元中 3 个单元可到不同的职业领域选修，让学生有机会发展所向往的领域，这是中高级的不同之处。中级证书招收对象是完成了 6 个职业单元和 3 个第二水平必修核心单元的学生，课程困难程度较高级证书容易，学习时间 1 年。高级证书通称为职业 A 级，提供给 16 岁以上青年在 2 年内完成，包括 12 个职业单元和 3 个第三水平必修核心单元，12 个职业单元包括 8 个基础技能、知识与原理了解的必修单元，以及 4 个范围大且具专门性的选修单元。高级证书是进入高等教育的资格证书。自 1992 年设立以来，取得职业高级证书的学生数量日益增多，目前，大约 25% 的在校生在攻读职业高级证书。

3. 延长的普通教育是为 16 岁以上尚未完成义务教育的学生提供的教育，并提供"中级普通教育证书"（或"苏格兰教育证书"）和"普通教育高级证书"（或"苏格兰教育高级证书"）。

一些英国继续教育机构也提供学位课程和证书，例如，"国家高等教育证书"（HNC）和"国家高等教育文凭"（HND）。前者可以通过业余时间的学习获得，通常由在职人员选择，后者需要通过两年的全日制学习才能获得。

4. 临时培训为 21 岁以上获得普通教育高级证书但没有进入大学的学生提供一年制课程，有全日制的也有部分时间制的②。

5. 现代学徒培训是英国政府在 20 世纪 90 年代推出的一项重要的业余学习项目，它主要面向已完成义务教育的 16—24 岁青年（受高等教育者除外），可提供国家职业教育二级（NVQ2）或三级（NVQ3）资格证书。现代学徒培训有利于年轻人获得实际的工作经验和相应的资格证书③。英国有 80 多个工业和商业部门实施这种学徒培训。

1994 年 9 月，现代学徒制培训计划首先在农业和园艺、商业管理、化工、幼儿看护、建筑工程、信息技术、零售业等 14 个行业部门试行。培训框架由

---

① 藤田英典. 走出教育改革的误区 [M]. 北京：人民教育出版社，2001：7.
② British Council. UK Education and Training Systems [EB/OL]. http：//www. britishcouncil. org/learning—uk—education—systems. htm.
③ Department for education and skills [EB/OL]. Departmental Report 2004. http：//www. dfes. gov. uk/deptrepart 2004/uploads/DfES—Annual %20 Report. pdf.

各行业内国家培训组织根据行业特点和工作性质自行制定。2001 年，英国共有 73 个国家培训组织，大约覆盖了 73％的劳动力。

基础现代学徒制培训的入训年龄为 16—19 岁，培训期限最短不少于 1 年，学徒结束培训时最低要达到二级国家职业资格，脱产学习必须至少掌握一级核心技能，学习结束时学徒获得相关的技术证书和由国家培训组织颁发的基础现代学徒制培训文凭。高级现代学徒制培训的入训年龄为 16—24 岁，最短培训期限为两年，学徒结束学习时必须达到三级国家职业资格，获得二级核心技能，从而取得相关的技术证书以及高级现代学徒制培训文凭。这些培训文凭上一般都要注明雇主的姓名，学徒在国家职业资格、核心技能、技术证书方面的水平和程度。对于那些已经掌握某行业国家培训组织规定水平核心技能的 18—24 岁青年，可以为其提供一种“速成”高级现代学徒制培训，期限不少于 1 年，各行业国家培训组织在遵循以上原则的基础上，可以自行决定行业内部培训的具体期限、入训条件以及学徒结束培训所应取得的成就。因此，不同行业之间没有统一的培训框架和法定的培训期限。

6. 英国的大学很少提供学位课程，传统上较为重视博雅的成人教育。近年来虽有所改变，但大多仍是以非学分的课程为主，如以内容为划分标准，英国大学的成人教育课程体系中博雅课程约占全部课程的 2/3，其内容包括文学、社会科学和自然科学三类，文学类包括历史、考古学、哲学、文艺、音乐与美术等，大约占 50％以上；社会科学包括社会学、心理学、经济学和工业研究，约占 35％；自然科学类主要包括地质学和生物科学，约占 13％。选修人数最多的课程是英语、文学、素描、音乐、考古学、地方历史、物理和生物科学。大多数的英国大学将成人教育课程向社会开放，但通常不颁发文凭，只有个别大学存在例外情况，例如，伦敦大学每年约开设 250 多种可以取得文凭与资格证书的课程，分为三个阶段四个年级，参与学位课程的学习者，每年约有 5 000 人。在参与成人教育的动机方面，大多数人是基于学术的兴趣，或与自己的专业和社会角色有关，有些人的目的在于提升自己的特殊技能。英国大学成人教育专职教职员的薪水由中央教育科学部拨款，与劳工教育中心或地方教育当局合办的成人教育项目则由地方提供补助。在英国，学员接受成人教育所需的费用甚少，对于退休后又参与成人教育的老年学员，仅收半数的费用。

（四）英国加快继续教育发展的措施

1. 提高职业培训的地位

英国继续教育中存在的一个重要问题是，职业发展道路没有获得与学术发展道路相同的地位，为成年人提供的学习计划在某些方面不符合需要，尤其表现在对成年人已有技能的承认上①。对此，英国教育改革议案已明确提出，要使学术资格证书与职业资格证书在就业时得到同等承认。

2. 扩大继续教育的规模

到 2010 年，要使 90％的 16－21 岁的年轻人通过适当的全日制继续教育课程学习，获得进入高等教育的资格或必要的职业技能资格②；在 2003－2006 年期间，帮助 100 万在职成年人获得二级教育证书；到 2010 年，使没有获得二级或同等教育证书的在职成人数量至少减少 40％；到 2004 年，使更多的年轻人能够在学校之外的某个场所参加每周一两天的专业技能学习，使至少 28％的 16－21 岁年轻人参加现代学徒培训；在今后几年内，通过企业培训中心、地方足球俱乐部和主要商业区附近的学习场所等，向人们提供 300 多万个继续学习的场所③。

3. 调整第四级教育的课程

减少第四级教育（14－16 岁阶段教育）的必修科目，发展符合就业需要的普通技能，为个人的发展提供更多的选择，使学生通过学习不仅增长知识，而且增强解决问题、创新和合作的能力④。

4. 加强对成人基本技能的培训

英国政府 2003 年发表的有关基本技能的调查报告显示，英国有 520 万成年人缺乏读写能力，有 680 万成年人缺乏计算能力。在 2001 年 4 月到 2002 年 7 月，有约 100 万成年人参加了读写、语言和计算课程的学习，有 30 多万成年人提高了基本技能水平，并获得了基本技能证书。到 2004 年，要使 75 万成年人获得基本技能证书，到 2007 年，要使 150 万成年人达到这个水平。

通过旨在改进成人读、写、算技能的全国性"生活技能"计划，使成人更好地掌握生活的基本技能；成立新的机构，支持"学习和技能协会"的工作；通过"产业大学"所提供的终身学习服务以及"个人学习账户"的连续性，增加成人的学习机会；在继续教育学院成立"职业优异中心"；通过扩大由数字电视和因特网提供的学习机会，扩展电子学习；根据综合的劳动力发展策略，使成人学习和社区学习充满活力；通过发挥工会学习机构的作用，加强工会对

① Department for Education and Skills News Center. 21ST Century skills － Realising Our Potential：The skills Strategy White Paper ［EB/OL］. http：//www. dfes. gov. uk/skills strategy back ground shtml. 2003－7－9.

② Department for education and skills ［EB/OL］. Departmental Report 2004. http：//www. dfes. gov. uk/deptrepart 2004/uploads/DfES－Annual ％20 Report. pdf.

③ Department for education and skills ［EB/OL］. Departmental Report 2004. http：//www. dfes. gov. uk/deptrepart 2004/uploads/DfES－Annual ％20 Report. pdf.

④ Department for education and skills ［EB/OL］. Departmental Report 2004. http：//www. dfes. gov. uk/deptrepart 2004/uploads/DfES－Annual ％20 Report. pdf.

工人技能培训方面的参与。

5．建立质量保证体系和国家证书框架

为了提高教育质量和成绩标准，要建立一个公开接受公众监督的质量保证体系。为了阐明各类证书间的复杂关系和使之合理化，要建立一个可以表明不同证书间相互对应关系的国家证书框架，并按 5 个等级区分各类资格证书①。

6．鼓励企业对职工技能发展承担更大的责任

英国政府技能战略白皮书认为，英国大部分企业对其职工技能发展的投资是出于企业的短期需要，而不是提高劳动者技能水平的长远目标。因此，需要使企业对职工技能的提高承担更多的义务，使之成为企业长期战略的组成部分，同时鼓励企业对职业学校给予资助，并在学校的课程设置中发挥积极作用②。

7．使继续教育向三个方向发展

推动继续教育分别向学术研究、职业培训以及兼顾学术研究和职业培训的"中间道路"三个方向发展。学术研究方向为那些准备进入大学或大学分校攻读学位的学生提供继续教育；职业培训方向是指为那些需要掌握某种专业技能和知识，并获得就业所需的必要资格的人提供的继续教育；兼顾学术研究和职业培训的"中间道路"是指许多继续教育学院目前向外国留学生提供的学科知识和专业技术相结合的课程，这类课程一般学习 2 年，学生在结业后可以进入大学或大学分校攻读学位课程，也可以参加工作。

二、高等教育对应用型人才的培养

英国高等教育规模在近 30 多年里已迅速扩大。但是国际人才竞争的日趋激烈和教育的国际化趋势日益明显，使得英国高等教育的发展处在一种不断增大的压力之中。英国教育和技能部在 2003 年 1 月的高等教育白皮书中甚至认为，英国的高等教育面临衰落的危险。为此，英国政府采取了一系列加强高等教育改革的政策措施。

（一）高等教育概况

在英国，高等教育主要由大学、高等教育学院和其他高等教育机构提供。英国有近百所高等教育机构，老牌的大学已有 800 年的历史，而一批新型的大学和大学分校是在 1992 年英国政府颁布高等教育改革议案后才建立的，其中许多是由 20 世纪 60 年代建立的理工学院升格而成的。这些新型大学以往只提

---

① British Council. UK Education and Training Systems [EB/OL]. http：//www. britishcouncil. org/learning—uk—education—systems. htm.

② Department for Education and Skills News Center. 21ST Century skills—Realising Our Potential：The skills Strategy White Paper [EB/OL]. http：//www. dfes. gov. uk/skills strategy back ground shtml. 2003—7—9.

供技术和职业培训课程并授予职业证书。与传统大学相比，它们更注重实用性学位课程，与当地企业有更广泛的联系。英国传统大学的教学则比较强调理论性和学术性，但是也有许多大学和学院提供职业培训和远程教育课程，为那些未在适龄阶段获得接受继续教育机会的成年人提供新的接受高等教育的机会。

英国的高等教育一般从 18 岁开始，已获得的教育证书是录取与否的关键因素。目前，普通教育高级证书和普通教育准高级证书的考试成绩仍是大多数英国大学录取学生的重要根据。但是越来越多的大学和大学分校现在也将国家普通职业教育证书视为与普通教育高级证书等同的资格予以承认，国际认可的预科教育证书也被大学普遍接受。

攻读学士学位一般需要三四年的时间。英国的研究生学位主要由大学、部分继续教育学院和研究所提供。攻读硕士学位通常需要一两年，申请者必须持有本科学位或相关的专业资格；攻读博士学位通常需要 3－5 年。英国的研究生课程安排得相当紧凑，因此尽管研究生的学习课时和学习资料的数量与其他国家基本相同，但整体的学习时间却缩短很多。

（二）英国促进高等教育发展的措施

1. 增加对高等教育的投入

长期以来，英国政府一直是高等教育的最大资助者，但是这种资助与美国、法国、德国和荷兰等国相比仍显逊色，而且在 1989－1997 年的 8 年间，政府对高等教育的投入一直呈下降趋势，对每名学生提供的经费实际上下降了 36%。

为了扭转对高等教育投入下降的趋势，英国政府决定：在 2003－2004 年为高等教育拨款 65 亿英镑，比 2002－2003 年增加约 5 亿英镑（8%）；在 2004－2005 年使这项拨款达到 70 亿英镑，到 2005－2006 年，增加到 100 亿英镑，相当于英格兰每个纳税人一年支付约 400 英镑，无论其是否从高等教育中获益；提高学费，使大学生对其教育经费承担更多的责任，并帮助大学建立捐赠基金，鼓励社会各界对大学的捐赠。

2. 继续扩大高等教育的规模

通过高等教育提高人的技能、创造力和研究能力是英国在创造工作岗位和促进经济繁荣方面取得成功的重要原因。近 20 多年来，英国年轻人（18－30 岁）接受高等教育的比例明显提高，已从 1980 年的 12% 增加到目前的 44%，几乎增加了两倍[1]。尽管如此，英国劳动力市场对大学毕业生的需求仍十分强

---

[1] Department for Education and Skills. Five Year Strategy for children and Learners [EB/OL]. http：//www. dfes. gov. uk/publications / 5yearstrategy/. 2004－7.

烈。有关市场预测显示，在 2010 年前产生的 170 万个新工作岗位中将有 80%
的岗位需要有高等教育文凭的人。另外，英国现有劳动力的教育水平与美国相
比也存在差距，英国受过高等教育的劳动力在整个劳动力中的比例是 17%，
而美国是 28%，而且美国的年轻人中受过高等教育的比例已达到 70%[①]。因
此，英国政府决定继续扩大高等教育的规模，并通过新型学位和教育证书的授
予，更好地适应国家经济和公民个人对技能发展的需要。具体的目标和措施包
括：不断增加 18—30 岁年龄段的人口接受高等教育的机会，在 2010 年前，使
他们中接受高等教育的比例达到 50%；与企业合作设立更多类型的学位，特
别是以就业为核心的两年制学位，加强继续教育与高等教育的联系，创造更好
的人才培养形式；使课程的设置更加灵活，以适应不同学生群体多样化的需
要，并增加对业余时间攻读学位的人的支持[②]。

　3. 保持和提高高等教育的质量和标准

高等教育的扩大不仅仅意味着学生数量的增多。英国政府将高等教育的教
学质量放在十分重要的地位，认为高等教育的发展前途取决于教学质量和标准
的不断提高。目前，英格兰高等教育资金管理委员会已建立了教学质量提高基
金，用以支持和奖励在教学上取得优异成绩的机构和个人，以及其他旨在提高
教学质量的各种活动。80% 以上的高等教育机构已制订了对其教学人员进行培
训的计划，这些计划对该机构的新职工通常是强制性的[③]。英国政府采取的进
一步的措施包括：向大学提供额外经费资助，在 2001—2002 年为 5 000 万英
镑，2002—2003 年为 11 亿英镑，2003—2004 年为 17 亿英镑，用以补充、保
持和奖励大学优秀的教职员工和促进高等教育人力资源管理的现代化；建立高
等教育教学质量研究院，促进高等教育教学的专业化和教学专业标准的发展；
建立与高等教育水平和资金分配直接挂钩的新的质量评估体系，并公开评估结
果；建立学生"成绩档案"和"个人发展计划"，使学生及时了解自己学习的
进展情况，并对个人今后的教育和职业发展进行规划；进行全国性学生调查，
直接了解学生对教学质量的意见和建议。

　4. 建立更加公正的学生资助系统

建立更加公正的学生资助系统是英国政府落实高等教育扩大计划和保持高

---

① Charles Clarke,. The future of Higher Education. Presented to Parliament by the secretary of
state for Education and skills [EB/OL]. http：//www. dfes. gov. uk/hegate way/strategy/
hestrategy/index. shtml. 2003—9.

② Charles Clarke,. The future of Higher Education. Presented to Parliament by the secretary of
state for Education and skills [EB/OL]. http：//www. dfes. gov. uk/hegate way/strategy/
hestrategy/index. shtml. 2003—9.

③ Department for education and skills [EB/OL]. Departmental Report 2004. http：//www.
dfes. gov. uk/deptrepart 2004/uploads/DfES—Annual %20 Report. pdf.

等教育教学和研究质量的一个重要步骤。为了增加年轻人接受高等教育的机会，使所有在校学生不因经济原因而使学业受到影响，并使大学能够更灵活地决定和支配其学费收入，英国政府决定采取以下措施：恢复对低收入家庭学生的助学金。从 2006 年起，对所有新入学的低收入家庭学生每年提供 2 700 英镑的助学金；可变通的学费。从 2006 年起，允许大学根据专业要求，将本科生目前平均每年 1 250 英镑的学费上调，最高限度为每年 3 000 英镑，并将一部分学费收入用于支付学生的奖学金，以适当弥补因招收贫困学生而产生的额外经费支出；取消要求学生预付学费的规定。允许学生申请助学贷款，从 2006 年起提高助学贷款的最高额度；允许学生推迟其偿还助学贷款债务的时间。学生毕业后须偿还的债务由政府部门负责按税制收取，与其收入标准有关，学生毕业后 25 年内未被偿清的债务将被注销；提高毕业生偿还债务的最低收入标准。从 2005 年 4 月起，将毕业生必须开始偿还助学贷款债务的最低收入标准从 1 万英镑提高到 1.5 万英镑；要求大学草拟一个增加低收入家庭学生的入学机会的"招生协议"，并指定专人负责检查这些协议的执行情况，保证招生工作的公正性、专业性和透明度；指定一个独立的委员会负责对可变通的学费在头三年的实行情况及其对学生和教育机构的影响进行评估，并在 2009 年向议院提出报告。

5. 与企业建立更加广泛深入的联系

英国的大多数大学都与工商界保持着密切的联系，而且这种联系还在进一步加强。高等教育机构在帮助企业使之更具创造力和竞争力，以及在支持知识转让和公共部门的创新管理方面发挥关键作用。为了进一步加强高等教育机构与企业的联系，英国政府决定采取以下措施：向个人和企业提供高质量的大学课程，使学生在就业能力和个人潜力发展方面有实际的收获；与企业合作，提供更多和更灵活的学习机会和职业基础学位；将大学的研究用于企业和技术创新，与企业之间在广泛的前沿领域开展合作；建立由高等教育机构领导的新型技术研究机构，作为地区提供高级技术的联合企业，并对小企业提供适当的技术支持；通过"高等教育创新基金"增加高等教育机构的知识转化活动的资金，到 2005—2006 年增加到 9 000 万英镑[①]。

三、英国应用型人才培养对我国的启示

(一) 实现中等教育的双重功能

中等教育处于初等和高等教育之间，既要为高等教育作准备，又要联系就

---

① Prescription Pricing Authority . Business Plan 2003－2006 . http：//www. ppa. org. uk/pdfs/business _ plan _ 2003 _ 2006. pdf. 2003－7－14.

业，同时还承担公民教育的职责等多重功能。

我国教育部刚刚发布的《中国教育与人力资源报告》显示，目前，我国近一半初中毕业生不能升学，他们将直接参与就业或待业；现有从业人员文化程度较低，受过高中和中等职业教育的人只占 12.7%。毫无疑问，高中阶段教育应是今后一个相当长时期里教育发展的重中之重。高中阶段的发展不光在供给，还在于需求。多数人希望上大学，但也有人上不了大学或根本没有接受高等教育的条件和需要。因此，高中阶段教育的重点，不是以升学为导向的普通教育，而是以就业为导向的职业教育或职业准备教育。英国加强中等教育阶段的职业教育的做法就能给我们一些启发。

（二）加强职业教育与普通中等教育的衔接，缩小学术教育与职业教育的差别

英国在职业教育如何与普通中等教育衔接，学术性课程、职业技术教育课程与大学入学考试三者之间能否建立一个互相贯通的桥梁或如何建构一个涵盖三者的复合体方面进行了长期的富有成效的探索。

英国首先作出的努力是将职业教育的某些课程内容延伸到普通中等教育，特别是义务教育的第四阶段（即 14—16 岁）。1983 年开始的"职业技术教育试点"，将一些技术教育内容引进到试点的普通中学和某些从 14 岁开始入学的继续教育学院。这种做法在 1988 年《教育改革法》中受到了进一步鼓励。从 20 世纪 90 年代起，原本属于职业继续教育的国家普通职业资格证书和国家职业资格证书，作为加宽课程口径的手段，也向 14—16 岁的普通中学学生提供。事实上，英国现在实行的是以综合中学为主要类型的中等教育模式，1988 年综合中学的在校生占中学生总数的 85.9%，其主要特征是，在一个学校中既实施普通教育，又实施职业教育。其次是给予职业教育与学术性教育相同的地位，提供了详细的在普通中等教育证书、高级水平考试和国家普通职业资格证书三者之间内部联系的路径。事实上，从 20 世纪 90 年代初国家普通职业资格证书实行以来，消除学术性教育与职业教育分歧、建立统一的课程和证书体系的努力一直在进行。2003 年 1 月，政府又指定了一个特别工作组，准备就改革 14—19 岁学生考试体系提出意见。建立一个适合 14—19 岁学生的融合学术性教育与职业教育的统一的课程和证书体系、考试制度在英国已是大势所趋。

（三）在高校扩招的情况下保证职业教育的健康发展

英国继续教育是社会持续进步和发展的产物，教育发展呈现出与经济和社会发展相协调的阶段性特征。目前，我国正在加快工业化发展步伐，与此相适应，职业教育应该成为当前教育发展的战略重点之一。当然，作为一个后进工业化国家，我们必须加快追赶先进国家，在完成工业化进程的同时还要完成信息化和城市化的任务。为了适应经济和社会迅速发展的形势，教育也必须实现

跨越式发展，而不是亦步亦趋地渐进式前进。从这个意义上来讲，高校扩招、迅速提高适龄青年接受高等教育的比例是极为正确的选择，也符合世界发展潮流。但是，如果我们不认真研究教育结构的优化，盲目发展高学历教育，致使职业教育特别是中职教育萎缩，而高等教育仍然偏重学术性教育，忽视与劳动力市场衔接的话，几年后我们可能面临这样的困境：一方面是企业找不到足够的技工和技师，高级技工奇缺；另一方面是大量高学历人员甚至硕士、博士找不到工作，或者是学非所用，高学低用。这样，既会造成教育资源的极大浪费，也不利于企业竞争力及国家竞争力的提高，而且极有可能产生严重的社会问题。因此，应重点研究在当前高校大扩招的情况下，如何推动学术性教育与职业教育的协调发展，如何促进教育与经济和社会发展的紧密结合。

德国应用型人才培养研究

德国自然资源并不丰富，但其产品以先进性、高质量闻名于世，在世界上具有明显优越的竞争力。2004 年，德国货物出口占全球货物出口总量的 10.3％，连续两年成为世界最大的货物出口国。德国社会科学家皮希特在 20 世纪 60 年代中期德国教育改革之初曾经指出："19 世纪，德国在强大的文化国家中崛起，就靠了大学和中小学的扩建。直到第一次世界大战为止，德国的政治地位，它的经济繁荣以及工业发展，都建立在它当时现代化的学校体系和它具有世界声誉的科学成就的基础上。"事实表明，德国今天在世界上的地位，特别是它的经济地位仍是以其发达的教育和先进的科学技术基础为依托的，尤其是与其闻名世界的职业教育体系和应用型人才培养系统密不可分的。下面我们详细地考察德国应用型人才培养系统的各个层面，以期对我国应用型人才培养，尤其是我国欠发达地区应用型人才培养体系的建设和发展有所裨益。

一、"立交桥式"学制

德国的教育体系十分完备，大体上分为基础教育、分轨的中等教育和高等教育三大类。其中，职业教育在整个教育体系中占有重要地位和很大比重，往前渗透到初级中学，往后延伸到继续教育，是学生升学就业的主要渠道。

德国的义务教育一般为 9 年（柏林和勃兰登堡为 10 年），职业义务教育为 3 年。儿童 3 岁可入幼儿园至 5 岁，6 岁入基础学校（Grundschule），学制一般为 4 年（柏林和勃兰登堡为 6 年）。中等教育形式多样，各州也不完全一样。大多数情况是，经过 2 年的定向阶段（独立于或在各类中学之中），根据学生的兴趣、志愿及学习成绩分流到三类中学：①以大众化的、接近实践的教育为目标的主体中学；②以较高的实践和职业教育为目标的实科学校；③以学术教育为方向的完全中学。主体中学学制为 5 年（五至九年级），少数州为 6 年，主体中学与各种职业学校相衔接，一部分学生也可进入专科高中学习 2—3 年后升入大学。实科学校学制为 6 年（五至十年级），与专科高中相衔接。完全中学学习期限为 6 年，大部分升入大学，少部分再经过 2 年的职业培训后进入社会参加工作。另外也可进综合中学学习，综合中学包含上述三种学校类型。整个学制建构见图 1。

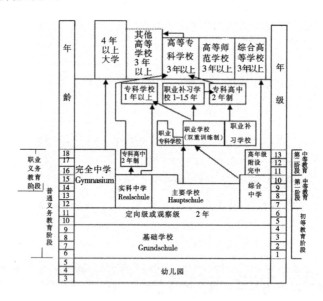

图 1　德国现行学制图[1]

由德国的教育体制可以看出，其培养人才有两条道路：（1）直接升学的道路。小学——文理中学——大学，主要培养研究型人才；（2）直接就业的道路。小学——普通中学或实科中学——职业学校，主要培养应用型人才。两条道路之间可以相互沟通，形成左右沟通、上下一体的"立交桥式"架构，在实践中已形成普职沟通非常完善的教育体制，为研究型人才和应用型人才的发展创造了良好的制度环境，为世界各国应用型人才培养模式提供了可供借鉴的蓝本。

图中的各种类型的职业学校教育，都遵循这样的原则：较高层次的职业教

①　杨汉清，吴文侃. 比较教育学 [M]. 人民教育出版社，1999：238.

育必须以接受过较低层次的职业教育为基础；职业教育的高层次以及它们与普通教育可以相互沟通和交叉，从而形成四通八达的"立交桥"网。

二、初等教育和中等教育第一阶段（五至九或十年级）的应用型人才培养措施

（一）及早分流，因材施教

一般而言，德国基础学校没有毕业考试，也没有升学考试。小学四年级后，通过两年观察期，根据学生成绩和学生及家长的意愿，使儿童进入三类不同的中学中某类中学定向级，在定向级中学习两年，两年后最后被确定他们适合不适合在某类中学学习。那些被认为不适合在完全中学就学的学生将被从这种中学淘汰到实科学校或主体中学去。那些被认为不适合在实科学校就学的学生将被从实科学校淘汰到主体中学中去。反之，那些在主体中学或实科学校学习成绩特别突出的学生也可以调入水平更高的一类中学中去。但在大多数州里，五至六年级设不分轨的统一学校阶段，从而把统一学校阶段由 4 年（基础学校教育）延伸为 6 年，把分流的时间由第 5 学年推迟到第 7 学年。

大部分学者认为，在适当的年龄阶段进行分流培养是一种因材施教的措施，而在不同学校类型中分别按不同培养方向设置一些不同的课程，即对各种类型学校的学生来说今后特别有用的课程，使他们较早接触这些教学内容，同时删除一些对他们今后发展方向并非直接有关的课程，这是一种提高学校教育效率的做法。

（二）应用型课程的设置

1. 初等教育阶段（一至四年级）的应用型课程渗透

自 1964 年联邦德国确立了基本上统一的教育制度以后，各州基础学校基本上都开设德语和乡土知识、写字、计算和几何、宗教、制图与绘画、劳作、音乐和体育等课程。在基础学校主要进行公民基本文化知识教育，但也在课程中渗透劳动意识和技术训练。以巴伐利亚州的课程计划表为例，劳作/手工课约占总课时数的 1/13。而且现有一部分基础学校把计算机和外语教育加入了教学计划，可见德国应用型课程在初等教育阶段就得到了渗透。

2. 中等教育第一阶段（五至九或十年级）应用型课程在三类中学中的"分流"

在定向级阶段，德国原则上规定对所有学生教授同样的课程内容。定向阶段之后，德国的主体中学、实科中学、完全中学由于其教学目标的侧重不同，相应的课程设置就不尽相同，而实行一定程度的分流。如主体中学侧重就业预备课程，实科中学课程设置兼顾就业、升学，完全中学课程设置以升学和学术为目标，综合中学课程设置则兼顾了就业、升学和"转学"（转入完全中学）。

中等教育第一阶段为就业或兼顾就业而设置的应用型课程，以劳技课为代表。自从 1987 年柏林各州文化部长会议对中等教育第一阶段（五至九或十年级）的劳技教学开始了"新的尝试"以后，不少州都逐渐在三类中学中增设了劳技课，课时一般为每周 2 节必修课，部分对劳技课感兴趣的学生每周增加三四节选修课（见表 1、2、3）。其劳技课程内容一般为：自我服务方面的劳技分支专业，如家政、营养与烹饪、纺织品材料与加工等；技术及职业准备方面的劳技分支专业，如金工、木工、电子电工等；经济学、信息学、环境科学方面的分支专业等。劳技课的组织和实施主要是通过项目课程（与中国的活动课程类似），通过活动调动学生的积极性，强调依靠学生的经验，充分挖掘学生的潜能，并注重实施跨学科教学，全面培养学生包括专业能力、社会能力及个性能力在内的综合行为能力。

进入 21 世纪，德国的劳技课进入了实质性的改革阶段，各州纷纷推出了具有明显时代特征的课程纲要，对如何在中小学阶段渗透和开展劳技教育进行新的探索。

表 1　　　　1992 年德国莱茵兰—法耳次州中等教育阶段教学计划[①]

学　科	年　级											
	7			8			9			10		
	HS	RS	GY	HS	RS	GY	HS	RS	GY*	HS	RS	GY*
宗　教	1	1	2	2	2	1	2	2	2	2	2	2
德　语	5	4	4	4/5a	4	4	4/5a	4	4	4	3	3
第一外语	3/4b	4	4	4/3a	4	4	4/3a	4	4	5	4	4
数　学	4	4	4	4	4	3	4	4	4	5	4	4
历　史	2	2	2	2	1	1	2	2	2	2	2	2
社会常识	1	—	—	1	1	—	1	1	2	1	1	1
地理常识	1	—	1	1	2	2	1	1	—	1	2	2
物　理	2	2	—	—	2	2	2	2	—	4	2	2
化　学	—	—	—	—	2	1	—	1	2	合科于上	2	2
生　物	2	2	2	1	—	1	2	2	—	合科于上	1	2
劳动学	3	—	—	3	—	—	3	—	—	2	—	—
音　乐	2	2	2	2	1	2	2	1	1	—	1	1

---

① 　Das Bildungswesen in der Bundeserepublik Deutschland，1994，s24.

续 表

美术/劳作	合科于上	2	2	合科于上	2	2	合科于上	1	1	—	1	1
编 制	—	合科于上	合科于上	—	合科于上	合科于上	—	合科于上	合科于上	—	合科于上	合科于上
体 育	3	3	3	3	3	3	2	2	2	2	2	2
必选学科**	2/1b	4	4	1	4	4	1	4	4	2	3	3
总周时数	30	30	30	30	30	30	30	30	30	30	30	30

注：HS 指主体中学，RS 指实科中学，GY 指完全中学。

＊这里用的数据按古典语完全中学统计。

＊＊主体中学的必选学科包括编制、劳作和小组活动，实科中学的必选学科包括第二外语、数学、自然科学、社会学和经济学等，完全中学的必选学科包括第二外语。

a 指主体中学基础班上 5 周时德语、3 周时英语，提高班上 4 周时德语、4 周时英语。

b 指主体中学提高班 4 周时英语是同小组活动结合在一起教学的。

表 2　　　　　　　巴伐利亚州各类学校劳技课课时分配情况①

单位：课时/周

小学	一年级	二年级	三年级	四年级	
劳作	1	2	2	2	

中学类型	五年级	六年级	七年级	八年级	九年级	十年级	十一年级	十二年级	形式
主体中学	0/4	0/4	3/4	2/6—9	2/6—9				必修/选修
实科中学			7/0	0/4—6	0/2—5	0/2—5			必修/选修
完全中学			2	1	1—2	2	2		部分学校

表 3　　　　　　　柏林各类学校劳技课课时分配情况②　　单位：课时/周

中学类型	七年级	八年级	九年级	十年级	形式
主体中学	4	4	8	8	必修
实科中学	0/4	0/4	2/4	2/4	必修/选修
完全中学	1/4	2/4	2/3—6	2/3—6	必修/选修

① Rahmenlehrplan Arbeitslehre Berlin 2000, p1
② 傅小芳，周俪. 德国基础教育中的劳动技术教育 [J]. 比较教育研究. 2005 (2)：37—38.

（三）在九、十年级实行职业指导

中等教育第一阶段，学生除了必修劳技课以外，所有学生还必须在九或十年级接受职业指导，参加 2—3 周的企业实践，了解有关职业和就业的基本信息，并结合自身具体情况，初步确定自己的职业道路，以便今后更好地择业。"在今天，有关职业选择的课只能是：给学生尽可能多的、实用的建议和帮助，使其最终能找到一个合适的职位，并在今后的工作中继续有所受益①"。

职业指导主要围绕以下内容来开展：①通过向学生介绍各种职业，如职业性质、职业要求、职业工作范围、职业发展前景以及本地区劳动力市场的形势等，帮助学生合理选择职业道路；②通过教师在职业指导课上对学生如何写求职信、如何准备面试和笔试等的系统训练指导学生正确申请职位；③向学生讲授有关法律知识，使学生学会用法律来维护自己的正当权益。

职业指导的具体实施方式除了课堂教育（如教师授课、开设各类专题讲座）之外，还包括访问职业信息中心、参观工厂及到企业实习等，使学生能够理智而有根据地反省初选职业，结合自身条件进行恰当选择。可以说职业指导课的开设架起了一座学校和社会之间的桥梁，引导学生合理的职业分流，有效地促进了所谓"人才和社会"的双赢：学生能选择到社会所提供的适合自己的合理职业，而社会的各行各业能挑选到所需的理想人才。

三、中等教育第二阶段（十一至十三年级）及高等教育阶段应用型人才培养措施

经过几个世纪的积淀，德国职业教育形成了结构完善、效果出色的完备系统，其中的精华所在，是中等教育第二阶段（十一至十三年级）和高等教育阶段应用型人才培养过程中的"双重训练体制"。以"双重训练体制"为主体的职业教育系统主要由学校职业教育系统和企业训练系统组成，构成了"职业教育学校＋训练工场"的培训体系。

（一）建立了门类齐全、结构完善的职业教育学校系统

1. 德国的中等职业教育学校体系

德国中等职业教育学校体系从根本上说是由两种性质的学校组成，第一种性质的学校是为狭义的职业教育服务的学校，包括初始职业教育和职业训练、加深的职业教育或专业化教育，这类学校包括职业专科学校、职业学校和专科学校。第二种性质的学校是带有职业教育内容的提供升学资格的学校（如提供

---

① 傅小芳. 德国基础教育阶段的职业指导课程［J］. 教育理论与实践，1999（8）：48.

专科高中入学资格、高等专科学校入学资格和高等学校入学资格），这类学校包括职业补习学校、专科高中和职业完全中学。两种性质的学校是相互密切联系的，以至有可能在职业教育学校体系内部从最低一层一直通到大学。比如，一个主体中学的学生可以经过职业补习学校和专科高中升入高等专科学校，并可进一步上升到大学。具有中等教育第一阶段毕业学历的学生可以通过专科高中来缩短到达高等学校的途径。而职业完全中学和全时制补习中学可使学生更直接地到达大学。

2. 德国的高等职业教育学校体系

经济和科技发展对于高层次应用型人才的需求日益扩大，高等学校顺应这种潮流，也进行了重新的分类和定位。德国的高等学校包括 7 类院校（即大学、高等专科学校、综合高等学校、职业学院、艺术学院、师范学院、神学院），其中高等专科学校、职业学院二者主要是为培养应用型人才服务的，综合高等学校也部分承担了培养应用型人才的任务。

(1) 高等专科学校属于非学术性高等学校，其培养目标是能把基础理论化为实用技术的"桥梁式人才"，也就是各行各业中的操作型工程师。办学中以教学为主，科研为次，其开设的主要是面向实践、应用性强的专业，如工程学科、社会事务学科、经济和食品等领域，旨在为学生就业作准备。课程偏重于切合工、农、商业实际的应用技术，颇受经济部门欢迎，目前，此类学校是德国高等教育改革中备受重视的领域。

(2) 职业学院（Berufsakademie）是 1974 年由巴登－符腾堡州在斯图加特市由三家公司为了把成功的"双重训练制"（又称"双元制"）引入高等教育领域而创建的，是一种面向实践的职业高等教育模式。它将高等教育与企业培训结合起来，为企业和经济界有针对性地培养后续人才。职业学院的学制一般为三年，教学内容由州文化部官员和企业共同制定。课程设置不像大学和专科大学那样以教学自由为主导原则，课程通常要分别在企业和学院进行，其唯一原则就是教学与实践紧密结合，学以致用，学生一边接受高等教育一边工作。其学习内容结合了短期学习和职业培训，主要方向是经济、技术和社会工作。"订单式"培养是职业学院的另一个特点。通常，公司和企业一旦需要招聘，其人事部经理就首先与职业学院联系，公司和企业有权决定学生的录取。通过这种方式，公司和企业可以有针对性地培养符合自己需求的人材。德国文教部长联席会议已决定承认职业学院文凭与专科大学文凭等值，此举促进了职业学院在全德范围内的发展。1997 年德国有 10 个州设立了近 30 所职业学院，目前职业学院共有学生 25 000 人。

（3）综合高等学校发端于 20 世纪 60 年代末的德国高等教育改革，是德国高等教育史上一次历史性的尝试，它与高等专科学校一起打破了"洪堡"传统的大学教育的局面。建立综合高等学校的一个突出目的，是加强大学的研究功能与非大学机构职业性功能之间的联系，尽可能增加不同课程学习之间的转移与衔接，在学术型和应用型高等教育之间建立进一步的联系或实行一体化。

（二）设立了强调实践训练的企业训练系统——"训练工场"

德国在职业教育方面除了建有相当完善的学校系统外，还建立了相当出色的企业训练系统。德国职业教育十分强调培养实践能力和通过职业实践培养职业道德，为避免直接的生产过程给学徒训练造成干扰，确保训练顺利实现预定的目标，德国的职业训练体系中广泛设置与直接的生产过程分离的训练场所。企业训练系统包括直接在劳动岗位上的培训，也包括在手工劳动部门的"训练工场"中的培训，在机器生产部门的"训练车间"中的培训和在某些事务部门的"训练办公室"中的培训等。除劳动岗位以外的这些场所我们一般把它们统称为"训练工场"。

据联邦职业教育研究所 1987 年对 5 384 家培训企业进行的调查，有 90％以上的学员一半多的时间用在劳动岗位上的实践训练方面，而其余时间用在工场训练和企业中组织的理论学习。由联邦教育和科学部及其他有关的各部（如经济部、冶金部和卫生部等）共同制定了有关条例，作为多数企业部门对学员的劳动岗位、工场训练和企业理论训练内容进行安排的政策基础。

就考试而言，职业教育学校中的学校是没有结业考试的，而企业系统中的训练不但有期中考试，而且还有结业考试。根据《联邦职业教育法》规定，企业中的培训举行一次期中考试，如果企业中的培训是分阶段进行的，在每阶段结束时举行阶段考试。这两种考试的成绩是参加结业考试的条件。结业考试主要考核学员的职业技能、必要的理论和实践知识。通过考试者将获得合格证书。这是学员在所属培训企业得以留用或在别的企业寻找工作的重要条件。

（三）采取多种方法为应用型人才搭建成长的"立交桥"

1. 课程渗透法——横向"普职"沟通

《教育结构计划》主张建立一种分轨，但各轨之间相互具有较大渗透性的，也就是容易转学的结构，职业学校、职业补习学校、职业专科学校、专科学校、高级专科学校、专科高中和完全中学高级阶段等这些教育机构将加强横向和垂直两方面的联合。总而言之，《教育结构计划》主张使各种教育轨道一体化，形成一个综合性的中等教育第二阶段。

各种教育轨道一体化的实现途径之一便是课程渗透，如在完全中学高级阶段的课程设置不仅有为学生升读大学作准备的学术性课程，而且也有学生升入高等专科学校学习和直接进入大学以外的职业教育作准备的课程。在与完全中学高级阶段不同的职业教育体系中，加强普通教育内容，为学生转入学术性轨道创造条件。课程渗透法增加了三种类型学校之间的转学的可能性，据统计，1990－1991学年德国北－威州有38％的主体中学毕业生取得实科中学毕业资格，萨克森州为32％，柏林为30％，而全德实科中学毕业生有10％转入完全中学高级阶段。

2. 双重学历达标法——纵向沟通

德国通过举办"双重学历达标"补习方式，使更多学生获得进一步深造的机会，如职业专科学校和职业补习学校的毕业生必须经过专科高中两年的过渡课程的学习，获得高等专科学校的入学资格，才可升入高等专科学校。德国采用了行之有效的方法使各层次的教育相互沟通，并在实际中形成了具体的操作原则，主要有专业对口原则、"入口"学历达标原则、学业认可原则（如在职业学校成绩合格并取得毕业证书，则具有与主体中学毕业的同等资格）等。

再如主体中学毕业生获得毕业证后，可以继续接受手工业、商业、工业和行政管理领域的双重制职业训练，或进职业专科学校；成绩优异的毕业生也可经过职业补习学校和专科高中获得高等专科学校入学资格，如德国的专科高中将职业培训的若干专业归为一类，使其入口拓宽与高等专科学校的专业设置相对应，从而使得三分之一的大学生是在完成"双重训练制"职业教育之后走进大学的。德国积极推行除完全中学之外的"第二条培养途径"政策，使"大器晚成"者能进入高等学校继续深造。据统计，1994年德国通过第二条途径进入高等学校的新生达到全部新生的11％以上。

（四）建立双重职业训练体系

上述形式多样的职业教育学校和训练工场的不同组合构成了多种训练体系。现行的训练体系主要有如下几种：①纯学校训练体系，即全时制的职业学校与自己的教学工场相配合，单独承担职业训练任务；②纯企业训练体系，有的企业设有自己的企业学校或厂校，并通过它们单独地、自我负责地承担完全的职业训练，即由企业依靠自己的学校单方面实现训练过程的训练体系；③"双重制职业训练体系"，这是一种由独立的企业和职业学校分工负责、共同完成训练任务的训练体系。上述三种构成了现行职业训练体系的主体，除此之外，还有许多其他变体。

德国双重训练制是世界闻名的职业教育模式，它是德国职业教育的核心部分。它采取企业和学校合作办学形式，使学员作为学徒在企业接受培训的同时，也在职业学校得到职业理论教育（见表4）。

表 4 双重训练制课程标准制定与实施中的分工①

"双重训练制"的两端	企业（私营）	学校（公立）
培训场所	实训工场与工作岗位	教师与实验室
培训师资	实训工场与企业培养师傅	职业学校教师
受训者身份	学徒（根据培训合同）	学生（根据学校义务教育法）
法律基础	职业教育法（联邦）	学校法（州）
监督管理机构	行业协会	各州政府
经费来源	企业单位	公共基金
课程标准	培训条例	教学计划纲要或各州教学计划
课程内容	实践技能	理论知识
时间安排	每周 3—4 天	每周 1—2 天
培养目标	生产第一线某一专业内的熟练技术工人	

1. 教学领域

其职业学校的教育主要涉及三方面：专业教育、普通政治社会教育、品格教育。其教学领域包括必修和选修两个方面（见表 5）。

表 5 双重训练制职业学校的教学领域②

	跨职业领域的教学领域	与职业领域有关的教学领域		
必修领域	德语、社会学、体育、宗教/伦理	基础科学课程（自然科学、经济科学、社会科学）	专业理论课程（与职业有关的教学）	专业实践课程（只适用于全时制职业学校）
选修领域	视不同职业知识扩展需要设定选修领域和课程			

2. 课程编制

课程编制包括课程内容的选择和课程内容的编排两个方面。"双重训练制"课程内容的选择和课程编排都是以职业活动为中心来进行的，除了充分考虑从事相应职业所需的各种知识和技能外，对特定职位要求的关键能力的培养也给

---

① 黄克孝. 职业和技术教育课程概论［M］. 上海：华东师范大学出版社，2001：117.
② 顾明远，梁忠义. 世界教育大系—职业教育［M］. 长春：吉林教育出版社，2000：350.

予同等的重视。

"双重训练制"的理论课程综合为三门课：专业理论、专业制图和专业计算，覆盖了专业所需的所有理论，知识面广，深浅适度，综合性强，有利于培养学生的综合分析问题和解决问题的能力。其所有课程又都分为三个层次：基础培训、专业培训和专长培训，呈阶梯式逐渐上升。无论哪一阶梯的培训，三门专业课都是围绕职业实践活动，从泛到精、由浅入深地进行。

"双重训练制"模式的实践课程更加突出了以职业活动为中心的特点。职业技能、职业能力的训练与生产实习是一种典型的实践活动。它的选择和编排更注重直接性的职业经验。职业技能的训练是通过一系列的工件制作来实现的，而每一工件都是该职业中的具体职业活动。这样，通过以职业活动为核心的培训过程，就能达到培养学生掌握有效职业技能和职业能力的目的。总而言之，"双重训练制"课程模式是一种以职业活动为核心的课程结构综合化模式。

3. 培训时间分配

职业学校所进行的理论课是企业实训的补充，它的教学一般为每周1至2天（见表4），为企业中的实训提供理论基础，利用其余的时间在企业中接受培训，或采用大时块制，每月集中一周或每学期集中几个月在职校学习，其余时间在企业实训[①]。职校中的专业课程约占60%，而普通教育课程约占40%。

4. 成绩评定中的"教考分离"

德国"双重训练制"的成绩评定，是通过行业协会对受训者进行考试考核，实现了真正意义上的教考分离。行业协会是一种介于联邦政府和企业之间的中介机构，每个行业协会都设有一个职业教育委员会，由来自于雇主协会、雇员协会的代表和职业学校的教师组成，受理行会有关职业教育方面的事宜，如制定规章制度，认定培训资格，审查培训合同，确定培训时间，组织技能考试，仲裁双方矛盾以及进行监督和提供咨询等。

为了组织职业技能考试，行业协会专门组建了考试委员会，每个考试委员会均要有对等数额的雇主协会和雇员协会的代表，另有1名职业学校教师参加。在培训期间，行业协会组织一次期中考试和一次毕业考试，考试由经济界的自治机构，如工商会、手工业会以及类似的单位组成的委员会主持进行，试题由行会拟定，考试内容包括专业理论知识和职业技能，其基本准则是职业资格。经过考试委员会审核同意后发给结业证书。如考试通不过，学生就不能从事所学行业的工作，须来年再参加一次考试。这种教考分离的考核办法和严格统一的管理机制，使德国职业教育教学质量得到了保障。

---

① 李其龙. 世界教育大系—德国教育［M］. 长春：吉林教育出版社，2000：290.

5. "三证合一"的结业考试

在德国"双重训练制"职业培训体制中，学徒在约三年的职业培训结束时要通过结业考试。结业考试主要是为了检查应试者是否掌握了规定的技能、必要的实践知识以及职业学校里所学的理论知识，因此，结业考试是一次"三证合一"的考试，三证指考试证书、培训合格证书和职业学校毕业证书。（1）考试证书是与学习场所无关的职业培训结业考试的证明。如伙计证书、技术工人证书、助理人员证书或商业助理证书等。考试证书由主管部门颁发，如手工业行会或工商行业协会等，学校和企业也参加考试工作。（2）培训合格证书是培训企业或实训教师出示的"教学证明"，常常带有补充说明的含义，证明中附有对学徒所要求的知识、能力以及专业技能等方面的说明。从法律（德国《职业教育法》第八条）特征上看，培训合格证书实际上是一种工作证书。（3）职业学校毕业证书是职业学校所特有的证明。与培训合格证书一样，职业学校毕业证书的获得也是以整个职业学校学习期间对学徒长期、持续性的学习考查为基础的。这一证书的法律依据是各州的《学校法》。以上三种证书相互联系，组成德国职业培训中的"证书体系"。

四、以多种继续教育类型来拓展应用型人才的培养空间

德国的继续教育，是指专业技术人才通过职业学校、职业大专的职业教育或大学毕业后，在工作岗位上所接受的教育。大体包括：学历补偿教育、适应继续教育、横向扩大职业技能的继续教育、升级教育、转岗教育、恢复职业能力的教育等。德国应用型人才培养系统的完备，还体现在其职业继续教育体系方面。

（一）学历补偿教育

有些从业人员，由于某种原因，在进入职业生涯前未能达到某种学历和资格，如完全中学毕业、实科学校毕业、主体中学毕业等，对这些人可采取各种补偿教育的措施，使其重新获得有关学历和资格（如高校入学资格、高等专科学校入学资格等）。实现这一职能的教育机构有夜中学、职业补习学校、夜实科学校、全日制补习中学等所谓"第二条教育途径"的各种学校以及电视学校、广播学院、函授大学等各种函授教育机构。

（二）适应型继续教育

适应型继续教育是为了使专业技术人才更好地适应工作的要求而开展的继续教育。其职能大体包括三个方面：（1）维持日常的职业活动；（2）阻止由于掌握的技能过时而造成的职业降级；（3）避免社会地位恶化。

开设适应型继续教育课程的大多是工商业协会、手工业协会、企业、工

会、职业联合组织或民众高等学校、电视、广播系统等。

（三）横向扩大职业技能的继续教育

在已有的职业技能的基础上，增加与原有职业技能同样水平上的另一些职业技能，这样的继续教育措施称为横向扩大职业技能的继续教育。它的主要作用在于加强了职业安排上的灵活性。

（四）升级教育

升级教育是指专业技术人才为了获得晋升或者是晋升之后进行的继续教育。申请升级教育，只要符合《职业教育促进法》的有关要求，培训经费除企业解决一部分外，还可争取政府资助，一般是向奖学金发放单位提出申请。

（五）转岗型教育

转岗型继续教育是根据岗位及专业的变化而进行的继续教育。接受转岗型继续教育的大部分是失业人员，主要由政府劳动部门负责安排和解决培训经费。企业里受到失业威胁但尚未失业的人员，要求接受转岗继续教育，个人向政府劳动部门提出申请，劳动部门审核批准，给予部分资助。对于已经失业的人员，政府强制其接受转岗培训，并全额资助培训经费。

（六）恢复职业能力的教育

在因某种事故或疾病造成的身体、智力或心灵上的损害，使一个人失去了在社会上正常工作和生活的能力的情况下，为帮助他们消除这种由事故和疾病造成的不利影响，重新进入正常的职业生活，而采取的特殊教育措施，也就是恢复职业能力的教育。

为便于他们获得工作，联邦劳动局还给予经费资助，如补助求职费、交通费、迁徙费、劳动准备费等。此外，在德国成人教育体系中还有一种所谓"再社会化"教育，这是一种对罪犯在刑满释放后进行的一种教育措施。通过一定的训练，使他们掌握一定的职业知识和技能，以便从事适当的职业活动并恢复正常的社会生活。

五、德国应用型人才培养对我国的启示

据劳动部对我国 2 084 个企业进行抽样调查的结果，"十五"期间这些企业各类人员预期需求中，企业技术人员占 15%，技术工人占 49.7%。对技术工人资格等级需求中，初级工为 19.5%，中级工为 40.1%，高级工为 29.3%。这表明，对技术工人、工程技术革新人员等应用型人才的需求是用人需求的主体。为尽快推进我国应用型人才培养，我国政府也应根据我国国情，有所作为。

1. 政府要加强立法，依法引导应用型人才培养健康有序地发展

德国政府通过制定相应的法律、法规，强化职业教育的咨询体系等方式对应用型人才培养进行宏观管理，推动德国职业教育的蓬勃发展。近年来，我国在职业教育制度和法规的建设上也取得了一定的进步，推出了《中共中央关于教育体制改革的决定》（1985 年）、《中华人民共和国职业教育法》（1996 年）、《国务院关于大力推进职业教育改革与发展的决定》（2002 年）、《国务院关于大力发展职业教育的决定》（2005 年）等加强职业教育的文件和法规，进一步充实了职业教育法制体系，在提高职业教育地位、普职沟通、经费投入等方面作了政策上的规定，加强了对职业教育工作的领导和支持，职业教育规模进一步扩大，服务经济社会的能力明显增强。

但从总体上看，职业教育仍然是我国教育事业的薄弱环节，发展不平衡，投入不足，办学条件比较差，办学机制以及人才培养的规模、结构、质量还不能适应经济社会发展的需要。为完善职业教育法制体系，我们还要建立一系列与之配套的法律法规，特别是在政策和制度上加大对欠发达地区应用型人才培养的支持力度，使其为农村劳动力转移、培训服务，为提高进城农民工的职业技能，为建设社会主义新农村服务。同时，要充分发挥农村各类职业学校、成人文化技术学校以及各种农业技术推广培训机构的作用，大范围培养农村实用型人才和技能型人才，大面积普及农业先进实用技术，大力发展社区教育、远程教育，通过自学考试和举办夜校、周末学校等多种形式满足人民群众多样化的学习需求。

2. 完善和优化高等教育的类型与结构，促进各类高等院校的合理分工与定位

反思我国的高等教育，经常有意无意地走学术型的发展道路，一定程度上出现了高校类型与结构不合理，分工与定位不明确，以至人才类型单一化，不能与市场需求很好地接轨，对我国经济的可持续发展产生了不利影响。为此我们应该注意以下几个方面。

（1）要进一步调整、优化办学和布局结构，促进高等教育持续健康协调发展。一方面，要在以往几年规模快速增长的基础上，把握好发展节奏，促进普通高等教育、成人高等教育、教育培训、现代远程教育、自学考试等各类高等教育持续协调发展；另一方面，要努力实现规模、质量、结构、效益的相互协调，特别是要推动各类高校合理分工定位，在定位上体现出个性化和多样化，达到一个比较理想的类似于美国高校的"金字塔"结构的分层定位模式。形成各具特色的人才培养、科技贡献和社会服务方式，要根据经济社会发展的需要以及人力资源市场的供求状况，调整学科专业结构和办学模式，优化高校布局结构，缩小区域间发展水平的差距。

（2）政府在运用经济手段分配高校资源时，应当遵循分类分层投资的原

则。分类分层投资的原则就是要使每一个类别、每一个层次的高校认识到，只要做得好，都能获得政府足够的投入，都有"出人头地"的机会。那么，在细分的高等教育市场中，不同类型、不同层次的学校既保持适度有序的竞争，又能各安其位，各得其所，过度的趋同和攀升将被遏制。

（3）高等教育的社会评价刚刚开始，以科研和高层次人才培养为主要内容的评价体系对高校定位的趋同和攀升起着推波助澜的作用，对教师的聘任和职务晋升也过多地考虑学术标准而忽略实践经验，不能不说是我国教育的一个缺陷。因此，应当使学术型和应用型高校各司其职，相得益彰；同时建立并完善多元化的评价制度，以促进高层次应用型人才的培养。

3. 加强职业教育师资队伍建设，实施资格认证制度

2003 年全国中等技术学校和职业中学专任教师中，大学本科毕业及以上学历者分别为 77.81% 和 54.90%[①]，其中有很大部分是由其他学科转岗而来的教师。从总体上看，职教师资队伍学历偏低，实践操作能力不强，不合格教师的比重还较大，直接制约着应用型人才培养的质量。

从对德国职业教育师资培养模式的剖析和探讨中，可以看出，德国职教师资培养通过严格的过程控制，达到了高质量的要求。文化教师和专业理论教师都必须是大学毕业后，受过一定的专业教育与师范训练，并学习过教育理论；而负责实践教学的教师必须是受过教育理论教育的内行的师傅。他们都必须通过规定的资格考试，方能担任教师工作。这就保证了师资质量，从而也保证了职业教育的质量。

为此，我们要加强实施职业院校教师素质提高计划，地方各级财政要继续支持职业教育师资培养培训基地建设和师资培训工作。制定和完善职业教育兼职教师聘用政策，支持职业院校面向社会聘用工程技术人员，高技能人才担任专业课教师或实习指导教师。加强"双师型"教师队伍建设，建立职业教育教师到企业实践制度。职业院校中实践性较强的专业教师，可按照相应专业技术职务试行条例的规定，申请评定第二个专业技术资格，也可根据有关规定申请取得相应的职业资格证书。

4. 调动社会特别是企业办职业教育的积极性，扩展办学资金筹措渠道

目前，我国职业教育办学经费短缺，教学基础设施薄弱，民办或私立职业教育发展缓慢，职业教育发展程度地区差异大，要全面提高我国应用型人才培养的质量，应当在如下几个方面采取相应措施。

（1）健全职业教育经费保障体系

根据教育成本分担的能力原则和受益原则，国家、个人和企业都应该有分

---

① 国家统计局. 中国统计年鉴（2004）. 北京：中国统计出版社，2004.

担职业教育成本的义务。德国的职教经费保障体系是由公共财政和私营经济共同资助的一个多元混合模式，主要可包括以下五种资助成分：企业直接资助、企业外集资资助、混合经费资助、国家资助、个人资助。

根据德国的经验，结合我国的实际，我们应该完善激励机制，对有合格资质的包括企业在内的各种社会力量办学，政府均应按照财政预算内生均经费标准予以拨款，并对面向农业和农村的职业教育和培训予以适当倾斜，对提供培训位置的企业特别是西部企业给予一定补贴，实施"企业培训工程"，使企业参与职业教育的责任得到很好落实；另一方面，可以通过对企业开征职业教育税的形式使企业合理分担职业教育成本。

（2）实行传统的行政办学模式向多元化办学模式的转变

我国的职业教育属于典型的行政办学模式，这种体制的最大缺陷便是容易与市场需求脱节。因而，在职业教育日趋大众化的今天，必须创新教育体制，积极探索以公有制为主导、产权明晰、多种所有制并存的多元化办学模式，走规模化、集团化、连锁化办学的路子，拓宽融资渠道，吸纳民间资本，形成全民办学的多元化办学发展合力。

在具体做法上，要贯彻落实《中华人民共和国民办教育促进法》及其实施条例，把民办职业教育纳入职业教育发展的总体规划。加大对民办职业教育的支持力度，制定和完善民办学校建设用地、资金筹集的相关政策和措施。在师资队伍建设、招生和学生待遇等方面对民办职业院校与公办学校要一视同仁。依法加强对民办职业院校的管理，规范其办学行为。扩大职业教育对外开放，借鉴国外有益经验，积极引进优质资源，推进职业教育领域中外合作办学，努力开拓职业院校毕业生国（境）外就业市场。

（3）建立欠发达地区中等职业教育成本补偿机制，开展对口支援

我国职业教育发展极不均衡，为加快欠发达地区职业教育发展步伐，首先，应当建立职业教育的转移支付制度，对欠发达地区的中等职业教育实施成本补偿机制。这样，欠发达地区的中等职业教育就能拥有充足的经费来提高其办学的质量，吸引较好的生源，在劳动力市场上体现自己的相对优势，满足企业对具有一定技能和良好素质的劳动力的需求，并为本地区劳动力的永久性转移作好铺垫。

其次，把职业教育对口支援工作作为城市与农村、东部与西部对口支援工作的重要内容。各地区要加强统筹协调，把职业教育对口支援工作与农村劳动力转移、教育扶贫、促进就业紧密结合起来。要充分利用东部地区和城市优质职业教育资源和就业市场，进一步推进东西部之间、城乡之间职业院校的联合招生、合作办学。实行更加灵活的学制，有条件地方的职业学校可以采取分阶段、分地区的办学模式，学生前 1 至 2 年在西部地区和农村学习，其余时间在

东部地区和城市学习。鼓励东部和城市对西部和农村的学生跨地区学习减免学费，并提供就业帮助。

法国应用型人才培养系统研究

法国的经济发达，尤其是主导产业在世界上的重要地位和巨大影响，与法国完善、丰富、先进的应用型人才培养系统关系密切。经济的发展为应用型人才提供了巨大的需求，并对应用型人才的培养提出了较高的要求，而其应用型人才的培养也极大地促进了法国经济的持续发展。下面我们详细地考察法国应用型人才培养系统，并对法国农业应用型人才的培养进行专门论述，以探求其经验和教训，从而对我国应用型人才培养，尤其是我国欠发达地区应用型人才培养体系的建设和发展有所裨益。

一、应用型人才培养系统

法国教育历史悠久，体系完整，应用型人才培养系统形成了自己独特的风格，适应了社会经济发展的需要，极大地促进了法国经济的发展和产业结构升级。首先，法国的应用型人才培养系统较为完善，包括义务教育阶段中为培养应用型人才奠基而设置的职业和技术课程，高中阶段中的技术高中和职业高中，高等教育阶段的大学技术学院和高级技术员班等。其次，作为每一个应用型人才培养阶段的结业评价的考试也是其应用型人才培养系统中的重要环节。这些考试对应用型人才培养具有重要的导向作用，通过这些考试一般会得到教育部门和产业中的行业部门的共同认证，并成为学生将来进入各个行业就业的通行证。再者，法国还有除正规学校之外的，主要由企业或行业创办的应用型人才培养机构，如学徒培训中心等。这些机构在培养应用型人才和满足产业对专业劳动力的需求方面也发挥了一定的作用。

法国重视应用型人才培养始于拿破仑时代，为了在军事上战胜欧洲封建国家，法国建立起土木学校、卫生学校、工艺学院等，从此其应用型人才培养机构逐渐发展起来，并对法国教育产生了重要影响。随着工业技术水平的提高和国际竞争的加剧，应用型人才培养逐渐渗透到法国的整个学校体系之中。20世纪80年代末，法国颁布了意义重大的《教育方针法》，以法律的形式确定了法国教育发展的指导原则、发展方向和主要目标。该法规定，在未来十年内，使同一年龄阶段的所有学生取得职业学习证书和职业能力证书①。因此，可以说，法国教育对应用型人才培养的重视日益加强。

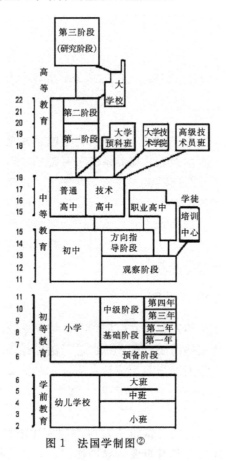

图 1　法国学制图②

二、学校应用型人才培养体系

法国从小学到大学，其学校应用型人才培养体系十分完备。我们这里着重分析义务教育阶段中的课程设置，技术高中和普通高中的专业设置和发展状况，以及高等教育阶段的大学技术学院和高级技术员班的办学特色。③

（一）小学和初中阶段的应用型人才培养措施

法国实施十年义务教育，包括五年制的小学，四年制的初中和高中一年

---

①　李丽桦. 教育发展研究. 向着公正、高效、开放的目标努力——法国《面向学校未来的方向与计划法》草案解读 [J]. 教育发展研究，2005（5）：93－95.

②　吴文侃等. 比较教育学 [M]. 北京：人民教育出版社，1999：189－218.

③　吴文侃等. 比较教育学 [M]. 北京：人民教育出版社，1999：189－218.

级。1975 年的教育改革以当时的教育部长阿比命名，通常称为"阿比改革"。这次改革的重点是初中。为了通过机会均等的学校缩小社会的不平等，此次改革将初中从双轨制变成单轨制，四年内实施统一的教育。按照法国颠倒称呼的习惯，初中四年依次称为六、五、四、三年级。没有初中入学考试，小学毕业生可就近入学。

1. 应用型课程设置

小学是义务教育的第一阶段，其教育大纲由教育部统一制定。现行的小学实施分科设置课程的做法，课程有：法语、数学、科学和技术、史地和公民教育、艺术和体育。1989 年的《教育方针法》规定在小学高年级逐渐普及外语教学。在小学阶段由于主要进行公民基本文化知识的教育，其应用性的课程体现的并不明显。

初中亦按全国统一计划和大纲组织教学，但是初中阶段的课程设置中应用性已较为明显。这一点我们从初中的课程设置和课时分配中即可看出。而且，初中的两个阶段的不同的作用和任务也具有较为明显的为应用型人才培养奠基的性质。初中学制四年，分两个阶段。前两年称为"观察阶段"，主要任务是在教育教学活动中观察儿童的能力和爱好，为以后的方向指导作准备。在观察阶段，每周课时为 24 课时，另有三个课时的个别化活动。其中有两个课时为技术和手工课，专门培养学生的应用劳动技能。三年级和四年级称为"方向指导阶段"，每周公共课时 25 课时，另有三课时用于选修。其中技术和手工课为 2 课时，选修课中的工业和经济技术课程为 3 课时，这是应用性课程在逐渐增加的表现。

表 1 **法国初中课程与课时表**[①]

课 程	观察阶段		方向指导阶段	
	六年级	五年级	四年级	三年级
法 语	4.5	4.5	4.5	4.5
数 学	3	3	4	4
第一外语	3	3	3	3
史—地—经济	2.5	2.5	2.5	2.5
公民教育	1	1	1	1
自然科学（理化）	1.5	1.5	1.5	1.5
生物—地质	1.5	1.5	1.5	1.5
技术—手工	2	2	2	2
艺 术	2	2	2	2
体 育	3	3	3	3
选修（外语；	3	3	—	—
工业和经济技术）	—	—	3	3

① 吴文侃等. 比较教育学 [M]. 北京：人民教育出版社，1999：189—218.

2. 初中分流制度

分流制度是指普通教育和职业技术教育的分离阶段、方式及规则。从经济发达国家的实践来看，多数从高中阶段起分设职业教育机构，进行专门的职业技术教育，而在初中阶段只适当地开设一些职业技术教育课程，对学生进行职业和技术的预备教育。法国就是这样的典型。法国初中结束后，由于学生要面临进入职业高中、技术高中或普通高中的选择，因此对学生进行方向指导是一个非常必要的环节。初中阶段的方向指导重点放在五年级和三年级。一般在第一学季，学校向家长报告学生情况和今后的不同出路的选择信息。第二学季，由学校、教师、学生和家长代表组成班委会逐个研究学生情况，提出建议。第三学季，和家长商量并提出最后方案。如果家长不同意可以上诉，由省里组织协商或由考试决定。

3. 初中三、四年级技术班

法国在初中和职业高中设立三、四年级技术班，目的是逐步取代原来的三、四年级过渡班，为高中输送新生。生源主要来自初中二、三年级的学生，课程包括普通教育和技术教育。技术教育占总课时的 1/3，涉及工业技术与科学、生物技术与第三产业等领域。学生念完两年初中者，可以进入这样的技术班，培训三年，授予"职业能力证书"（CAP），培训两年者授予"职业学习证书"（BEP）。两者在八级技术系列中都位于第五级。但是"职业能力证书"的专业划分较细，多数在工业领域，教学内容具体，以培养一种具体的职业能力为目的。"职业学习证书"的专业划分较为宽泛，主要是第三产业，其教学的理论性较强。三年学制的职业能力证书培训，因为过早地进入职业培训，学生的基础文化知识比较缺乏，不仅难以直接就业，更影响将来的职业生涯。因此，越来越少的法国青年进入此类培训，学生数 1970 年的 475 582 人锐减到 1996 年的 21 610 人[①]。

（二）高中阶段的应用型人才培养方式

法国的高中分为普通、技术和职业三类，前两类有时统称为高中，主要为高等教育输送人才。高中招生主要按初中方向指导的结果就近招生，但也允许跨片入学。高中的第一年仍是义务教育，为了保证义务教育阶段所实施教育的统一，分科一般在高中第二年开始。在高中一年级设两门应修必选课，包括二外、三外、拉丁语、希腊语、经济与社会科学、第三产业科学技术、生物—医学科学与技术、医学—社会科学与技术、生物和农业科学等 17 种。因选修的门类和数量不同，每个学生的周课时亦有所不同，一般为 28 到 32 课时不等。

---

① 王晓辉. 变革中的法国职业教育 [J]. 外国教育研究，2000（1）：57—64.

高中的后两年实行分科教学，包括文科、经济与社会、理科、工业科技（分机械、电子、电子技术、建筑、能源、材料六个方向）、实验室技术、第三产业科技（高三时再分为会计与管理、行政与商业活动、行政联络、商业联络等五个方向）、医学—社会科学。虽然各专业差别很大，但都要修完一些公共课，这些公共课包括法语、哲学、史地和公民、外语、自然科学、数学和体育。其中，高中后两年的文、理、经社三科属于普通高中，工业科技、第三产业科技、实验室科技、医学—社会科学四科属于技术高中。普通高中学生数量约是技术高中学生数量的 2 倍。

1. 技术高中

法国的技术高中是长期高中，招收初中毕业生，学制 3 年。培养目标是使学生具有一定的专业技术知识，广泛、扎实的普通文化知识，有较强的适应社会和企业对科学技术迅速变化的能力。技术高中第一学年是基础学习阶段，教学不分学科。第二和第三学年分学科教学，每周课时为 32－38 小时，其中普通文化课根据不同的学科和专业分别占课时总数的 1/3－1/2，甚至超过 1/2，技术课和专业实习课，在学校的教学车间或工厂企业中进行，选修课教学每周为 2－4 小时。

技术高中的多数毕业生选择升学，只有 10% 左右的学生经过专门化较强的培训后就业，他们在法国八级技术系列中具有第四级职称，可以任技术员。

2. 职业高中

原职业教育高中分职业能力证书班和职业学习证书班，为短期中等职业教育机构，也称短期高中，有 3 年和 2 年两种学制培养技术工人和职员。两者在专业设置上有较大差别。职业能力证书班专业划分较细，专业面较窄，而且经常根据社会和劳动力市场的变化加以调整，主要是培养学生对某一职业的能力与技巧。职业学习证书班专业面较宽，主要是学生掌握与某一职业领域相关的比较全面的知识和技能。课程主要包括普通文化课、职业课、实习课三部分，其中职业能力证书班实习操作课比例相对高些，而职业学习证书班则相对提高了技术理论课程的比例。

为解决中等职业技术教育生源差、质量低、出路难等问题，1985 年法国新开设职业高中毕业会考班，分专业教学，课程设置主要围绕四个方面：第一，职业、技术学与科学教育；第二，表达与世界知识；第三，艺术教育与创造性的发展；第四，体育。职业高中毕业会考班总课时为 69 周，其中至少有 16 周在企业实习[1]。

---

① 丁兆礼. 法国职业技术教育课程设置及其特点 [J]. 职教论坛，2002 (3)：63－64.

（三）高等教育阶段的应用型人才培养方式

各国的高等教育一般分科较细，专业训练强度较高，除一部分专门针对科研而培养学生外，它们的毕业生一般都要进入某一行业而直接就业，而且大部分从事应用性工作。可以从广义上讲，高等教育中的大部分专业是以培养应用型人才为目的的，法国的高等教育也不例外。但法国悠久的传统使其高校呈现出一些较为明显的特色，文科学生占大学生人数的将近一半。为此，法国政府在 1984 年的《高等教育法》中规定的高校的性质在"公立"、"科学性"和"文化性"之外增加了"职业性"，强调高等教育培养应用型人才，为社会发展和学生就业服务。

法国的高等教育机构可大致分为三类：大学、大学校和短期高等教育机构。由于大学和大学校的课程设置和教育都有较强的理论性质，因此从狭义上讲，短期高等教育是应用型人才培养的主要载体。短期高等教育机构主要包括大学技术学院和高级技术员班，学制一般两年。高级技术员班和技术学院两种教育形式并行发展，并且比本科教育发展速度更快。1981－1986 年间，法国本科生增长 13 ％，而这类学生数却增长了 67%。

1. 大学技术学院

大学技术学院属于大学里的一种特殊的教学和科研单位，主要培养高级技术员，是法国 1966 年高教结构改革的产物。各大学附属的技术学院数量不等。大学技术学院均为公立，发展较快。大学技术学院限额招生，根据报名者的中学学习成绩择优录取，共设二十余个专业，工业领域略多于第三产业，开设较多的专业是机械工程、电力工程、信息学、企业与行政管理、商业技术等。教学大纲由学院会同职业技术部门共同制定，教学组织严密，课时较多，注重应用性。由于专业培养严格，一般不实行学分制。学生平时成绩及格，通过实习，便可得到大学技术文凭（DUT）。大部分学生选择就业，也有一些学生转入大学的第二阶段继续深造，而且继续学业者比例不断增加，约占 45 ％。

2. 高级技术员班

法国产业界把介于工程师与技术员二者之间的"中间人才"称为高级技术员。1954 年法国政府在条件较好的技术高中创办了首批高级技术员班。以后一些工商协会、职业协会等社团根据行业需求相继单独或者联合开办了一些这样的班。高级技术员班一般附设在一些技术高中和少数职业高中，并且有些是私立的，但 60％的学生就读于公立的高级技术员班。它的培养目标和录取方式与大学技术学院相同。高级技术员班的生源来自技术高中、普高毕业生及同等学力者，前者享有入学优先权。专业划分较细，技术培养有明显的岗位针对性和实践性，毕业生通过国家考试可取得高级技术员证书（BTS）。

在法国职业教育获得大发展的 20 世纪七八十年代，这种班的规模进一步扩大，仅 1988 年就新增班 160 个。进入 90 年代，在失业率高于 10％的法国，这种班的毕业生一年内就业率却明显高于大学本科生。近年来，这种班的生源得到明显改善，成绩优良的普高及技术高中毕业生不断增加。1995 年全国共有 600 所技术高中办有 1 900 多个高级技术员班，在校生总数达 2 215 万人，这种高级技术员班已成为法国实施高级应用型人才培养的一支重要力量。

现在两种教育机构呈并行发展格局，这主要源于二者在专业设置、课程内容上实行宽窄并举的原则，故其毕业生的优势不同。高级技术员班毕业生的专业知识和技能专而精，顶岗快，现场指挥与操作能力强，但广泛的适应性差一些。而技术学院毕业生的专业知识与技能相对宽一些，适应范围较广泛，应用新技术成果能力强，但任职后适应期长一些。二者在人才培养规模上的分工，适应了产业界各种生产岗位对该规格人才的不同需求[①]。

三、农业类应用型人才培养体系

法国发达的农业类应用型人才培养系统对于其农业的发达功不可没。我国是一个农业大国，农业的发展对于国家社会经济的发展举足轻重，因此，借鉴法国农业类应用型人才培养的经验对于发展我国农业类教育具有重要意义。

法国的农业类学校一般由农业部举办和管理，农业教育分为初中定向阶段的职业技术预备教育，高中阶段职业技术教育、高等职业教育、职业培训和成人教育三大部分[②]。

（一）初中的定向阶段农业类职业技术预备教育

初中的第三、四年级设有职业预备班和技术班，这两种教育班通常由农业职业中学或农业技术中学举办。职业预备班为农业职业教育作准备，主要讲授人文科学和生物与技术科学，还包括一些跨学科的课程、职业调查以及一些职业预备培训。其学习结束后，可在农业职业中学继续学业。技术班为学生进入技术高中奠定基础，主要讲授普通教育与技术教育课，有一定的农业技术教育特点。学校要从饲养管理、种植管理、设备与维修、文秘与商贸、食品加工、农村娱乐服务、环境管理等专业中选择三种专业施以技术教育。技术班结业的学生，学业突出者还可以进入农业技术高中学习。

（二）农业职业高中和技术高中

1995 年法国有公立中等农业学校 221 所，其中农业技术高中 118 所，农

---

① 刘启娴. 不同模式，宽窄并行——法国高职人才培养模式、特色及其启示 [J]. 河北师范大学学报（教育科学版），1999（4）：111－117.

② 驻法教育处. 法国农业教育的特点及发展趋势. http://www. edu. cn/20010823/20784 6. shtml.

业职业高中 103 所，在校学生 6.48 万人。另外，还有 652 个私立农业教育机构，在校学生 9.36 万人。

1. 农业职业高中

农业职业高中的学制为二年，颁发两类文凭，农业职业能力证书和农业职业学习证书。前者偏重于具体职业技能的培养，旨在培养农业企业的工人。主要专业有：种植、畜牧、园艺、农机驾驶等。通常开设普通教育课（法语、数学、物理）、职业技术课和企业实习。后一种文凭着眼于较广泛的农业领域：种植、水产养殖、动物养殖、畜牧检验、养犬等专业；农业食品加工、化验与质量检测等专业；动物及动物制品销售、鲜品销售、园艺产品销售等专业；农村空间保护、林业工程、景观工程等专业；赛马员陪同、驯马员、马蹄铁匠等专业。其课程包括普通教育课、专业基础课、专业课和企业实习。教学内容不仅具有相对广泛的职业特点，便于毕业生在相关行业就业，还有利于其继续进入技术高中学习相同或相近专业。

农业职业高中会考文凭课程始于 1985 年，主要接收职业学习证书的获得者。学习时间为二年，其中有 16 到 20 周的企业培训。所设专业有：食品加工工业、商贸与服务、销售与代理、文秘、农业与园林机械维修。毕业生可以就业，也可继续接受相关专业的农业高级技术员证书或普通高级技术员证书的高等教育。

2. 农业技术高中

农业技术高中接收义务教育结业的学生，学习时间为二年。培训专业为：水产养殖、种植管理、畜牧管理、园艺、葡萄种植和葡萄酒工艺、食品化验、环境保护、野生动物管理、农业机械、动物化验技术等。毕业生获得农业技术员证书，可以就业也可以继续读高级农业技术员证书课程。

农业技术高中会考文凭课程也是接收义务教育结业的学生，学习时间也为二年。其主要目标是为短期高等技术教育作准备，也允许优秀学生接受长期高等教育。该文凭的学习设有两个专业：农业与环境科学技术和农业食品生产科学技术。前一个专业的毕业生允许进入短期高等技术教育，学习以下专业：农作物生产、畜牧业、土地整治、商业技术、农业设备等专业；后一专业的毕业生可以选择食品加工、食品化验，商业技术等专业学习。

（三）高等农业教育

法国高等农业教育主要有三种类型：短期高等技术教育、工程师教育和研究生教育。

1. 农业高级技术员的培养

学制为二年，主要涉及的领域有：生产（热带农业、经营系统的管理与分析、畜牧、水产养殖、园林、种植技术等专业）、加工（农业与生物分析、农业食品工业与生物技术等专业）、商业（含商业技术专业）、环境保护（包括景观管理、水控制与管理、自然环境保护与管理、林业生产等专业）和农业设备。此证书的学习包括四方面的课程：第一和第二方面是所有专业的共同课，目的是使各专业高级技术员具备应有的基本能力。第三方面涉及与专业环境相关的知识，第四方面为专业课。培训过程还包括地方职业见习、企业实习（12－16周）以及撰写实习报告。毕业生获得农业高级技术员证书者，可以就业也可以继续农业高等教育学习，还可以准备各种农业专业资格考试[①]。

需要指出的是，农业高级技术员的培训不由高等学校承担，而由普通技术高中和农业技术高中组织实施。

2. 农业类工程师教育

工程师教育分两个阶段：先须在重点高中的大学校预备班学习二年，通过严格的考试之后，方可进入农业高等学校；再经过三年的专业学习，才有可能获得工程师文凭。1995年法国有高等农业学校30所，其中公立学校23所，私立学校7所，有9658名大学生。专业分类比较明确，主要类型有：

（1）国立农业工程师学校。第三年划分专业，一般设农学、园艺、农村规划与发展，农业食品工业、景观技术、植物和遗传生物学等专业。

（2）林业工程师学校。第一年和第二年的前两学期学习专业基础课，如森林环境保护、树木生物学、森林管理、木材学、自然环境管理。

（3）国立水与环境工程学校。主要课程为水利学、水处理、水环境保护、水利工程等。

（4）国立兽医学校。经过三年关于基础科学、动物繁殖、临床学、兽医法规、动物安全、饲养卫生与质量等学科的学习，毕业生可获基础兽医学习文凭。

（四）农业职业技术培训和农民成人教育

法国农业职业培训面向义务教育后的青年，培训通常为两年。三分之二的时间在雇主农场实习，三分之一在农业培训中心学习。学徒结业后授予"农业职业能力证书"。自1987年7月以来，16到25岁青年都可以通过培训获得"农业职业学习证书"、"农业职业高中会考文凭"、"农业技术员证书"、"农业高级技术员证书"等农业职业技术文凭。1995年，法国有125个农业学徒培训中心，接受培训者1.5万名。

成人农业教育的培训对象是成人和离开正规学校的青年，通常的培训方式

---

① 银立新. 法国的农职业教育［J］. 云南教育，2003（33）：6－7.

是实习。20—120 小时的实习为短期实习，目的主要是丰富农业生产者的知识，120 小时以上的实习为长期实习，目的在于使在职人员获得更高的农业教育文凭。1995 年，法国有 156 个农业职业培训中心，接受农民培训者 11.2 万名①。

四、法国应用型人才培养经验及其对我国的启示

法国应用型人才培养系统完善，结构清晰，培养出大批的优秀的应用型人才，为法国经济社会的发展起到了巨大的推动作用。"它山之石，可以攻玉"，总结法国应用型人才培养的经验，借鉴其成功之处，为我所用，才是我们研究国外教育发展的根本目的。

（一）体系完善，分工明晰，上下衔接，过渡自然

法国应用型人才培养贯穿始终，从义务教育直至高等教育都有相应的课程或机构进行实施。在义务教育阶段，法国从 1985 年就开设技术与手工必修课程，并开设工业与经济技术选修课程，进行职业与技术预备教育，注重培养学生的应用技能和职业意识。在义务教育阶段开设这些课程的目的是要提高课程中的现代科学技术含量，适应现代社会科学、技术、经济与生活的不断发展变化的需要。在这方面，不仅法国如此，英国从 1990 年开始，从小学一年级至初中开设"设计与技术"必修课；俄罗斯在苏联解体后从小学起至中学开设"工艺"必修课，1999 年开始，在教学计划中又增加了"劳动培训"和"制图课"。法国在初中后两年进行方向指导，其组织和形式独特，方法恰当，使分流水到渠成，与高中阶段的职业与技术教育衔接自然。高中阶段的技术高中既可毕业就业，亦可升学继续深造，而且为短期高等教育输送优质生源，为培养高级技术员奠定基础。至于法国的农业类应用型人才培养系统更是体系完整，为了向农村输送人才，法国在发展农村经济过程中形成了一个由农业部直接领导的、自成系统的，并且和普通教育相沟通的农业职业技术教育体系，培养农、林、牧等各个领域、各个层次的人才，从普通的农业工人到农业工程师。

（二）课程注重应用性，与劳动技术等级系列挂钩，适应经济社会发展需要

法国的职业高中、技术高中，以及大学技术学院和高级技术员班的课程设置都极富应用性，而且与劳动技术等级序列挂钩，使得每一个阶段毕业都能直接进入产业部门。例如，职业高中和技术高中的毕业生相当于劳动技术序列中

---

① 驻法教育处. 法国农业教育的特点及发展趋势. http：//www. edu. cn/20010823/207846 . shtml.

的第四等级，这种方式使应用型人才教育目标明确，而且适应产业部门需求。法国的农业教育是典型的为农业发展服务，而且是法国农业发达的深层原因，农业应用型人才培养专业门类齐全，针对性较强。在培养农业类应用型人才的过程中，农业院校十分重视实践环节，充分利用学校的农场或生产车间，组织学生进行实际生产劳动，定期安排学生去农场实习，使学生们较早地接触生产和经济领域，便于理论联系实际，也便于学生将来的就业。为了促进法国农业经济的发展，确保农业教育特别是农业职业教育在经济发展中的作用，政府还制定了相关法律和政策，要求所有企业和个体农庄无条件地、随时随地接受学生实习、参观及各种学习需求。通过这样的培养系统的法国农民一般都具有农业技术高中毕业以上的文化程度，不但会耕作，而且有文化，懂科学，善经营。此外，农业院校还经常参与国家农业可持续发展计划的研讨，在农村环境保护、国土整治、农村景观、乡村旅游等方面发挥重大作用。

加拿大职业技术教育
与应用型人才培养研究

　　加拿大实行的是教育分权的制度，因此每个省的学制都是不同的，以几个省为例对其学制进行说明：

地　区	学龄前	1	2	3	4	5	6	7	8	9	10	11	12	13	中学后教育
魁北克	2 年	小学						中学					大学预科		大学
安大略	2 年	小学						中学							大学
大西洋地区	0 或 1 年	小学				初中		高中							大学
曼尼托巴	2 年	小学						中学							大学
阿尔伯塔和西北地区	1 年	小学				初中		高中							大学
不列颠哥伦比亚	1 年	小学						中学							大学

图 1　加拿大部分省份学制图

（资料来源：加拿大教育部网站. http：//www. cmec. ca/index. en. html.）

　　加拿大各省学制不完全相同，但大约都分为初等教育、中等教育、高等教育。中小学，传统的学制一般为小学 8 年，中学 4 年，但目前多实行小学 6年，初中 3 年，高中 3 年或 4 年。学士学位时间一般为 3－5 年，硕士学位为1－2 年，博士学位为 3－5 年。加拿大中学十二年级毕业后，可进入就业市场，职业学校，社区学院或大学。

一、加拿大职业技术教育的发展

(一) 加拿大职业技术教育的发展历程

加拿大早期职业教育发展的显著特点是出现了农业合作推广教育。这种初期的成人职业教育与农场和早期的农业学校是注重实效的，直接支持着生产生活和经济的发展。在相当长的一段时间内，这种早期的职业培训一直都是由手工艺行会和工匠群体自行组织的。

20 世纪初，为培养生产发展所需要的农业及各类技术人才，联邦政府开始通过法律手段干预职业教育，于 1913 年颁布《农艺教育法》（Agricultural Instruction Act)，紧接着又在 1919 年颁布了《技术教育法》(Technical Education Act)。30 年代，席卷北美的经济大萧条使加拿大的失业人口中学激增，作为应对措施，政府连续颁布 4 部法令以促使劳动力市场的繁荣。它们是 1931 年的《职业教育法》(Vocational Education Act)，1937 年的《失业人员及农业补助法》(Unemployment and Agricultural Assistance Act)，1939 年的《青年培训法》(Youth Training Act) 和《国家林业计划》(National Forestry Act)[①]。这些法令的颁布，为二战后职业家预定发展奠定了一定的基础。

二战后至 20 世纪 60 年代末是加拿大教育发展的黄金时期，各级各类教育在数量和质量上飞速发展。50 年代末 60 年代初，"社区学院"诞生并被引进加拿大。这类学校是国家职业技术教育的主要提供者。各类新的学校不断出现，原有的规模也在不断扩大，究其原因，主要有以下几个方面：战后，加拿大人口增长很快，高等学校的入学需求激增；随着经济科技的迅速发展，教育改革与发展也势在必行。由于 20 世纪 50 年代加拿大的失业率很高，政府通过并实施了《技术和职业训练援助法》 （Technical and Vocational Training Assistance Act）（1960 年）。根据该法，联邦政府决定在十年内提供 8 亿加元，并要求各省也相应出资（联邦政府出资 75％，省政府出资 25％）用于职业教育基建投资。另外，一些立法如《成人职业训练法》(Adult Occupational training Act) 和《加拿大人力训练计划》(1967 年) 等更增加了联邦政府财政

---

① 吴雪萍. 国际职业技术教育研究 [M]. 杭州：浙江大学出版社，2004.

自主的总额①。联邦政府大量的经费投入对各省职业教育（尤其是中学后职业教育）的发展起了激励作用，新型的职业教育机构——社区学院在各省迅速发展起来。社区学院实行专科层次的职业教育，立足于为本地区各行业培训专业技术人员，适应生产技术迅速发展的需要，职业教育与成人教育相结合，办学形式灵活，因而发展极为迅速，使得加拿大的高等职业教育成为与普通大学教育并列的高等教育类型。

20 世纪 60 年代加拿大局部地区感到了经济改革的力量，各省被迫对职业技术培训和教育给予各种形式的资助，其中大部分通过社区学院和技术学院给予中学后教育和成人教育。加拿大联邦政府注意发展职业教育，主要源于两种有关技术和职业教育的概念。第一种概念就是以人力资本的假定为基础，以经济成就的大小为出发点，认为更有效更普遍的培训可产生有益的影响。第二种概念将教育作为一种实现社会公平的一种手段，即通过使处于不利境地的人的参与并使之获得较大的经济份额。

20 世纪 70 年代开始，受西方资本主义经济危机的影响，加拿大经济急剧回落，通货膨胀，失业率上升。为解决这一社会危机，加拿大政府推行积极的劳动力市场政策，重点放在培养经济需求和失业工人的需要方面，加大实施失业人员再就业培训的力度。政府为学徒期和技术培训，培养基本技能，英语培训和工业培训提供资助。在联邦——省级培训协议的范围内，政府向公立院校支付培训费。

20 世纪 80 年代开始，加拿大开始实施国家职业战略。80 年代初，联邦政府对其劳动力市场和培训政策进行了审查，其结论是劳动力市场信息资料严重缺乏，计划并未对地区性需求作出反应；以及过于强调高等院校培训。1982年的《国民培训法》（National Training Act）反映出联邦政府的新方针，即为社会短缺技能的培训直接提供资助，同时为雇主举办的工业培训提供更多的支持。要求基本技能培训必须与技术培训课程密切结合，培训资助计划从一年制延长到两年制。1985 年，加拿大开始实施它的国家职业战略，以便使联邦计划合理化并且引导其帮助那些需求最迫切的人，尤其是"贫困阶层"，年轻人，重新就业的劳动力和长期失业者②。最近加拿大政府通过新的劳动力培养战略，使私营部门在联邦资助的培训方面发挥更大的作用，更加重视劳动力调整以及向贫困阶层、社会救济领取者和失业保险领取者提供培训。此外，它还资助商业、工业和劳工部门等部门性委员会，以及研究各方面需求，提出课程设

---

① 威廉·戴依. 加拿大的职业技术教育 [J]. 国际职教研讨会专辑，2003.
② 威廉·戴依. 加拿大的职业技术教育 [J]. 国际职教研讨会专辑. 2003.

置规划，制定标准以及在全国推广以行业为基础的培训。

对于普通教育而言，职业课程的开设也使普职教育的融合更向纵深方向发展。20 世纪 80 年代，加拿大政府已经认识到"培养有知识、能掌握新技术的人力资源，是能否适应新技术的发展变化，跟上工业变革的战略性问题"，使教育改革"从过去的临时性革新进入了为不断适应新形势而改革的阶段"。在基础教育阶段，从小学到高中，都设置了职业技术课程，很多是以选修的方式开设设置的，从职业意识的培养到基本的职业技能入门课程，再到职业技能的获得，是一个相对完善的普通教育中的职业教育体系。

20 世纪 90 年代，加拿大本着倡导一种新的学习文化，努力提高全体公民的科学技术素质的改革宗旨，进行了中学课程的改革，其改革的特点之一就是扩展新技术在课程与教学领域的应用范围，将现代新技术引入中学课程，向学生提供适应现代社会发展需要的新式教育。这样，职业技术课就作为高年级的必修课程呈现在学生的日常学习生活中来。

（二）加拿大职业技术教育的构成

图 2　　　　　　　　　加拿大职业技术教育系统示意图①

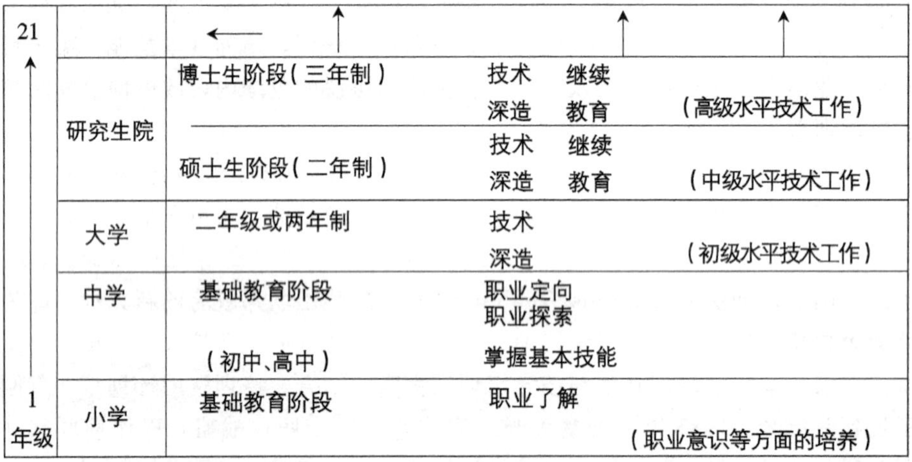

21 年级 ↑ ~ 1 年级	研究生院	博士生阶段（三年制）	技术 深造	继续 教育	（高级水平技术工作）
		硕士生阶段（二年制）	技术 深造	继续 教育	（中级水平技术工作）
	大学	二年级或两年制	技术 深造		（初级水平技术工作）
	中学	基础教育阶段 （初中、高中）	职业定向 职业探索 掌握基本技能		
	小学	基础教育阶段	职业了解		（职业意识等方面的培养）

因为加拿大实行十二年义务教育，所以加拿大的普职分流，主要是高中后分流。正规的职业教育就是中学后的职业教育了。这一阶段主要由高中后职业教育和高等职业教育构成。其实施机构主要为综合高中、地区性职业教育中心、职业技术学校、社区学院和企业办的培训中心。其中，以社区学院为主进行的高中后和高等职业教育是加拿大职业教育的主要形式。

---

①　林森. 加拿大中小学职业技术教育特点研究［J］. 职业技术教育，2004（16）.

同时在加拿大的中小学也进行职业技术教育，主要体现在中小学的课程设置上，以选修课的方式供学生选择，选修课主要以职业技术型课程为主。

（三）加拿大职业技术教育在普通教育中的实施

1. 加拿大中小学职业技术课程设置基本理念

随着职业技术教育在加拿大的蓬勃发展，人们对中小学阶段的职业技术教育也有较为深刻的理解。"让孩子掌握生活技能，具有生存和发展能力"已经是今天加拿大人对于儿童发展的首要理念。里加纳市（Regina city）在其《教育指南》中明确指出：中小学阶段职业技术教育就是"让学生理解我们所处的这个工作的世界，培养学生将来工作所需要的职业意识和基本的职业技能，树立学生成功就业所需要的良好的态度"。在各个中小学的《学校教师手册》、《学校工作手册》和《学校学生手册》中，关于其教育宗旨的阐述也都包括"职业技能"、"适应社会"等方面的内容。萨斯卡彻温省（Saskatchewan）教育部颁布的《萨斯卡彻温省教育：常青的课程》对职业教育也有着较为系统而深入的阐述："现在的学生生活在复杂多变的社会，置身于变革与多元价值体系之中，他们必须早作准备，成为足智多谋、适应能力强的人才。而且，他们必须对自己一生所要从事的职业独立地作出决策……学生的职业发展应该是由家长、教育者、政府部门和社区成员共同参与，是有计划地指引学生的发展前途、赋予学生自信心的过程。为了帮助学生在职业道路上成长，职业教育应成为所有学校的一个中心课题——职业教育不是强迫学生过早作出草率的职业决策，相反，它的目标在于帮助学生扩大职业意识，使他们选修的课程及其学业成绩能符合未来学校与社会行业的要求。"[①]

2. 加拿大中小学职业技术教育的主体目标

在加拿大，由于各省的教育制度不同，因此不同的省、学区甚至学校的教育和课程都各有特色。但是，就其开展职业教育和所开设的职业教育课程的目标而言基本上都是一致的。一般来说，中小学职业教育及课程的总目标——努力使学生获取职业知识、技能、信息和态度，理解自我生活职业，积极促进自我生活职业的发展。

加拿大中小学职业技术教育目标包括：提高自我意识，增强生活职业处理能力；提高自我设计能力和职业技能水平；增强学生的职业意识、职业探索和职业计划方面的知识、能力。在中小学阶段，职业技术教育力图通过各种可操作的有效方式，帮助学生实现自己的理想目标。通过不断实现每个阶段的具体目标，持续开发学生各方面的潜在能力，使其能够顺利地进入职业生涯。由此

---

① 林森. 加拿大中小学职业技术教育特点研究［J］. 职业技术教育，2004（16）：68—71.

可见，加拿大中小学职业技术教育的基本宗旨就是赋予所有学生充分发展个人的天赋才能的力量，使其具有生存的能力[①]。

　　3. 加拿大中小学职业技术课程的设置

　　在小学阶段，主要是让学生接受一些尝试性的初级的职业技术培训。这阶段的教育目的是让小学生初步了解社会上各行各业的工作，有相应的职业意识。小学阶段开设的课程主要有木工、瓦工、油漆、车工、制陶、商业、家政、烹调、摄影等。这时期的职业技术课程，低年级以模仿、游戏为主。如一些角色互换游戏，通过让孩子扮演不同职业的人，对不同的职业特点有所了解。高年级开始进行正常的课堂教学，既教授一些简单的理论知识，又传授一些简单的实用技术。在师资方面，小学职业技术课教师既有专职的也有兼职的，低年级的教师多数是兼职的，高年级职业技术课教师两者都有。另外，还有一些学生家长和志愿者加入到职业教师队伍中来。

　　中学阶段，加拿大职业技术教育进入"正规化"阶段。在这一时期，随着学生学习能力和动手能力的发展，学生需要接受与社会发展同步的比较正规的职业技术培训，以确保学生在中学毕业后能够具有基本的生存技能。中学阶段职业技术教育的目的主要是帮助学生树立择业意识，进行职业探索，并使学生掌握基本的职业技术技能。一般学校都要求学生毕业时至少要掌握两门技术才准予毕业。

　　在课程设置方面，中学阶段比小学阶段范围要广泛很多，有基本工业技术、汽车修理、绘图、商业、家政、美容美发等科目。但这些课程会因为学校的不同而不尽相同，但每所学校至少开设五门以上的课程。通常情况下，这些职业技术课程是与基础课同时开设的，是具有学分的选修课。

　　加拿大中学阶段的职业技术教育工作实质上包括两方面，一方面是学生的职业指导工作，另一方面是学生的职业技能培训工作。学生的职业指导通常包括三个步骤：第一步，通过调查问卷、心理测验等形式，让学生清楚准确地、全面地了解自己，认识自己的智力、能力、兴趣、气质等各方面的优缺点；第二步，让学生了解社会各行业工作的要求及特点，了解各行业对应聘者在知识水平、智力、性格等方面的要求，了解各行业工作的优越性、局限性、发展机会、发展前景等方面的情况；第三步，对主客观因素进行综合分析，找出适合自己的最佳选择。这项工作是贯穿在学校教育始终的，不但在中学期间进行，而且在大学及以上各阶段都要始终进行。学生的职业技术技能培训需要通过正规的职业技术课程才能得以完成。职业技术课程的实现方式就是理论和实践相

---

　　① 袁桂林、曾琦. 加拿大课程改革研究 [M]. 北京：人民教育出版社，2001.

结合的班级授课①。

例如，萨斯卡彻温省规定为初中六至九年级学生开设的职业技术课程共120学时，每个学年的课堂教学时数是30学时。具体计划如下表所示：

表1　　　　　　　　六至九年级职业技术课程计划表②

内容＼时间	六年级（课时）	七年级（课时）	八年级（课时）	九年级（课时）
自我意识方面	10	7	5	4
生活职业处理能力方面	5	6	7	8
教育设计方面	5	5	6	6
职业意识、概念和计划方面	10	12	12	12
总课时	30	30	30	30

加拿大中学的职业技术教师主要有以下两种，一种是专职的职业技术教育教师，他们一般具有精深的专业知识和丰富的实践经验，能够给学生理论上和实践上的双重指导。另一种教师称做"咨询教师"，专职、兼职都有，但都是经过专门培训过的，他们的主要工作是职业指导和职业咨询。这种教师为学生提供信息服务，帮助学生进行职业定向等工作。

在加拿大的中小学中都设有各种职业技术车间，车间里备有基本的技术设备以供学生操作，在这里学生可通过实际操作掌握一些基本的职业技能。

由此可见，加拿大中学职业技术教育已达到了相当完善、发达的程度。中学生毕业时都已掌握了几种基本的职业技术技能，具有一定的就业基础。

加拿大的高中阶段一般为2年（十一至十二年级）或3年（十至十二年级），课程结构复杂多样。安大略省高中为四年制，毕业要求共修16学分，其中技术教育或商业教育为必修课，计1学分，与地理、历史、社会、艺术、体育学分相同。同时设立了选修课14学分，选修课程门类包括机械、电机、汽车修理、电子计算机、打字、木工、金工、会计、裁缝、办公程序、企业交往等，其中大部分是技术类内容。具体内容见下表：

加拿大九至十二年级的技术教育课程，包括广域基础技术和计算机学习两大部分。广域技术是以活动为基础、以任务驱动的方式进行学习，提供给学生在通讯、建筑、设计、旅游服务、制造、健康与个人服务和交通方面的知识、技能与体验；计算机学习包括两项内容，计算机与信息科学和计算机工程技术。同时，计算机本身也是学习的对象，计算机与相关的技术作为工具，在所

①　林森. 加拿大中小学职业指导课程研究［J］. 课程·教材·教法，2005（5）：92—96.
②　林森. 加拿大中小学职业技术教育特点研究［J］. 职业技术教育，2004（16）.

有课程领域都被利用，以提高和增强学习的效果。

安大略省九至十二年级技术教育课程的设置如下表所示。

表 2　　　　　　　　安大略省九至十二年级技术教育课程设置表

开设年级	9	10—12	10—12	10—12	10—12	10—12	10—12	10—12	10—12	10—12
课程名称	综合技术	通讯技术	计算机与信息科学	计算机与工程技术	建筑技术	健康与个人服务技术	旅游服务技术	制造技术	技术设计	交通技术
课程类型	开放	开放	开放	开放	开放	开放	开放	开放	开放	开放
学分	1	1—3	1—3	1—3	1—3	1—3	1—3	1—3	1—3	1—3

（资料来源：杨进. 加拿大中小学技术教育课程概述. 北京教科院 2001 年学术年会）

在高中阶段，所有技术教育课程均为可选择的开放型课程。其中，九至十年级的技术教育课程，是提供学生对职业技术的认识，使学生了解职业技术的各种具体形式，发展对职业技术影响的认识，这些课程是为进一步的学习作准备的。十一至十二年级职业技术教育课程是帮助学生为中学后的目的地——大学、学院、学徒培训和工作场所作出准备，因此更多的集中于具体的职业。学生根据个人的能力、兴趣和需要，可以在每一个学年自主进行安排，选择某一项目课程或选择对应不同目的开设的相关课程，所休学分与所学课程是相对应的[①]。

以下面一个中学为例，就可以看出这些课程设置的特点了。

表 3　　　　　　　　道格拉斯中学选课指导表[②]

	第一学年	第二学年
准备升入理工科大学	英语、社会学科、体育、代数、物理、化学、制图	英语、地理学、代数、物理、生物、化学、制图
准备升入文科大学	体育、代数、法律、法语、生物	历史、打字、法语、西方文化
准备升入技术学校	英语、社会学科、体育、代数、建造、制图	英语、物理、代数、消费教育、制图、建造

① 顾建军. 世界各国高中技术类课程设置及其启示［J］. 职教通讯，2002（1）：57—60.
② 崔成前. 加拿大中学的课程设置看其课程领导模式［J］. 教学与管理，2004（31）.

准备当商行艺徒	英语、社会学科、体育、贸易、数学、力学、建造、制图	英语、消费教育、建造、制图、力学、金工
准备从事办公职业	英语、社会学科、体育、消费数学、办公过程、会计、法律	英语、消费教育、会计、商业通讯、食物营养、计算机及程序
准备从事普通商业	英语、社会学科、体育、消费数学、会计、打字、消费教育	英语、消费教育、会计、商业通讯、高级会计、社会娱乐、计算机及程序
准备从事秘书职业	英语、社会学科、体育、消费数学、办公程序、速记、法律	英语、消费教育、办公实习、速记、商业通讯、会计、计算机及程序

（四）加拿大中学后职业技术教育的发展状况

1. 主要实施机构——社区学院

在加拿大，由于实行的是 12 年的义务教育，所以职业技术教育主要是中学后的高等职业教育。加拿大的中学后教育由授予学位的大学教育与不授学位只发文凭和证书的社区学院教育两部分构成。社区学院是中学后职业教育的主体部分，目前加拿大的社区有近 300 所，占全国高等教育机构的约 2/3。社区学院是一个通称，具体到各省称谓还有所不同，大体上有以下几种：地方学院、技术学院、应用技术与科学学院、普通教育与职业教育学院、也有就称之为摄取学院的，还包括一些农业学院和艺术学院及其他的专门的职业教育机构。社区学院能在加拿大迅速发展的原因包括以下几个方面：第一就是它的灵活性，社区学院的学习时间和学习方式学生可以自由选择，一年三季招生，可以面授学习也可以网络学习。第二就是社区学院的学费相对较低，而且也能够给学生提供良好的学习环境，这也是它的吸引点之一。第三，社区学院的学习内容具有时代性和实用性，教学内容紧跟时代发展，结合需求市场，力求使学生能够真正做到学以致用。

2. 社区学院中职业技术课程的设置

加拿大社区学院的职业技术教育同样也是以培养学生的能力为宗旨，在专业开发和课程设置上形成了一套 CBE 理论和 DACUM 教学方法。CBE（Competency Based Education）是"以能力为基础的教育体系"的缩写，它的特点是使受教育者在学校学习期间即具备了从事某一职业所必需的实际工作能力，而且把这种能力作为评价学生和教师、教学质量的标准。CBE 所指的能力包括知识、态度、经验和反馈。在制定教学计划时把各项岗位要求进行系统分析，组成一系列教学模块。每一职业能力又分解为 8—12 项综合能力，每一综合能力又分为 6—30 项专业能力。在对所有专项能力进行系统的分析和归纳的基础上，设计出若干学习课程，并按课程类别和相关性设计若干"学习包"，即学生的学习指南。因此实施 CBE 体系的关键是 DACUM（Developing a curriculum）程序，即课程的编制①。

在加拿大由于教育是由各省管理的，因此各省的社区学院情况也不相同，但总体来说社区学院所开设的专业均为就业市场所需要的专业，主要为企业培养初中级专业人才。社区学院职业技术课程范围大致可分为工艺、商业及管理、卫生保健、技术四大类，培养各种类型各种层次的技术人员和半专业人员。社区学院还开设徒工培训课程，覆盖了商业、实用工业技术、服务业、卫生保健等各种职业工种。这种培训课程是与企业共同开设的，被称为"合作教育课程"，学生的绝大部分时间都是用于现场操作的。

3. 社区学院的培养对象

加拿大社区学院的培养对象主要包括两部分：一是高中毕业后为直接就业而学习职业技术知识和技能的；二是已就业人员为掌握新知识新技能而进行学习的，或是为换一种新的工作而学习，许多大学毕业生为了获得专业技能以便就业也来学习。加拿大社区学院学制一般为两年，少数也有一年制或三年制的，一般分为全日制和部分时间制两种。全日制又分为两种：一种是为高中毕业生升大学开设的二年制大学预科班；另一种是为高中毕业生就业而开设的二或三年制专业学习班。全日制社区学院的主要培养目标是让学生较为系统地掌握所学的基本职业理论和基本技能，使其就业后能够适应社会和工作的需要。部分时间制主要是对已就业人员进行较为专业的职业技能培训，其中大部分属于短期培训。参加这种培训的学生要多于全日制学习的学生，因为它的对象特别广泛，涉及各个行业。除此之外加拿大社区学院还义务为学生提供关于职业指导等方面的服务，如职业定向、职业咨询和选择等。每所社区学院都设有"公共关系与就业部"，专门从事这种服务，以便学生能够及时准确地了解市场需求，准确而快速地进行自身定位。

加拿大社区学院适应和满足了社会对生产第一线应用型人才的需求和高中普及后学生对高等教育的入学要求，大大提高了加拿大高等教育入学率和劳动生产率。

① 左家哺，彭蝶飞. 加拿大的职业教育与 CBE 教学模式 [J]. 湖南环境生物职业技术学院学报，2004（3）：260—263.

4. 加拿大社区学院的管理体制

加拿大社区学院的管理体制通常包括两个层次，一是各省的教育管理部门，二是各个社区学院的董事会。加拿大社区学院的管理权限在各省的教育管理部门，它的主要职责是制定和发布相关的政策法规，批准建立新的专业，规定录取标准，控制招生数额，为全省各社区学院提供教育经费。省教育与培训部下设管理委员会，主要负责根据各社区学院提名考察任命各学院的董事会成员。每所社区学院的董事会根据省教育与培训部制定的政策法规，制定本学院的发展政策、办学原则和发展方向，聘请院长（董事会成员）。因为社区学院一般都是与企业联合办学，所以董事会成员包括校方人员和企业人员两部分。董事会一般由 16 人组成，其成员当中校方占 5 人（包括校长），其余为当地企业界人士。董事会成员每年都要更换一部分，以保持决策的灵活性和准确性。社区学院董事会主要任务包括批准预算、任免人员、重大事情决策等方面。政府管理部门和董事会不插手学院的日常工作，一些具体的工作都是由学院院长执行操作，研究制定与政策法规相一致的工作方案、工作程序、教学计划草案等。同时社区学院的每个专业基本上都有一个专业委员会，由本专业的专家组成，这个专业委员会要确保专业的培养目标和教学内容为社会所急需，体现时代性和实用性[①]。

5. 加拿大社区学院的经费投入

从相关资料来看，加拿大政府用于社区学院和职业培训计划上的支出在最近 20 年内，无论是以绝对值计算还是以占国内生产总值的份额来计算，在同一时期都有了大幅度的增加。从占全部教育支出的百分比来看，这一支出也在增加。加拿大社区学院的教育投入中，政府拨款一般占学院经费的 50—60％，左右，其余部分要由学校靠学费和服务收入解决。许多学院采取了多种方式来补充办学经费的不足，一些社区学院办学经费还得到当地实业界的支持。实业界要求社区学院为他们培养急需的技术人才和管理人才，因此经常投资来改善学院的办学设施，提供实习场所和实习经费。

二、加拿大职业技术教育发展对我国应用型人才培养的启示

职业技术教育作为教育体系中与经济联系最为密切的部分，也是应用型人才培养的一个重要渠道，其改革和发展更应有世界的眼光。加拿大采用广泛设置课程的方式，使学术教育和职业教育贯穿始终地结合起来，并且注重人才的培养和经济发展相结合，注重技术性人才的培养，这些做法促进了加拿大经济

---

① 王艳玲. 蓬勃发展的加拿大职业教育. 教育与职业 [J]. 2004 (5)：59.

教育的快速发展，同时也给我们发展职业技术教育以很大启示。

（一）构建终身职业技术教育体系，实现社会的可持续发展

由于社会经济的快速发展，科技发展的日新月异，现代社会的各种基础和结构都在不断发展变化，以往一次性的职业技术教育对于个体来说已经无法适应多种职业身份的需要，因此构建终身职业技术教育体系无论是对社会发展还是对个体发展来讲，都成为一种必需。加拿大职业技术教育课程的设置就体现了这一发展趋势。它的职业技术课程的设置从小学就开始，一直延伸到大学，同时还存在社区学院这一职业教育机构来肩负一定的受教育者的在职培训，使职业技术教育贯穿受教育者的一生。加拿大的职业教育在每一阶段都有不同的教育目标，从职业意识的获得到职业技能的培养。这一终身职业技术教育体系的构建已经引起了世界各国的广泛关注。我国的职业技术教育体系本来就比较薄弱，在这个基础上，我们要顺应整个职业技术教育发展的总体趋势，构建具有我国特色、符合我国国情的终身职业技术教育体系，使我国的职业教育具有整体性、系统性和协调性，使所有从业人员都成为终身学习者，都有接受不断培训的机会和能力，使自己能够实现可持续发展，也使社会在此基础上实现可持续发展。

（二）注重个体职业能力的培养，缓解社会就业压力大的问题

在现代社会中，失业率的不断升高一直是很多国家难以解决的问题。由于多方面的原因，我国目前以及未来相当长一段时期都将面临着巨大的就业压力，就业问题解决是社会稳定和现代化建设事业的关键环节之一。现代职业技术教育中的一个重要组成部分就是重视创造就业机会和培养学生自主创业的能力。具有这一特点的职业技术教育虽然无法从根本上解决就业难的问题，但可以在一定程度上缓解就业压力。加拿大职业技术教育在专业开发和课程设置上形成了一套 CBE 理论和 DACUM 教学方法，目的就是使受教育者在学校学习期间即具备了从事某一职业所必须的实际工作能力以及相应的职业技术指导，使受教育者在以后的职业生涯中避免盲目性和无目的性。

我们培养应用型人才也可以借鉴其特点，一方面通过职前职业技术培训和再就业培训，提高劳动者的综合职业素质，增强他们的职业竞争能力和适应能力，解决结构性失业问题；另一方面，通过创业教育，培养劳动者的自主创业精神和创业能力，解决就业岗位不足性失业问题。

（三）探索学校和企业合作的新形式

加拿大职业技术教育成功的一个方面就是它创设了一种以就业为导向、产学结合的人才培养模式。这一模式使得人才的培养和经济的发展能够很好地协调起来，供给和需求达到一定程度的平衡，对于经济的发展起到了很大的促进

作用。

在当今技术、经济、教育迅速发展的情况下，我国原有职业技术教育体系较为封闭，我们应该大胆借鉴与探索，推广产学合作的办学形式。职业技术教育要主动走向企业，在办学方向、课程设置上结合企业要求，符合社会发展需要。企业和学校在技术上也可以互相借鉴，进行直接结合，共同发展，逐步走向企业学习化，教育产业化。这样一方面能增强企业的技术动力和开发能力，满足企业对高素质劳动力的需求，另一方面也能解决学校的实践场所问题，完成服务社会的任务，而且能及时了解掌握教育需求信息，弥补一定的教育经费，增强办学活力，拓宽就业市场。

印度应用型人才培养研究

在应用型人才的培养方面，印度有自己的一套独特的方式。借鉴印度应用型人才培养的经验，对于我国应用型人才的培养具有重要的理论意义和实践意义。

一、学校教育对应用型人才的培养

（一）印度学制简介

1950 年印度共和国成立。作为一个独立的联邦制国家，1964 年印度政府成立了教育委员会，重新开始振兴教育的大业。1986 年，原印度教育部与其他几个部门合并为人力资源开发部，对全国性的教育政策及其实施提供咨询、指导和帮助。一些地方性的教育事务主要由各邦政府负责。印度现行的学制是 1968 年开始实行的"10＋2＋3"正规学制。

初等教育分为两个阶段：5 年制小学（primary school），3 年制高小（upper primary school / middle school）。初等教育阶段实行 6—14 岁免费义务教育。

中等教育也分成两个阶段：2 年制初中（secondary school），2 年制高中（higher secondary school）。

高等教育分成三个阶段：本科 3 年，硕士研究生 2 年，博士研究生 3—4 年。

初等教育 8 年和中等教育的前 2 年，由于不搞分流，学生学习共同的必修科目，因此可以合并在一起构成 10 年的普通教育。

对于印度学生而言，有两次考试至关重要。一次是十年级毕业会考，相当于我国的中考；另一次是十二年级毕业考试，相当于我国的高考。十年级毕业会考决定着考生未来的发展方向，考试结束后有近 25％的学生会分流到职业学校继续学习。十二年级毕业考试只是上大学前的资格考试，考试合格者方能参加各类大学的入学考试。

除了正规的学校教育以外，印度还有广泛的非正规教育系统，包括成人教育、幼儿教育等。非正规教育采取的方式包括非正规教育中心、开放学校和开放大学等。

（二）初等教育对应用型人才的培养

1. 正规初等教育

印度初等教育分为两个阶段：5 年制初级小学，3 年制高级小学。初等教育阶段实行 6—14 岁免费义务教育。印度初等教育阶段的课程设置如下：

表 1　　　　　　　　　　　印度初等教育阶段课程表①

年　级	课　程	占总学时的百分比
一至五年级 （初小）	印地语、英语、地方语言	30％
	数　学	15％
	环境保护	10％
	劳动锻炼	20％
	艺术教育	10％
	卫生常识和体育	15％
六至八年级 （高小）	印地语、英语、地方语言	32％
	数　学	12％
	自然科学	12％
	社会科学	12％
	劳动锻炼	12％
	艺术教育	10％
	卫生常识和体育	10％

初等教育阶段通过为学生提供一定课时量的劳动锻炼课，向学生渗透职业教育的意识。设置劳动锻炼课的目的在于使学生端正劳动态度，消除学生心理上求知与劳动之间的对立，使学生能够了解所在社区的发展规划，并激励他们投身其间，培养学生的协作习惯，锻炼学生把课堂知识应用于解决实际问题的

---

① 顾明远，梁忠义主编. 世界教育大系——印度教育［M］. 长春：吉林教育出版社，2000：12.

能力，并通过实际的生产劳动使学生把自然科学、社会科学、人文科学的知识结合起来理解和运用。根据印度 1988 年公布的课程，在初小和高小分别安排了 20％和 12％的劳动锻炼课。

2．非正规初等教育

除了正规的初小和高小外，印度在 20 世纪 70 年代末还实施了非正规初等教育计划，为未入学或辍学儿童提供非全日制的初等教育。非正规教育被政府视为实现普及义务教育目标的一条重要途径，并已列入国家的正式学制。其主要由志愿者承担教学任务。但也有人批评说非正规教育只是"为穷人准备的低于小学教育的代用品"。

印度的非正规教育计划主要针对那些居住区没有学校或由于家境贫寒而辍学的儿童，整个计划首先从经济、文化落后的邦开始实施，后逐步扩大到几乎所有地区。印度采用非正规教育的形式，一方面要使那些现阶段没有机会就学的儿童经过这种方式的学习以后，能在未来进入正规学校学习，为儿童进入高一级的正规学校学习提供机会和作准备。另一方面，使儿童经过学习后可以比较顺利地进入社会从事各种工作和劳动。

1986 年公布的《国家教育政策》规定，非正规教育中心与初小、高小相并列，都属于现行学制范畴，它也是义务教育的一个组成部分。其课程设置要根据国家的核心课程来制定，不过也应考虑学习者的需要，并和当地的实际情况相结合①。从课程来看，非正规教育的课程涉及艺术、手工、语言、运动、职业教育等诸多领域，这对于在广大贫困地区培养一般素质的应用型人才具有一定的推动作用。

（三）中等教育对应用型人才的培养

1．普通教育中渗透职业教育因素

从 1993—1994 学年开始，印度在初中阶段（九至十年级）实施了"职前教育计划"，以便向学生传授简单实用的技术并培养其职业兴趣。计划要求每所学校至少开设 3—4 门适应当地经济发展需要的职业课程，课程要以单元形式组织，课时要达到 20％左右。

结束了 10 年的普通教育，印度学生将面临第一次重要的职业选择，在这一阶段，有近四分之一的学生将被分流，接受职业教育。1964 年成立的教育委员会在《教育与国家发展》中建议实现"中等教育职业化"，主要的实施方式是在高级中等教育阶段大力推行职业技术教育，并提出中等教育职业化应该具有结业性（terminal nature），即终结性。1968 年制定的《国家教育政策》

---

① 惠巍. 印度的非正规教育 [J]. 外国教育研究. 1997 (1)：33.

采纳了这一建议。这一政策在 20 世纪 70 年代以后才开始逐步得到落实。实施中等教育职业化的主要目的是把相当大的一部分学生导向更有意义的职业教育，使学生获得某一特定职业领域应有的态度、知识、技能，能较为顺利地就业。从而避免高中生盲目挤向大学、农村青年大批涌入城市，降低失业率。

印度的"中等教育职业化"主要在高中阶段实施，因而印度的高中分为普通班和职业班。普通班的目标是升入大学，但也为学生开设了一般性的职业课程，如向学生介绍一些最新科学技术的基本概念和常识性知识等等。为了培养不打算升学的部分学生的就业能力，并消除社会上熟练人才的需求和供应之间的不平衡，印度在高中阶段的职业班为学生提供了较为广泛的职业教育课程。印度高中阶段的职业课程可分为六大类：农业、工商、工程技术、卫生和妇幼保健、家政以及人文。在高中职业班的课程设置中，语言课占总课时的 15%，基础知识课占 15%，职业理论和职业实践共占总课时的 70%。

2. 中等职业技术教育

中等教育阶段的应用型人才培养主要采用职业教育的方式。印度的中等职业教育由来已久。早在 1952 年，为了适应大规模经济建设的需要，穆达里亚尔教育委员会就建议在高中阶段开设多样化的课程，包括农业、技术、商业、艺术等职业性的课程。1964 年教育委员会第一次明确提出职业教育的概念，并在《教育与国家发展》中提出了"中等教育职业化"这一重要建议。

印度中等职业技术教育主要有以下几种形式：

(1) 工业训练学校 (Industrial Training Institute)。招收受过 10 年教育的学生，制定各种教育计划，培养半熟练与熟练工人以及各种水平的手工艺工人和工匠，其程度和水平类似于我国的技校。学制 1—2 年，非工程类学制 1 年，工程类学制 2 年。工业训练学校隶属于由劳动部领导的"国家职业行业培训委员会"，学生通过考试以后可以获得"全国行业证书"和"全国艺徒培训证书"。学校专业的设置涉及 32 个工程行业和 23 个非工程行业，包括锻工、焊工、木工、管道工、油漆工、电镀工、农业机械、房屋建筑、仪器机械、装订、裁剪、刺绣、缝纫、制鞋、家用器件制造等。

(2) 初级技术学校。这一类学校最早出现于 20 世纪 50—60 年代，它招收受过 8 年教育的学生入学，学制 3 年，培养半熟练劳动力或者具备一定技能的普通劳动力。初级技术学校分不同的行业来培养工人，涉及的行业包括装配、机械、车削工艺、焊接、铸造、编织、电器设备、木工、木模等。这类学校很受家庭经济困难的学生的欢迎。

(3) 多科技术学校 (技术员学校，Polytechnics)。招收 10 年制中学 (初中) 毕业生和初级技术学校的毕业生，修业 3 年，其程度和水平类似于我国的中专。在高中顺利完成工业科目的职业科学生也可以提前毕业，直接进入多科技术学校的最后学年学习。多科技术学校隶属于由人力资源开发部领导的"全印技术教育委员会"，毕业后可以获得技术员文凭。课程专业涉及民用工程类、机械工程类、电力工程类、化学工程类、冶金类等等。

部分多科技术学校还实施中等后技术教育，即在 3 年技术教育基础上再进行一年半到两年的技术教育，培养高级技术员，基本属于高等职业技术教育的范畴。

（4）专门的职业学校。包括中等医科学校、兽医学校、农业学校、林业学校、渔业学校、商业学校、矿业学校、家政学校、工艺和手工业学校、护士保健学校、药剂学校等等。

从对中等职业技术教育的管理来看，中央一级有隶属于人力资源开发部技术教育局的全印技术教育委员会（The All India Council For Technical Education），负责全国职业技术教育的规划、指导和协调工作。同时，人力资源开发部中等教育局对"中等教育职业化"也负有重要而直接的责任。在邦一级，各邦和中央直辖区的职业技术教育理事会根据国家职业技术教育的总体规划，结合本地实际情况，为各种职业技术类科目制定教学大纲，确定和修订职业技术类课程，开展教师培训，提供就业信息资料等[①]。

3.《国家课程框架》（2005）

回溯印度政府制定《国家课程框架》的历史，我们可以看到，1952－1953年全国中等教育委员会首先提出建立全国性课程框架的建议，1964－1966年教育委员会再次重申建立课程框架的必要性，1975 年印度独立后第一个课程框架体系终于诞生了。在 1986 年《国家教育政策》的推动下，1988 年又制定了新的《全国课程框架》。鉴于当今世界经济、社会、技术等各方面的飞速发展，1986 年《国家教育政策》建议国家的课程体系应该每 5 年就重新修订一次。但是受到印度政府更替的影响，1988 年制定的《国家课程框架》一直没有得到修订。在 1993 年的著名报告《没有负担的学习》（learning without Burden）的基本思想的指引下，2000 年 11 月，新的《国家学校教育课程框架》终于正式颁布。但由于 2000 年《国家课程框架》具有印度民族主义的倾向，尤其体现在社会科学的科目中，所以近年来一直遭到抨击和批评，这一错误倾向在 2005《国家课程框架》中得到了纠正和改善。下面简要介绍一下2005《国家课程框架》的基本内容，及其对应用型人才培养可能起到的作用。

2005《国家课程框架》把课程分为两大部分：核心课程和辅助课程。

---

① 付瑛，周谊. 印度的职业教育 [J]. 重庆职业技术学院学报. 2004（4）：36.

　　核心课程领域：语言（3 种语言）、数学、社会科学（历史、地理、公民、经济）、自然科学（物理、化学、生物）。辅助课程领域：健康与体育教育、劳动教育、艺术教育、和平教育、生活环境与学习。

　　此次课程改革的教育目标：独立的思考和行动；对他人利益和感受的敏感度；学会以一种灵活和有创造性的方式来处理新环境中的问题；参与民主进程的倾向性；有助于经济发展和社会进步的工作能力①。

　　从以上资料我们可以看到，此次课程改革强调减轻学生学习压力，使教育与学生的需要密切结合起来，使教育成为关乎学生当下生活以及未来发展的重要因素，这一点十分符合对应用型人才培养的要求。从具体的学科内容来看，此次课程改革强调科学教育应该彻底改动，以鼓励儿童在学习的过程中回顾和分析自身的生活经验，加深理解。强调改善社会科学的边缘地位，劳动应该被视为知识的新形式的产物，是一种创造的结果，而且能为社会民主秩序的确立起到重要的促进作用，缺之不可。劳动教育必须与传统的手工艺紧密结合，尤其是在那些手工艺发达的地区。其目的是要通过教育，推动这些具有重要的文化和经济价值的资源进一步开发和利用。其课程发展的指导原则是要将知识与校外的生活联系起来，确保学习不再采用死记硬背的方法，进一步丰富课程，使之超越现有的教材，同时使考试更加灵活有效。

　　与以往不同版本的《国家课程框架》相比较，2005 年《国家课程框架》的创新之处在于视学生为建构者，要求学生在学校和社会的经验的基础上重新建构知识；注重师生在个人发展过程中的相互关系；要求社区为学生积极地提供在工作中心活动的机会；在学校劳动中大量利用当地的专家或技术能手，使学生能充分了解和接触当地的社会情况；鼓励非政府组织和村务委员会对教育的积极参与等等。整个课程计划突出了社会以及社区对教育的参与，强调社会在教育中能够发挥的巨大潜力，要求社会为学生多提供参与实践的机会，也要求学生发挥自身的主观能动性，积极投身于社会实践中去，增长才干，丰富经验，为进入社会作好准备。

　　（四）高等教育对应用型人才的培养

　　印度历来重视高等教育，其发展也给印度的各行各业输送了大量的基础型人才和应用型人才。印度目前有 300 多所综合大学，5 000 多所专门学院，在校生 930 万，教师 50 万②。另据印度人力资源开发部 1999—2000 年度的一份

---

① Curricular Areas, School Stages and Assessment [DB/OL]. http：//www. ncert. nic. in/sites/publication/schoolcurriculum/NCFR％202005/ncfr＿final/Currilular％20Areas. pdf.
② 印度教育参赞. 介绍印度高等教育体系 [DB/OL]. http：//goabroad. sohu. com/20040825/n221731623. shtml.

报告显示，人文社会科学在校生占全体学生的 40.4%，商学 19.6%，自然科学 21.9%，教育学 2.3%，工程技术 4.9%，法律 5.3%，医学 3.4%，农业 1.4%，其他 0.8%[①]。

1. 正规高等教育对应用型人才的培养

印度的正规高等教育由大学和学院组成。按照组织形式大学可分为两种，一种是我们常见的、由大学本部和院系组成的大学，也称为单一大学，主要进行研究生教育；另一种是由学校总部和分布在各地的附属学院（Affiliated College）组成的联合式大学，其大学总部主要从事研究生教育，附属学院主要承担本科生教育。按照隶属关系，大学可分为两种，一种是经过中央议会批准成立的大学，即中央直属大学，另一种是由邦议会批准成立的大学，即邦属大学。印度的学院也分为两种，一种是国家重点学院，其全部经费由中央政府拨款，在学术研究、考试和授予学位方面都具有很强的独立性，另一种就是上面提到的附属于某个大学的附属学院。

借鉴《国际教育分类法》对于高等教育类型 5A1、5A2、5B 的划分，依据培养目标以及培养人才类型的不同，我们将印度的高等教育划分为三种类型，分别为：研究型、应用研究型以及实用型。应用研究型高等教育是适应高科技要求的专门教育，培养高科技的应用型专门人才。实用型高等教育主要是职业技术教育，相当于我国目前的高职高专教育。研究型高等教育则负责专门培养学术性人才，所以下面主要讨论印度应用研究型和实用型人才的培养。

（1）应用研究型人才的培养。

主要培养应用研究型人才的技术教育在印度的教育体系中占有特殊的地位，尤其是其高等技术教育，处于整个教育体系的顶端位置。印度的 8 所重点理工科学院（1 所印度理学院、7 所印度理工学院）都以研究生教育为主，政府集中人力财力，重点扶持这些学院，保证了教学科研的高质量，培养出了站在世界科技发展前沿的尖端人才。

此外，印度为了促进医学、工程技术、管理等学科的发展，除了在各大学中开设这些专业之外，还建立了专门的医学院、工业技术学院和管理学院等。例如，6 所印度管理学院、印度信息技术管理学院等等。其中属于国家重点学院的学校不仅在学位授予及考试等方面具有独立性，而且是由中央政府负责拨款，保证了较高的教育质量。

（2）实用型人才的培养。

由于印度的高等技术教育在整个教育体系中占有很高的地位，相对应用研

---

① 张双鼓，薛克翘，张敏秋. 印度科技与教育发展 [M]. 北京：人民教育出版社，2003：100－206.

究型的人才而言，印度实用型人才的培养主要是以职业教育培训的形式来进行的。在印度学校教育中，小部分的实用型人才培养主要通过部分的技术学院、工程学院、医学院、兽医学院、林学院、职业技术学院以及大学的附属学院等机构来完成，更多的实用型人才是在社会教育中以培训的方式培养出来的。

2. 非正规高等教育对应用型人才的培养

印度的非正规高等教育的主要形式是传统大学下设的函授或远程教育部门，邦立开放大学以及国家级开放大学（open university）。截止到 2000 年，印度有开放大学 7 所，接受非正规高等教育的学生占整个高等教育学生数量的 20% 左右。印度的开放大学为学生提供了丰富的教学内容，包括从打字、速记、文秘、电工到电子、水暖、制冷、美容、缝纫等诸多与生活联系紧密的实用型课程。印度最大的国立开放大学 IGNOU（Indian Gandhi National Open University）1987 年只有 4 000 名学生入学，到 1998 年在校生人数已经达到了 16 万余人，可以为学生提供 39 个学习项目，共 482 门课程[①]。非正规高等教育对应用型人才的培养具有积极作用。

二、应用型软件人才培养个案研究

印度软件业非常发达，2000－2001 年度产值高达 82.6 亿美元，年平均增长率在 50% 以上，远远超过世界软件业的平均增长率 20% 的水平，堪称世界上软件业增长最快的国家。世界银行对各国软件出口能力的调查结果显示，印度软件的出口规模、质量和成本三项综合指数位居世界之首。对印度软件业的发展来说，高素质的人才资源是重要的先决条件。

印度软件人才的培养是一个系统工程，其中涉及基础教育、中等教育、高等教育的各个环节，并横跨普通教育和职业技术教育领域。他们培养出来的人才在国际上有较好的声誉，对促进本国计算机软件业的发展也起到了重要的作用。印度软件人才培养的主要成功经验在于在基础教育阶段为学生打下了坚实的知识和技能基础，在高等教育和职业教育阶段采用了灵活高效的人才培养机制。

（一）基础教育阶段打下坚实基础

1. 重视数学教育

数学教育是计算机教育的基础。印度是一个数学发达的国家，历来重视数学教育。1992 年修订的《国家教育政策》指出，"数学是培养儿童思考、逻辑

---

①   Higher Education in India Vision and Action Country Paper [DB/OL]. http：//www. education. nic. in/htmlweb/unhighedu. htm # Open. 1998－10－9.

分析和正确地表达思想的工具"，它"同需要分析的逻辑性学科密切相关"，"现在由于计算机进入学校，出现了计算机教学和理解因果关系和运算过程的新知识，因此数学教学要进行改革，使其同现代科技仪器相结合"。因而，印度中小学阶段对数学教育的质量有着较为严格的要求，例如要求学生背诵 20 以内的整数乘法，从中学开始就很少在考试中采用选择题，在解题时要求学生从定义、定理开始推演，把解题的每个步骤都清晰地写出来，锻炼学生严密的逻辑推理能力。

2. 重视中小学信息技术教育

1984 年，印度电子局和人力资源开发部联合发起了《学校计算机扫盲与学习》项目，其目的在于使学生熟悉计算机及其应用。项目最初在十一至十二年级高中阶段开展，后来逐步推广到其他年级。2000 年 12 月，《学校信息技术课程指南和大纲》公布，将信息技术教育引入全国统一的教学大纲，该文件对初小、高小、初中、高中信息技术教育的目标和具体实施作出了详细的规定，要求学生具备六种信息技术能力，分别为[①]：

① 了解信息技术系统的基本操作和功能，并能够熟练应用。

② 在日常生活中应用信息技术，注意到应用信息技术时所涉及的社会与道德问题。

③ 具有将信息技术作为应用工具使用的能力，以加强学习，增加生产力和创造力。

④ 具有将信息技术作为交流工具使用的能力，与他人进行协作和配合。

⑤ 具有将信息技术作为技术研究工具使用的能力。

⑥ 具有将信息技术作为解决问题的工具使用的能力。

整个大纲以增强学生的动手实践能力，培养学生计算机操作技能为目标，密切联系学生的生活实际，有助于学生信息技术应用能力的提高，为学生将来在工作岗位上应用信息技术打下基础。

（二）多样化的软件人才培养机构

印度主要有四种软件人才的教育和培训机构。

1. 普通高等院校

印度在软件及其相关行业取得的巨大成功很大程度上得益于印度数量多、素质高的应用、实用型人才资源。普通高等院校软件人才的培养可以分为两个层次：应用研究型和实用型。

---

① 沈英，赵明玉. 印度《学校信息技术课程指导纲要》述评 [J]. 中小学信息技术教育. 2005（1）：56.

　　应用研究型人才的培养主要有两种方式。一是普通全日制大学下设的计算机学院及相关专业，二是重点学院中的信息技术学院及相关专业，例如著名的印度理工学院下设的信息技术学院。这一方式主要培养高级软件技术人才、高级软件管理人才和软件工程师等。

　　实用型人才的培养主要依靠大学的附属学院和大专院校等。印度为了保持在软件行业的人才优势，在 1 000 多所大专院校开设不同层次的计算机课程。同时各邦为了推动当地的信息技术产业发展，也纷纷建立专门的计算机及软件学院，培养大量的软件技术人才。例如在印度的"软件之都"班加罗尔，不仅有 10 多所著名的科研院所、重点学院、名牌大学，还有近 80 所工程技术学院，每年能培养万余名信息技术专业人员。

　　2. 民办或私营的商业性培训机构

　　印度一直大力鼓励民间办学，吸引外资和个人投资于计算机教育。据统计，目前印度有私立理工学院 1 100 多所。在这些民办培训机构培训合格后，学生可以参加全国统一组织的计算机软件培训水平证书考试。这些机构通常直接采用国际上最先进的教材，向学生传授最新的软件开发技术，并与国际著名软件公司合作，直接为其提供所需要的应用型人才。APTECH 是印度最大的培训机构，其培训网络不仅遍布全国，还覆盖了全球 50 多个国家。

　　3. 软件企业内部下设的培训机构

　　印度政府重视软件行业的发展，为其提供了大量的优惠政策，并明确规定 IT 教育和培训也是软件行业的一部分，享受同等的政策扶持，这使得印度的软件企业在人才培训上有着很高的热情。印度以生产教育软件而著名的印度国家信息技术研究院已建立了 800 多个教育中心，覆盖印度和其他 20 多个国家。这个复合型的机构，不仅提供 IT 教育培训，还涉足多媒体产品开发和软件开发等多方面业务。

　　4. 政府与企业的合作办学机构

　　1999 年创建的印度信息技术协会（International Institute of Information Technology，IIIT）是政府与企业合作办学的一个实例。绝大多数印度信息技术协会是由政府和企业联合发起的，也有一部分是由政府单独拨款建设的。印度信息技术协会既培养计算机软件工程相关专业的学士、硕士和博士，同时也开设从几个星期到几个月时间不等的短期课程，以训练专业的技术人员。

　　上述四种机构中，后三种机构的培养目标主要是软件蓝领，也就是专门从事软件代码编写和基本调试的一线人员，这些以培养软件蓝领为目标的模式统称为蓝领模式。蓝领模式所以成功，是因为它与印度软件行业在国际市场中所扮演的角色相吻合，也与印度软件行业自身的成熟程度有关。由此可见，应用型人才的培养不仅仅是教育的问题，更取决于行业自身的发展态势和需求，我们在吸取国外经验的时候，一定要避免"拿来主义"的简单逻辑，要从自身的实际出发，找准我国对应行业在世界产业链中的位置，选择相应的对策来培养人才。

(三) 印度软件人才培养的特点

1. 注重政策的导向作用

印度政府十分重视 IT 人才的培养，并且视之为一项长期的战略任务。自20 世纪 80 年代以来，印度历届政府都把信息技术产业置于优先发展的地位，以期达到以信息化带动国家整体实力提高的目标。早在 1986 年，印度政府就出台了《计算机软件出口、开发和培训政策》。1998 年 5 月，瓦杰帕伊总理明确提出"要把印度建成一个名副其实的信息技术大国"。在印度政府 1999 年制订的"印度信息技术行动计划"中，明确提出要加强和建设 IT 教育和培训产业，并把 IT 教育和培训列为软件产业的组成部分之一，在税收、贷款、投资等方面采取全方位的倾斜措施，与其他软件产业享受同样的优惠扶植政策。政府的政策引导，使印度的 IT 教育培训行业吸引了大量的外资和民间资本，为信息技术人才的培养奠定了重要的经济基础。

2. 教育培训适应本行业在国际产业链中的角色

印度软件业以外包为主，是一种大规模的软件生产模式，具有规模化、规范化和程序化的特点。印度的软件外包主要依靠其模块设计的特长，即根据客户的具体要求在较短时间内高效率地设计并制作软件。在时间有限的条件下，高素质、熟练的软件编程人员对于软件制作必不可少，因而印度对"软件蓝领"一直有较大的需求。印度政府根据自身在国际产业链中的位置，针对本国巨大的人力资源基础，有针对性地通过职业教育来培养大量的技术工人。但我们也应该看到由于印度 IT 业主要是按客户要求制作模块，因而系统开发和整合的能力比较差，相对而言，我国 IT 人员的系统开发能力要稍强一些，在设计我国自己的软件人才培养模式过程中，应注意取长补短。

3. 构建多层次的软件人才培养体系

软件行业的发展需要三类人才：既懂技术又懂管理的高级软件人才、负责系统分析和设计的软件工程师、熟练的程序员。印度理工学院等一批享有盛誉的学校专门培养高水平的信息技术人才，这些学院的教学和科研水平高，他们的学生往往还没有毕业就已经全部被预定了。IIIT（国际信息技术学院）等学校主要招收已取得工程学士学位的本科毕业生，通过一年半到两年的教学来培养计算机方面的工程硕士。APTECH 和 NIIT 等公司和培训机构采用灵活的教学方法、最先进的教材，与企业密切合作，培养了大量能迅速适应职业需要的软件蓝领应用型人才。

4. 独具特色的软件人才培训模式

印度的软件人才培训注重动手实践能力的培养，要求学生在学习的过程中就参加到实际软件项目的开发和制作过程中去，课程设置中有一半以上的时间参与实践。学生在基于案例和基于订单的学习过程中，不仅掌握了知识，锻炼了技能，而且积累了丰富的实践经验，这样的人才一旦进入企业马上就能为之所用，发挥作用。

从课程来看，主要采用自行设计的课程，课程的开发紧跟技术发展的脚步，教材更新快，部分课程直接引入世界知名 IT 公司的最新研发成果，确保教学内容的标准性、权威性和应用性。

在具体的教学方法上，NIIT 还提出了一种"基于案例的学习设计"（Model Centered Learning Architecture）[1]。这种方法首先要求学生在学习过程中具有明确的实践性目标，然后通过演示和示范向学生传递知识，通过具体案例与实践紧密结合，最后经过复习和归纳，使学生再回到教学的起点，审视学习目标的达成度。

三、印度应用型人才培养对我国的借鉴意义

（一）加强政府对应用型人才培养的投入

印度虽然是一个发展中国家，但一直重视对教育的投入。印度政府的资料显示，教育支出在 1951 年开始的第一个五年计划期间仅占国内生产总值的 0.64%，2000—2001 财政年度则增加到 4.11%，从 2001 年 4 月开始执行的第十个五年计划在第九个五年计划的基础上增长 72%，达到 42 850 亿卢比（1 美元约合 47 卢比），超过国内生产总值的 6%[2]。在印度的教育支出结构中，又以高等教育为重，20 世纪 80 年代政府对高等教育负担的额度高达 80% 以上，其中又以处于整个教育体系顶端的高等技术教育所占份额最大，主要包括国家重点学院和重点的综合性大学。由此可见，印度政府十分重视对高素质的创造性应用人才培养的投入。

（二）充分发挥企业培训和社会培训对应用型人才培养的作用

企业培训和社会培训是印度应用型人才培养的重要特征，也是印度培养实用技能型人才的重要途径。企业培训可以使学员获得最新的技术资源，了解最新的行业发展状况，企业既可以利用自身的技术优势，又可以利用一定的资金周转能力，不仅培训自己的员工，还可以将培训业务扩大到社会上去，成为企

---

① 李洛，汪清明. 导入印度 NIIT 模式，提高高职软件人才培养水平［J］. 比较教育研究，2004（2）：36.

② 白景山. 综述：印度加大对教育的投入［DB/OL］. http：//news. 21cn. com/world/plfx/ 2003/08/31/1250063. shtml. 2003—08—31.

业发展的一条新路。社会培训则可以为学生提供多种多样、方式灵活的培训项目。企业培训和社会培训主要面向实用技能型人才的培养,与培养高素质创造性应用型人才的学校高等技术教育共同构成了印度完整的应用型人才培养体系。我国在培养应用型人才的过程中,也应当注意调动民间和社会力量培养应用型人才的积极性,加强企业培训和社会培训。

(三)根据产业发展需求培养多层次应用型人才

应用型人才培养是一项与行业、产业密切相关的事业。印度政府充分认识到自身在世界软件产业链中的位置,为自己量身定做了一套多层次的软件人才培养体系,既培养高级软件管理人才,又培养相当数量的软件工程师以及软件蓝领。整个人才培养体系,层次分明且合理,与印度软件产业发展的要求基本吻合,从而促使印度软件行业迅猛发展。我国在建立人才培养体系时,也要考虑到人才培养与行业发展的互动作用,避免脱离产业实际、盲目培养人才的错误行为,结合本行业在世界市场中的产业角色,寻找到本行业人才需求的方向,找准定位,重点培养,同时兼顾人才培养层次的合理性。

(四)注重实用技能型应用人才的培养

实用技能型人才为印度软件业的发展提供了人才基础,数量多、素质高的软件蓝领构成了印度IT业"金字塔"型人才体系的坚实底座。而我国一直就有重视学术教育的传统,轻视对技能型人才的培养。出于经济发展的需要,我国政府也认识到发展职业教育的重要性。国务院总理温家宝在2005年11月7日召开的全国职业教育工作会议上指出,当前我国就业和经济发展正面临着两个大的变化,社会劳动力就业需要加强技能培训,产业结构优化升级需要培养更多的高级技工,因此,需要大力发展职业教育。《教育部关于学习贯彻〈国务院关于大力发展职业教育的决定〉和全国职业教育工作会议精神的通知》中指出,要实施"四大工程",即实施国家技能型人才培养培训工程,实施国家农村劳动力转移培训工程,实施农村实用人才培训工程,实施以提高职业技能为重点的成人继续教育和再就业培训工程。可见,现阶段我国正在把人才培养的重点转移到实用技能型人才的培养上来。

澳大利亚应用型人才培养机制研究

澳大利亚是大洋洲一个发达的资本主义国家。它的工业以矿业、制造业和建筑业为主。农牧业发达,农牧业用地4.555亿公顷,占全部国土面积的

59％，其产品的生产和出口在国民经济中占有重要位置，是世界上最大的羊毛和牛肉出口国[①]。澳大利亚应用型人才培养机制对构建我国尤其是欠发达地区应用型人才培养机制有所启迪和借鉴。

一、澳大利亚应用型人才教育机构

(一) 基础教育阶段的学校应用型人才教育措施

澳大利亚政府一直强调：教育应该促进个人的发展并适应社区的发展需要。所以，澳大利亚的基础教育，从幼儿园到小学、中学都把学生行为素质的教育和技能训练，作为教育教学的内容纳入教学计划，列入课程。幼儿阶段就教孩子绘画、剪纸、泥塑等；在小学教育阶段就开始渗透各种职业教育内容，如木工、金工、电工、烹饪、缝纫等。小学教学的重点不在学习多少知识上，而着重在教会学生主动从生活实践中获得知识，收集信息，向生活延伸，向社会延伸。

中学阶段，安排了一定的职业教育课程，并努力推进普通教育与职业教育的一体化进程。在实施普通教育的同时，向学生提供一般的职业技术教育，并认为中学的最后二年更为关键，例如，开发速写和打字科目，它们是各行各业都需要掌握的基本技能。作为现代人，也应该具备一些木工、金工、机械制图、农业和畜牧业、商业、家政等方面的知识和技能，无论是继续升学，还是进入职业界它们都是必需的。在中学开设这些职业性课程的目的在于让学生掌握一般性的职业技能，而非形成某一职业专长。为此，政府一方面加强投资，协调普通教育与职业教育的关系；另一方面，重新制定若干中等教育政策，如将课程编制的部分权力下放到学校，加强升学和就业指导，要求高等院校修改入学标准，适当加强职业技术教育科目在入学标准中的比重。

1. 制定应用型人才培养计划

20 世纪 80 年代，澳大利亚政府为了提高学生在职业竞争社会的生存能力，使他们顺利地走入社会，制定了"参与和平等计划"。该计划的核心是根据社会科技和产业结构变化的需要，通过延长青少年的就学年限，提高学生的就业技能。20 世纪 90 年代，重新制定若干中等教育政策：第一，将课程编制的若干权力下放到学校，从而使得课程更加灵活，更能适应个人和社会发展的不同需要；第二，重新设置课程，学校将开设统一课程和校内课程，并且把若干具有职业技术倾向的课程纳入课程计划之内；第三，加强选课指导、升学指

---

① 澳大利亚概况. 新华网. http：//news. xinhuanet. com/misc/2002－06/23/content＿453206. htm.

导和就业指导。

2. 建立全国统一的应用性课程

1987年澳大利亚政府成立了"就业、教育和训练部"（DEET），提出要通过建立全国统一的课程，使教学内容适应国家的经济发展目标。从80年代末开始，联邦政府在全国范围内把普通教育课程分成共同课程和选修课程。共同课程是所有人都须重点学习的课程，并提出了共同课程的领域，小学包括六个方面：英语、数学、科学与技术、人类社会与环境、创造与活动性艺术、个人发展与健康与体育；中学阶段包括八个方面：英语、数学、科学、技术与运用研究、人类社会与环境、非英语的其他语言、个人发展与健康与教育、创造性的艺术。选修课程，是一套可根据学生愿望、兴趣、才能以及社会经济和文化环境的需要来确定的专门内容，由各州、各校自行选择。

20世纪90年代以来，政府对初中课程和高中课程作了详细规定：

初中一年级：开设英语、数学、地理、历史、外语、科学、艺术、音乐、体育、家政和手工艺，家政和手工艺是选修科目，其他都为必修科目。考虑到一部分学生不适应学习外语，允许他们多学一些外语、数学和科学。同时学校还要安排时间实施宗教教育。

初中二、三年级：开设英语、英语表达、法语、德语、印度尼西亚语（或马来西亚语）、意大利语、日语、拉丁语、俄语、公民教育、历史、地理、社会学、社会研究、高级数学、普通数学、科学、普通科学、商业原理、农村簿记、速记、打字、普通商业研究、家政、木工、金工、技术制图、农业机械、畜牧业、农业、艺术、音乐、演说和戏剧、卫生和体育等35门统一课程，各校可根据自己的情况开课，不必开设全部课程，有些学校也可增设自己的校内课程[①]。

从初二年级开始，学生和家长可以自由选择学习科目，学校有义务确保课程设置的合理和均衡。为了达到这个目标，学校对课程内容、深浅、层次、种类和范围作了精心的考虑，并且向家长和学生提供选择课程的指导。学校通常采取两种方式帮助家长和学生选择课程，第一种方式是将课程分为普通类、商业类、技术类、家政类，每一名学生可以选择其中一类；第二种方式是把所有科目分成六组或八组，每名学生从每一组中选择一门科目，然后组成自己的学习范围。

高中课程分为统一课程和校内课程两种类型。

统一课程大约包括35门科目，它们是：英语、法语、德语、印度尼西亚

---

① 王斌华. 澳大利亚中学普通教育与职业教育的一体化趋势［J］. 现代教育论丛，1994（5）.

语、意大利语、日语、俄语、汉语、希腊语（古典）、希伯来语、拉丁语、古代史、现代史、地理、经济学、逻辑、数学（I）、数学（II）、普通数学、社会数学、化学、物理、生物学、地球科学、综合科学、农业、会计、秘书学基础、家庭经济、家庭管理、几何制图与透视、艺术、音乐、演说与戏剧、卫生与体育。

校内课程由校方自行决定，一般包括：澳大利亚历史、高级打印和文书、行为科学、商业教育、商业打印、办公室程序基础、经济学基础、消费者教育、手工艺、新闻媒介、办公室实践、秘书实践、社会教育、高级技术工艺、技术、职业和社会通讯。

除了英语科目以外，所有的统一课程和校内课程都是选修科目。毕业以后准备去高等院校深造的学生至少学习五门统一课程。毕业以后准备直接就业的学生可以选学若干统一课程和校内课程。

3. 实行灵活多样的学分制

在高中阶段的学习中，学校为学生提供了多种选择。实行"双元制"教育，既可学习文化科目，达到规定的学分后即可拿到文化毕业证书，参加大学入学考试，也可学习职业科目，如农业、工程、艺术等，获得相应的学分后就可获取相应的技能等级或职业资格证书。同时，澳大利亚的高中、TAFE 和大学是相通的，其学分可以从低级向高级转换，即学生在高中阶段学习职业技术课程积累的学分，可随着学生进入 TAFE 学院而转换成学院学分；学生在TAFE 学院学习所积累的学分，可以随着学生进入大学而转换为大学的学分。这种制度不仅缩短了人才培养的周期，也疏通了不同教育体制和层次的关系，为学生接受高一层次的教育提供了机会。

（二）正规的应用型人才教育机构

谈到澳大利亚的应用型人才培养，不可不谈到"TAFE"，它是技术与继续教育（Technical and Further Education）的简称。技术与继续教育系统是澳大利亚培养应用型人才的主体，是职前的正规职业技术教育。目前，由遍布国内的拥有 1 400 个校区的 69 个公立 TAFE 学院组成了澳大利亚的应用人才教育与培训网络。少数 TAFE 院校设在大学内，跨越职业教育和高等教育两个教育类别。由 TAFE 院校提供的课程约占所有职业教育与培训课程时间的88％。学生主要来自中学的十至十二年级，也有的是成人与社区教育机构转进来的，每年约有 150 多万人，是在大学里学习人数的 3 倍[①]。

---

① 澳大利亚 TAFE 学院院长委员会主席吉连·夏得威克. 关于 TAFE 学院和终身教育 [J] 职业技术教育，2003（36）.

1. TAFE 学院的层次系统

TAFE 既与普教、高教相沟通，又自成体系。TAFE 大致可分为三个层次：

第一层是以获取 1—4 级职业证书为目的的教育，主要是学习医疗、文秘、商业、工艺设计、家政、旅游等方面的实用知识技能，课程讲究实际、灵活。

第二层次是以获取职业文凭为目的的教育，所学的课程既能满足个人就业的需要，又可作为进入大学的资格，大多数职业文凭课程须学习两年。

第三层是以获取高级职业文凭为目的的教育，主要是一些应用科学、计算机等方面的应用专业，但不如第一层次的 TAFE 那样强调实际，可操作性、理论知识较强，这个层次的学生可以获得学士学位。

三个层次的 TAFE 是沟通的，学生可以从第一层次一直升入第三层次。第二、三层次的 TAFE 在澳大利亚称为技术与继续教育学院，属于高等教育范畴。它的建立为中等教育和高等教育开辟了另外一条途径，它提供各种层次和各种类型的中学后教育课程，满足未能进入大学和高等教育学院深造的学生的愿望，使他们获得接受高等教育的机会，顺应社会变化的需要，为各行各业培养足够的中学后层次的技术人才。这很值得我国正在发展中的高职教育借鉴①。

2. 学生入学无门槛，教学中强调应用能力的培养

在澳大利亚，平均每个人一生要变换 5 种职业。相应的工作岗位须有相应的资格证书，因此相应的教育培训机构成为社会各阶层的巨大需求，而且培养目标应与社会需求完全统一。TAFE 学院为迎合这一社会的需求，以终身教育思想作为自己的办学理念。招生没有年龄上的限制，学员中既有已完成 10 年或 12 年义务教育的学生，也有在职从业人员，还有已完成大学学士学院教育的大学生。据统计，在校生中 30% 左右是全日制学生，70% 左右是非全日制的学生，学员年龄分布在 14－70 岁之间，招收在职人员的比例占招生的 70% 左右②。TAFE 学院的培养目标是加强学生实用能力的培养，使其尽快适应社会职业岗位的需要。在 TAFE 学院中，没有专门的教学楼，学生的理论学习是在建在车间的一角的专业教室里，可容纳 10 人左右，内有多媒体教学设施，各种小型的实物教具或零配件。学生的大部分时间是在车间里进行实际操作，培养应用性的技能。

由于 TAFE 学院入学无门槛，对学员没有相应的成绩要求，但学生必须

① 费爱伦. 澳大利亚职业技术教育概览 [J]. 职教论坛，1996 (9).
② 目一中. TAFE——澳大利亚的骄傲 [J]. 煤炭高等教育，2004 (1).

通过课程考试取得学分后才能获得相应的证书。课程考试基本上确立有 12 种标准测试方法：观测、口试、现场操作、第三者评价、证明书、面谈、自评、提交案例分析报告、工作制作、书面答卷、录像、其他等，教师可根据课程的实际而选择其中几种作为对该课程的考核手段，这些方法的运用，完全反映了考试中轻理论而重视学生的实际操作技能。所以，学生如果毕不了业，基本上都是因为实践考试不及格而非理论不及格。这种理论服务于实践的办学思想使高龄的学生进入 TAFE 学院学习而又能顺利完成学业取得技能等级证书，从而使终身教育理念落到实处。

3. TAFE 学院的课程开发

澳大利亚 TAFE 的课程是以理论知识学习和技能训练并重、多数以技能训练为主的多个科目的组合。一个课程包括哪些科目，要根据不同证书或文凭的标准而定，有不到十个科目组成的短期培训课程，也有几十个科目组成的证书、文凭、高级文凭课程。不同课程学习的时间也不同。正规课程必须在国家机构注册，学生学完该门课程后才可取得正式的资格证书或文凭。TAFE 的课程按照相类似科目分成不同学科领域，课程类别包括：土壤及海洋资源、畜牧业、建筑设计及土木工程、艺术、人文学和社会学、商务、行政、经济、教育、工程、测量、保健、社区服务、法制服务、法律、科学、兽医学、动物管理、服务业、饭店业、运输业等二十多个门类[①]。

TAFE 的课程开发有明确和严格的规范性，新课程的开发和设置，一般是由大企业或社会公众提出要求。在课程正式开发之前，首先要成立一个项目小组，根据需要来聘请课程开发人员。这些人员有企业的专家和负责人及政府的官员，而大多数是 TAFE 学院的教师。课程开发的主要内容是根据行业培训包的要求，编写相关的教学文件和教学用书。教学文件主要包括课程大纲和科目大纲。教学用书主要包括教学指导书、教材、教学参考书以及其他辅助教学材料等。如在新南威尔士州，共开发出了一千多种不同层次、不同证书、文凭的课程，供学院和学生选择。此外，行业和工商业对学校的专业设置和课程开发拥有很大的发言权，如维多利亚州奶牛业培训协会的成员主要由农场主组成，协会成员定期集会，主要商讨 TAFE 学院为未来农场主提供的教学内容，并及时反馈给 TAFE 学院，提出修改意见。

4. 教师队伍建设

培养实用型的应用人才需要有强有力的教师队伍作为保证，澳大利亚的

---

① 马长世. 澳大利亚 TAFE 课程开发的考察与启迪［J］. 徐州建筑职业技术学院学报，2001 (2).

TAFE 学院教师队伍是一支双师型队伍。教师的条件是：专职教师必须有 4 级技能等级证书，4－5 年的实践经验或行业工作经历；兼职教师必须有 1 年的实践经验，并具备教育学学士学位，而不要求是本专业的学士学位，没有教学经验者上岗前要接受培训，对教学效果不好的教师也要强行进行培训。每个教师每年都要接受培训，学院每年会公布全年的教师培训计划，教师可根据自己的实际情况自由选择，这种对教师资格的严格要求和确立教师培训制度，迫使教师终身学习，提高技艺。

（三）非正规应用人才教育机构

澳大利亚有很多成人与社区教育机构，主要提供娱乐、休闲和个人兴趣爱好等方面所需要的教育与培训以及就业所需的基本技能培训，如扫盲、计算机技术等。这些非正规教育机构在国内应用型人才培训中发挥了重要作用，例如，向失业者和职业适应不良的人们提供训练，帮助他们重新回到工作中去。这些训练除了应用操作技能外，还包括基本训练，如读、写、算等，这有助于他们中的一些人将进入 TAFE 继续学习。大多数成人与社区教育机构是非政府办的，也是非赢利性的，但它们常得到一些政府的辅助金。

成人与社区教育的主要特色是以社区需要为目标，设置灵活的教学计划和课程。1993 年，澳大利亚政府制定了有关成人与社区教育政策，目的是保证成人与社区教育与 TAFE 相沟通，提高其他教育机构对成人与社区教育培养的学员学习结果的认可。

澳大利亚应用型人才培养是以培养人的能力为本位，各种训练是以获得能力为目的，并且强调这些能力要在工作现场中表现出来，为此，在各行业领域均制定出了国家统一的能力标准。因此，尽管在澳大利亚国内出现了形式各异的应用型人才教育机构，但这些机构都是井然有序，显得有条不紊。

二、农业应用型人才教育机构

澳大利亚是世界上最重要的农产品出口国之一，羊毛、肉类和小麦的出口分别占世界的第一、二、三位。农业生产的经营方式是以专业化的大型农场为主体，实行高度专业化、社会化生产，94％以上是家庭农场，独家所有和合伙所有是主要的经营方式。据测算，澳大利亚一个农民生产的粮食和天然纤维可满足 293 人的需要，比其他发达国家的平均水平高 20％。[①] 澳大利亚农业成功的主要因素在于国内拥有发达的农业教育，这种教育为国家培养了高质量的农业应用人才，从而促进了农业奇迹般的发展。我国也是一个农业大国，澳大利

---

① 刘英杰. 澳大利亚的农业技术教育 [J]. 高等农业教育，1997 (1).

亚成功的农业应用性人才培养的经验，对于发展我国农业类教育定有启迪。

（一）中学阶段的农业应用型人才教育

澳大利亚现有中学 900 多所，其中有 300 多所开设了农业或相关科目，也有专门的农业职业中学。

学生从第七年开始，不同的州会根据本州的具体实际为学生提供不同类型的农业类教育。一般来说，在初中阶段要开设四门农业科目，八至九年级开设农业科学，九至十年级开设农业、畜牧业和农业机械，每门农业科目的教学时间是每学年 100 小时。农业科目的教学方法一般包括课堂讲授、实践、野外实习、设计作业、个人作业、参观农业机构、走访农业专家、对照实验、演示、观察、采集标本、观看录像等，很少使用专门的教材。它的教学总体目标是让学生，尤其是让城市中学的学生建立农业的概念，知道农业是整个社会、文化、经济和环境系统的一个组成部分，了解当代社会面临的农业问题，掌握农业机械一般操作技能和基本保养知识。

学生到第 11－12 年时，学校会为普高和职高的学生提供多种选择，实行"双元制"教育。学生既可学习文化科目，拿到文化毕业证书后参加大学入学考试，也可学习职业科目，如农业、工程、艺术等，获得相应的技能等级或职业资格证书，学生可以任选一种或多种科目进行学习。目前澳大利亚十一至十二年级的学生有大约 10% 的在进行农业科目的学习，毕业后，可以拿到澳大利亚证书框架（AQF）的二级证书，获得的学分还得到高一级学院的承认。

（二）TAFE 学院

TAFE 学院是澳大利亚农业应用型人才培养最活跃的教育机构，在 TAFE 学院中接受农业职教的学生比例大约是 37%。学院提供的教程灵活多样，有全日制和非全日制的，有学历教育和非学历教育，有长达 4 年的教育，也有短至 1－2 天的培训，有白天上课的，也有夜校，有岗前培训，还有在岗培训，有面授，还有函授。每个学校都事先把一学年要开设的教程情况、开课时间、学时数、收费标准等，印成宣传手册广泛散发，供社会各界选择申报。学校还可根据行业、工商业部门的要求，开设教程，如 TAFE 学院是职业技术教育最活跃的层次。格林诺明斯邓学院就是一所从事农业职业教育的 TAFE 学院，学制灵活多样，长短班结合，有证书班、学位班、学士班，同时还有多种类型的专项技术培训班，有 1 年、2 年甚至 4 年全日制，还有远程教育，即学生边工作，边学习。

TAFE 学院采用模块式教学模式，侧重于学生实际操作技能的培养。如维多利亚州所规定的农业方面的课程共有 92 个模块，每个模块由多个独立的教学单元组成。学校都拥有设施先进、具有相当规模的实习农牧场、农机实习车间、实验室和自动化管理的温室大棚。无论是基础实践训练还是专业技能训练，学生都要先操作，后接受考核，并由教师在成绩记录簿上注明成绩，有的考核项目由生产部门的专家进行考核。学习结束后考核合格，发给相应的职业资格证书或技能等级证书。

（三）标准化流动工场和事业化课程中心

澳大利亚是一个高度城市化的国家，70％的人口居住在沿海城市里，乡村地区人口稀少。平均每公里不到两人。在推进普通教育与职业教育一体化过程中，城乡之间在课程内容和水准上存在很大差异。为了缩短城市中学和农村学校教学设施的差距，使城乡趋于平衡，澳大利亚政府采取了积极的步骤：第一，增加农村教育的投资规模；第二，政府要求农村中学在开设职业教育课程时，较多考虑当地经济发展特点、水平和要求，因地制宜地解决教学设施问题；第三，各州建立标准化流动工场和职业化课程中心。

流动工场在州的范围内巡回活动，在每个职业化课程中心停留四周。在流动工场到达之前，要求每名学生事先学习操作说明，观看录像和幻灯，了解工具和设备性能，明确安全要求和操作作业。一旦流动工场到来的时候，学生可以马上进入教学状态。在流动工场离开之前，学生的操作作业会得到评估。标准化流动工场宽 7.3 米，长 9.1 米，空调、照明和其他设施一应俱全。它由二个小工场组成，每个工场宽 2.4，长 9.1 米。两个工场之间间隔 2.4 米左右，用做安装设备之用。共有两台拖曳车，供氧焊和电焊之用，还安装了两台发电机。流动工场要求很高，必须能够支撑车床等各种设备的剧烈振动以及崎岖道路上的颠簸。流动工场的建立受到乡村学校的大力欢迎，大大缓解了乡村学校在推行普通教育与职业教育一体化过程中所遇到的困难。

三、澳大利亚应用型人才教育的特点分析及对我国教育的启示

澳大利亚所以能成为世界上工农业都很发达的资本主义国家，主要应得益于它的应用型人才教育体系。在现代科技发展的背景下，注重新的教育理念，改组了传统的普通教育学术性的课程结构，实现了普通教育与职业教育的合流，为应用型人才培养奠定了坚实的基础，TAFE 学院及成人与社区教育的普及，使澳大利亚应用型人才培养更具有现代教育的时代意蕴，从而建构了与现代社会相适应的先进的应用型人才教育体系。澳大利亚教育改革的成功经验值得我们借鉴，其成功之路给我国目前培养应用型人才的教育带来了新的启示。

（一）政府重视对应用型人才的培养

政府重视对应用型人才的培养，通过制定相应的措施和政策，统筹规划，

最终使基础阶段的普通教育融入了职业教育，普、职教育走向了一体化发展轨道。可见，政府的重视对于树立应用型人才教育思想的地位，促进民众思想观念的转变有着极为重要的作用。当前，我国正在深入基础教育领域里的课程改革，加强实用型人才的培养，这次教育改革成功与否，政府的行为是关键，政府部门应该高瞻远瞩，根据各地的具体实际情况，因地制宜地制定措施和政策，并落实到位，以确保课程改革的顺利进行。

（二）各个阶段的应用型人才培养相互衔接

各类学校的技术类课程结构模块化，各级教育相互承认学生在各阶段所获得的课程学分，其目的是构建职业教育与普通教育、高等教育相互沟通衔接的"立交桥"，以适应 21 世纪对多层次应用型人才的需要，促进全社会形成接受终身教育的理念。澳大利亚所以拥有完善的应用型人才教育体系，应归功于国家非常重视职业教育和各类教育间的衔接。我国目前的职业教育与其他各类教育之间几乎没有衔接机制，而且主要还停留在高中、专科层次，无法进入高层次。为了适应快速发展的经济社会，必须发展高层次的职业教育，拓展职业教育与各类教育间的衔接空间，为需要得到再教育的人提供继续教育的机会，促进终身教育的实现。

（三）企业承担应用型人才培养的重要责任

鼓励行业、企业和社会积极参与应用型人才教育，借用行业、企业的力量来推动应用人才的培养，这是应用技术人才教育改革发展的基本规律。加强校企合作，既能充分发挥企业在研究专业设置，确立培养目标、专业标准和课程以及教材建设中的指导作用，也能使学校拥有更多的办学资金和实习场所。21 世纪，世界各国为了在经济发展中处于领先地位，纷纷把应用技术教育作为人力资源开发的重要途径，澳大利亚的 TAFE 学校就是成功的实例。我国现在的职业教育偏重于理论传授，以"输出地"的形式培训，与企业基本相脱离，学生毕业后找不到自己的用武之地。要建立起以岗位要求培训为目标的双元制职业教育，以工人技术等级考核标准的要求为培养目标并构建相适应的教学大纲和教学内容体系，应当是我国职业教育教学改革的重要内容，组织企业联合举办或者同行业举办跨企业培训中心是培养我国应用技术人才的一个重要途径。

（四）农业类应用型人才培养体系完善

澳大利亚农业应用技术教育学制灵活，结构合理，有义务教育阶段（七至十年级）的初级农业应用技术教育、中学阶段（十一至十二年级）的中级农业应用技术教育和由以 TAFE 学院为主体的高级农业应用技术教育。教学上特别注意教学与实践科研与生产的紧密结合，形式多样地培养学生的实际工作能力，为农、林、牧等各个领域输送了大批不同层次的优秀人才，满足了国内经济发展对合格人才的需求。我国是一个农业大国，在全面建设小康社会的进程中，我们可借鉴澳大利亚农业应用型人才培养的经验，深化农业职业技术教育改革，实施能力教育体系建设，实行"学分制"和"多证制"，把教学过程和生产过程紧密结合起来，培养出有文化、有技术、懂经营、善管理的合格的农业应用人才，以适应我国农村经济发展对应用技术人才的需要。

瑞士应用型人才培养系统研究

按人均 GDP 计算，瑞士属世界"五富国"之一，市民完全有能力支付子女上大学的费用。但瑞士的初中毕业生只有 20％选择升入普通高中，继而上大学。80％选择中专、职校、技校或企业办的培训中心。瑞士的职业教育系统与德国的职业教育系统并驾齐名，在欧洲享有声誉。

一、瑞士应用型人才培养概况

（一）瑞士应用型人才教育发达的原因

1. 社会基础

瑞士应用型人才教育发达有着深厚的社会基础。瑞士家庭、学校、企业和政府有重视职业技能教育的共识。政府认为，没有一个严谨的、完整的、高标准的应用型人才教育体系，要取得经济和社会的成功是不可能的。学校和企业认为，科学技术的高水平与行业的高水平是相互依存的。家庭认为，孩子上职业技术学校是有出路的。

2. 办学自由

在瑞士办教育无须审批，也没有主管部门，任何人有钱就能办，办不下去就倒闭，办学是纯粹的个人商业行为。瑞士教育事业由各州管理，无统一学制。各州教育经费自筹，自编教材。

3. 行业协会

欧洲各地行会的出现对企业和应用型人才教育的发展具有重大意义。通常"行会"对专业活动、甚至企业培训都作出一些具体规定。19 世纪末，瑞士的商业面临着国际竞争。手工业者组成了行业协会，并承担了培训新徒工的任务。此后各行业协会纷纷成立。至今，这些团体决定了职业技术教育的形式及其未来的发展。作为"专业协会"——它们对培训内容和考试规定提出建议；也积极从事徒工证书的考试工作。培训费用由协会支付或由徒工所在企业支付。

4. 经费充裕

瑞士应用型人才教育经费种类分为职业学校经费支出和企业职业培训支出两大类。第一类几乎全部由国家负责，其中联邦政府支付 10％－30％，其余的则由州政府全部承担或州与市、镇（区）共同分担。而企业或行业联合会以物资或支付继续教育讲座费等作为资助形式。私立专科学校通常由学生交纳学费，作为经费来源，部分学校可得到政府不同程度的资助或由企业联合会予以支助。第二类如企业培训，则由企业负担（包括支付给艺徒的少许工资）。入门培训则由行业联合会和国家各承担 50％。大型企业承办的实训车间或企业内职业学校则由企业承担，企业主可从工资总额中提取一定比例作为职业培训或继续教育的费用支出。所以，应用型人才教育有充裕的经费支持。

5. 法律保障

1884 年瑞士出台了用财政资助职业技术学校的法律。以后的几十年中，各州都通过了职业教育法。1930 年联邦政府首次通过了《职业教育法》。该法于 1963 年和 1978 年两次得到修订。它规范了职业咨询、徒工培训、职业学校和继续职业教育等方面的事宜。该法规定：联邦政府的职能是负责制订学徒培训的结构和内容，而执行这些法律是各州的任务；联邦和各州应承担对职业教育，也就是应用型人才培养教育的资助（联邦和州政府支持职业学校和培训中心的培训和继续教育，但企业内的培训不在资助范围之内）；联邦还确定继续教育的目标；以上工作都须在企业的紧密配合下进行。在州一级，政府的相关职能如下：视导职业技术教育的实施情况；审批学徒契约；负责学徒证书的考试等等。健全的法律保障了职业技术教育的顺利实施。

（二）瑞士应用型人才培养类别

由于应用型人才培养必须与瑞士的联邦制度和语言文化的多样性相适应，各州的应用型人才教育发展及其特征、重心和模式也不一样。可以从以下几种分类认识瑞士职业教育体系。

1. 按学习单位和地点分

按学习单位和地点，称之为"三元制"模式，即企业、职业培训中心（入门培训机构）和职业学校。

2. 按职业教育层次分

按职业教育层次可分为职业准备教育（职业选择或职业咨询教育形式）；职业基础教育（一种"双元制"或"三元制"的高中阶段职业教育）；职业进修、职业继续教育、转岗培训（高等职业教育或高等教育阶段教育、以及第二次职业培训等）。

3. 按培养目标和管理体制分

按培养目标和管理体制分为工业、农业、商业类；护理类；农业类。瑞士职业教育和职业培训由联邦政府认定的专业约 300 余种，其中第一大类占绝对比例，第二和第三类约 20 余种。

（1）工业、农业、商业类

《联邦职业教育法》（1978）中所涉及的职业教育范围仅局限于第一类（新《联邦职业教育法》将农业类纳入其中），这类是瑞士职业教育的主体部分；瑞士职业教育的护理类和农业类并不在《职教法》规定范围之内。但各个州仍按照国民经济部和农业部有关职业教育法令、法规严格实施，并根据各州的不同的产业结构和劳动市场变化拟定职教发展规划。

这类具体包括工业、手工业、商业、银行保险业、交通运输、家政、宾馆饭店和其他服务行业的职业培训等。数年前该类职业教育管理与监督，联邦政府层面由联邦国民经济部下属的工业、手工业、劳动局负责。但近年来，90%以上的州已将其职能转到州教育部下属"中等教育与职业教育处"管理，以使中等职业教育从教育规律出发，开发与青年身心发展相适应的培训课程和制定科学合理的培养目标等。高等职业教育则由州教育部下属的"高等教育处"负责管理与监督。

（2）护理类

护理类包括医疗助理、药剂化验员、X 光检查助理员、病人护理及健康助理等；中等层次的教育是由各州委托瑞士"红十字会"负责培训。大学层次的高等职业教育与培训，则由近期所设立的"健康与社会工作高等专科学校"负责培训。

这些职业培训和教育一般由护理学校实施，而这些学校一般属于大型、条件较好的正规医院，也有部分是独立设置的学校。学生一般在学校学习理论基础课程，在医院进行实训。培训年限按其专业及其特殊要求，一般为二至三年不等。

（3）农业类

农业类包括农场主、农民、农业加工业，又称粮食加工业，如奶酪、酿酒业等工种培训以及农业技术类职业培训。该类培训的法律基础和培训目标是依据《联邦农业促进法和保持农民职业水平法》（简称"农业法"），由瑞士联邦农业部负责制定培训方案及其相关规定。

（三）其 他

1. 特殊职业教育

（1）应知培训

瑞士应知教育是通过辅导性、模仿性的简单培训，对智商低、学习有困难的学生（但不属于残疾，更不是智力障碍者）进行的低难度、低要求的教育，目的是使他们树立信心，能够自食其力。这种教育培训通过降低理论学习、普通教育要求，减少培训时间，采用个别化教学等方式，根据个人兴趣及条件分别选择不同的专业或工种的培训。

　　（2）农民职业技术教育

　　瑞士的农民职业技术教育在欧洲乃至世界均享有很高的声誉。农民的教育分为基础教育、继续教育与专业课程。基础教育包括两个方面：（1）两年训练期的实际操作。按照合同，学员须用两年时间在有经验的农民的农场里学习技术。而这个有经验的农民作为教师来说，本身也须要接受严格的教育。（2）在义务职业学校学习。学习有关农场所学技术的理论背景知识。两年训练期后，年轻的农民将面临中级考试，如果通过了考试，便进入专业课程。它包括两个冬季，每个冬季课程 20 周。在瑞士的一些学校，这两个阶段的课程可以在一年内的 40 周完成。许多青年当然更偏向于两个冬季的农场干活。这为他们提高实际操作能力和丰富知识经验提供了机会。这个为期 3—3 年半的职业技术教育以"联邦职业合格考试"而结束。如果成功通过考试，学员便可获得"联邦合格证书"，他便成为具有大专学历的农民。

　　如果农民希望继续接受教育，他可以在三个水平进行选择：（1）职业农民教师资格。这个资格可以带初学学员，最低年龄 25 岁，学员接受为期一年的管理课程，是半工半读的，然后进行考试。（2）职业农业技术员。学员在专业学院学习 3 年，第一年学习基础技术，后两年专修作物生产，动物选育或农村经济。（3）通过联邦大学入学考试后到苏黎士联邦理工大学学习。这是一个学员所能达到的最高水平。5 年之后，通过考试并提交论文，学员便成为农艺师。与专业学院类似，理工大学也提供专修作物生产，动物选育或农村经济的机会。在接受继续教育后农民还可以选修专业课课程，如植物生产与农业、饲料生产、植物保护、植物营养、生态学、土壤学等。

　　2. 职业学校的教师

　　（1）聘　任

　　瑞士职业教育师资由各州负责聘任和培育，基本要求分别按中等教育第二阶段任教资格和培育规定。实训教员的任教资格有两个基本条件：一是经过师傅资格考试或高级专业考试；二是参加实训教员培训班。具体按 1980 年颁布的《关于实训教员培训课程最低限度方案的规定》予以实施。

　　（2）待　遇

　　职业学校教师的工资与大学预备学校教师工资相同，有些职业学校教师的工资甚至比同等学历的企业内职工工资高。教师每年有 12 周带薪休假，并有终生受聘的保障。这些都对学校和教师的声誉产生了积极影响。

（3）证书考试

师傅证书考试。学徒出身的人有了证书和至少五年的工作经验可以考师傅证书，通过者继续上某种形式的职业学校，大约需要5年的时间。取得师傅称号者可获得较高的待遇，并取得带徒弟的资格。如果师傅还想继续深造，可以通过业余学习投考高等技术院校，取得工程师资格。

与师傅证书考试相类似的考试还包括各种行业的专业考试和经营管理水平的考试。考生除具备一定的工作经验年限之外，一般还得参加由各级各类职业教育机构，如学校、企业联合会举办的培训和讲座。至1993年止，此类考试由联邦认可的专业共138种，由常设企业联合会提议，组织实施培训和考试。农业类也有类似的特殊职业考试。

二、瑞士的中等应用型人才培养模式：三元制

瑞士应用型人才教育可视做世界应用型人才教育三大模式的缩影，即德国"双元制"模式；法国和意大利"学校教育"模式；厂办技校等"企业教育"类型模式。瑞士应用型人才教育的主要部分称之为职业培训，因为主要在企业内学习和实训，人们也称之为企业培训或称之为艺徒培训，整个应用型人才教育过程一般在职业学校、企业及培训中心，因而"三个学习地点"又称为"三元制"。可用图1表示：

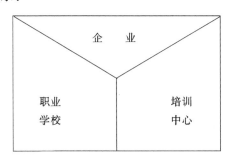

图1 三元制职业教育

（一）学徒制

一个年轻人如想做学徒，要先找一个接收他的企业或单位。接收单位必须有持合格证件的师傅，只要双方同意便可签订合同，在有关部门备案即可。学徒主要是在师傅的带领下从实际工作中得到锻炼和技术培训，但各地都在市、社区或同行业开设的职业学校对学徒工进行辅助性的、较全面的教育。学徒期满，要经过本地区考试委员会的考试，考试合格后领取证书便可以做正式工人了。

学徒制必须建立在企业、学校、当局和行业协会之间的良好合作的基础上，特别是企业内的特定组织机构是学徒制成功的前提，许多国家曾想引入学徒制，但都失败了，原因就在于没有这种职业教育发展的稳定的网络系统。

（二）培训中心

早在 19 世纪，瑞士就出现了在专门培训车间给徒工讲授课程的活动，以后，建筑业开始在冬季为学徒讲授入门课。1978 年修改的职业教育法使系统的脱产培训成为必需，并要求小型企业将这项工作委托给有培训中心的行业协会，大型行业，企业为学徒讲授入门课，则必须建立自己的培训中心。培训中心的培训费用一半由企业支付，另一半由公共基金支付。

（三）职业完全中学

1. 职业完全中学的产生

瑞士的职业完全中学产生于 20 世纪 60 年代，建立的初衷在于增加职业教育的吸引力，同时作为一种促进优秀青年发展的措施，培养"双重资格"的高中阶段毕业生。进入 80 年代，随着瑞士境内高等职业教育的发展和高等专科学校的体制建立，该类学校越来越受到青少年的青睐和社会各界关注。自1993 年实施新的证书制度以来，学生数已占职业教育类学生数的 25％。

2. 教学与管理

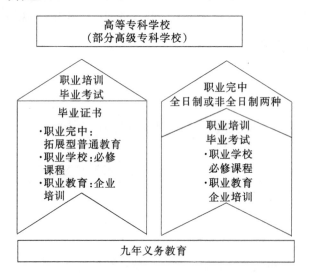

图 2　瑞士完全职业中学的毕业证书获得情况①

（1）编班。职业完全中学按其专业大类编班学习。（2）课程内容。主要课

---

①　马庆发. 瑞士综合中学研究 ［J］. 外国教育资料，1999（2）.

程内容为普通教育课程、拓展型和补充型。（3）考试。学生入学需经过入学考试，以苏黎世州一所学校为例，录取率与报名考生之比为三分之二。（4）教学。按联邦政府关于《准备实施技术职业完全中学毕业证书的框架教学计划》，规定（其他专业也有类似教学计划）：教学时数不得低于1 400学时，分三至四年完成（成人职业完全中学可实施全日制一年或非全日制二年完成）。（5）毕业证书。毕业证书取决于两方面成绩：一是"双元制"或"三元制"职业培训成绩，二是职业完全中学普通课程成绩（如图2）。前者是基础，后者是补充，缺一不可。一般在校毕业生约三分之二能获得"双重资格证书"，学生持证书可直接进入相关专业的高等专科学校深造学习，也可直接进入劳动市场就业。根据个人不同的情况，学生可以与接受职业教育同步进行，也可以接受完职业教育之后再选择。选择这些学校的学生，通常比其他类型职业学校学生每周多一天学习普通教育课程。前者一般免交学费，后者须交纳一定学费，但都要通过入学考试，合格者方能开始就读。

3. 建 制

这类学校有两种建制形式：一是与一般职业学校合为一体，二是独立建制。

4. 专 业

目前此类学校共有五种专业方向：技术完全中学毕业证书；手工业完全中学毕业证书；实用美术工艺完全中学毕业证书；商业完全中学毕业证书；技术——农业完全中学毕业证书。

三、瑞士应用型人才培养中的普职分流与结合

（一）初中阶段的分流

瑞士实行九年义务教育，但从初中阶段开始，就对学生实行严格而残酷的分流。虽然各州情况不一，我们还是可以将初中阶段分以下两大类学校类型。（如图3）

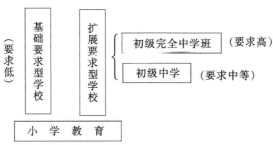

图3 瑞士职业教育的基本类型

基础要求型学校的毕业生多数去企业做学徒。初级完全中学的学生直接升入高中，继续为考大学作准备。初级中学毕业生的选择比较灵活，可以去企业当学徒，可以升入职业学校，个别优秀者也可以接受考大学的准备教育。总的来说，在接受完义务教育后，瑞士约 3/4 的学生选择到企业当学徒，1/5 的学生到职业学校接受职业培训，余者到大学预科学校为取得大学入学资格作准备①。

初中开始，定向、分流教学曾起过一定的积极作用，但随着社会科学技术的发展和人才结构的不同要求，以及劳动市场、产品结构和生产结构的调整和变化，过早分流的弊端已明显暴露出来。尽管有些州在实现学校的多功能化方面作了些探索，如加强教学渗透，缩小定向班级的差距，引进选修课程，改进教学手段等，但收效甚微，于是，瑞士综合中学应运而生。

（二）普职教育结合之———瑞士的综合中学

20 世纪 60 年代以前，"综合中学"的概念，在瑞士人们通常理解为"一种乡村形式的学校"，即许多年级的学生在一个班级里，由一位或几位老师负责教学。这种教学形式类似于我国的"复式教学"，主要适应山区或交通不便的农村小镇，便于让更多的适龄儿童能就近入学，保证有读书机会，或确保"义务教育"的实施。60 年代以后，瑞士引进了美国"综合学校"的概念，即让中等教育阶段的学生，接受全面的教育，一种面向全体的"广博学校"。

1. 类　　型

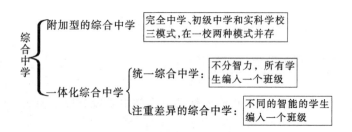

图 4　瑞士综合中学的基本类型

综合中学大致分两类：一种是"附加型的综合中学"，即在现有的学校类型中，如完全中学、初级中学和实科学校内附加一种类型，或称为"一校两治"，或"一校两种模式"并存。另一种是"一体化综合中学"，即将传统形式的学校优势、特征融合在一所新型的学校内，放弃原来过早分流、选择和定向。在瑞士"一体化综合中学"包括两种形式：（1）统一综合中学。统一综合

---

① 马庆发. 瑞士职业教育与"三元制"模式 [J]. 外国教育资料，1999 (5).

中学所有的学生（不分智能差异）在一起学习共同课程，直到毕业。（2）注重差异的综合中学。这种中学将不同的智能的学生编入一个班级或一个年级（不同能力学生在一起，又称异质性班级），但他们学习个别专业（科目）是按其能力分开学习的，有分有合，主要体现在能力课程或水平课程两类课程学习之中。（类型如图4）

2. 目　标

瑞士自20世纪60年代末和70年代初以后，基本上以"一体化，注重差异综合中学"为主要综合中学形式，这种瑞士特有类型的综合中学，旨在提出和确定以下目标：

• 学校的主要任务不是对学生进行"分流或选择"，而是帮助学生全面发展。首先不应对学生的能力进行"分类、选择"，而是促进发展他们不同的智能；学校应对学生"能干什么"感兴趣，而不是关心"他们不能干什么"。

• 课堂教学应唤起、激发所有学生的学习兴趣、好奇心和乐于学习的动机，而不是以那些"暂时有用的知识"充斥他们的头脑。

• 学校教育应将学生逐渐引入到适应他们发展的学习轨道，不要因某门课程不及格，就让学生留级，重复学习全年的课程，这样的做法完全是没有必要的，挫伤学生学习积极性。

• 学校教育制度不允许按现今的市民的社会阶层结构去构建，而应试图将儿童生活的不同的条件得以平衡协调，尽可能地缩小差距。

• 机会均等也可称之为每个人拥有相同的机会，同时也允许有不同的选择机会。

• 学校尽可能创造学生与不同社会团体的接触机会和不同社会阶层学生之间的合作。

• 学校首先要注重培养学生适应现代社会的能力，既要传授相对稳定的传统知识的价值观，更要注重培养胜任未来的综合能力，学生的天赋除了通过传统的学科培养之外，还可以通过其他课程内容来培养和训练。

• 培养学生全面精神力量将取代过分强调学生智力发展，促进学生个性发展的措施将会类似知识传授那样，同样得到普遍重视。

• 互相对应的需求将会得到平衡协调，如个体需求和社会的要求，机会均等和智能促进，一体化和注重差异等之间的矛盾将得以解决。

• 学校教育中的若干问题不可能一蹴而就，而是作为一个系统，伴随着开放性的变化而不断完善的。

瑞士综合中学目标的提出和理念的发展不能不说是瑞士多元文化传统和世界综合中学发展潮流的影响和作用的产物。

3. 瑞士综合中学教学内容和课程安排

瑞士综合中学教学内容和课程安排分别见图 5、图 6 所示。

1. 社　会 1.1 当代社会概况 1.2 历　史 1.3 地　理 1.4 宗　教 1.5 其他(如班会)	4. 艺　术 4.1 唱歌与音乐 4.2 绘画与造型艺术 4.3 创作与雕塑 4.4 文　学 4.5 戏　剧 4.6 管弦乐器 4.7 合　唱 4.8 乐器知识
2. 自然科学 2.1 自然科学概况 2.2 生　物 2.3 物　理 2.4 化　学 2.5 (学术上)参观	5. 劳动技术 5.1 劳动学 5.2 手　工 5.3 家　政 5.4 烹　饪 5.5 急救和健康护理 5.6 打　字 5.7 速　记 5.8 几何绘图 5.9 促进课
3. 交　际 3.1 数　学 3.2 德　语 3.3 法　语 3.4 英　语 3.5 意大利语 3.6 希腊语 3.7 拉丁语	6. 体　育 6.1 体　育 6.2 专门训练 6.3 健康操

图 5　瑞士综合中学教育内容一览①

表 1　　　　　　　　　姆腾茨综合中学课程安排表②

课程领域	固定的必修课程 6.	7.	8.	9.	选修 6.	7.	8.	9.	任选 6.	7.	8.	9.	强化 6.	7.	8.	9.
1. 社会	3	3	3	1			2△	4×							2	
2. 自然	5	4	4					4×		2	2					2
3. 交际	14	13	8	8			4○	4○		7	11	14			3	3
4. 艺术	4	3					2△	3"		4	4	4				
5. 劳动技术	3	2					2△	3"	2	4	4	6				
6. 体育	3	3	3	3					1	1	2	2				

符号说明：○为外语，△为本范围选择，×两个范围任选，"为 4 至 5。

① 马庆发. 瑞士综合中学研究 [J]. 外国教育资料, 1999 (2).
② 马庆发. 瑞士综合中学研究 [J]. 外国教育资料, 1999 (2).

姆腾茨综合中学的必修课程面向全体学生，贯穿整个四年学习期间，周课时从 32 学时递减到 12 学时，以弹性选修的方法进行内部分流，让每名学生都能最大程度得到帮助、促进和发展。选修课程每年扩大课时和增加选择余地。

4．教学形式

瑞士综合中学的教学形式可分为：核心课程、水平课程和选修课程三种主要形式。其比例分别如图 7 所示。

表 2　　　　　　　　　　　课程课时安排比例（图利肯综合中学）①

年级＼课程	7	8	9
核　心	63％	53％	31％
水　平	37％	37％	25％
选　修	／	10％	44％

这里的核心课程绝大部分是硬性规定的，既不按成绩也不按个体倾向予以组织实施，而是要求每名学生学习共同的课程，基本包括其他类型学校基础的课程内容，如母语、自然科学、数学、外语和体育等；水平课程是一种等级或水平程度课程，一般涉及学习进度和内容多少；选修课程则按兴趣和倾向组织实施，是一种拓展型课程。由此可见，综合中学在强调面向全体学生的同时，更注重学生个别差异。

（三）普职教育结合之二——拓展型普通教育

瑞士职业教育中的普通教育扩展体现在拓展型普通教育，所谓拓展型普通教育是在职业教育基础上的拓展，它不是普通完全中学的课程的"移植"，其课程标准或重点要求，都按其专业门类有所侧重。具体如：

·技术职业完全中学毕业证书，重点是数学和自然科学课程，以升入技术类方向的高等专科学校为目标。

·商业职业完全中学重点是语言和经济课程，以升入商业经济类方向的高等专科学校为目标。

·手工业职业完全中学的毕业生要适应将来从事手工业职业发展，因而普通教育课程与技术职业完全中学类似，补充一些企业经济课程。

·实用美术工艺职业完全中学注重学生对造型艺术、空间等鉴别能力的培养和文化素养的提高，以进入工艺美术高等专科学校为导向，开设普通教育课程。

---

① 马庆发. 瑞士综合中学研究 [J]. 外国教育资料，1999（2）.

·技术——农业职业完全中学，是唯一由农业部负责管理的学校。要求毕业生符合农业专业的基础培训要求，适应和胜任农业中的特殊职业和相关职业。

随着社会发展和人类自身的进步，瑞士教育通过综合中学进行普通教育中的职业技术渗透，通过扩展性普通教育进行职业教育中的普通知识渗透，两种方式的普职教育的结合，适应了社会和学生的需求，使瑞士的普通教育和职业教育更加完善。

四、瑞士的高级应用型人才培养的核心——高等职业教育

(一) 教育目标

瑞士高等职业教育是在中等职业教育（高中阶段教育）的基础培训之后，实施的大学之外的第三级教育。瑞士教育术语中所称的高等职业教育，又称"高级职业培训"，其培训重点是领导干部或高级管理人才和技术应用类专门人才。

(二) 入学与毕业证书

瑞士高等职业教育入学有严格的条件和标准规定，如申请者须持有职业完全中学毕业证书或高中会考毕业证书，有些专业还须有职业培训的技术等级证书。

在校期间，学员要经过三至四年严格、系统的学习和训练，并通过毕业考试才能获得毕业证书。职业考试一般以专业知识考试为主，包括各种行业的师傅考试、专业考试和经营管理水平的考试。考生除具备一定的工作经验年限之外，一般还得参加由各级各类职业教育机构，如学校、企业联合会举办的培训和讲座。至 1993 年止，此类考试由联邦认可的专业共 138 种，由常设企业联合会提议，组织实施培训和考试。通过职业考试，学员可参加高级专业考试。接受高等职业教育的学员毕业时可以获得双证书：一是通过高级专业考试可获得专业任职资格证书；二是可获得联邦政府认定的大学毕业文凭（非学术性的）。

(三) 学校类型

瑞士实施和承担高等职业教育的学校主要有：高级专科学校和高等专科学校两大类。前者包括联邦管理的三年制和二年制各级各类学校以及部分由州管理的专业性较强的学校。高等专科学校目前也有两种管理形式：一是联邦政府管理；二是州政府管理。近几年众多的高级专科学校已逐渐改制为高等专科学校。

1. 高级专科学校

高级专科学校被称为"大学外高等教育"，原因是：第一，它以应用型科

学理论为导向，培养生产活动、经济活动和社会活动高级应用型人才，即智能型的技术员、工程师式的人才；第二，大部分学校的运作不是按普通大学的学年进行的。

（1）高级技术学校

高级技术学校有全日制和非全日制两种形式，学习年限三年或四年半不等（非全日制至少四年）。主要培养工业技术类工程师、化学师及建筑类及其他技术操作人才。录取条件为获取"双元制或三元制"职业培训毕业证书、技术等级证书以及职业完全中学毕业证书（有专业限制），或普通高中毕业证书，但至少有 12 个月的企业实习证明。该类学校从一开始就强调职业教育（中等职业教育）经历，体现了实践能力的要求，另一方面对普通中学毕业生规定了实习证明的先决条件。

（2）高级经济与管理学校

高级经济与管理学校主要从事管理方面的培训，入学条件必须具备商业职业培训联邦认定的技术等级证书、毕业证书或具有 2 年实习期满合格证书等。目前此类学校全日制为 3 年，非全日制 4 年左右。该类学校也招收在职人员学习，在瑞士又称之为经济与管理干部学校，培养具有领导才能的、经济与管理领域的后备专业人才。有许多学员是由各公司或企业选派，但须签订合同，也规定一定的服务年限及其责任与义务等。

（3）高级餐饮业和酒店管理学校

高级餐饮业和酒店管理学校，一般由行业协会管理，大部分属私人、基金会或社会团体承办的私立性质学校。

2．高等专科学校

（1）创　建

高等专科学校是高等职业教育的主体。1988 年 3 月份，瑞士州教育部长联席会（EDK，瑞士没有全国统一的教育部，由 EDK 作为协调常设机构）与联邦国民经济部常设职业教育机构，共同讨论提高高级专科学校的地位价值和与国际教育体制互为接轨、互为认同的可能性问题。1993 年 2 月 18 日，瑞士州教育部长联席会议和州经济部长联席会议（VDK）联合公布了《发展高等专科学校和职业完全中学的若干纲要》（以下简称"纲要"）。之后，系列有关教育法规文件被制定并颁发。1997 年 10 月份开始招收第一届学生，前后不到10 年时间就已发展了 10 余所高等专科学校（其中 7 所由联邦政府批准，其余由州政府根据《高等专科学校法》设立和改制）。

（2）概　况

《纲要》明确界定高等专科学校的性质、任务、学制、入学标准、师资以及最低规模等，具体要点归纳如下：

· 高等专科学校实施一种实践为导向的、以科学为基础的教育。

· 培养和造就胜任某项职业群范围的工作人员，要求掌握较高的专业知识和职业能力。

· 高等专科学校从事应用性研究，并促进知识和技术的转化。

· 全日制一般为三年（非全日制相对长些）。

· 录取条件一般具有中等教育第二阶段毕业证书及高等专科学校入学资格；联邦管理的学校通常须持有职业完全中学毕业证书，或普通完全中学毕业证书，或持有实践经验证明并具有中学文凭证书；至于其他范围或专业的高等专科学校则应具体规定录取条件。

· 师资通常要求高等教育学历，并持有教学论知识与能力证明。

· 学校规模为正式学生至少不低于150人，而联邦制学校至少不低于500名。

（3）管　理

联邦政府注重学校的应用性研究，除在有关法律、法令、法规、纲要中明确规定之外，还在组织与财政上予以保证。例如，成立高等专科学校委员会，每年提供1 500万瑞士法郎用于促进应用性科研项目（仅高级技术学校一类）。

联邦政府的管理职能还体现在协调、监督高等专科学校的发展、教学质量和审批专业方向等，联邦政府还制定有关州与州之间、学校之间的毕业生水平等互相认同的条例。

（4）教育学院

1995年10月26日瑞士公布了《师资培育和建立教育学院推荐方案》，该《方案》确定教育学院性质属高等专科学校范畴，但其培养目标和内容与一般高等专科学校不同。比如，师资培育全部达到高等教育层次；师资培育可在两种不同类型的大学实施，即教育学院或普通大学，如综合性大学等；通过高等教育层次的师资培育，将逐渐放弃学校类型和层次任教资格，而培养适应多层次、多类型学校的多面手师资等等。

瑞士建立教育学院的主要目的在提高师资的学历层次的同时，注重在职教师的培养、进修和继续教育。欧美一些国家曾一度取消师范教育独立建制的学校，合并到普通大学内。瑞士根据本国实际，借鉴世界师范教育的经验与教训，重开师范教育独立建制先河，无疑是高等职业教育类型的一大创举。

五、瑞士应用型人才培养对我国的借鉴意义

瑞士应用型人才培养经验对我国应用型人才培养有众多借鉴意义。

（一）在应用型人才教育的管理、经费等方面，联邦、各州和企业各司其职

在瑞士，政府、企业、各种行业、职业协会以及工会等都参与职业教育的管理与实施，各司其职，同时密切合作。第一，联邦政府由公共经济部职业教育司主管职业教育与培训，由它制定相关的法律、法规和政策，提供科研投资并监督、管理、协调地方各校的利益。联邦政府负担职教经费的10%—30%。第二，州一级设有职教处，主要负责本州的职业教育管理、监督，如监督学生与企业签订的职业培训合同的实施，负责职业培训资格和证书的考试，对本州的职业教育和培训提供经费支持等，州政府在职业教育与培训的规划和组织中有很大的自主权。第三，企业负责为学徒培训提供培训场所、设施和学徒岗位，提供实习培训经费并向学徒支付一定的薪金。第四，各种职业、专业或行业协会组织制定、修改职业培训及考试的标准、内容、条例等向政府提出建议，并受政府委托为职业资格考试和技能考核出题，协助组织考试，组织实施本行业的职业培训，还负责向社会提供本行业职业培训的方法和教材，我国对职业教育教学进行管理的主要部门是各地教委，企业和行业协会很少参与职业教育教学，难免造成人才培养与地区经济发展需要脱节或教学标准与行业规范不符的现象。

（二）重视应用型人才培养教育的师资培训

瑞士特别重视职业教育师资的培训。企业的师傅要通过专门的师傅资格考试，获得师傅资格证书。教育学院的兴建，也为高水平教师的培养提供了摇篮，教师在教育中具有举足轻重的作用，近年来，我国也重视教师学历的提高，但是，职业教育教师的质量难以保证，尤其是教师的专业知识技能和实践能力有待进一步提升。

结合瑞士职业教育发展中的某些成功之举，我们应在今后的工作中着重注意以下问题：政府方面应加大对职业教育的投入和重视程度，将政府的主要职能重心聚焦在三个方面：一是提供条件保障，如投资、师资等；二是监督、管理、协调；三是确保教育质量和效益。同时，应制定和完善职业教育的相关法律法规。随着经济和社会的发展，我们对职业教育的层次要求越来越高，为了更好满足社会和青年需要，应将高职大学阶段的学习和各种类型与层次的职业资格考试融为一体，提高高等职业教育的兼容性。最后，好的教师是有效教育的人力资本，我们应重视教师队伍的成长。

奥地利应用型人才培养模式研究

一、学制述评

奥地利的教育由联邦政府控制，对 6—15 岁的儿童实行 9 年义务教育，学龄儿童的学费、书费和上学交通费用由国家负担。教育体系为：

1. 学前教育

行一年幼儿义务教育，主要教育内容为环境保护和交通安全常识。

2. 初等教育

初级小学 6—9 岁，学制 4 年，包括特殊教育。

3. 初级中等教育

9—13 岁，分为高级小学、初级普通中学、文理中学即高级中学低级部、特殊教育，学制均为 4 年。

（1）高级小学：学制 4 年，在年级安排上为五至八年级。学生毕业后可就业，也可以继续上学；

（2）初级普通中学；

（3）文理中学：主要为进入高级阶段作准备。

4. 高级中等教育

（1）高级中学高级部，学制 4 年，在这期间学生学习足够的知识，将来可以免试进入大学；

（2）技术学校：学制长短不等，学生学完后可以就业。

5. 高等教育

包括综合大学、社工卫生学院、教育学院、短期学院、专业高等学院。大学学制一般为四至五年，其中基础学习阶段为二年，专业学习阶段为二至三年。

奥地利学生 6 岁入学，小学 4 年，学生完成四年小学课程后，及早分流，由老师、家长和学生选择中等学校或职业学校或类似综合中学的学校就读，对读书有兴趣的就读普通中学，否则就读技术学校。学生没有升学压力，学生可以自己的兴趣发展。中学 4 年毕业后，再上一年职业学校，就可以就业。技术学校毕业后，学生学有专长很受业界欢迎，学生还可以参加公会办理的证照考试，水电、冷暖器是很热门的行业。奥地利实施九年义务教育。但学制中，小学至中学毕业只有八年，第九年的义务教育为高中或职业学校的第一年。由于奥地利高中以下教育完全免费，所以几乎所有学生在完成义务教育后都继续上学，完成高中或高职教育。因此，奥地利学制实质上无异于十二年义务教育。奥地利学制极具弹性，各教育轨道之间不是分隔的，只要符合相关学力要求，学生可以随时转换轨道。奥地利非常重视教育，为学生提供充分的教育资源，使愿意求学的学生都能继续上学，沒有学区问题，没有所谓的重点学校，各学校都有自己的特色，学生可以依自己的意愿，结合自己的爱好、兴趣与居住环境，自由申请学校。

奥地利的大学历史悠久，学术水平很高。创建于 1365 年的维也纳大学，是德语国家中成立最早的大学之一，至今已培养出 6 名诺贝尔奖获得者，在世界大学排名中居第三十五位。奥地利高校目前有在校生 23 万，其中外国学生占 12% 左右。国立大学 18 所，私立大学 1 所。奥地利大学学习年限一般为四至五年，其中基础学习阶段为二年，专业学习阶段为二至三年。中学四年毕业或职业学校五年毕业，凭高中高职会考成绩单（Matura/Reifepruefungszeugnis，为国家考试文凭，终身有效）申请大学。奥地利没有全国统一的大学入学考试，高中高职会考成绩单就是申请人主要的资格凭证，但是，以高级专科学校会考成绩单申请大学所以会受到某些限制，原因在于各系皆要求申请者须在高中高职阶段有相关基础科目的成绩，例如拉丁文成绩为相当多人文社会学系所的申请条件。如果学生没有大学要求的成绩单，仍然可以申请就读，但必须在限定的时间内补修这些科目，并且通过考试后才可以继续学业，从某种程度上来说等于是入学考试。文理高中（统称 AHS，意为通识教育学校）的学生由于接受的是非常广泛的通识教育，所以通常不会遇到大学申请障碍，但如果申请者没有修申请学校所要求的科目，那么学生就必须补修。大学实行学分制，修完大学学分便直接获得硕士学位。奥地利只在大学里设一个高级学位——博士学位。博士生教育是硕士生教育的自然延续。能否成为博士生要看本人的研究能力和导师同意与否。博士生年龄不限，在奥地利的大学里不设研究生院，博士生教育没有专门的机构负责组织安排，主要形式由导师和学生共同商定。

二、课程模式

（一）小学阶段（一至四年级）

小学阶段的课程主要为：宗教、语言（德语文法和文学）、算术、音乐、绘画、体育以及其他人文科学、自然科学和环境等课程，还有专门为女生开设的家政课，如烹调、缝纫等。

（二）初中阶段（五至八年级）

学生从初中阶段开始接受正式的应用性技术教育，不过这一阶段的技术教育是启蒙性质的，目的在于增强学生对经济生活和生产过程的了解，为日后接受深入的职业教育打基础。普通初中和文理中学的课程都可以分为四大板块：普通课程、科学课程、普通技术课程和普通技术选修课程。普通课程板块有"大课程"、"课程综合化"的倾向，由于文理中学是初高中一贯制的学校，学校主要是以升学和学术为目标，所以在其他三个板块课程的设置上与普通初中有些不同。（见表1和表2）

表1　　　　　　　　　　文理中学初中段课程与周学时[①]

类型	科目	周学时										
		一年级			二年级			三年级			四年级		
		讲座	试验	工场	讲座	试验	工场	讲座	试验	工场	讲座	试验	工场
普通课程	宗教	2			2			2			2		
	德语	5			4			4			4		
	外国语	5			4			3			3		
	历史/社会研究				3			2			2		
	地理/商业研究	2			2			2			2		
	音乐	2			2			2			1		
	美术	2			2			2			2		
	体育	4			4			4					
科学课程	数学	5			4			4			4		
	生物与生态学	3			2			2			2		
	化学										1	1	
	物理				1	1		1	1		1	1	
	几何							2			2		
普通技术课程	职业技能						2			2			2
普通技术选修课程	速写										2		
	打字									2			2
	应用化学												2
课时合计		30			30	1	2	30	1	2	29	2	2

（注：课时合计不包括普通技术选修课的课时数）

①　王斌华. 奥地利普通教育与职业教育的一体化趋势［J］. 外国教育资料，1996（1）.

表 2　　　　　　　　　　　　　普通初中课程与周学时①

类　型	科　目	一年级 讲座	一年级 试验	一年级 工场	二年级 讲座	二年级 试验	二年级 工场	三年级 讲座	三年级 试验	三年级 工场	四年级 讲座	四年级 试验	四年级 工场
普通课程	宗　教	2			2			2			2		
	德　语	5			5			4			4		
	外国语	5			4			3			3		
	历史/社会研究	1			2			2			2		
	地理/商业研究	2			2			2			2		
	音　乐	2			2			1			1		
	美　术	2			2			2			2		
	体　育	3			3			3			3		
科学课程	数　学	5			4			4			4		
	生　物	2			2			2			2		
	物理/化学					2			3			3	
	几　何							2			2		
普通技术课程	职业技能		2				2			2			2
	速　写									2			
普通技术选修课程	补充技能		2				2			2			2
	家　政									2			2
	打　字												2
	职业信息												1
课 时 合 计		29	2		28	2	2	27	3	2	29	3	2
课 时 合 计		31			32			32			34		

（注：课时合计不包括普通技术选修课的课时数）

资料来源：同表1

（三）高中阶段（九至十三年级）

高中阶段的课程充分体现了普职融合的特点，文理中学高中段的课程有明

---

① 王斌华. 奥地利普通教育与职业教育的一体化趋势［J］. 外国教育资料，1996（1）.

显的学术倾向，学校为学生进入大学作充分的准备。中等职业技术学校、高级职业技术学校和综合技术学校都实行职业教育，课程以职业技术课为主，以普通课程为辅。综合技术学校学制1年，课程的实用性更加突出，注重与当地的经济和社会发展的需要相联系。（见表3和表4）

表3　　　　　　　　　　文理中学高中段课程与周学时[1]

类 型	科 目	一年级 讲座	一年级 试验	一年级 工场	二年级 讲座	二年级 试验	二年级 工场	三年级 讲座	三年级 试验	三年级 工场	四年级 讲座	四年级 试验	四年级 工场
普通课程	宗 教	2			2			2			2		
	德 语	3			3			3			3		
	第一外国语	3			3			3			3		
	拉丁语	5			3			3			3		
	历史/社会研究	2			2			2			2		
	地理/商业研究	2			2			2			2		
	音 乐	2			2			2					
	美 术	3			2								
	体 育	2			3			3			2		
科学课程	数 学	5			4			4			4		
	生物与生态学	2			3			2			2		
	化 学				1	1		1	1		1	3	
	物 理	2	1		1	1		1	2		1	2	
普通技术选修课程	电 子						2			2			2
	职业技术						2			2			2
	速 写				2	2		2					
	打 字				2					2			
	家 政					4			4			4	
	生 物	2			2			2			2		
	应用化学								2			2	
	应用物理					2			2			2	
课 时 合 计		33	1		33	2		31	3		29	5	
课 时 合 计		34			34			34			34		

（注：课时合计不包括普通技术选修课的课时数）

---

[1]　王斌华. 奥地利普通教育与职业教育的一体化趋势［J］. 外国教育资料，1996（1）.

表4　　　　　　　　　　综合技术学校课程与周学时

类　型	科　目	周学时	
		讲座	工场
普通职前课程	宗教	2	
	德语	6	
	体育	3	
	个人与社会	2—2	
	社会经济学	2—3	
	工业与环境	2—3	
	健康与保健	1	
	劳资关系	2—3	
科学课程	数学	6	
普通技术课程	技术制图（男生）		
	技术制图（女生）		
	职业技能（男生）	2	2—4
	职业技能（女生）	1	2
	家政与护理（女生）		4
普通技术选修课程	速写	2	
	打字		2
课时合计	男	28—32	2—4
	女	27—31	6
课时总计	男	30—36	
	女	33—37	

（注：课时合计不包括普通技术选修课的课时数，资料来源同上表）

　　综合课题实践课程是奥地利应用型人才培养的课程模式中的一个特色，是以实习的形式对一至四年级所学知识的综合运用和考核，是高级职业教育和中级职业教育在教学方面的重大不同之处。学生的实习课题主要来源于学校、工厂、公司中的实际问题，具有较高的技术含量和很强的实用价值。综合课题实践课程采用两人分组合作、自由选题的方式，由掌握课题核心技术的资深教授指导。课题实习时间为六个月，整个课题包括课题设计、成品（成果）、规范化的课题成果陈述文件。实习过程中课题的选题、信息收集、专业软件电路设计及陈述文件等多项工作计算机工具化特征明显，充分展示了现代化的设计手段。陈述文件不仅包括 POWERPOINT 陈述，还需要准备一份德语或英语的项目介绍材料。这种课题实习不仅巩固、深化了以往所学知识与技能，而且全面提高了学生的综合素质，同时也推进了教师的知识更新，密切了教师与技术市场的联系，是奥地利职业教育中强化高级技工人才素质的一个特色手段。

三、分级一贯制的应用型人才培养模式

奥地利学制极具弹性，各轨道之间不是分隔的，只要符合相关学力要求，学生可以随时转换轨道。学生升学或在各轨道之间转换，主要根据学生的兴趣、意愿和学力，学生没有升学压力，学生可适性发展。奥地利传统的职业教育是 17 世纪末创建的，已有 300 多年的历史。奥地利现有各类职业技术学校 800 多所，在校生 30 多万。开设的主要专业有：工程和工艺美术类、商业经济类、经济服务与管理类、旅游类、时装和服装技术类、社教和健康类、农业和林业类等。目前，奥地利 43％的学校是初级职业教育（"双元制"职业教育）学校，11％是中等职业教育学校，28％是高级职业教育学校。学生比例分别为 43.5：16：40.5。4 年制小学毕业后，约 70％的学生进入普通中学，30％的学生进入文理中学初级阶段；完成 8 年教育后，约 20％的学生继续在文理中学完成高级阶段的 4 年学习，毕业后可以进入大学深造，或者就业，80％的学生进入各种不同学制、不同类型技术和职业教育与培训学校学习。中等职业技术学校分为四类："双元制"职业技术学校（B/L），毕业后直接进入企业当普通工人；"四年制"职业技术学校（BMS）培养中级技术工人；"五年制"职业技术学校（BHS）毕业后直接进入大学或者到企业当工程师；"一年制"就业前培训学校，学制一年的就业前培训学校的毕业生在找到工作单位后，由单位支付学费和工资进入双元制的职业学校进行非全日制的职业教育（奥地利法律规定每年不得少于 10 周）。据 2002 年统计资料显示，就读于"五年制"职业技术学校、"四年制"中等职业技术学校和学制 1 年的就业前培训的技术学校的学生比例分别是 31％、15％、54％。

奥地利门类齐全、结构完善、高质量的职业技术教育体系极大地促进了经济社会的发展，因而受到学生和企业界的欢迎，80％的学生都选择接受职业技术教育。这主要得益于职教系统适应了社会发展的要求以及职教与普教等机制的建立。1997 年，奥地利参议院通过一项法律，规定从 1998 年起，凡是接受正规的企业职业教育、学校职业教育和职教机构培训的学生，在通过一种新的考试以后，可获得进入高等学校学习的资格证书，即所谓第二阶段教育毕业证书。设置第二阶段教育毕业证书在奥地利教育史上是一个里程碑。因为这是第一次

承认非学校教育授予的知识、技能与学校教育授予的具有平等的地位。按照新规定要求，学生在接受基础职业教育，具备坚实的德语、数学和外语知识后，从1998年起可参加成人教育机构或职业学校的专科班学习，获得相关知识，通过考试后并得到上述证书。自学者也可以直接参加这一考试并得到证书。

（一）"双元制"

"双元制"模式是在德国、奥地利等欧洲国家比较盛行的应用性技术培训模式，对于技术性专业，如电工、电子、机械、建筑、汽车、农林等主要采用"双元制"模式。所谓"双元制"，是一种由培训企业和职业学校双方在国家法律制度的保障下，分工培养技术工人的职业培训体系。"双元制"是一种产教结合的培训方式，学生在学习理论的同时，可以在工厂车间实习，所以能够迅速将学到的理论知识和实践结合在一起，学生毕业后很快就能成为熟练的工人。在奥地利，工厂必须让学徒在一段时间内脱产到相应的职业学校接受定期培训，费用由国家和工厂共同支付，总培训时间为期35周，在3—4年内完成。学习时间安排是前三年每年10周，第四年5周，其余时间在工厂工作。学习期满，拿到"毕业证"和"等级证"后，才可转为正式工人，获得工资晋升。

在奥地利，"双元制"的教学由行业协会负责组织、协调，主要协调教学和检验。行业协会在职业培训学校和企业之间进行的协调工作很多，例如，根据行业的技术发展情况，每1—2年组织有关人员对教学大纲修订一次，组织人员编写或修订教材，派考官对各校的考证考试进行监督，配合企业的要求组织教师召开新技术研讨会，检查职业学校的教学情况，组织本行业的技能竞赛等等。行业协会的活动旨在引导教师根据本行业发展动态，及时补充新的教学内容，促使教师不断更新自己的知识，保证学生接受到最新、最实用的知识培训，为企业培养合格适用的人才。

（二）"模拟公司"

对于商业经济专业，奥地利的应用性教育培训主要采取了"模拟公司"的模式，即在虚拟的市场环境下，让学生在"模拟公司"内参与商务活动。所谓"模拟公司"，是指该公司除赢利是虚假的以外，其余都与真实公司相同。在模拟市场上，"模拟公司"要像真实公司一样注册、交税、为雇员投保，与其他公司做生意，进行业务和资金往来，其主要目的在于为学生锻炼和提高能力提供了一个良好的实习环境。目前，奥地利共有614家"模拟公司"，其中3%是为成人服务的，5%是为其他学校服务的，90%以上是为商业学校和其他职业学校学生实习服务的。商业类职业学校都有自己的"模拟公司"，每个班如学生超过16人，就要建立两个公司，每个公司配备两名实习教师来对学生进行实习指导。

奥地利模拟公司总部（也叫实习公司）设在维也纳职教学院大楼内，直属于奥地利教育文化部职教司，是奥地利职业教育培训中心。总部的职能在于建立一个模拟市场，以便于全奥地利"模拟公司"的运作。总部设有模拟财政部、银行、税务局、保险公司等机构，为各"模拟公司"的正常运行创造基本条件。其他分公司与普通公司一样部门设置齐全，如市场部、营销部、采购部、财务部等，执行与公司运行相关的商业、银行、税务、保险等业务。"模拟公司"的部门设置和公司业务及运行，完全与真实的公司一样，唯一的不同就是公司是不盈利的，公司的资金是虚拟的。"模拟公司"与真实公司建立积极的合作伙伴关系，从合作伙伴那里得到经济信息、资料和设备的援助等，并在整个"模拟公司"市场上宣传其伙伴的品牌与知名度，同时使自己的学生与各大公司建立良好的联系。

学生到"模拟公司"实习时，担任什么角色要经过选择和考核。学生可申请两个职务，教师根据学生各方面情况，组织学生参加笔试、面试，根据学生的表现确定适合学生担任的职务。高级商业职业学校的学生（18 岁）四年级时和中等职业学校的学生（14—17 岁）都必须到"模拟公司"实习一年，合格后才能上岗工作。所不同的是三年制中等职业学校的毕业生只能拿到结业证书。企业管理、经济管理专业的学生，每周必须在"模拟公司"实习 3—5 小时。在这里，学生们在公司的各个岗位上按照实际公司的职能运作，以深入了解市场经济各个环节的运作情况。各"模拟公司"均在总部开设账户，进行资金往来，交纳保险金、税金。通过这些业务活动，教师指导学生如何提高自己的能力和相互间如何进行合作，以提高学生解决各种商务活动中的实际问题的能力。在奥地利这种能力被称为"关键能力"（即金钥匙能力，包括自主能力、自立能力、相互沟通能力等），"模拟公司"将所有注意力集中于培养学生能力上，学生在这里接受的是真实市场的锻炼，培养出来后适应性很强，很受业界的欢迎。

四、奥地利应用型人才培养的特点

二战后欧洲各国为适应本国经济发展需要开始致力于人力资源开发，大多借鉴别国的经验尤其是德国的"双元制"模式，有计划地开展应用性技术和职业教育与培训。目前，欧盟 15 个国家中仍有 11 个国家的中等职业教育比例超过 50%。而 OECD 的统计资料表明，接受职业教育（包括学徒制培训）者仍是目前多数发达国家高中阶段学生的主流，OECD 成员国平均有 53% 接受了职业教育，而在德国、奥地利、比利时、瑞士等典型的双轨制国家，这一比例均超过了 70%。奥地利在这一潮流中走在了前面。奥地利在职业培训方面有着先进的教学模式和培训手段、明确的政策导向、健全的管理体制和完整的培训网络，加之奥地利非常重视职业技术培训教师的选拔和培养，又有国家经费保障，所以奥地利有着发达的职业技术教育体系，在世界处于领先水平。奥地利的职业技术教育除了具有先进的教学模式和培训手段，还具有多样化、层次化、与普教、高教相互渗透的特点。

(一) 政府和企业重视并大力支持应用型人才的培养和教育

奥地利政府和企业间达成了高度一致的共识，自觉地把职业技术教育作为一种特殊重要的"战略发展事业"，大力支持应用型人才的培养和教育。国家教育经费投入每年达700亿先令，其中150亿先令用于职业教育。奥地利联邦政府教育部，尤其是职教司对职业学校的发展有较大的发言权，有比较高的统筹管理水平。

除了从投入上大力支持职业技术教育外，奥地利政府还以立法的方式为职业教育建立了一整套完整的法规来规范、引导职业教育各方面的工作。例如，奥地利政府规定，未经高级或中级技术学校培训的学徒工，在企业工作和接受企业训练的同时必须抽出一定的时间（35—40周）接受双元制职业学校相近专业的培训，并由公司或工厂为其支付学费与工资，培训合格后，方可转为正式雇员。政府政策的大力支持，是确保双元制模式成功运行的根本保障。

面对日益激烈的国际市场竞争和科学技术的飞速发展，为保证职工素质与技术发展的同步，奥地利企业站在"大职教"的高度，以多种形式支持职业教育的发展，作为双元制教育的主体之一直接参与职业教育。例如，企业派遣高级技术人员参与职业教育的教学和研究指导，以保证企业中最新应用的前沿技术能及时与学校沟通；吸收学校代表参加行业协会，加强校企合作；企业承担"双元制"职业教育的学生费用，为学校无偿提供新型产品、仪器设备；热情接待来自职业学校的参观，为学生实习和实践课题提供方便。

企业与学校之间双向密切合作、交流，主要表现在两个方面：（1）由企业中选拔优秀的师傅到学校接受培训或任教，企业不定期地培训教师，使教师掌握行业新技术以适应教学的需要；学生和企业的学徒、工人相互到企业和学校接受培训或理论知识的学习。（2）行业协会负责对学校最终"产品"的质量进行考核把关，学生在学校毕业并取得毕业证书后，还必须参加企业或行业协会组织的考试，取得证书后才能成为正式工人和晋升工资。成为正式工人6年后，可申请参加师傅资格考试。以汽车学校为例，等级考试事务由汽车行业协会负责，协会由学校的高级师傅、企业工程师、有经验的师傅组成，他们共同制订汽车专业的教学大纲，拟定考级的试题，并派考官到考场监考。考试学校的教师不得担任考官，只有本行业富有经验的师傅或工程师才能担任考官，并实行考教分离。

　　（二）学制灵活，开设专业注意适应社会经济发展的需要

　　奥地利的教育制度，允许学生有较大的专业选择自由，除了第一次选择培训专业以外，在以后的学习中可根据自己的兴趣改变选择，因此，学生的学习积极性较高。此外，奥地利对职业学校教师有很高的要求，除了要有相应的学历外，还要求他们有工作经验，不少教师是本行业的专家，这保证了奥地利的职业教育具有很高的质量，对学生有很大的吸引力。奥地利职业学校开设专业不但注意适应社会经济发展的需要，还充分结合当地实际，发挥当地资源优势开展教育与培训活动。所设专业既有较为传统的，如旅游、服装、纺织、印刷等专业，又有比较先进的，如商务管理、计算机信息等专业。奥地利旅游资源非常丰富，尤其是在下奥地利州等靠近阿尔卑斯山脉地区，奥地利教育主管部门在该地区大力发展旅游学校，不但发展了职业教育，而且取得了很好的经济效益，很多旅游学校都有自己的四星级宾馆。

　　社会经济的发展和科学技术的进步，对职业教育和技工人才培养的定位提出了新的要求。为适应变化了的形势，近年来奥地利的职业教育逐步走向与普通教育和高等教育相互渗透、日趋融合的道路，第二阶段教育毕业证书制度的设置以及独特的毕业与资格证书考试（Reife—und diplomaprrüfung）就是职业教育与普通教育和高等教育相互结合、渗透的表现和产物。通过第二阶段教育毕业证书考试的学生既可获得大学入学资格，又可获得职业资格证书。设置第二阶段教育毕业证书在奥地利教育史上是一个里程碑。这种职业教育与普通教育和高等教育相互渗透和日趋融合的特点是奥地利职业教育向更高层次发展的体现。

　　（三）　独特的教师培训和进修模式

　　奥地利教育法对各类学校教师的任职资格有严格要求和明确的规定，职业教育教师具有更高的准入门槛。如高等职业学校的理论课教师必须硕士毕业，实习教师必须有五年以上在与所学专业相关的企业实际工作的经验，并经过两个阶段（教学方法培训阶段和专业教学深化培训阶段）的师范学院培训，考试合格后才能取得正式教师资格。在严格要求提高准入门槛的同时，奥地利的职业教育系统也非常重视教师的在职进修，把加强教师培训作为提高职业教育总体质量的重要途径。奥地利教师法规定：教师每年有五天带薪与加班工资的培训时间，教师可选择在假期或学期中参加研讨会进修。除学期中有研讨会外，每年暑假（6月30日—8月30日）还有各类研讨会，报告人来自大学、职业学校，也可能来自行业协会或公司等，研讨会目录有按职业学校分类的，也有按专业分类的，内容包括有专业进修、教学方法探讨、教师能力培养等等。研讨会既可以使教师了解专业动态，深化专业知识，也可以更新补充教师的知

识。根据不同的内容、要求和层次分级对教师进行培训，形成全国性和州际性的师资培训网络，是奥地利教师培训的另一个特点。

（四）独特的教学和培训模式，注重学生全方位能力培养

"双元制"和"模拟公司"是奥地利教育的两大特色。"双元制"是一种产教结合的培训方式，是由培训企业和职业学校双方在国家法律制度的保障下，分工培养技术工人的职业培训体系。学生在学习理论的同时，可以在工厂车间实习，所以能够迅速将学到的理论知识和实践结合在一起，学生毕业后很快就能成为熟练工人。对于商业经济专业，奥地利的职业教育培训主要采取了"模拟公司"的模式。学生在"模拟公司"可以体验到真实的工作环境，可以亲身体验、参与公司的业务和运作过程，通过这些业务活动，学生在教师的指导下可以提高自己的自主能力、自立能力、合作和沟通能力。"模拟公司"将所有注意力集中于培养学生能力上，学生在这里接受的是真实市场的锻炼，培养出来后适应性很强，很受业界的欢迎。"模拟公司"在运作过程中与真实公司建立积极的合作伙伴关系，从合作伙伴那里得到经济信息、资料和设备，同时也可以使自己的学生与各大公司建立良好的联系。

奥地利学校教育教学计划的制定、课程设置以及所有教学活动都围绕培养学生的专业能力、方法能力、社会交往能力而展开。课程也从实用性、综合性角度考虑，而不是以系统性为原则。多种教学和教学评价方式也都是围绕能力培养目标进行的，如用陈述式、讨论式教学培养学生的交流表达能力和方法能力，通过毕业与资格证书考试中的小组项目和个人设计项目考查学生的合作能力、团队工作能力和专业能力。教学过程更是这一能力培养原则的具体贯彻实施过程，具体体现在多样化的职业技术教育教学模式，例如，模块化、小组化、规范化（着工作装、做工作记录、按时完成课题、标准实习报告）、课题化、产品化（实习成品就是一个实用的产品，并由学生按成本价购买回去）、模拟仿真化教学等等。

丹麦应用型人才培养系统研究

一、丹麦学校教育系统概况

丹麦现行学制是最近一次教育改革的产物，这次改革为培养现代社会需要

的应用型人才提供了健全的制度保障。2002 年丹麦颁布了一份名为"更好的教育"（Better education）的政府文件，提出了新的教育要求，现行学制充分体现了这份文件的精神。

丹麦的教育主要分为四个阶段：学前教育、小学和初等教育、高级中等教育、高等教育。丹麦十分重视基础教育，学前教育也是免费的。《更好的教育》中谈道："义务教育是后面所有教育的基础。当学生离开基础学校时，学生应该建立了最好的效率和能力基础。"丹麦小学和初等教育与义务教育阶段基本重合（义务教育为一至九年级），包括一体化的小学和初中，其上还有十年级。政府和学校必须提供十年级教育，十年级又被称为选择性的过渡教育，是为学生选择发展方向提供的延续教育，学生可以自愿选择。接受义务教育后，约 95% 的毕业生升学，进入高级中等教育阶段。中等教育相当于我国的高中阶段教育，又被称为青年教育，形式多样。学习年限一般为 2—5 年，通常为 3 年，学生年龄在 16—19 岁之间。高等教育有长期、中期和短期三种。

二、丹麦的职业技术教育体系

丹麦现行职业技术教育体系由职业基础教育、职业继续教育和第三级职业教育这三个部分构成。职业基础教育的招生对象为国民学校 9—10 年级的毕业生。职业继续教育是为 20 岁以上的熟练和非熟练工人举办的职业教育和培训，长期以来由劳工部单独管理。2001 年后，劳工部并入教育部，职业继续教育的职权从而转交给教育部。职业继续教育的经费来自各行业的捐款和税收（总税收的 8% 由从业人员缴纳）。各类课程对大部分学员是免费的，还可以获得相应的财政补助。第三级职业教育是职业性的短期教育计划即短期高职教育。由各类职业学院提供，学制两年。政府为第三级职业技术教育提供公共教育基金，但学员也要缴纳一定费用。学徒培训是丹麦职业培训的传统形式。它包括工业与手工业学徒培训和商业学徒培训两种。

（一）职业基础教育

职业基础教育是在学徒培训的基础上发展起来的。学徒培训包括工业与手工业学徒培训和商业学徒培训两种。20 世纪 70 年代后，新技术革命使生产社会化程度普遍提高，要求从业人员必须具备宽厚的知识基础，了解企业经营管理生产的全过程。当时的学徒培训已不能满足这种社会需要，职业基础教育便迅速发展起来。职业基础教育的学校类型很多。主要有四种：商业和技术培训（占职业基础教育的 90%），社会服务和保健培训，农业培训及海运部门独立管理的海洋技术培训。职业基础培训的学制一般为 3 年，分两个阶段进行。第一阶段为期一年，即所谓的职业基础培训年，主要学习职业基础课程。该课程分为普通文化课、专业理论课和选修课三类。普通文化课包括丹麦语、外语、数学、体育、时事政治和职业知识等；专业理论课分为 8 个专业门类，即建筑、工业制图、交通运输、机械电子、商业与办公室工作、食品、服务和农业，各专业门类设置不同的课程。选修课依据职业技术学校开设不同的课程，一般设置艺术、摄影、外语、体育、数学和心理学等，有些选修课必须进行考试。职业基础课程要对学员所选择的职业领域进行全面系统的介绍，同时使他们获取有关职业和行业的信息，并进行职业定向指导。职业基础课程结束后，学生进入专业学习阶段，有企业内的实训与学校内的理论学习两种方式。学员须与培训企业签订培训合同。学员可根据自己的学习兴趣、学业成绩、身心发展状况和劳务市场需求来选择专业。例如建筑专业的学员可在瓦工、电工、砌砖工、油漆工、玻璃安装工、木工、石工、煤气与自来水安装工、管道工等专业中选择。有人称专业学习中的实践与理论学习交替进行的模式为"三明治"的教学模式。采用"三明治"的教学模式有利于学校教育更接近生产实际，更符合职业技术教育的要求，使学生了解生产实践，使他们的学习目标明确、学习动力增强，也使企业增强了培养人才的责任感，是一种培养应用型人才的好方法。

职业基础培训归教育部职业培训委员会主管，职业学校的经费由国家根据各校的注册学生人数划拨。学生免费接受此项目学习，而学生一旦与企业签订合同，在整个实习期都是带薪学习。企业则可以从"雇主返还基金"获得补助。职业基础教育实施以来，接受职业基础培训的学员人数持续上升。

这里要强调的一点是，丹麦不仅在职业技术学校开设专业课程，在普通高中也有基本的职业技术课程，这为全国形成重视职教、培养学生的技能提供了很好的学习环境。这是丹麦不同于其他国家的又一特色所在。

（二）职业继续教育

职业继续教育是为 20 岁以上的熟练和非熟练工人举办的职业教育和培训，因此分为非熟练工人的职业继续培训和熟练工人或雇员的职业继续培训。

丹麦的企业中有不少职工未受过任何职业培训。他们难以适应企业的技术变化。因此，早在 1960 年丹麦政府就颁布了《继续教育法》，规定在全国范围内对 18 岁以上的非熟练工人进行培训。非熟练工人的职业继续培训主要在"专业工人职业学校"进行，以便于向他们传授因技术的发展和劳务市场变化而必须具备的技能和知识。培训计划由有工业界代表参加的委员会制订。培训根据学员的实际需要和能力分为基础培训、继续培训或再培训两个阶段。每个阶段均由独立的短期课程构成。一门课程通常为 2 至 3 周，有些可长达 10 周。共分为 23 个学科，设有 400 门不同的课程。

熟练工人或雇员的职业继续培训包括适应培训和晋升培训两种。适应培训的目的在于使熟练工人或雇员熟悉新生产方式和新技术，以适应企业生产的发展和技术的进步。适应培训的教学大纲由各行业制定，培训时间通常为 1—3 周，有些可长达 10 周。理论课程主要在职业技术学校传授并根据在职工人的工作时间特点，既开设日间课程，也设置夜间课程。晋升培训的目的在于通过培训获取晋升的资格。例如"熟练工人证书"持有者经过一年以上的生产实践，可以接受技术员文凭课程的学习，通过一两年的理论学习和实践培训，学业成绩合格者可取得技术员文凭，具有担任企业技术员的资格；或工作数年后通过技师培训，成为企业技师。"绿色证书"持有者工作一年后可参加农业技术员培训，获取农业技术员资格，也可通过职业继续培训，进而担任农艺师。营业员证书持有者工作数年后可通过职业继续培训，参加商业高级考试以取得商业主管资格。进入 21 世纪，丹麦的职业培训制度正朝着必须使年轻人具有国家认可的资格和技能的方向发展。

丹麦的职业继续教育课程大约有 2 000 门，其内容包括普通教育和职业教育，覆盖了各类不同的行业，如建筑业、餐饮业、农业、乳制品加工业、服务业等。这些课程可分为五部分：

1. 能力课程

能力课程是职业继续教育的核心部分，参加人数较多，学习时间短且较为集中，一般为期 6 周，可以根据学生的实际以全日制、部分时间制和夜校等形式灵活组织。

2. 综合课程

针对从业、事业人员或移民的较长期的综合培训课程。

3. 个人课程

为单个事业或在职人员提供职业能力鉴定和职业指导，以便其选择后续的教育和培训。

4. 专门课程

针对一些企业的特殊要求开设的课程。

5. 教育课程

为 18—25 岁社会适应不良者提供，旨在提高他们的社会适应能力和职业转换能力，以及提高个人的综合素质，使之容易进入劳动力市场或继续接受培训。

（三）第三级教育

在丹麦，第三级教育中有许多职业性的短期教育计划（短期高职教育）。2000 年，为增强第三级职业教育的吸引力，提高办学质量和效率，为增强第三级职业教育大纲进行改革，将专业目录由原来的 75 个简化为 15 个，即农业、纺织业、服装设计、食品加工、旅游餐饮、金融、建筑、技术和能源、信息技术和电子学、工业生产、实验技师 、零售业、通讯、国际营销、运输和服务。

丹麦的第三级职业教育由各类职业学院（须获教育部批准）提供，学制两年。事实上，丹麦大多数职业学院提供义务教育后所有层次的职业教育课程，从高中阶段的职业性课程到最高层次的第三级证书课程。除了少数几个新的教育计划，持有职业基础教育和其他高中阶段教育毕业证书的学生都可入学。第三级职业教育的学生在逐年上升。

除了全日制教育外，丹麦政府还于 1991 年颁布了《开放教育法》，其中规定职业学院以夜校的形式开设大量 1－3 年的第三级职业教育课程，向修业合格并通过专门考试者颁发专业文凭证书。这些课程特别受那些完成中等职业教育并有一定工作经历的人的欢迎。开放教育经费属公共教育基金，但学员需要缴纳一定的费用。

三、科学的普职分流：丹麦应用型人才培养成功的前提

丹麦技术人才的高质量与发达的职业教育有关，也与其科学的进行普职分流密切相关。普职分流是随着社会对技术人才的需求增强发展起来的，对满足社会发展需要，促进个人职业能力发展有着重要意义。科学的普职分流有利于促进技术人才的培养。丹麦教育体制中，考试和课程对学生分流有重要的影响，研究丹麦应用型人才的培养，需要了解其考试体制和课程开设。

（一）普职分流概况

丹麦的普职分流主要有 2 次。第一次在基础教育阶段，是大规模的集中分流。第二次是在高级中等教育完成后，选择进入不同的学校。

丹麦的分流主要是学生的自我选择。市场的就业形势会对分流有影响，考试的影响则不明显。2000 年开始，丹麦高中阶段的教育实行全面开放入学，考试对学生的影响不复存在，学生可以自由选择各种类型的教育和学校。但在实际的运行中，除了学生的选择外，还有些基本的条件制约学生的入学。

进入传统普通高中需要有这些条件： （1）完成基础学校的全部教育。（2）在所学学科中有合格的分数，包括四年级开始的英语和七年级开始的第二外语，由离校证书证明学生合格。（3）通过升学考试，有入学资格。学生一般申请离家最近的学校。在上述条件满足的情况下，如果学校有足够的学位，则合格的申请者有资格在此学校就读。如果学校没有足够的学位，有些申请者就要转向他们的第二志愿。学生申请入校需要参加学校提供的考试，如果校方考试合格，则学生可以获得入校资格。

职业性高中对学习课程一般没有限制，但如果要获得学历或进入更高一级的教育，则必须完成 9 年义务教育。特殊专业有人数限制，尤其当申请者太多而市场需求少时。

进入职业高中教育项目的条件比普通高中项目要低一些，通常完成义务教育者都有资格，而且不需要提供毕业证明。

同时，普通高中和职业高中之间是打通的，学生可以相互转换。学生在转换后并不是由最后所在的学校确定其资格，而是同时获得两种资格和文凭。这种比例约占到高中毕业生的 10%。

这种普职分流由于完善的学校体制和充分的配套措施通常能满足学生的不同需求。普职分流在具体的操作中，是通过课程和考试来实施的。

（二）课程设置

丹麦教育的课程设置极为灵活多样，富有时代气息和个性。授课时间不长，但课程门类多。一般分为必修课和选修课。统一的课程表如表 1 所示：

表 1　　　　　　　　　　基础教育阶段课程表

课程类型　　年级	必修课（compulsory curriculum）	选修课（non‑compulsory curriculum）
1	丹麦语、数学、身体与运动、宗教、创造艺术、音乐、自由讨论、区域自然与技术	
2	丹麦语、数学、身体与运动、宗教、创造艺术、音乐、自由讨论、区域自然与技术	
3	丹麦语、数学、身体与运动、宗教、创造艺术、音乐、自由讨论、区域自然与技术、历史、生物、地理	
4	丹麦语、数学、身体与运动、宗教、创造艺术、音乐、自由讨论、区域自然与技术、历史、生物、地理、英语	
5	丹麦语、数学、身体与运动、宗教、创造艺术、音乐、自由讨论、区域自然与技术、历史、生物、地理、英语	

续 表

6	丹麦语、数学、身体与运动、宗教、创造艺术、音乐、自由讨论、区域自然与技术、历史、生物、地理、英语	
7	丹麦语、数学、身体与运动、宗教、创造艺术、音乐、自由讨论、历史、生物、地理、物理/化学、英语、教育和职业引导、工作经验课	德语/法语、交通规则、性教育、挪威语、瑞典语、信仰教育、健康教育
8	丹麦语、数学、身体与运动、宗教、创造艺术、音乐、自由讨论、历史、物理/化学、英语、教育和职业引导、工作经验课	*德语/法语、职业教育、打字、摄影、戏剧、电影、电子与信息等*
9	丹麦语、数学、身体与运动、宗教、创造艺术、音乐、自由讨论、历史、物理/化学、英语、缝纫、木匠、家政、教育和职业引导、工作经验课	*德语/法语、职业教育、打字、摄影、戏剧、电影、电子与信息等*
10	丹麦语、数学、身体与运动、宗教、创造艺术、音乐、自由讨论、历史、物理/化学、英语	*德语/法语、职业教育、法语、拉丁语、打字、摄影、戏剧、电影、电子与信息等*

资料来源：此表根据丹麦教育部网站（http：//eng. uvm. dk/；The Danish Education System）上的资料翻译整理而成。

［注］宋体：学校必须提供的必修课；方正姚体：学校必须提供的选修课；华文新魏：学校可能提供的选修课。

基础教育的课程表有几点值得注意：（1）缝纫、木匠和家政课并不只是在九年级开设，也不是从九年级开始开设，而是根据社区的不同与需要，可以开设一年或者多年，具体时间由教育当局、学校、家长决定。（2）在八至十年级，数学、英语、德语出现了程度的分化，在九、十年级，物理和化学也出现了分化，分为基础课程和提高课程，这两种程度不同的课程分别对应于离校考试和入学考试。学生最终选择什么课程由父母在咨询了学校和学生后决定。（3）从八年级开始，有很多操作性很强的科目，如打字、摄影、戏剧、电影、电子与信息。学校提供这些选修课是为了促进实践操作能力强的学生在这方面的进一步发展。（4）交通规则、性教育、挪威语、瑞典语、信仰教育、健康教育并不是确定在七年级开设，开设年限也不作限定，由当地社区和学校决定。（5）义务教育统一化，课程只有当学生选择参加何种层次的考试才有分化。班级统一在一起，不分层。

表2　　　　　　　　　　　　　普通高中教育项目课程表

	传统普通高中教育项目				职业性普通高中教育项目			
	语文教育项目		数学教育项目		高级商业考试项目 HHX		高级技术考试项目	
	必修课	选修课	必修课	选修课	必修课	选修课	必修课	选修课
十年级	丹麦语、历史、生物、音乐、英语、德语或法语，第三外语（法语或德语、西班牙语、意大利语、日语或俄语、科学、拉丁语）	音乐、社会研究、英语、德语、希腊语、拉丁语、视觉艺术、生物、计算机研究、戏剧、经济、电影、音乐、哲学、体育、社会研究、技术	丹麦语、历史、生物、音乐、数学、物理、英语、第二外语（法语、德语、西班牙语、意大利语、日语或俄语）、化学	音乐、社会研究、英语、德语	丹麦语、外国语、会计学、财政学、商业法律、数据处理、数学和经济学。	选修课程	丹麦语、外国语、技术、自然科学、工厂学习、实验室实践	选修课程
十一年级	地理、英语、德语或法语、第三外语（法语或德语、西班牙语、意大利语、日语或俄语、科学、拉丁语）	音乐、社会研究、英语、德语、希腊语、拉丁语、视觉艺术、生物、计算机研究、戏剧、经济、电影、音乐、哲学、体育、社会研究、技术	地理、数学、物理、英语、（法语、德语、西班牙语、意大利语、日语或俄语、科学、拉丁语）、化学	生物、化学	丹麦语、外国语、会计学、财政学、商业法律、数据处理、数学和经济学	选修课程	丹麦语、外国语、技术、自然科学、工厂学习、实验室实践	选修课程

续　表

| 十二年级 | 宗教教育、视觉艺术、古典主义研究、体育，英语、德语或法语，第三外语(法语或德语、西班牙语、意大利语、日语或俄语、科学、拉丁语) | 第三外语、天文和地理、拉丁语、化学、数学、物理 | 宗教教育、视觉艺术、古典主义研究 | 数学、物理、拉丁语、化学 | 丹麦语、外国语、会计学、财政学、商业法律、数据处理、数学和经济学 | 选修课程 | 丹麦语、外国语、技术、自然科学、工厂实习、实验室实践 | 选修课程 |

（资料来源：同表 1）

　　普通教育课程表中，传统普通高中项目和职业性普通高中项目有较大区别，职业性高中项目更加突出技能训练的要求和就业倾向。传统普通高中项目中有以下几点要求：（1）各科课程及同一课程的不同水平都应该开设，实际的课程由教师和班级共同决定。同时，一科课程不同水平的课程可以在同一时期开设，但学生一次只能选择一个水平。（2）学生必须涉足选修课中四个模块的课：两个方向的共同选修课，两个方向各自的选修课，而且必须至少选择两科课程的高级课程。（3）语言方向课程的学生必须选择一门高级水平的外语课程。科学课程的学生必须选择以下的高级水平科目其中之一：生物、化学、数学、音乐、物理、社会研究。（4）选择高级的社会研究和音乐的高级水平必须和以下课程结合学习：中级的生物、化学、地理或者高级水平的数学或物理。（5）高级选修课、中级选修课的开课时间是不限定的，因而在课程表中列举的时间是表明可以开设，但并未统一要求。某年级段中未列举的课程表明是无法开设或规定不能开设的。（6）如果学生要参加毕业考试，他还要遵守其他更加严密细致的选修课程规定。

表 3　　　　职业高中教育项目课程表（以电气类教学计划为例）①

基础课程 34%	专业基础课程 37%	专业课程 17%	选修课 15%
外　语	电工技术理论	E 供暖	
丹麦语	电工学	照明控制	
数　学	测量技术	电气安装工艺	

---

① 陈庚，杨飞，刘伯兴. 丹麦职业技术教育述评 [J]. 外国教育研究，1999 (1)：47.

物　理　学	法律法规	公共电网等	
自然科学	电气安装		
行业概况	自动化	I机械设备	
现场技术	控制工程	自动化设备	
事故抢修		气控设备及技术	
人事管理		电气设备安装等	
用户服务学			
技术数据处理		K通信安装技术	
急救技术及卫生常识	监控系统		
经　济　学		计算机系统	
		数据通信等	

（注：E指安装电气专业，I指工业电气技术，K指通信技术）

职业高中课程表要注意以下几点：（1）职业高中教育项目中有85门课程、200多门专业，设置非常灵活多样，故此只以电气类教学计划为例，说明其运转模式。（2）基础课程和专业基础课程各占1/3，各种专业的基础课是一致的。专业课程和选修课程各占1/6，学校委员会对前三种课程有决定性的作用，学校决定他们必须开设的选修课。所以学校不同开设的选修课也不同，故此不列举。（3）基础课程目的在于提供一个广泛的职业技术基础，因此适合很多领域，更重要的作用在于为学生的个性发展提供准备。专业基础课程是一种个性化的课程，更具有个性化色彩，使个人具备基本和具体的职业能力。专业课程对学生的专业发展具有更为具体的作用。选修课程对学生进一步的发展尤其是进入高等教育起到作用。选择者通常要考虑当地社区发展所需要的技能和就业状况。

（三）灵活多样的考试

丹麦的考试实行等级制，从0—13分由低到高排列，具体有00、03、05、6、7、8、9、10、11、13。6分相当于我国的及格水平，6分以下则为不及格。除义务教育外，这个评价系统通用于国家所有的教育领域，因为义务教育通常没有考试。13分通常非常少，只有极其优秀的人才有获得这一分数的可能。6分是考试中要求及格分数中的最低分。除了这个评价系统外，高等教育中有时用及格或不及格评分。

丹麦义务教育评价较为自由。一至七年级没有考试，但学校必须定期告诉学生和家长学生在一学年中口语和书面语方面的进步，至少一年两次。在八至十年级，学生自动升级，但也参加一些考试。毕业考试不是全国统一进行，没有全国统一的考试，考试还可以以单科形式进行。至于是否考试和考哪些科目，由学生自己决定。当学生毕业时，可以参加毕业考试和升学考试。升学考试对能否进入普通高中有重要的作用。中等教育教育类型多，学校形式更是多样，故考试也是多种多样的。普通高中以文法中学为例，学生除必须参加 10 次年度（在学年结束时举行）考试，及十二年级时要用丹麦语写一个关于历史或所选择高级水平课程中任何一科的主要作业外，其他考试学生有很大的选择权。同时文法学校以下科目的教师负责给予学生个别指点：教育、经济、社会和个人事务。3 年中给予每个团体共 20 小时的指点。这些指点有利于学生更好地进行方向选择。职业高中以职业教育和培训项目学校为例进行介绍，受训者的工作和进步根据课程的口试或笔试结果进行评价。考试评价也比较灵活。如果学生参加了在岗培训，则公司也要给予资格证书，理论和技能均合格者可以获得"熟练工人证书"，一旦就业即可获得熟练工人的工资待遇。教育部根据学生个性化课程确定评价计划。考试由教育部和相关的行业委员会合作，共同分担权利和责任。大部分职业课程要进行一次总结性考试。根据这门课程的后续计划，考试可能有学习测验或总结考试多种形式。

因此，丹麦考试较为自由，学生有选择权。非统一的、非强制的考试有利于学生自由发展。同时，考试形式灵活，为学生能力全面发展提供了有利保证。

四、丹麦职业技术教育的特点

丹麦职业基础教育发展历史悠久，在发展过程中形成了许多特点。这些特点与丹麦本身的地理环境和历史文化有着密切的关系，但仍值得我们思考和借鉴。笔者分析主要特点和经验有这样几点：

（一）教育和劳动力市场保持全方位合作，适应经济发展的需要

丹麦政府高度重视职业技术教育，在政策和经费上都予以保证。但政府并不严格控制学校，不搞升学考试，不规定采用统一教材。这保证了职业技术教育培养计划具有很大的灵活性，也保证人才适应市场需要。主要体现在以下几方面：首先，学校有自主办学权。丹麦的职业技术学校多是自治机构，不受上级政府的限制，只要人才培养符合教育部的有关规定和劳动力市场的需要即可。学校随时面向社会招生，与用人单位共同决定人才培养方式，没有统编教材，采取开放式教学。学校的教学模式、专业设置、课程安排由董事会自行决定。第二、各行业积极参与培养。职业学校由委员会、董事会、校长三级管理。其中委员会、董事会的参与有利于学校与市场的紧密结合。委员会通常由

6—12 名成员组成，其中一名由县委员会指定，至少一名由市委员会指定，其他成员尽可能地覆盖学校所有的方面，要考虑到学校所处的地理位置，并与学校所面向的劳动力市场相联系。董事会则由行业工会代表、雇主（企业）代表、学校代表组成，负责确定职业学校的办学体制和课程设置，研究学校的发展和帮助学校搞好建设。雇主把用工指标通过董事会交给学校，学校按照雇主的用人要求进行教学。由此保证了市场与学校的紧密联系。同时，为了保证毕业生的质量，由社会与学校共同对学生进行考核，这从制度上保证了人才与市场的结合。

（二）合理实效的管理体制

通常情况下，劳动部门负责教育体系以外的机构所提供的就业前和就业后非正规技术和职业教育，而正规的技术和职业教育则由教育部门管理。这种管理机制往往制约职教和市场的适应性。丹麦基础教育学校的大部分经费由财政拨款予以保证，但教育部并不干涉学校的具体运营。学校董事会的成员来自雇主协会、雇员协会和当地政府。董事会每年开四次会，听取学校的工作汇报，审计学校的财政，确定学校的教育和培训计划，是学校大政方针的决策者。同时，为了保证教学质量，行业工会参与到学校的考核中，以保证合格的毕业生输送给雇主使用，暂时不符合要求的需要继续实习。这种管理和考核体制保证了学校与市场结合的紧密性和人才的高质量。

（三）学校办学高效率，面对市场变化适应能力强

职业教育效率低下，对经济反应能力差是目前许多发展中国家中存在的问题。而丹麦的职业学校办学效率高，对市场变化的反应速度快，这主要是因为：第一，充足的资金保证，使职业学校教学的软硬件堪称世界一流。丹麦政府不仅保证职业学校的资金，并且把最先进的设备用在职业学校的教学和实训上。如联合国教科文组织于 2000 年考察国办奥尔登职业技术学院时赞扬其为职教世界之冠。职校不仅硬件过关，教学人员也是高质量的。其教师必须首先是熟练工人，或是完成了第三级教育，具备专业技能和实际工作经历才能参加教师培训课程。第二，学校有较大的自主权，课程设置灵活，内容新，为个人设置了详细的专业发展方案。如前所述，丹麦学校有很大的自主权，并与市场联系紧密，这使其在面对变幻莫测的市场时，能及时调整课程内容，修改课程设置，从而保证培训的时效性。同时，每个参加职业教育的学生，都要制定一份个人教育计划，学生制定计划时，学校要为他们提供具体指导，个人计划根据学生兴趣、特长及市场的用人需求制定，保证了学生发展的质量并满足市场的需求。

（四）重视特殊社会群体的职业技术教育，农业职业教育发达

丹麦的农田面积占国土面积的 62%，平均每个农场生产的动物产品足够养活 160 个人，61% 的农产品出口，可见其农业的发达。丹麦农业的发达源于其高度发达的农业技术教育。丹麦建立了完整的农业教育及科研、试验和咨询服务体系，有利于将新的科技成果推广到生产实践中。就职业技术基础教育来说，每年大约有 900 名学生完成农业职业技术基础教育。农业教育注重实用及弹性教学。农场主组织与职业学校建立了密切的联系，提供有关农业的教学材料，为学生提供实地参观的机会，增进其对农业的接触和了解。农业培训部门将农业咨询人员派往学校，举行农业知识讲座，并进行实际辅导工作。农业所有课程学习共计 5 年半至 6 年时间，分为基础教育、技术教育、管理教育、高级管理教育四个层次。最高级别层次获得"绿色文凭证书"。没有受过农业基础教育和务农实践及没有获得"绿色证书"的人都没有资格当农民。由于农民受到良好的教育，农民家庭也受到相当的社会尊重。

俄罗斯应用型人才培养研究

一、俄罗斯学校教育体系对应用型人才的培养

俄罗斯的应用型人才培养通过普通教育和职业教育两条途径进行。普通教育体系包括普通初等教育、普通基础教育和普通中等教育；职业教育体系包括初等职业教育、中等职业教育、高等职业教育和大学后职业教育体系。其中高等职业教育主要指大学本科，大学后职业教育指硕士、副博士和博士（相当于我国的硕士、博士、博士后）。

（一）普通教育对应用型人才的培养

俄联邦《教育法》规定俄罗斯的义务教育为 9 年，它的普通教育相当于我国的普通中小学教育，分为三个阶段：初等教育（начальное образование）3 或 4 年；基础教育（основное образование）5 年；完全教育（полное образование）2 年。初等学校开设 9 个科目，分别为俄语、文学、外语、周围世界、数学、音乐、造型艺术、体育、工艺学，其中外语包括英、德、法、西班牙。基础教育中学和完全中学开设 20 个科目，分别为自然科学、物理、化学、生物、数学、信息与工艺学、俄语、文学、外语、历史、社交知识、经

济、权利、地理、音乐、造型艺术、世界艺术文化、生活安全基础、图书馆、行政，其中信息与工艺学这个科目尤为重视职业教育方面的教学，如向学生传授家庭管理工艺、纺织品和小手工制品创作、烹饪、植物栽培学、畜牧、电子技术、绘画和书法等。

在俄罗斯基础教育领域中的学校类型多种多样，其中较为突出的是特科加深学校、实科中学和文科中学。

特科加深学校或班级按照中等普通教学大纲实施教学，另外加设学习一门或几门课程的附加性大纲，如外语、物理、数学、化学、生物、文学、经济等科目，此类学校在俄罗斯中等教育中所占比例较大，是一种带有普遍性的普通中等学校。

实科中学既是俄罗斯普通中等教育中的一种类型，也是中等职业教育的类型之一，基本上实施普通完全中学教育大纲，但要求学生加深学习一系列侧重于自然科学、数学和技术方面的课程，同时对学生施以旨在进行职前培训的普通中等教育，学校课程分为必修课和选修课两类。必修科目有俄语和文学、社会学、自然科学、伦理学、外语、数学、工艺和体育；选修课则因地区和学校不同而不同，教学组织形式灵活多样。实科中学在创办中通常具有自己独特的办学章程，创办过程与某些特殊的社会团体和家长支持密切相关，在学生培养目标上有自己特殊的主张和信仰，教学过程中一般都进行职业定向训练。有很多实科中学有自己相对固定的高校联盟对象，高等学校作为其教学后盾，并给予一定的资金援助，学校还大多与其高校联盟对象签订毕业生定向就学的合同，在大学招生过程中，联盟对象可以优先录取该校毕业生。实科学校结构中一般包括基础教育的第二和第三阶段，即基础中等教育和完全中等教育两个阶段，有些学校仅设第三个阶段。前者学制 7 年或 8 年，通过竞试方式招收初级学校（一至四年级）的毕业生，后者学制 2 年或 3 年，也通过竞试方式招收初级中学的毕业生。实科中学的毕业生可获得标有中等学校规定标志的毕业证书。实科中学属于高级中学之列，其生源质量较好，成绩优秀的学生才能进入该类学校学习，教学质量较之一般基础教育学校要强。因此，实科中学在俄罗斯普通中等教育中具有较高的声誉。20 世纪 90 年代以来，实科学校的数量和在校生数量呈上升势头。

文科中学是俄罗斯基础教育系统中重要的组成部分，它在普通中等教育大纲的基础上实施教学，开设的课程有语言学、数学、自然科学、人文科学、外语、逻辑学、美学等。在教学中偏重于人文科学的学习，即要求学生加深和拓宽学习外语、古代语、文学和艺术等方面的课程。文科中学包括完全中等教育学校（一至十一年级）和中等教育学校（六至十一年级）两种类型①。

俄罗斯学生在接受完义务阶段教育，即普通中等教育九年制结束后，开始分流，要通过竞试进入初等职业学校，中等职业学校或参加工作接受不脱产学习；而升入高中的那部分学生毕业后再次分流，一部分升入高等学校，另一部分进入职业学校（初等职业学校学习 1 年，中等职业学校学习两三年），再有一部分参加工作继续在夜校学习。由此可见，职业学校的生源是通过基础中等教育和完全中等教育学生毕业后的两次分流而来。这个事实本身就说明，通过分流进入职业学校的学生相对比以前盲目性缩小，从而保证了必要的学习积极性。尤其是在完全中学毕业后决定进入职业学校时，学生已经对自己的能力、特长有了比较客观的认识，这有助于专业思想的巩固和学习积极性的充分发挥。

（二）职业教育体系对应用型人才的培养

1. 初等职业教育

俄罗斯初等职业教育是俄罗斯职业教育多级结构中的第一个层次，根据俄联邦《教育法》，俄罗斯初等职业教育学校主要招收受完全义务教育的初中（不完全普通教育）毕业生，学制为 2 年左右，部分专业也可招收高中（完全中学）毕业生，学制为 1—1 年半，培养目标是普通技术工人。初等职业学校学生必须学习普通教育课程，在此基础上按所选专业的课程学习。为了保障学生接受初等职业教育的权利，俄罗斯还规定，学生既可以在职业学校也可以在普通中学接受初等职业教育。因此普通教育学校的劳动教育和普通中学高年级的职业教育，也是初等职业教育的有机组成部分，目的是培养学生的劳动技能、进行职业指导及使毕业生在就业前能接受一定程度的职前培训。

俄罗斯初等职业教育学校主要有职业中学、职业学校—普通教育学校联合体、农业实科中学等。

按照俄联邦《教育法》的精神，俄罗斯的职业教育采取多主体办学模式，完全改变了过去国家是唯一办学主体的状况。现在俄罗斯的初等职业教育学校按隶属关系及经费来源不同，大致可划分四类：国立联邦级学校，归联邦管辖，其教育经费由国家财政拨款；国立联邦主体级学校，受各联邦主体领导，办学经费也由各联邦主体承担；市级学校，由各地市管理，并提供办学经费；非国立学校，即由俄联邦公民及社会团体开办的初等职业教育学校，其经费完全自筹。现在，尽管俄罗斯已有不少非国立职业学校，但国立学校仍然占据绝

---

① 高金岭. 俄罗斯基础教育［M］. 广州：广东教育出版社，2004.

对主导地位[①]。

2. 中等职业教育

俄罗斯中等职业教育招收九年制不完全中学、完全中学或初等职业学校的毕业生，实施普通中等教育和中等基础职业教育，学制 3 年或 4 年。俄罗斯中等职业教育是国家教育计划和国家教育标准系统中的组成部分，也是联系教育系统及专业人才培训、再培训及进修的重要环节。它的目的是培养中级专门人才、满足个人在普通中等教育或初等职业教育的基础上，进一步加深和拓展知识与技能的需求。

苏联解体后，俄罗斯在中等职业教育方面着眼于面向就业培养应用型人才，主要表现在以下几个方面：

（1）调整中等职业教育体系，大力发展专科学校。专科学校是苏联解体后俄罗斯中等职业教育体系中出现的新型学校，学制是 4 年 10 个月，它将教育过程分为几个独立的阶段，实行熟练工人——技术员——工程师一贯制的培养模式，通常被视为多层次、多功能的中等专业学校。由于这类学校能够更好地满足劳动力市场对人才的需求和公民对自身教育水平的提高，所以这类学校得到了俄罗斯政府的重视，并迅速发展起来，2001 年这类学校已经占中等职业教育机构总数的 42%。

（2）调整专业门类，以培养应用型人才为主。1994－1995 学年度，俄罗斯实行了《中等职业教育国家标准、中等职业教育专业目录》，专业目录中目前包括 28 个相近专业类，有教育类、文化艺术类、经济与管理类、动力学类、机械与设备类、电子技术、无线电技术与通信类、日用品技术类等。近几年经济类、信息类、安全类学生的培养数量也在不断地上升。技术类的招生也在扩大，如动力工程学、信息技术、食品加工、计量学、标准化与质量监控等专业的招生扩大两倍多。矿石加工、机器设备工艺类专业增长了 15%，冶金、建筑设计、交通运行类专业增长了 30%，另外服务业也得到了增长，1996 年这类专业的招生增长了 7.7 倍。

（3）学校获得更多的办学自主权。首先是专业设置。俄联邦政府规定中等职业教育教学计划中分为可变和不变两个部分，可变的部分是指学习那些反映个别部门、地区、学校、企业需要的内容，根据专门化的性质，即学生就业后职业的种类与对象，来确定学习的科目和教学内容。其次是招生权。学校可以根据社会需求和劳动力市场的反馈信息以及国家的宏观规划自主制定招生计划。另外，学校在人事、内部事务和财产管理方面也获得了相应的自主权。学

---

① 邱兴. 俄罗斯初等职业教育发展概述 [J]. 教育与职业，2000（3）：58－60.

校自主权的扩大使学校的人才培养和劳动力市场之间沟通的效率得到提高。

(4) 确立多渠道的职业教育经费模式。俄罗斯的中等职业技术学校有比较先进的物质技术装备,几乎每所学校都有自己的教学车间、实习基地。1992年的《俄联邦教育法》和1995年的《俄罗斯联邦职业教育条例》中都明确规定了多渠道筹集教育经费的原则。在确保国家对职业教育拨款逐年增长的情况下,鼓励职业学校在教学的同时,充分利用学校优势开展生产经营活动,使学校成为教学生产经营联合体,国家对职业学校的生产活动和经营活动给予一定的优惠政策。另外,国家还鼓励社会、个人直接兴办中等职业教育或向中等职业学校投资,也可以向用人单位收取适当的培养费。

(5) 加强同外界的联系。中等职业学校越来越重视同企业、劳动和就业部门等的联系,大多数学校已经同它们签订了有关合同。这些企业、劳动和就业部门为中等职业学校提供教学设备、原材料及实习场地,学校借助于这些有利条件通过提高学生的实践能力和技术水平来提高人才培养的质量。企业、劳动和就业部门可以参与教学大纲的制定,参与新的教育标准的制定和教学方法委员会的专业分类工作,完善教育的内容,甚至由企业派人为学生授课,使学生了解更前沿的技术知识。

(6) 注重专业选择的指导。俄罗斯许多中等职业学校日益重视新生入学专业选择的指导工作,由教师、职业指导专家和学生家长组成的专业指导小组,引导学生将自身的兴趣和能力,从事某一职业的要求与条件,社会发展的需要,劳动力市场变化的趋势结合起来,选择适合学生自己的专业。另外,联邦政府还协助学校的就业指导工作,俄联邦教育科学部每年印发中等职业教育毕业生就业指南,为中等职业学校毕业生提供就业信息,教科部下属的中等职业教育管理局还同各地区、各部门对劳动力市场进行科学研究和预测,并将预测结果传达给学校,各个联邦主体每年都会发布中等职业教育各个专业毕业生就业情况的公报,以使中等职业学校的就业指导更具科学性[①]。

俄罗斯对农村地区的中等职业教育也十分关注。1994年在全国农村教育工作会议上,俄联邦教育部提出,要为青年农民提供多方面多层次的教育机构,组织编写、制定区别性教学计划,编写新的教科书,尽快制定并核准农村学校新的工艺和新的教学手段。农村中学呈现出多样化的模式,每一所学校都有体现本民族本地区自己的教学科目,如有的学校开设了"民间神话"、"建造农村房屋的原理"等科目,还有的学校设立了"民俗学"和"民间创作"课。农村中学还教学生们掌握一种农民所必需的技能,如开拖拉机、联合收割机

---

① 叶玉华. 俄罗斯农村中等教育的现状和改革 [J]. 比较教育研究,1998 (3): 7—9.

等。学校教孩子们一些传统的民间农业工艺，如缝纫、陶器制造等。还有另外一种类型农村学校，拥有养殖场、菜园和农田，在学校里，学生学习畜牧学、种植技术、农业建设，并以此作为学生的职业定向。另外，为了提高农村学校毕业生在高等学校入学考试中的竞争能力，给农村孩子更多的受教育权利，恢复和加强俄罗斯农村的补充教育，通过课外校外教育、少年宫、夏令营、少年科技站来进行，组织学生从事音乐、舞蹈、美术、雕刻、手工等创作活动，参观博物馆、远足旅行、观看戏剧等活动，开阔学生的眼界，把学生培养成为适应社会发展的应用型人才[①]。

3. 高等职业教育

1992 年俄联邦《教育法》将高等教育划归到职业教育领域，属于职业教育范畴的第三个层次。1996 年 8 月，俄罗斯颁布《联邦高等和大学后职业教育法》，高等教育多级体制正式确立。它由学习内容和期限各不相同但又相互衔接的三个教育层次及职业培养大纲组成：第一级是大学本科前两年加 1 年或 1 年半的职业培训，与欧美的社区学院相近，相当于大专人才培养规格，这种规格的人才具有很大的灵活性，既可继续接受高等教育，又能以一定水平的职业素养进入生产领域。第二级按大的专业方向进行培养，比过去更强调基础性和通用性，学制 4 年，毕业后可获得学士学位。第三级按应用型和研究型两个方向培养，前者在第二级基础上加 1 年，是传统型高级专门人才培养（5 年）模式，作为俄罗斯高等教育的主体部分，仍然具有绝对的优势和相当的实力；后者亦在第二级基础上（通过考核）加 2 年的硕士阶段，它将人才培养定位在宽泛的、跨学科教育基础之上，不仅涉及某种职业所必备的专业知识和技能，同时还为学生个人的创造性潜能得以发挥提供条件。在高校三级结构之后还有高校后职业教育层次，相当于原来的研究生教育。任何形式的第三层次毕业生均有资格报考副博士研究生，申请攻读博士学位者必须具有副博士学位，两种学位脱产学习，均需 3 年时间。这种多级高等教育的结构为高级专门人才的培养带来了许多具有进步意义的改革，使培养多种规格的高级人才成为可能。

俄罗斯高等教育本科的课程主要有基础课、专业基础课、专业课，其中专业课程占 75% 以上，基础课只占 20%。基础课的任务是使学生获得基础科学领域的理论知识和技能训练，为学生学习基础专业课和专业课打好基础。专业基础课的任务是循序渐进地学习本专业的基础理论，把学生进一步领入专业领域，并进一步接受基本技能的训练，为学习专业知识打好基础。专业课的任务是使学生掌握较深的专业知识，较强的技能、技巧，在某一专业方面有所成

---

① 姜晓燕. 变革中的俄罗斯高等工科教育 [J]. 比较教育研究，2005（6）：12—16.

就，专业课一般学习 2 年。俄罗斯高等教育的培养越来越注重人道化和个性化，强调无论培养什么专业的科技人才，首先应是对人的培养，应学习关于人的学问，即心理的、教育的、社会的学问，给他以人类文明、文化方面的知识，培养成功的个性。为此，高校近几年都先后开设了教育与心理学、文化学、社会学、人类文明史等新型科目以作为文、理学生的公共必修或选修课程。其次是培养应用型人才，开设经济管理、商业、银行学、审计学、教堂建筑等。另外，还顺应市场需求开设一些新科目。

工科教育是俄罗斯高等教育的重要组成部分。

苏联解体以后，一些工科院校为了适应国内新型部门、新型职业的大量涌现和国际技术革命的蓬勃发展，在办学定位上由单科大学向综合性大学转变，很多高等工科院校变"学院"为"大学"，还增设了非工科院校的传统专业，如信息科学、国际经济、法学、社会学、文化学等专业，充分表明了高等工科学校满足社会对这些专业人才需要所作出的回应，也是适应社会需要培养综合性人才的必要措施。

农业在俄罗斯一直不是很发达。俄罗斯的高等农业教育是由三种模式来实施的：

1. 在以农业命名的农业大学或农学院中实施

这类院校是俄罗斯高等农业教育的实施主体，分为三类：

（1）综合性农业大学。如圣彼得堡农业大学，它是最大、最古老、融科研与教学为一体的高等院校之一，自建校以来，该校在农业科研与教学领域中始终处于全俄农业院校的前列，学校设有 9 个系：土壤与农业生态学系、农学系、果蔬系、植物保护系、动物工程系、工程系、农业电气化系、经济系、人文与教育系。

（2）农业学院。如莫斯科的季米里亚捷夫农业大学，这所俄罗斯历史上最悠久的农业高等院校由 7 个系组成：农学系、动物工程系、果蔬系、土壤农化生态系、经济系、师范系以及技能提高系。

（3）农业专业学院。如乌里扬诺夫斯克农学院。

2. 在综合性大学的生物系、土壤系等相关系科中实施

这类院校在俄罗斯高等农业教育中居少数，主要指国立莫斯科罗蒙诺索夫大学等。

3. 在综合性大学卜属的农学院中实施

这类农学院由以往的独立农业学院并入综合性大学形成，在俄罗斯高等农业教育中是极少数[①]。

① 张松，刘志民. 俄罗斯高等农业教育发展道路及模式探索 [J]. 中国农业教育，2005（3）：19—22.

俄联邦政府于 1992 年通过了《关于在俄罗斯联邦建立多层次的高等教育结构的决议》，提出建立多层次高等教育结构应根据经济和劳动力市场不断变化的需要，更加灵活地培养高素质的国际型复合型人才，以尽可能地满足个人和社会对文化与教育多样化的需求为目的。同时强调高等教育要加强外语、地理学等课程教学，使其成为基础教学的重要组成部分，大学生至少应掌握一门外语，并通晓外国文化①。另外 俄罗斯高等教育以市场需求为取向来培养应用型人才，俄联邦原国家教育委员会在 1994 年批准的 89 个培养方向分类目录表中，共有专业 420 个，分为 5 大类组，其中，所含方向最多的是技术科学类组，有 36 个方向，占总数的 40.5%，其次是人文科学与社会经济科学类组，最少的是教育学类组②。这样，新设置的培养方向即技术科学类所含的每个方向被大大地拓宽了，而且突出扩大了人文科学与社会经济科学以及自然科学与数学两大类方向。

二、俄罗斯应用型人才培养的特点

（一）俄罗斯建立起了普教与职业相结合，办学方式灵活多样的职业教育体系

俄罗斯建立的连续性开放性普通和职业教育体系在纵向上贯穿了人的一生，使人可以在任何一个阶段选择最适当的形式来接受教育。俄罗斯的教育体系不仅具有整体性，还有灵活性、开放性。在初等职业技术学校，改变传统的固定学习年限的做法，视具体职业要求的高低，繁简而灵活地掌握学习年限，短则几个月，长则 1 或 2 年。在高等职业学校，学生学习比较自主，因为学校分成不同的阶段，学生在结束某段学习后，既可选择工作，又可选择继续学习，培养人才的教育形式越来越趋于多样化和灵活化，正规教育与非正规教育（如全日制、夜课制、函授制、走读制等），学历教育与非学历教育相结合。在职业技术办学方向上，强调职业学校为区域经济社会服务，在培养人才的规模、规格、类别上，在教育内容的选择上，强调从实际出发，增加了选修课的比例，要求采用区别化教学等等。另外俄罗斯的职业教育课程分三大块，即中央、地方和学校，中央占课程总量的 60%，目的是保证全国职业教育的统一标准和水平，地方部分和学校自决部分占 40%，目的在于以各地区、学校实际情况制定符合实际的、有针对性的、体现差异性的课程，使职业教育更好地

---

① 程恩庆等. 俄罗斯高等教育的现状及改革动向 [J]. 河北大学学报（哲学社会科学版），2003（2）：17－23.

② 张男星. 论俄罗斯的高等教育变革：来自 20 世纪末的教育震撼 [J]. 俄罗斯研究，2002（2）：2－9.

为地区经济社会发展服务。

除了正规的职业教育体系之外，俄罗斯还将建立另外四种职业教育体系：一是青年和成人职业定向体系，国家适时提供职业发展目录，并针对目录由国家或社会确定相关职业的培训机构和培训内容；二是对在职人员提供超前职业训练，为其日后重新选择职业或失业后顺利再就业作好准备；三是为无业或失业群体构建再就业的培训机构；四是为大学后职业教育建立起必要的组织体系和制度体系[①]。这四种体系的建立将使俄罗斯应用型人才的培养机制更加完善，更有利于公民灵活地选择适合自己的职业并不断提高专业技能。

（二）建立相应的法律法规来保障应用型人才的培养

俄罗斯联邦政府制定了法律法规来保障应用型人才的培养。教育部 2002 年 2 月 11 日发布了"2010 年前俄罗斯教育现代化构想"，其中谈到了将为提高职业教育质量创造条件，俄罗斯的经济、社会环境、科学、技术、工艺等对联邦和地区劳动力市场的当前和长远的发展需求，将成为职业教育改革的基本因素。为此，俄罗斯建立经常性的监测体系，以分析劳动力市场对各种技能人才的目前和长远的需求情况，并在分析时考虑这种需求的国际趋势。与这些需求相适应，俄罗斯将建立最佳的应用型人才培养体系，其中包括建立切合实际的多层次的高等教育结构体系。俄联邦政府注重促进欠发达地区经济的恢复和发展，采取了一系列措施，加大国家对农业和农村发展的支持力度，增加国家的预算投入。普京总统指出："没有俄罗斯农村的复兴，没有农业的发展，就不可能有俄罗斯的复兴。"2002 年俄罗斯议会通过了《改善农业商品生产者财务状况的决议》，实行债务重组，减轻农业企业的压力，促进其提高经济效益，又在全国实行统一的农业税收制度，农业商品生产者缴纳的税种由原来的 28 种减少为 10 种，减轻了农民负担。2001 年和 2002 年，俄罗斯政府先后出台了俄联邦新《土地法典》和《农用土地流通法》，前者解决了非农业土地的买卖问题，后者则解决了农业土地的买卖问题，这两项法律的出台，为加快土地向有效经营者手里转移创造了法律前提，从而将促使有效的农业生产者实现规模经营和得到较高的经济效益。普京当政以来不断强调说，振兴农工综合体是发展国内经济的最重要途径之一，同时也是关系农村千百万公民生活前景的问题，俄罗斯农业的未来属于大的商品生产者；目前俄罗斯农业中有 300 家大型龙头企业，经营形式和专业各种各样，这些龙头企业虽然仅占所有农业企业的 1.1%，但获得的利润占农业总利润的 47.2%。俄政府强调要认真培养科技干

---

① 姜炳军. 俄罗斯职业教育改革的趋势和特点 [J]. 中国成人教育，2004 (1)：94—95.

部，不仅使其善于进行科研，而且要面向市场，善于保证新科研项目推向市场，并预测其商业潜力。培养途径有两个：一是按学科基本方向和远景需要建立隶属于主要研究所的高级青年研究人员培养基地，二是在国外为优先部门培养科研干部[①]。另外要加强生物技术工艺研究和转基因产品研究，生产出最纯净的生态产品，参与目前发展最快的这一世界农业市场的竞争，这些方法和措施使俄罗斯培养了大批的适应社会经济发展的有用人才。我国与俄罗斯农村学校相比，面临更多的困难，也需要国家、政府和各级教育职能部门的支持，加大对农村教育的投入，调动社会各界力量关注，支持农村学校，切实解决实际问题，俄罗斯教育改革的思路和应用型人才培养的方法值得我们借鉴，也给我们很大的启发。

日本应用型人才培养研究

　　日本是当今仅次于美国的世界第二经济大国，也是亚洲最早进入资本主义和工业化行列的国家，其经济发达，政治上隶属七国经济集团。日本现代化成功的秘诀归根结底是日本大力发展教育，开发人力资源，中小学教育已经基本普及，高等教育进入大众化阶段，并且拥有一大批适应国民经济发展的各类人才。日本通过多种方式培养应用型人才，以满足国民经济对各级各类人才的需求，总体而言，有学校教育和社会教育，学校教育中依据培养目标不同分为普通教育和职业教育；社会教育中依据投资主体不同又可分为企业内教育和社会公共职业训练。日本应用型人才培养有其鲜明的特色，突出表现在学校教育与企业内教育结合形成"产学合作"模式，职业教育与普通教育融会贯通，相互衔接，形成"普职互通"模式以及制度化规范化的职业资格认证制度。本文对日本的应用型人才培养进行了深入的研究，以期对我国的应用型人才培养有所借鉴。

一、学校教育对应用型人才的培养

　　日本的学校教育自 1868 年明治维新以来逐渐制度化和系统化，二战之后

---

① 肖甦，姜晓燕. 俄罗斯农村学校结构改革评述 [J]. 比较教育研究，2003 (12)：64—69.

日本学校教育进行了系统改革，把战前的双轨学制改为单轨的 6－3－3－4 制，实行九年的免费义务教育，普及中等教育并实行男女同校，打破帝国大学的特权，大学向女生开放，逐渐形成了现代学校制度。

由于受儒家"学而优则仕"的历史影响，日本有"学历第一"的文化传统，在教育中就演变为考试第一。利用考试这种形式而展开的竞争，在小学、初中、高中不同阶段都有显示，这在一定意义上意味着学生的分流。日本99％的小学为公立小学，入学不须考试，但还有 0.3％的国立小学，主要是国立大学的附属小学，教育水平高于一般的公立小学，且不收学费，所以竞争激烈。另外还有 0.7％的私立小学，由于办学质量高，所以也存在着激烈竞争。日本有 94％的公立初中，0.7％的国立初中和 5％的私立初中。在质量较高的私立初中就读，对升入较好的高中和较好的大学比较有利，因此在公立小学就读的学生，从小学高年级就到补习学校，以准备私立初中的入学考试，以选择竞争性选拔学校，但由于日本的小学和初中采取就近入学的政策，能够进入国立和私立小学的学生极少，所以竞争范围较小①。

日本学生的真正分流是从初中后开始，即接受完九年义务教育后，考试进入以上大学为目标的普通高中还是进入以就业为目标的职业高中，是初中学生面临的两种选择。日本高中阶段的分流属于校际分流，即通过建立各司其职的学校，来分别完成中等教育应承担的就业和升学双重任务。日本高中的分流形式有预选制和竞争制。预选制主要指学生在初中阶段通过多次现实测验，对自己的相对水平有一个大致了解，即通过每次考试的偏差值来分析自己的学力水平，是处于稳定状态还是上升或下降趋势，学生到九年级，每月都要接受一次实力考试和模拟考试，算出积点平均数（GPA），看是否在半数以上。如果过半就有机会进入普通高中，否则就很有可能通过教师的职业指导进入职业高中。竞争制并不鼓励所有的学生都去作最后的中考竞争，而是通过"冷却出局"的形式，使那些升入大学希望渺茫的学生自动退出竞争而进入职业高中，学习特定的技术，为就业作准备。竞争制这一模式就是鼓励所有的学生都去争夺最后的胜利，让所有的学生不管以前的成绩如何，都有机会参加最后的中考。日本初中进入高中没有统一的入学考试，但学生毕业时有由县统一出题的学力考试，考试的科目是国语、数学、外语等基础学科，其成绩可作为进入高中的参考成绩。同时各高中也有自己的考试制度，学校可以自行出题，学生自愿选择要进入的高中类型及其内设的学科，要求进入普通高中的学生接受该学

---

① 钱小英，沈鸿敏，李东翔. 日本科技与教育发展［M］. 北京：人民教育出版社，2003：105－107.

校的入学考试，学校按成绩录取。选择各类型高中的职业科的学生，学校采取面试，写报告或论文等灵活方式考核学生，经过双方互选，学生可进入适合自己的学校学习。

由此可见，日本对中等职业教育还存在不同程度的偏见，并非最好的学生去上中等职业学校，而是学力水平不高的学生在竞争的失败中被迫作出的选择，而非真正的自由选择。近年来日本关于高中入学考试问题又作了一些修改，比如：规定各地区依据自身情况实行入学考试制度的改革，针对各校和各学科的特点采用不同的学力测验和报告书作为选考方式，改变过去对学生以学科考试成绩高低进行评价的片面方法，采取建立学生档案并对学生的在校学习生活作出比较全面的评价。同时积极采取推荐入学、面试等多种入学考试措施，尽量做到相对公平。从学生的个体角度而论，影响教育分流的因素除了学力水平以外，还有学生的职业观、社会地位和性别差异等因素，同时学生分流情况还受到高等教育招生人数、社会对职业教育的认识、社会所能提供的人力物力才力等因素的制约。总之学生的选择和分流是多种因素综合作用的结果。

（一）初等教育

当前日本实施六年制的初等教育，其培养目标主要是适应儿童的身心发展，培养对人与人之间关系的理解以及同心协力，独立自主和严格要求自己的精神；培养正确理解和使用日常生活所必需的国语能力，数学关系能力，培养日常生活所必需的衣、食、住、产业等方面的基本知识和技能；培养为健康安全而幸福地生活所必需的习惯，同时培养文艺方面的基本知识和技能。这些基本的素养都是为了适应未来社会的变化，为将来的生活作准备。所以在小学课程设置上普通文化课中渗透职业课程。小学普通课程中加设职业课程的历史日本由来已久，早在1881年文部省颁布的《小学校教则纲要》中，就要求在小学课程中加设农业和手工课程。在课时安排上，1887年文部省召开的手工讲习会上，森有礼文部大臣曾作过如下训示："手工农业之学科——全在于培养儿童勤学之习惯——此农工商三种皆有利于人生，是故，使各小学儿童各得其步，乃甚希者也——则于一日五小时之课业外课此训练，必更无妨。"[①] 二战后，日本进行了学制改革，1947年的《学习指导纲要》体现了战后中小学的课程结构变化：小学设国语，社会科，算术，理科，音乐，图画，家政，体育，自由研究，其中社会科，家政，自由研究是新设课程。初等普通教育中的职业课程一般以每周两课时的比例实施。在小学阶段的普通教育中渗透职业教育，目的是培养学生热爱劳动的精神，教授对实际生活有用的专门性的知识和

① 朱文富. 日本近代职业教育发展研究［M］. 保定：河北大学出版社，1999：70.

技能，使学生理解职业生活的意义和重要性。20 世纪末，日本又进行了新一轮的课程改革，在 1998 年实施的新课程中（见表1），在小学阶段除了学习普通文化课外，低年级开设生活科，包括八项内容：学校和生活，家庭和生活，如何利用公共用品和公共设施，季节变换和生活，利用自然和物品来游戏，动植物的饲养和栽培，自己的成长。这是一个以生活为中心认识自然和社会的综合课程。手工科与高年级开设的家庭科都是与生活密切相关的实践性学习，其目的是通过生活中的家务劳作和简单的手工制作来培养小学生自理及动手操作能力，通过劳动教育使他们及早树立正确的职业观念。

表 1　　　　　　　　日本小学各学科、道德、特别活动及综合学习的
年标准课时（每课时为 45 分钟）

| 学年 | 各学科的课时数 | | | | | | | | | 道德 | 特别活动 | 综合学习 | 总课时数 |
	国语	社会	算术	理科	生活	音乐	手工	家庭	体育				
1	272		114		102	68	68		90	34	34		782
2	280		155		105	70	70		90	35	35		840
3	235	70	150	70		60	60		90	35	35	105	910
4	235	85	150	90		60	60		90	35	35	105	945
5	180	90	150	95		50	50	60	90	35	35	110	945
6	175	100	150	95		50	50	55	90	35	35	110	945

（资料来源：［日］教育课程审议会报告，日本教育新闻，1998 资料版）

（二）中等教育

1. 中等普通教育

（1）初中。日本的初中是在小学教育的基础上。适应学生的身心发展，实施中等普通教育，其目标是培养学生作为国家的一员所必须具备的资质，教授社会所需职业的基础知识与技能，培养劳动的态度以及依据个性选择出路的能力等。为了实现这个培养目标，日本在初中的普通教育中开设了初级的职业课程和部分选修课程。对学生应用性能力的培养早在 1881 年文部省颁布的《中学校教则纲要》就有体现，要求在初级中学因地域情况加设农业、工业、商业等专修科，同时加重实践实习内容。战后把高等小学和青年学校合并改为初中，1947 年的《学习指导纲要》要求初中开设必修课：国语、社会、数学、理科、音乐、图画、手工、家政、体育、自由研究。选修课：外国语、习字和职业课程。1998 年实施的初中新课程把技术家政列为必修学科、开设木材加

工、电气、金属加工、机械、栽培、信息基础、家政生活、食物、被服、住所、保育等科目，学生必须选修三门以上的课程，每周安排 2—3 课时，每科安排 20—30 课时。（见表 2）学生通过学习生活所必需的基础知识和基本技能，加深了对家庭生活、社会生活等有关技术的理解，培养了学生的进取精神、创造力和实践态度。同时在义务教育阶段，特别活动和综合学习课程贯穿其中，综合学习时间就是学校创造性地开展适合地区和学校的横向综合学习，基于学生的关注点和兴趣培养他们发现课题，解决问题的能力。综合学习的课时安排各学年约 100 课时，小学低年级开设具有综合学习性质的生活科，初中的综合学习时间设定有一定的幅度，以便各学校依据自身的特色创设出有弹性的教育课程。

表 2　日本初中各科道德、特别活动及综合学习的年标准课时（一课时为 50 分钟）

| 学年 | 必修学科课时数 | | | | | | | | | 道德 | 特别活动 | 选修学科 | 综合学习 | 总课时数 |
	国语	社会	数学	理科	音乐	美术	保健体育	技术家庭	外语					
1	140	105	105	105	45	45	90	70	105	35	35	0—30	70—100	980
2	105	105	105	105	35	35	90	70	105	35	35	50—85	70—105	980
3	105	85	105	80	35	35	90	70	105	35	35	105—165	70—130	980

（资料来源：［日］教育课程审议会报告．日本教育新闻，1998 资料版）

（2）普通高中。目前日本高中有三种类型，其学生比例普通高中约占 44％，综合高中约占 36％，职业高中约占 22％。日本的高中课程设置有很大的自主性，大的方面有文部省规定，具体的安排则有学校负责。课程采取这种分级管理的方式，其目的是既要保证高中教育有较高的水平，又要发挥学校的积极性，办出各有特色的高中。日本高中的课程，分学科和科目两个层次。一个学科往往包含几个科目。例如国语是一个学科，在 1999 年后实施的学习指导要领中包含国语表达Ⅰ、国语表达Ⅱ、国语综合、现代文、古典、古典讲读 6 个科目。日本现行的普通高中的学科数为 10 科（如表 3 所示）。科目分成必修、选择必修（选择必修的意思是在一组科目中必须选择学习一至二科）、选修三种。日本普通高中课程模式为"学科＋科目（必修＋选择必修＋任意选修）"型，课程由各种学科和课外教育活动构成，道德教育通过整个学校教育活动进行，全部高中生的共同必修的学科是国语Ⅰ、现代社会、数学基础、理科Ⅰ、保健、体育、音乐Ⅰ、美术Ⅰ、书法Ⅰ、工艺Ⅰ、家政概论等。选修学科中包括国语、外语、社会、艺术、家政、数学、体育、农业、工业、商业、水产、护理等。普通高中或普通科与职业高中和综合高中职业科在课程上的区别不是主要体现在必修科目上，而是体现在选修科目上。普通高中或普通科的学生主要是选修普通科目。日本高中教育受升学要求的影响很大，表现在高中的课程设置上有明显的升学导向、学校规定的毕业学分远远超出文部省的要求；私立高中的日趋发达，补习学校的大量存在等。目前，普通科授课时数大幅度增加，职业科授课时数下降。在全日制普通高中，普通课程占全部课程的70％以上。

表3　　　　　　　　　　　日本高中学科、科目及学分表

学科	科目	学分	所有学生必修的科目	学科	科目	学分	所有学生必修的科目
国语	国语表达1 国语表达2 国语综合 现代文 古典 古典讲读	2 2 4 4 4 2	国语表达1 或国语综合	保健体育	体育 保健	7—8 2	体育·保健
地理历史	世界史A 世界史B 日本史A 日本史B 地理A 地理B	2 4 2 4 2 4	世界史A或世界史B· 日本史A或日本史B· 地理A或地理B	外语	英语口语1 英语口语2 英语1 英语2 阅读 写作	2 4 3 4 4 4	英语口语1 或英语1
公民	现代社会 伦理 政治·经济	2 2 2	现代社会或伦理·政治·经济	家庭	家庭基础 家庭综合 生活技术	2 4 4	家庭基础或生活技术
数学	数学基础 数学1 数学2 数学3 数学A 数学B 数学C	2 3 4 3 2 2 2	数学基础或数学1	信息	信息A 信息B 信息C	2 2 2	

续　表

					音乐1	2	
理科	理科基础	2	理科基础·理科综合A或理科综合B	艺术	音乐2	2	音乐1或美术1或工艺1或书法1
	理科综合A	2			音乐3	2	
	理科综合B	2			美术1	2	
	物理1	3			美术2	2	
	物理2	3			美术3	2	
	化学1	3			工艺1	2	
	化学2	3			工艺2	2	
	生物1	3			工艺3	2	
	生物2	3			书法1	2	
					书法2	2	
					书法3	2	

（资料来源：［日］教育课程审议会报告，日本教育新闻，1998资料版）

（3）初高中一贯制。自上个世纪90年代以来，日本的中等教育就以"多样化，个性化"作为改革的方向。到1999年4月正式开始实施初高中一贯教育，使具有多样能力和个性的学生选择多种教育成为可能。同时降低了初中和高中间的藩篱，使六年间长期继续性教育变成为现实，使学生从中得以掌握自我思考寻觅的课题，解决问题的"生存能力"，实施发展个性的教育①。

在教育模式上有三种：其一是中等教育学校，其特征是作为一所学校实施6年整体性初高中一贯教育，同时公立中等教育学校的入学不进行学力考试，而是适应各自学校的特色，将面试、实际技能测试、推荐、抽选等方法组合起来进行。其二是并设型初高中一贯制教育学校，其特征是私立的并设型中学不进行高中入学选拔，将中学和高中接续；公立并设型中学的入学，采用与中等教育学校同样的方法。其三是互助型初高中一贯制教育学校，其特征是市町村立初中与都道府县立高中在编制教育课程，加强教师及学生间的交流等方面协作，实施初高中一贯制教育，互助型高中不依据调查书、学力考试等方法进行学者选拔，而采用面试，实际技能测试等便捷的方法。

在课程设置上，着眼于怎样掌握课程的"共通性"及"多样性"关系，以连续的方式谋求中等教育课程的一贯性和具体化。课程的编制思路为：培养学生自学，独立思考的"生存能力"，将六年一贯教育分为前期（初中）课程和后期课程（高中课程）。在前期课程中培养基础性学习方法，放宽选修课的课时上限，在各学年必修的一定课时内（每学年70课时）用选修方式替代。放宽"其他科目"的学分上限（原为20学分）②。在后期课程中着重培养逻辑性

---

① 饶从满，梁忠义. 当代日本职业训练［M］. 太原：山西教育出版社，1997：260—330，345—349.
② 钟启泉. 世界课程改革趋势研究［M］. 北京：北京师范大学出版社，2000：534—547.

思考判断，深入课题及贴切的表达能力，实行基础基本的教育及发展个性的教育。在教学内容上，在对现行高中学科系列进行检讨的基础上，设置三大类学科，普通科系列，综合科系列，专门学科系列（包括职业学科，艺术学科，体育学科，外国语学科和理数科等）①。

在办学特色上，为了使高中与初中的藩篱变低，也为了达到六年一贯的"轻松宽裕"使"乡土学习"的特色教育不致引起毕业后出路的不安，初高中一贯的教育还谋求与高等教育的协作，做法是邀请大学教授为高中学生讲授一些涉及大学范围的选修内容，增加升学信心，同时还关注学校与社区的合作。

2. 中等职业教育

日本中等职业教育的形式多种多样，包括初中的技术、家政课教育，职业高中，综合高中的职业学科。二战后日本第二次教育改革，在新学制中中学开设农业、工业、商业、水产、家政五个科目的职业课程，供学生选修。1958 年职业课程由选修改为必修，实行男女分科教学。到 1989 年彻底废除了男女分科教学，技术家政课程作为统一的必修课，目前初中的技术家政课程包括 11 项内容：开设木材加工、电气，金属加工、机械、栽培、信息基础，家政生活、食物、被服、住所、保育科目。学生必修三门以上，年总课时要达到 70 学时。

职业高中是中等职业教育的主力军，主要培养产业中坚技术人员，讲授必须的专门知识，培养应用知识的技能和创造能力，特别重视现场实习和家庭课题。职业高中按学科组合方式分为二种：设一个或是两个以上职业学科的高中，称为专门高中；职业学科和普通学科并设的高中称为综合高中，这种高中为尚未定向的初中毕业生设立，设置普通课程和综合课程，在其职业定向前作好多种准备。综合高中其课程结构如下：

（1）公共必修科目。

所有高中生都要学习，如"国语Ⅰ"、"数学Ⅰ"、"体育·保健"等；

（2）必修的基础科目。

要求综合科的学生原则上都要学习的科目，内容为将来就业必需的知识、技术基础科目等；

（3）综合选修的科目（群）。

供综合科学生选择的科目，如：人文科学群：比较文化、实用英语、文秘等；自然科学群：环境工程学、农业基础等；国际合作群：外国概况、英语表达等；此外还有信息服务群、流通体系群、社会福祉群、环境科学群、健康体育群、电子机械群等。

---

① 石伟平. 比较职业技术教育 [M]. 上海：华东师范大学出版社，2001：159－160.

(4) 自由选择科目。

供学生自由选修，其领域广阔，程度各异，种类繁多。

综合高中的课程中，各学年的必修科目、选修科目的比重各异。如一年级开设"产业社会与人类"课，使学生通过实践加强体验，结合自己的职业志向选择未来的出路。在二、三年级，学生可从丰富的选择与选修课中获得信息并培养与教师、社区、社会的交往能力，扩大自己的知识面和兴趣爱好。学生在参加志愿者服务活动、企业实习、农业体验劳动、社区的各种文体活动，及通过电脑网络和通讯卫星等技术手段所取得的成绩与资格都能得到相应学分和学校的认可。在综合高中二年级，除必修科目（史地、生物、物理）外，学校也开设一些基础专业科目，如：汽车工程学概论科目教授：化学（ⅠB）、打字机基本应用、簿记、电器基础（Ⅰ）、汽车工程学入门、汽车工程学（Ⅰ）等课；汽车原理科目教授：数学（A）、计算机、电子技术、汽车设计制图等课；电子实习科目教授：信息处理（Ⅱ）、电子制图、工业数理等课程。学完这些课程和实习课之后，学生可取得"预备级汽车司机"的资格，学生也可以根据本人的未来职业方向选择有关的科目。二年级时，学生须修满 29 个学分，其中，18 个学分可用于自选课程；三年级时，应修满 29 个学分，其中 23 个学分用于自选课程。由于学生按照自己性向、能力和兴趣爱好选择课程，学习的积极性和责任感较强，专门知识与技能掌握得也很扎实，所以近年来综合高中受到社会欢迎。

日本职业高中分为工业、农业、商业、水产、家庭和看护六大专业领域。（如表 4 所示）[①] 课程内容强调基础知识，并在一些专业中开设专业基础理论课。职业高中学生必修的职业学科课程与普通教育课程的比重是一样的，都是 30 学分。

表 4　　　　　　　　　　　日本高中阶段职业教育内容

区　　分	学　　科　　名
农业	农业科、园艺科、畜产科、食品制造科、农业土木科、造园科
工业	机械科、电器科、电子科、情报技术科、建筑科、设备工业科、土木科、化学工业科、金属工业科、制陶科、纤维科、设计科
商业	商业科、经营管理科、事务科、情报处理科、营业科
水产	海洋渔业科、栽培渔业科、水产制造
家庭	家政科、被服科、食物科、保育科
看护	卫生看护科

---

① 钱小英，沈鸿敏，李东翔. 日本科技与教育发展 [M]. 北京：人民教育出版社，2003：131.

职业高中在学习专业课的同时还要修一定学分的普通文化课，普通教育和职业教育的综合化，在职业高中主要体现在培养目标、课程设置、教学制度等方面。

首先，培养目标的多元化、个性化。在教学计划上，根据学生毕业去向的不同需要，设有升学类型和就业类型的不同课程，并开设了诸多选修科目，体现了充分满足学生个性发展需要的多样性。

其次，课程设置系列化、平行化。根据培养目标的不同，设置不同系列的课程，平行设置包括两个方面：（1）基础课与专业课平行设置，即专业课和基础课自始至终贯穿教学全过程。（2）实践教学和理论教学同时开设，学生从一年级开始即接触与职业教育相关的实践，并一直持续到毕业，为他们具备良好的职业技能提供了坚实的基础。

再次，普职一体化和专业设置综合化。日本的职业教育向普通化方向发展。表现在：（1）合并职业学科，将原来68种职业学科，合并为30种以内。（2）削减职业学科的学分数，增加普通基础科目的教学时数，使职业学科课程与普通教育课程的比重都是30学分。（3）设置综合学科。综合学科是普通教育与专门教育的综合，综合科有普通科学生和职业科学生都必须选修的课程，包括：A. 产业社会与人；B. 关于信息技术方面的基础知识，如信息处理；C. 课题研究，由学生自己定题目，自己实验并写出论文。综合科目包括供学生选择的综合科目群，它包括若干个专门系列，如：信息系列、工业管理系列、国际协作系列、海洋资源系列、社会福利和服务系列等。尤其是1995年开设的"综合学科"高中后学校开发诸如文科学群，自然科学群，信息服务群等适应时代发展的崭新综合学科供学生选修。

最后，实行弹性学制。1988年以前，日本几乎所有的高中都实行学年学分制，学年制缺乏灵活性，很难做到因材施教和个性化培养，易导致厌学和辍学。而学分制具有不区分学年，没有留级升级，学生可以自由选择课程的特点。文部省2001年白皮书，对学分制高中的特色作了以下描述：

① 在规定的必修科目外，学生能基于自己的学习计划，选择上课日期、出席时间以及适合自己兴趣的科目。

② 因为没有学年的区分也没有留级升级，学生能按照自己的进度来学习。

③ 普通高中、专门高中、综合高中间的入学，毕业，转学，插班被接受，在原来就读的高中取得的学分可以累积，加算被承认。

自1988年以后，日本的学分制高中发展起来，并且学分制高中的类型也出现了多样化，有定通制课程并设的学分制高中、通信制课程学分制高中、定时制课程学分制高中、全日制课程学分制高中、学年制和学分制并设高中。高中类型的多样化，有力地促进了中等职业教育的发展。

（三）高等教育

二战后近半个世纪，日本的高等教育有了飞速发展，形成了以研究生院、四年制本科大学和短期大学、高等专门学校、专修学校等三级结构的高等教育模式。

1. 大学和研究生院教育

日本实施高等教育的主要机构是四年制大学和研究生院，四年制大学包括综合大学、多科大学和单科大学。综合大学设有多个学部，学科齐全，条件优良，师资力量雄厚，是日本高等教育象牙塔的顶端。如国立大学中的东京大学、京都大学以及私立大学中的庆应义塾、早稻田等私立名牌大学。多科大学是设几个不同学部的大学，是战后改革为适应当时的形式设立的。单科大学只设一个学部或几个相近学科的大学，单科大学由于其专业体系突出，往往成为某一领域专门人才的培养基地。四年制本科大学的培养目标，在广泛传授知识的同时，深入讲授及研究专门的学问与技艺，发展智力，培养道德及应用等方面的能力，修业年限为 4 年，但医学部及特殊专业为 6 年。学生在校 4 年取得 124 学分即可毕业。日本大学学部采用学分制，学生可以自由跨学科选择课程，只要自己感兴趣，不管文理，不管与专业是否有关都可以选择。研究生院由设置在学部的研究科组成，另外还有不设学部只设研究生院的研究生院大学，其教育目标为教授、研究学术理论及其应用、探究其奥秘、为文化的发展作出贡献等。硕士课程修业 2 年得 30 学分以上，博士修业 3 年得 20 学分以上方可毕业。

二战结束以后，日本对原来的教育制度进行了民主化的改革，建立了新的"6—3—3—4"制的教育体系，战前的多轨制高等教育被单一的四年制大学所取代。20 世纪 90 年代以来，日本大学也面临着一些新的发展形势，2000 年高等教育的入学率达到 49.1%，如果把专门学校的入学率加上，则达到 66.3 %。高等教育的普及使得学生的背景和需求呈多元化方向发展，这就要求日本的高等教育满足学生日益多样化的学习需求。同时，随着产业结构的不断分化与升级，要求高等学校培养更多的适应这种变化需求的既具有深厚的知识、技术基础，又具有广阔的视野和高度创造性的人才。再者，学校一次性、终结性的学习，已经难以满足社会对人才的需求，高等教育机构必须为终生学习提供可能。2001 年文部省发表了"大学（国立大学）结构改革方针"，明确指出要"创造富有活力和国际竞争力的国立私立大学"，以实现人才大国，科技立国的既定国策。改革方向涉及六大领域：对大学业绩评价采用竞争原理由第三者评价；加速大学开发，创建新产业，在理工学部的大学设置工商讲座，培养创业人才，积极与企业优秀人才合作，促进共同研究，设立"大学与产业界对话会议"，明确来自企业的要求；采用民间经营管理原理，促进国立大学法人化，经营管理责任明确化，排除学部"本位主义"，创建新人事体系；培养世界通用的专业人才；培养能适应社会和雇佣制度变化的人才；创建都市和地区一体化的大学，加强国家和地方的合作关系，使地方自制体对大学的援助成为可能。改革重点放在"人才培养与教育"领域，具体举措就是文部省和厚生劳动省合作，扩大大学和研究生院面向社会高级职业人指定教育训练课程，提高大学在学科设置方面的自主性等。

在课程改革方面，1991 年文部省修改了《大学设置基准》中有关课程设置的条目，废除原来全国统一的将一般教育科目与专门教育科目分别设置的制度（即原 2 年普通课程和 2 年专业课程分别设置模式），改由各大学自由决定课程设置，以便学校根据人才市场需求的变化及时调整课程结构。在课程内容上废除原来多种科目区分办法，由各大学自由决定课程学分所占比例，但毕业所要求的总学分仍为 124 学分，同时增设新兴学科，充实情报处理的信息教育，改善外国语教育，还根据教学目的、学生的能力开设班级，另外为提供多样的学习机会，各大学之间可以签订协议，互相承认学分[①]。修正原有的四年一贯制课程，针对学科的发展、社会的变化和学生的需求，教学内容更有了针对性和适应性，综合课程大量增加，其课程体系主要包括公共基础课程、综合课程、专业课程、开放课程四大类。课程体系打破了各个学科之间的传统界限，大量增加跨学科、交叉学科、边缘学科和新兴学科方面的内容，课程结构更富有弹性和开放性。为适应高等教育从大众化阶段向普及化阶段转变的需要，日本大学的本科教育正在逐渐摆脱过分专业化、人才培养规格狭窄和轻教学、重研究的传统模式，形成本科教育阶段以教学为主，专业教育在研究生教育阶段进行的大学教育模式。21 世纪日本课程改革最突出的特点仍是课程的综合化，表现在两个方面：（1）设立综合化的课程群，如基本主题课程以三大主题和若干副主题将几十门课程组织在一个有机的体系之中；（2）课程组织的综合化，这不仅体现在课程的管理组织上，即由不同学科专业的教师共同组成各类公共课教学委员会，还体现在担任课程的教师上，即由不同学科专业的教师从跨学科角度出发，共同承担某一课程的教学工作，这样避免了专业教师的知识局限性[②]。

1996 年 10 月，大学审议会召开了第 67 次全体会议，会议向文部大臣提

① 袁本涛. 教育新生：面向未来的日本高等教育改革 [J]. 清华大学研究，2002 (2)：12.
② 张爱梅，刘卫萍. 略论二战后日本大学课程改革的发展与特点 [J]. 高等理科教育，2004 (1)：24.

出了有关促进研究生院教育与研究质量提高的咨询报告，报告指出：日本的研究院是培养优秀研究者和高级专门职业人才的机构，具有较强的学术研究水准，并能推进先端技术和跨学科的研究。其目标是培养既有广泛的视野又有高度专门知识和丰富创造性的专门人才，同时为社会人士提供再教育的机能。在研究生教学制度方面，实行弹性学制，按照规定的标准，本科毕业后进入研究生学习 5 年获博士学位，但现在特别优秀的学生最短 3 年就可以毕业，硕士修业的标准为两年，但优秀者 1 年可以毕业。在研究生入学制度方面实行柔性化政策，大学本科毕业后，如果有两年以上的研究经历，可以不经过硕士阶段直接进入博士阶段的学习，对于优秀的本科生，大学三年级时可以进入硕士阶段学习，对社会人士则实施特别选拔制度，为方便他们的学习，研究生院实行昼夜开讲制，设立夜间研究生院，同时对具有一定研究和实际工作经历的专门学校、短期大学的毕业生攻读研究生的制度也开始讨论。在研究生院的组织机构方面，采取多种形式设立研究生院，有独立的研究生院，即不设本科阶段的学部，如综合研究大学院大学、奈良先端科学技术大学院大学等；有联合研究生院，即由多所大学合作设立的研究生院，如东京农工大学联合农学研究科等；携手研究生院，即大学和大学外的研究所合作的研究生院，如由 NTT 情报通信研究所协作合办的电气通信大学大学院等；还设立了一些以研究尖端技术或前沿学科为目的的独立研究科和专攻主要包括国际协力、情报、系统科学、经营管理、企业法等研究科，如名古屋大学的国际开发研究科、北海道大学地球环境科学研究科，未来通信制的研究生院也在检讨之中。

　　2. 高等职业教育

　　随着日本高等学校升学率的提高，高等教育已经普及化和大众化，日本的高等职业教育机构主要包括短期大学、高等专门学校、专修学校。经过近半个世纪的发展，日本的高等职业技术教育形成了多层次、开放性、适应日本经济发展的教育体系。截止 2001 年，日本有短期大学 559 所，其中国立 19 所，公立 51 所，私立 489 所，在校学生 28.9 万人；高等专门学校 62 所，其中国立学校 54 所，公立学校 5 所，私立学校 3 所，在校学生 5.7 万人；专修学校 3 495所，在校学生为 75 万人，其中大部分都是私立学校。

　　二战后，日本改多轨制高等教育为四年制大学，把一些师资水平、设备条件不能升格为 4 年制大学的旧制专门学校临时组成 2－3 年制的大学，称为"短期大学"。短期大学的设置适应了当时经济发展对应用型人才的需求，深受企业与社会各界的欢迎。1964 年国会通过了"短期大学制度法案"，承认短期大学是高等教育系统中的一环，短期大学招收高中以上的毕业生，以传授和研究高深的专门技艺知识，培养职业上或实际生活中所必要的能力为目的。学制为 2—3 年，以私立为主。从学校类型上看有"职业型"和"职业、普通综合型"。从专业设置和学科上看，人文 26.7%、家政 23.6%、教育 15.4%、社会科学 13.6%、卫生保健（护士等）等 5.6%、工业 4.8%、艺术 4.5%、其他 5.6%。从学生性别比例上看女生占 90%，本区的学生占多数。同时，短期大学在课程设置、学期安排、授课方式上灵活多样，教学重视专门知识和专门技能的培养，毕业生实际工作能力强，就业率高，同时学费低廉，深受广大考生的钟爱，所以发展较迅速。

日本从明治初期开始设置了各种学校，延续发展到现在已成为连接中等和高等职业技术教育的一支重要的生力军。所谓各种学校，指的是《学校教育法》所规定的学校（比如大学、短期大学、职业高中等）以外的、与学校教育类似的具有教育功能的各种机构（学校）的总称，其设置标准由《各种学校规程》规定。这个规程规定：修学时间一年以上，授课时数为年 680 课时以上，除了校长外，有与开设的课程、招收的生员数相匹配的教师（3 人以上），校舍面积 115.70 平方米以上，生均 2.31 平方米以上等。在 1976 年 4 月，对办得好的各种学校在审查的基础上升格为专修学校，专修学校属于后期中等职业教育，按入学者的学历水平分为三类：（1）招收初中毕业生及以上学历者，设高等课程，称高等专科学校，实施实用性较强的职业教育。（2）招收高中毕业及以上学历者，设有专门课程，称专门学校，进行专门技术教育。（3）没有学历和年龄规定的一般课程，主要为学员提供各种专门知识和职业技术方面的教育。

高等专门学校是对"6—3—3—4"学制的一种补充，其入学对象是初中毕业生，修业 5 年，目标是培养面向工业的操作技术人员，讲授专门知识和技艺，培养职业所需能力，高等专门学校以国立为主，专业设置以工业类为主，且男生比例达到 90%，毕业生就业以制造业为中心的企业为主。

专修学校和各种学校的设置以私立为主，专业设置多样化，专业门类分为工业、农业、医疗、卫生、教育社会福利、商业业务、家政和文化教养等，专业学科多达 60 多种，但从学生分布情况来看，工业门类占 1/4 处主导地位。同时专业学校和各种学校依据绝大多数学生为就业作准备的特点，教学方面注重实用性。专修学校大部分教学时间集中于专业科目，把实用知识和技术教育作为重点。在入学资格和修业年限上也比较灵活，高等专门学校招初中毕业生及同等学力者修业 5 年，各种学校和专修学校的修业年限有 3 个月以上直至 3 年不等。

进入 20 世纪 90 年代日本的高等职业教育开始重视学生综合职业能力、个性、创造力以及人文素养等方面素质的培养和提高。为了适应终身教育和学习型社会到来的需要，日本的职业教育的职能正在发生转变，如短期大学主要向两个方面发展，一方面在终身学习社会，短期大学要为需要技术的社会人提供服务，另一方面要为更广阔领域的社会人提供教养教育。同时日本的高等职业教育能主动去适应社会的变化和产业的动向并加强与地区及产业界的联合，有力地促进了日本高等职业教育的发展。

二、社会教育对应用型人才的培养

(一) 企业内职业教育

日本企业内的职业教育可以算做是产学合作的外延形式，日本职业教育体系的一大特点就是学校职业教育并不发达，主要由企业自己进行职业训练，一方面这与企业关于职业培训的观念有重要关系，即认为学校不可能培养职业能力，职业能力只能在工作中形成。学校所培养的只是"可培训的能力"，所以日本企业重视职工的教育，认识到人是企业之本，要造物必须造人，要使用人才更需要培养人才。日本企业内职工经验最大的特点是全员培训，从政府到企业都有自己的计划。从 1958 年开始，日本政府先后 4 次制定修改《职工培训法》，还连续颁布了 4 个《五年职业能力开发基本计划》，还以此为中心颁布了数十个为促进职业教育发展的法规，同时还提供了巨额的补助。现在日本约有95％的企业开展职业教育，60％的企业制定了职工短期培训计划，3％的企业制定了职工长期教育计划。20％的企业设立了专门的职工教育机构，每年参加学习的职工达到 200 万人之多①。另一方面，日本企业的一些管理措施，企业文化、企业结构也为这一模式的成功实施提供了坚实的条件，如日本企业管理的终身雇佣制和年功序列制，以及以企业为单位建立工会，这被人们称为日本企业经营管理上的"三种神器"。通过这三种神器，日本企业内建立起了以长期雇佣关系和长期性能力评价和期望体系为基础的"共同体"式的劳资关系，为日本企业内职业教育的开展提供了制度保障。

日本企业内的职业技术教育依据不同层次、不同内容可分为，新工人教育和技术人员教育。新工人教育主要是进行入门教育和基础教育，目的是使新工人了解企业的经营方针、组织制度，掌握本业务范围内基础知识和技能。教育的主要方式就是参观实习，领导作报告等。技术人员教育是对新招进的技术人员在有经验的人员指导下完成一项技术工作，以获得从事技术工作的实践经验。对于企业的骨干技术人员通过教育来开发他们的能力和潜能，以利于日后的晋升。而对管理人员教育按级别可分为初级管理人员和中级管理人员教育，

---

① 饶从满，梁忠义. 当代日本职业训练［M］. 太原：山西教育出版社，1997：260－330.

目的是开发他们与职务相关的能力，提高其管理素质。对高级领导人员的培训和教育主要是提高他们的决断能力和统率能力。企业内职业技术教育的方式可分为在岗培训（OJT）、离岗培训（OFJT）和自我启发式培训①。企业内职工教育是一种在职人员的职业技术教育，适应成人职业教育的不同阶段，考虑到成人教育的特点，是全员和全程形式的职业技术教育，既有理论知识方面又有岗位职业技能、企业内外环境、经营战略等各个方面的培训内容，充分挖掘企业内部各类人员的潜能，最终提高了企业的经济效益和社会效益。

（二）社会的公共职业训练

日本应用型人才培养模式除了学校的普职教育和企业内职工教育外，还有社会办的公共职业训练。它由劳动省主管，都道府县或雇佣促进事业团开办，目的是对谋职人员和转岗人员进行各种技能的基础训练。日本《职业训练法》规定：公共教育训练主要包括养成训练、提高训练、能力再开发训练、身心残缺者的职业训练和指导员训练。体系健全，机构众多，大致有专修职业训练校、高等职业训练校、职业训练短期大学、身心残缺者职业训练校和职业训练大学等，这种公共训练进行分层、分级培训，是对学校职业教育的有效补充。

养成训练是对即将走向工作岗位的人员授以与其个性和能力相适应的职业基本技能和基础知识，使之具有胜任本工作的基本素养。养成训练分为专修训练和高等训练。专修训练招收初中毕业生，在专修职业训练学校进行，训练期一年。高等训练在高等职业训练学校进行，招收初中毕业生，训练期为两年。随着高中的普及和社会对高新人才的需求，招收初中毕业生的养成训练已不适应企业对用工人员的要求，招收高中毕业生的职业训练短期大学成为养成训练的主流机构。

提高训练是对已经具有一定技能的在职人员，授以工作急需而本身又缺乏的更高程度的知识和技能。主要由职业训练学校或技能开发中心来实施，设有一级技工、二级技工训练课程，管理人员训练课程及其他技术进修课程。培训以短期为主，时间长短不一，依据专业和个人学习状况灵活设定。这种训练适应了技术革新和职业变化的要求，受到诸多在职人员的青睐。

能力再开发训练是对在岗人员变换工种和失业人员再就业而进行的训练，培训时间大概为半年左右，人多在职业训练学校或技能开发中心进行，设有各种职业转换训练课程，如对煤矿失业者、农业改行者、妇女、临退休者和紧急行业者进行的培训，可以降低失业率，激活中小企业。

身心残缺者职业训练的目的是帮助残疾人通过适应他们能力和特点的训

---

① 饶从满，梁忠义. 当代日本职业训练［M］. 太原：山西教育出版社，1997：345－349.

练，使之克服困难，有效利用余下的能力掌握某种职业技能，以获得独立生活的能力，这种训练在促进残疾人就业方面起了重要的作用。

指导员训练是对职业训练指导员即职业训练学校教师的培训。1961 年，根据《职业训练法》设立了中央职业训练所，1965 年更名为职业训练大学，专职培养职业训练指导人员。指导员的训练有 4 年制的长期课程、6 个月的短训及在职指导员的进修课程。四年制的长期课程，通过考试招收高中毕业生，培养具有较高理论知识水平、专业技能和教学能力的指导员，毕业生可取得有关专业的指导员资格证书。六个月的短期课程是为具有专业技能和经验者开设的，通过在职培训提高教员的理论水平和教学能力。

三、日本应用型人才培养的特色

（一）产学合作

"产学合作"的思想最早产生于美国，20 世纪五六十年代的日本经济进入了高速增长期。产业界欲建立"产学合作"的教育模式，培养实用性人才。1960 年 12 月，日本制定了《国民收入倍增计划》，正式提出了"对于教育训练来说，今后更重要的是推进产学合作"的方针。至此，产学合作的教育体制得以建立，并迅速推广，产学合作就是把学校教育同企业的职工培训有机结合起来，日本的产学合作主要在高中和大学阶段进行。

高中的产学合作，其特点是高中和企业双方承认学员所学的课程和学分，其形式主要有双结合、三结合、委托培养和集体入学。双结合是定时制高中同企业里的职业培训机构合作，学生有双重身份，既是定时制高中里的学生，又是职业训练机构的受训生，在学校学习普通课程和一部分专业课程，在训练机构学习其余的专业课程和实习。三结合是定时制高中、函授制高中及职业训练机构三方结合，普通课程在函授制高中学习，一部分专业课程在定时制高中里学习，其余的专业课程和实习在训练结构进行。委托培养是企业新录制的初中毕业生到全日制高中脱产学习，集体入学，组织专门的班级，企业必须尽可能提供设备和派出讲课教师义务（输入地培训）巡回指导，企业的在职人员每周花一个白天三个晚上到校学习，同时高中教师到生产现场巡回指导，确定学生的实习学分。集体入学是企业里的全部初中毕业生，上函授制高中，高中派出教师到企业集中面授。高中阶段的产学合作，是后期中等教育进行职业教育的一种教育形式。把高中部分的普通科目作为教学科目，同时把培训技工的部分科目作为高中的职业科目，提高了教育效率，促进了职业高中与企业技术人员的人事交流，提高了学校教育培养人才的目的性和方向性。实行校企合作，满足了训练生上高中的愿望，减轻了他们的负担，提高了他们的基础学力，同时定时制高中和职业高中的学生也有了更多实地受训的机会，提高了职业技能水平。

大学与产业界的合作，高等学校走科研和生产相结合的内涵式发展之路是世界范围内的一个趋势，日本高校与产业界合作的范围广泛，日本科学技术与经济协会的调查表明，2/3 的企业同大学合作进行研究开发，日本的大学与产业界合作主要有以下几种形式：（1）产业界向大学提供资助。这种合作一方面是产业界向大学投资，另一方面接受投资的大学要按产业界的要求培养人才，产业界的资助方式一般是向大学直接提供办学经费或是设立奖学金，这类似于一种输入地培训方式，开阔了学校的办学空间，提高了毕业生的就业率，利于优化合理地配置资源和人才。（2）科研项目委托。企业根据自身发展的需要，委托大学搞科研项目，大学的科研成果由企业提供经费和付给报酬，将成果推广应用，这种科研项目委托方式必须有健全的法制作保障，明确双方的权利和义务。（3）人员的双向交流。这种人员的双向交流主要是在理工科大学与企业之间进行的，如有的大学教师兼任企业研究开发部门的顾问或咨询委员会的委员等职务，大学也聘任一些企业的技术人员、专家为讲师，客座教授等，使学校在课程设置方面充分地反映产业部门的需要。就企业而言，为学校学生提供现场实习机会的同时，也派职工到大学去进修，不断提高科研能力[①]。

（二）职业资格认证制度

职业资格制度不是着眼于学校内系统的学历教育，而是在产业、行业规范化基础上建立对从业者和社会管理者的人才标准。工业化的过程使产业、行业看到了人才规范化的重要性，职业资格制度也为经济发展和工业化进程提供了有一定素质的熟练工人，技术人员和中高级职业管理人员的保证。

日本不仅重视教育，而且紧紧抓住与工业化、社会现代化密切相关的行业人员素质的问题不放，并且以立法的形式来推进职业资格制度的建立和健全，形成了自己独具特色的认证体系。从 1947 年到 1974 年前后三十几年日本就建立了九大类 450 多项国家级职业资格考试，而且这种考试均能在国家法律全书中找到依据。劳动省每年都制定政府所确立和认定的职业工种的"技能鉴定实施计划"，提出具体的实施方案。技术技能考试和专业知识考试由中央技能鉴定协会主持，实行"教考分离"，来确认受试者是否具备必要的职业技能，是否掌握了专业的专业理论知识和实践能力。

日本的职业资格制度，其各种职业资格与学历关系分得很细，标准要求也很具体，构成了日本职业资格考试的如下特点：（1）立法性强。对每种职业工种的要求和考核办法都有一定的要求和运作程序，体现出了法制化、科学化和合

①　李波．日本大学产学研合作现状及其启示［J］．河西学院学报，2004（4）：27．

理化（2）终身教育。日本职业资格制度尊重每个人的发展个性特点，可任选应考，向全体国民开放，考试门类齐全，层次繁多，把项目内容广泛与知识技术技能的普及与提高容为一体，具有终生教育和全民教育的特点（3）有效性。日本职业资格认证部门严格遵循法律法规，本着对企业界和社会负责的原则，严把职业资格认证的质量关。充实职业资格证书的有效性，同时把职业资格制度同日本社会经济的发展变化和人们的需求密切结合起来，不断进行改革和调整，资格认证的程序上体现了一体化和灵活性的统一，增强了实用性和有效性[①]。

日本职业资格制度的健全使职业资格证书成为日本企业录用技术人才的重要依据。因此，职业技术高中和一些理工科大学生都非常重视学生职业资格的取得，鼓励学生积极掌握各种技能，创造条件让学生参加各种资格审定机构组织的考试，拓宽了就业渠道，学生在校期间通过技能考试取得某种资格时，学校要将其成绩折算成一定量的学分计入相关学科中，并成为推荐上大学的条件之一。这就调动了学生学习的积极性。日本职业学校的办学理念和办学特色与普通高中和一般大学在掌握职业技能适应工作岗位等方面有很大的不同，彼此的可替代性差，充分地发挥了各自的优势和专长，大大提高了就业率。

由此可见，日本的产学合作，以输入地培训的方式解决了资金、资源和实习就业等问题，而职业资格认证制度解决了输出地培训的专业技能、资格认证和学适所用的问题。这种相互补充的方式有力地促进了日本职业教育的发展。同时日本健全的教育立法，充足的教育投资和补助，国家对教育的重视程度，把教育发展规划纳入到经济发展计划之中，确保了教育政策和法规的有效落实。这些对我国教育特别是欠发达地区中等职业教育的发展有重要的启示和借鉴意义。

韩国应用型人才培养研究

一、韩国应用型人才培养模式

（一）普职渗透模式

韩国应用型人才的培养并不是只由职业技术教育机构来进行，职业技术教

---

① 罗民. 日本的职业资格制度和考试［M］. 北京：中国人民大学出版社，1997：1—3.

育并不是游离于普通教育领域和生活领域之外，而是融合在整个教育体系之中，普通教育与职业教育相融合，教育与生活实践相结合。这主要表现在：普通教育中渗透职业课程；职业技术学校也开设基础性的课程。

（二）产学合作模式

韩国政府大力提倡职业技术学校与企业联系，每所学校都与相关的企业建立合作关系，在企业建立实习基地。企业为学生实习提供场地、设备，参与课程的开发和学生培养计划的制定等，企业中的技术人员受聘于职业学校做兼职教师或是做实习现场的指导教师，学校为企业的生产革新提供理论指导和技术服务等。韩国鼓励兴办私立大学，把私立大学的办学权交给企业，企业也委托大学为其培养所需的人才。

职业高中还实行"2＋1"制度，即两年在学校学习，1 年在企业实习。

（三）科技英才教育模式

为了培养国家所需的专门科学技术人才，1967 年韩国政府新设立了科学技术处，并建立了科学技术研究所，并特别在文教卫生部增设了科学教育局，专门负责全国科学技术教育工作。科技英才教育始于 20 世纪 70 年代初，它的发展经历了一个由上而下的发展过程。1971 年首先成立了培养研究生的韩国科学技术院，专门培养国家所需的高精尖的科技人才，1985 年建立了韩国科学技术大学培养本科生，后又于 1983 年建立了第一所科学高中。

（四）职业培训模式

20 世纪 60 年代后期，重化工业的发展，要求提高企业职工的文化素质与技术水平，为此，韩国成立了职工训练体制，这种体制分为公共训练、企业内部训练和认定职业训练 3 类。按内容分为基础培训、提高训练和更新培训 3 类。按培训对象大致分为技能师培训、监督者培训、管理者的培训、事务行政人员培训、职业培训教师培训等，主要由韩国职业培训与管理公团来管理。

（五）委托教育模式

委托教育是利用国内外专门的教育机构来代培专门人才，分为国内委托培养和国外委托[1]。国外委托教育：1955 年开始通过了国际协作技术训练计划，向海外选派国家公费留学生。留学年限一般为 3 年。目前海外留学分为自费和公费两种，自费留学制度确立于 1951 年，1977 年正式确立了"国费留学制度"。该制度的宗旨是为国家发展培养起核心作用的栋梁人才，其专业为经济发展所急需的科学技术和特殊语言学领域。留学人员必须是 30 岁以下的大学

---

① 田以麟. 今日韩国教育［M］. 广州：广东教育出版社，1996：133.

本科毕业生，还必须服完兵役，出国留学必须攻读硕士和博士学位课程，学成归国后必须在政府指定的机构义务工作与留学年限相当的时间①。国内委托是委托国内的教育机构（主要是大学）为企业培养所需的专门人才，课程分为长期讲座和短期讲座两种。

二、韩国应用型人才培养机构与课程设置

（一）普通教育中的职业技术课程

韩国应用型人才培养的一个显著特征就是通过普通教育中的技术、家政等职业性课程来进行基础的职业技术教育，即我们通常所说的普职渗透模式。

韩国教育部于 1997 年 12 月 30 日确定了第七次基础教育课程大纲即现行课程标准。这次课程改革统筹了小学一年级到高中一年级的教育内容，从小学一年级到高中一年级 10 年期间为"国民共同基本教育期"，教育内容包括课程课目、能力培养活动和特别活动三部分。国民教育共同课目由国语、道德、社会、数学、科学、实科（技术家政）体育、音乐、美术、外国语 10 个科目组成（另小学一、二年级课程为国语、数学、正确的生活、智慧的生活、愉快的生活、我们是一年级生）。将原来以学校级类为标准设置教育内容的做法改为以学年制或阶段为教育内容的设置基础，以国民必须共同学习的内容为核心，设置统一连贯的教育内容，防止各年级教育内容的重复或跳跃，使课程体系具有连续性。

与第六次课程改革相比第七次课程改革小学增加了科学、外国语、能力培养活动课程，初中把原来的必修科目中的家政、技术与产业合并为家政与技术，取消了选修科目汉文、计算机、环境、其他科目，增加了能力培养活动。高一课程为（十年级）国民共同基本课程即国语、道德、社会、数学、科学、实科（技术家政）体育、音乐、美术、外国语 10 个科目，高二和高三（十一和十二年级）的课程在高一课程的基础上增加了选修中心课程，其中选修中心课程包括普通课程和专门课程两部分，选修课程又分为一般选修和深度选修。普通课程的选修科目有国语、道德、社会、数学、科学、技术与家政、体育、音乐、美术、外国语与汉文、军训和教养等，专门科目由农业、工业、商业、水产与海运、家事与实业、科学、体育、艺术、外国语等组成。（见表1）

---

① 田以麟. 今日韩国教育 [M]. 广州：广东教育出版社，1996：93－95.

表 1　　　　　　　　第七次课程改革一至十年级课程计划表①

课程 \ 年级	1	2	3	4	5	6	7	8	9	10
国　语	国　语 210	238	238	204	204	204	170	136	136	136
道　德			34	34	34	34	68	68	34	34
社　会	数　学 120	136	102	102	102	102	102	102	136	170(国史68)
数　学			136	136	136	136	136	136	102	136
科　学	正确生活 60	68	102	102	102	102	102	136	136	102
实　科	智慧生活 90	102	—	—	68	68	68 （技术 家政）	102	102	102
体　育			102	102	102	102	102	102	68	68
音　乐	愉快生活 180	204	68	68	68	68	68	34	34	34
美　术			68	68	68	68	34	34	68	34
外国语（英语）	我们是一年级生 80		34	34	68	68	102	102	136	136
能力培养活动	60	68	68	68	68	68	136	136	136	204
特别活动	30	34	34	68	68	68	68	68	68	68
学年度授课时数	830	850	986	986	1088	1088	1156	1156	1156	1224

（左侧大栏为"科目"）

说明：（1）学时数是以 34 周为基准的年度最少授课学时数。

（2）1 个学时原则上为 40 分钟，但可以根据气候、季节和学生情况而调整。

（3）学年的科目、能力培养活动、特别活动所分配的学时数是以 30 周为基准，"我们是一年级生"所分配的学时数为 3 月份一个月期间的授课学时数。能力培养活动由学科能力培养活动和创造性能力培养活动组成。特别活动由自治活动、适应活动、开发活动、服务活动、例行组织活动组成。

---

① 孙启林，杨金成. 面向 21 世纪的韩国基础教育课程改革——韩国第七次教育课程改革评析[J]. 外国教育研究，2001（4）.

表 2　　　　　　　　第七次课程改革高中课程表①

年级　课程	10　国民共同基础课	11　12　选修科目		专门科目
		一般选修	深度选修	
国　语 道　德 社　会	国语(8) 道德(2) 社会(10) (国史 4)	国语生活(4) 市民伦理(4) 人文社会与环境	讲演(4)、读书(8)、作文(8)、语法(4)、文学(8)、伦理与思想(4)、传统伦理(4)、韩国地理(8)、世界地理(8)、经济地理(6)、韩国近现代史(8)、世界史(8)、法律与社会(6)、政治(8)、经济(6)、社会与文化(8)	农业、工业、商业、水产与海运、家事与实业、科学、体育、艺术、外国语、关于国际问题的科目
数　学 科　学 技术家政	数学(8) 科学(6) 技术家政(6)	应用数学(4)生活与科学(4)信息社会与计算机	数学(8)、数学(8)、微积分(4)、概率与统计(4)、离散数学(4)、物理(4)、化学(4)、生物(4)、地球科学(4)、物理(6)、化学(6)、生物(6)、地球科学(6)农业科学(6)、工业技术(6)、企业经营(6)、海洋科学(6)、家政科学(6)	
体　育 音　乐 美　术	体育(4) 音乐(2) 美术(2)	体育与健康(4)音乐与生活(4)美术与生活(4)	体育理论(4)、体育实技(4以上)＊音乐理论(4)、音乐实技(4以上)＊美术理论(4)、美术实技(4以上)＊	
外国语	英语(8)		英语(8)、英语(8)、英语会话(8)、英语讲读(8)、英语作文(8)	
		德语(6)、法语(6)、西班牙语(6)、中国语(6)、日语(6)、俄语(6)、阿拉伯语(6)		
汉　文 军　训 教　养		汉文(6)军训(6)哲学(4)逻辑学(4)心理学(4)教育学(4)生活经济(4)宗教(4)生态与环境(4)出路与职业(4)其他(4)	汉文古典(6)	
履修学分	56	24 以上	112 以上	

（左侧合并单元格：科　目）

①　孙启林，杨金成.面向 21 世纪的韩国基础教育课程改革——韩国第七次教育课程改革评析[J].
外国教育研究，2001(4).

续 表

能力培养活动	(12)		
特别活动	(4)	8 学分	
总履修学分		144 学分	

说明：（1）表中括号内的数字是学分数。

（2）1 学分是以 50 分钟为基准，一个学期（17 周）中所履修的授课量。

（3）国民共同基本课程和能力培养活动所分配的学分数及特别活动的 4 个学分，要在第 10 学年里修完。

（4） *号所标示的体、音、美科目的深化选修科目在有关体育、艺术的"专门课程科目"中选修。

（5）教养科目中的深化选修课程，必要时亦可在"专门课程科目"中选修，或根据市、道运营指针亦可以新设科目。

（6）特别活动：自治活动、适应活动、开发活动、例行组织活动。

从上表可以看出，韩国现行的课程标准从小学五、六年级开始就有 68 学时的实科课程，到了七年级要修 68 学时的技术家政课程，八至十年级要修 102 学时的技术、家政课程。十一、十二年级的选修课程分为一般选修和深度选修两种，适合不同水平、不同层次学生的需要。在一般选修科目里，有与生活联系很紧密的体育与健康、音乐与生活、美术与生活、应用数学、生活与科学、信息社会与计算机、体育实技等科目；深度选修里有与生活相关的国语讲演、英语会话、农业科学、工业技术、企业经营等科目，还包括专门科目，例如农业、工业、商业、水产与海运、家事与实业等。

（二）正规职业技术教育系统

职业技术教育作为培养社会所需的应用型人才的主要途径，一直受到韩国政府的高度重视，韩国的职业教育为经济社会发展服务的宗旨非常明显。正是由于韩国重视发展职业技术教育，及时培养了社会经济发展所需的各类应用型人才，才使韩国经济在战后迅速发展起来。从 20 世纪 60 年代，韩国就开始调整中等教育结构，加强中等职业技术教育，并通过出台相应的法律法规以作保障。同时，重视发展短期高等职业教育，强化在职培训，逐步建立起与经济、科技发展相适应的自初等教育一直延伸到高等教育的多学科、多层次的职业技术教育体系。

韩国正规的职业技术学校从结构上看有两个层次：中等职业技术教育学校、中等后职业技术教育学校。

1. 中等职业技术学校

正规中等职业技术学校主要是实施专业技术教育的职业高中。职业高中主要为韩国工业培养劳动技术人才，学制为 3 年，设有农业、技术、商业、航海渔业和家政等职业技术教育课程。韩国现有的职业高中大体上分为 6 类：农业高中、工业高中、商业高中、综合高中、实业高中、水产海运高中。

职业高中现行的课程由普通科目和专业科目组成，普通科目和专业科目又分为共同必修课和选修课。职业高中课程的学分与普通高中的学分相同，要求学生在 3 年或 6 个学期里修完 204 至 216 学分。在 204 至 216 学分里，普通科目的共同必修课是 90 学分，选修课为 48 学分，要求学生修完普通科目 104 至 154 个学分，职业科目 82 至 122 学分①。在职业科目里，至少有 50％的学分或 41 至 61 个学分是专业实习。这些学校与私人企业合作为学生提供实地培训课程，技术专业的实地培训课程要求 1 至 12 个月，农业和商科的实地培训要求 1 至 6 个月，航海渔业专业为 1 至 6 个月②。

截至 2000 年共有技术职业高中 780 所，在校生 864 556 人，占全部高中在校生数的 33.1％。其中农业高中 24 所，技术高中 204 所，商业高中 240 所，航海渔业高中 7 所，有教授职业课程及学术课程的联合职业高中 70 所，综合职业高中 235 所。具体情况见表 3。

表3　　　　　　　　　　韩国职业高中基本情况统计表③

分　类	学校总数	学生总数	教师总数
农业高中	24	27 358	1 132
技术高中	204	303 482	14 064
商业高中	240	342 804	12 963
航海渔业高中	7	5 894	325
职业高中	70	57 683	3 412
综合高中	235	127 335	8 759
总　计	780	864 556	40 655

---

① 马早明. 亚洲"四小龙"职业技术教育研究［M］. 福州：福建教育出版社，1999：125.
② 李永镐. 韩国职业教育的回顾与建议［DB/OL］. http：//www. ceaie. org/whatsnew/c518ee. html.
③ 李永镐. 韩国职业教育的回顾与建议［DB/OL］. http：//www. ceaie. org/whatsnew/c518ee. html.

2. 专科大学

专科大学也叫初级学院，其目的主要是培养企事业的骨干人才，学制为两年。高中毕业生和具有同等学历的人都可以进入专科大学学习，专科大学录取的学生中有 50－60％是职业高中的毕业生。

专科大学的课程开设遵循以下原则：开发对"产学"系列有用的课程；开发实用性的教育课程；根据学年教学计划和实验实习指针，加强有效率的实验实习及现场实习教育；加强与"国家技术资格证"获得相联系的高水平的专门教育；加强适应高等产业化社会的职业道德、工作现场应用英语和电子计算机的教育。

其课程分为基础课和专业课程。一般基础课程的学分占总学分的 20－30％，专业课程占 70－80％。专业课程分为理论课和实用技术课，各占 50％，一学期学生最多可以修 24 学分，毕业的学分要求不低于 80 学分，但护理系列和水产系列则为 120 学分。

韩国目前的初级学院分人文学科、社会学科、自然学科、医学和医药、艺术和体育、教学专业六大类，由于初级学院多年来特别强调，职业教育要适应工业发展的需求，毕业生的就业比率不断地提高，学院发展的规模不断地扩大。（见表4）

表4　　　　　　　　初级学院按课程分类的学生数量①

分　类	学生总数（人）
人文学科	34 952
社会科学	183 717
自然科学	482 661
医学和医药	73 064
艺术和体育	114 098
教学专业	24 781

（三）非正规教育中的职业技术教育

韩国非正规教育中的职业技术学校包括两部分：一部分是各类成人学校实施的职业技术教育；另一部分就是社会职业技术教育和训练。

① 李永镐．韩国职业教育的回顾与建议［DB/OL］．http：//www，ceaie．org/whatsnew/c518ee．html．

1. 成人学校的职业技术教育

这类学校包括高级公民学校、技术学校、高级技术学校、产业体附设初中、高中和夜间特别班级等。

公民学校招收未受过初等教育的超龄青少年或成年人，主要进行日常生活所必需的知识教育、公民教育及职业教育。这类学校为韩国扫除文盲，提高公民的文化科学素质立下了汗马功劳。

技术学校和技术高中招收未受过正规教育的人，开设职业类课程，实施国民生活所必需的职业知识和技术教育，学制 1—3 年。技术学校相当于初中，技术高中为具有高中学历水平的人实施特殊的专业技术教育，这两种学校为 20 世纪 70 年代韩国的工业化发展时期培养了大量的劳动技术人才。

各种技术学校，是与各级正规学校相类似的教育机构，但不能使用与同级正规教育学校相同的名称，分为毕业承认文凭和不承认文凭两类，教育层次有中等和高等教育。实施初等教育的各种学校一般都叫"某某专修学校"，设有农业、畜牧、建筑、电子、商业等 30 余种职业技术专业课程。大学阶段的各种学校主要培养特殊领域的专业人才或专业劳动力，有人文、社会、自然、艺体、师范五大类[①]。

企业附设学校及特别班级，始于 1977 年。为了提高青少年的学历水平和技术修养，《大韩民国教育法》规定自 1977 年起，凡雇用 1 000 名以上工人的厂矿必须为从业的青少年工人设立初中和高中，雇佣 100 名以上的从业人员的企业必须为在职的青少年设立特别班级，以保证在职的青少年边工作边提高自己的科学文化水平。这些学校实施正规初中的教育和与本职工作有关的职业技术教育，课程分为三类：初中课程、普通高中课程、职业高中课程。

由于经济社会发展对所需人才素质要求的提高，以上这几类学校近几年都呈减少的趋势。

为了给已就业的人员提供接受高等教育的机会，韩国政府于 1982 年成立了第一所技术开放学院，后更名为技术大学。技术大学的招生条件与普通大学相同，但对拥有工业部门经历、国家技术资格、职业高中和普通高中职业班的毕业生可优先录取。在课程设置方面，实践和实验课是技术大学课程的中心，没有学术性的课程，着重强调教育的实际能力方面。另外，为了提高教育对工业部门的适应能力，技术大学还雇用了具有工业部门教师资格证书的教职人员作为其补充师资。

---

① 池青山，金仁哲等编著. 韩国教育研究 [M]. 北京：东方出版社，1995：126.

2. 社会职业技术教育

韩国于 1982 年成立职业培训与管理公团对社会职业技术教育实施指导和管理。韩国的社会职业训练机构有各级政府机关的技术训练院（所）、财团兴办的技术训练院和工矿企业所属的技术训练所，分为公共职业训练和企事业内职业训练两种。培训的种类有：技能师培训、监督层培训、事务行政人员的培训和职业培训教师的培训等。按培训的层次又分为基础培训、提高培训和更新培训。

（1）公共职业培训①

韩国的公共职业培训是指由国家、地方自治团体、公共职业培训法人、社会福利法人及非营利法人等实施的职业培训。

政府机关的职业培训以法务部所管理的公共培训院为中心。地方自治团体的职业培训，是各市、道地方自治团体所实施的培训，招收对象为该区内没有就学的青少年和无职业无技能的劳动者。公共职业培训法人所进行的培训一般是企事业内培训，或认定职业培训所进行的难度较大的重化工业职业种类及机械工业领域的基本职务种类的以多能工为主要目的培训。韩国社会福利法人和非营利法人创办的职业训练和职业训练所，有时也称为"认定职业培训"，其培训对象主要是待业青少年、失业人员和残疾人，培训时间一般从两个月到二年不等，是由专门教师所实施的全日制免费教育，内容以与实习相关的职业技能为主。

韩国的公共职业训练的目的是培养第二、三产业所需要的技能工人，以促进国民经济发展。招生对象为 17－27 岁具有初中学历或具有同等学力者，通过基础知识考试、面试和适应性考核后，合格者才可进入训练所接受培训，成绩合格者均可获得职业训练所颁发的结业证书，同时被授予国家认定的二级技能师称号。实施培训的机构主要是公法人培训院，培训内容按科目的不同而不同。

技能师培训的理论课程与实践课程的学时比为 30∶70，总培训时间为 1 800 小时，理论学习为 540 小时（其中教养科目为 120 小时，技术理论科目为 420 小时），占总学时的 30%。实际操作为 1 260 小时（其中基础实际操作为 360 小时，专业实际操作为 900 小时），占总学时的 70%。

事务、服务行业从业者培训的理论课程与实践课程的学时比为 40∶60，培训总学时为 1 800 小时。其中理论学习为 720 小时（其中教养科目为 120 小时，专业科目为 600 小时），占总学时的 40%，实际操作训练为 1 080 小时，占总学时的 60%。（见表 5）

---

① 马早明. 亚洲"四小龙"职业技术教育研究［M］. 福州：福建教育出版社，1999：136－140.

表 5　　　　　　　　　技能士、事务、服务等职务的培训课程①

课程＼分类	对　象	培　训　期
基础培训	14 岁以上，根据职业种类、年龄和学历的不同而各异	3 个月以上 3 年以下
提高培训	为了获得高一级的技能资格而持有技能士补以上资格证者	3 个月以上
	为了学习新技术的技能士补以上资格取得者，或具有相当职业种类的实际工作经历一年以上者	1 个月以上
转职培训	转职者、准备转职者	3 个月以上
再开发培训	相当职业各类的技能士补以上的资格所有者，具有一年以上实际工作经历者	1 周以上（40 小时以上）

职业教师培训课程分为专门课程和免修课程两类。专门课程的总学时为 3 600 小时，教养科目为 240 小时；教员科目为 360 小时；专业科目为 3 000 小时，专业实习为 1 800 小时。免修课程总学时为 480 小时，教养科目为 120 小时；教员科目为 240 小时，实习为 120 小时。（见表 6）

表 6　　　　　　　　　职业培训教师培训课程②

课程＼分类		对　象	培训时间
基础培训	正规课程	具有大学入学资格者	4 年
	高级课程	①专科课程复修者 ②理工科专科大学毕业以上者	2 年
	专科课程	①高中毕业以上者 ②初中毕业以上，学习三年以上公共职业培训课程后，取得 2 级以上技能士资格者	2 年
	免补课程	具有相当于职业培训教师资格水平者（监督者、管理者培训课程）	3 个月以上（40 小时以上）
再开发培训		职业培训部门的在职教师	1 周以上
提高培训		职业培训教师资格证所有者	1 月以上

公共职业训练是韩国职业技术教育的重要的组成部分，在培训技能工人方面做出了很大的贡献。

---

① 郑宇铉等. 职业技术教育论［M］. 汉城：韩国教育科学社，1989（3）.
② 郑宇铉等. 职业技术教育论［M］. 汉城：韩国教育科学社，1989（3）.

2. 企业内在职培训[①]

由于成功地完成了第一个和第二个五年经济发展计划，韩国经济迅速发展，对技术工人的需求也随之增加，因此，加强培训工人就提上了议事日程。为此，韩国于 1967 年颁布了《产业教育振兴法》，1968 年公布了《职业培训法》。1975 年颁布了《职业培训特别措施法》，规定凡雇用 500 名员工以上的企业，要把职业培训义务化，以解决技术工人不足的问题。这些法规的出台为企业的发展注入了新的活力，促进了企业内职业教育的蓬勃发展。

企业内的培训由企业自行组织实施，培训内容和目标根据企业的具体情况而定，但培训的组织形式和课程设置大体相同。主要有上岗前的培训、在职培训、研修院培训和委托教育等。

岗前培训是对初入职员工实施的一种岗前教育，培训课程有企业创业传统课、企业发展前景课、企业规章制度课等，其目的是使新职员能热爱企业，尊重领导，团结同仁，遵守企业的规章制度等。

不脱产在职培训，在职培训的课程有个别指导课和岗位培训课。不脱产是利用业余时间进行的在职培训，主要有自我教育班、巡回教育班、岗位教育班。

研究院进行脱产培训，培训课程有基础课、开发课和研修课。设有实施基础教育的职工班和干部班，还设有实施开发教育的技工班、监督班、管理者班和经营者班，另外，还设有实施普及教育的基层干部班和普通职工班。

委托教育是培训专门人才的一种教育，分为国内委托和国外委托两种，主要是利用国内外专门教育机构委托培训所需的专门人才。委托教育课分为国外和国内委托课，国内委托课又分为长期讲座和短期讲座两种。

企业内的培训是企业自行组织的，因此企业具有自主权，其教育形式、培训时间、课程设置、培训方法和教师聘用上具有较大的灵活性。教育形式有脱产研修与在岗培训相结合、集中分散相结合等方式。培训时间多则一年，少则几天。教学方法多样，如利用传统的上课形式，参观实习形式等等。教育内容力求简明扼要，有的放矢，充分体现企业内教育的实用性。

韩国政府重视企业内的培训，并赋予企业培训自主权，这样企业就可以根据自身发展的需要，及时地培养企业所需的人才。

（四）科学技术学校实施的科学英才教育[②]

为了培养国家所需的专门科学技术人才，保证韩国科学技术的发展，1967年韩国政府新设立了科学技术处，并建立了科学技术研究所，还特别在文教卫生部又增设了科学教育局，专门负责全国科学技术教育工作。

专门的科学技术教育的发展经历了一个由上而下的发展过程。1971 年首

① 田以麟. 今日韩国教育 [M]. 广州：广东教育出版社，1996：133-135.
② 池青山，金仁哲. 韩国教育研究 [M]. 北京：东方出版社，1995：122-127.

先成立了培养研究生的韩国科学技术院，专门培养国家所需的高精尖的科技人才，1985 年建立了韩国科学技术大学培养本科生，还于 1983 年建立了第一所科学高中。

科学高中，学制为 3 年，从利于因材施教加强对科学技术人才培养的角度出发，科学高中的班额小，每班只有 30 人，比其他类的高中人数少 37％。科学高中招生相当严格，实行的是推荐和考试相结合的办法。升入科学高中要经历三个步骤，一是要初中校长推荐，推荐的对象有两类：一类是初中二、三年级的学科总成绩名次排在前 3—5 名以内的学生，一类是国语、英语、数学、科学等科目成绩优秀的初中毕业生；二是要进行学历考试和体能测验，考试的试题由所有科学高中联合出题，主要考查数学、科学、英语、国语的能力；三是对考试和体能测试都合格的学生进行面试和体验。学生只有通过这三个步骤才能被录取。

科学高中的教学设施和设备比其他高中好。现有的科学高中均设有物理、化学和生物实验室、语音室、图书室等，各种仪器和学习资料也比较齐全。

师资素质高，教师都是从具有 5 年以上工龄和较高业务水平的教师中择优选拔的，现有教师多数是一批年富力强的骨干教师，其中具有研究生毕业文凭教师占教师总数的 60％以上。

科学高中数学和科学课程的比重大，第五次课程改革，进一步加大了数学、科学等主科的分量，还安排了相当于大学本科水平的选修课，为了有利于学生钻研和深造，把学生和个人研究纳入学分课程。（见表 7）

表 7　　　　　　　　科学高中专业学科课程表（第 5 次）[1]

必　修　课		选　修　课
＊普通数学（6—8）		数学Ⅲ
＊数学Ⅱ（16—26）		高级物理
＊科学Ⅰ（4—8）		高级化学
＊物理（6—10）		高级生物
＊化学（6—10）		高级地球科学
＊生物（4—6）		电脑科学Ⅱ
＊地球科学（4—6）		科学哲学
物理实验（4—8）		原著讲读
化学实验（4—8）		电子科学
地球科学实验（4—6）		研讨会
电脑科学Ⅰ（2—4）		个人研究Ⅰ
科学史（2—4）		个人研究Ⅱ
学　分	66—110	16—56
学分合计	82—122	

（说明：前带 ＊ 为普通学科）

① 池青山，金仁哲等. 韩国教育研究［M］. 北京：东方出版社，1995：124.

韩国的科学技术大学，学制一般为4年，设有自然科学系、电子电脑系、机械材料工程系、技术工程系4个系共16个专业，主要招收科学高中的毕业生。其毕业生主要在国家的科研部门和企业的技术开发部门工作，为韩国科技和经济发展作出了相当大的贡献。

相比于普通大学，韩国科学技术大学有如下五方面的特点：（1）科学技术大学的招生单独进行，不参加全国统考，考试分为笔试、面试和体验两个步骤。笔试科目共有4门，分别是国语150分，英语150分、数学300分、科学300分。试题包括主观性试题和客观性试题，笔试的总成绩由这4门考试的成绩与考生的高中成绩（1—9分）相加；（2）为了多出人才，快出人才，科学技术大学的学制比较灵活（跨学科、跨学年）；（3）实行季节学期制和学分认可制度；（4）应用电脑，实施以实验和实习为主的教育；（5）给学生提供各种特殊待遇、奖学金和宿舍等。

课程分为共同课、科学基础课、工程基础课和专业课。最低学分为140分，其中专业课不低于50学分（其中专业必修课24—35学分，专业选修课15—26学分），占总学分的35.7％。硕士必须修完36学分（其中学科学分必须在24分以上，研究学分12分以内），博士必须修完72学分（其中学科学分必须在42分以上，研究学分必须在30分以上）。

普通中小学的科技英才教育，主要是通过实验模拟和校外活动进行，以培养学生对科学的兴趣和钻研能力。（见表8）

表8　　　　　　　　　　　中小学科技英才教育事例①

名　称	活动内容	对　象	备　注
科学园地	①科学实验及科学劳作 ②观看科教片 ③野外实地观察、科学迷宫、生活科学演讲、科学讲习班	小学初中	以市、道为单位，主要在暑假期间进行
科学英才班	①科学特别教育 ②现场见习	小学、初中、高中	少数学校实施
常设实验区	进行科学实验，并根据成绩颁发技能级别证	小学、初中、高中	技能级别 小学6—7级 初中3—5级 高中1—2级

① 池青山，金仁哲等. 韩国教育研究 [M]. 北京：东方出版社，1995：126.

研究发表会	选优秀研究课题和研究成果，在大会上发表	小学、初中	以市、道为单位，主要在暑假期间进行
科学展览会		小学、初中	公立、私立机关主办
科学成绩优秀生实验班	科学、科学数学、科学英语、专题讲座	高中	市、道教委主办
科学、数学竞赛	数学、物理、化学	高中	每年举行一次，在国家级水平上实施

三、韩国应用型人才培养的特点分析

1. 应用型人才的培养着眼于经济社会发展的需求，与国家经济协调发展

韩国的教育与经济协调发展是其人才培养的一个显著的特征，也是我国在应用型人才培养上最值得借鉴的一个经验。自20世纪60年代中期开始，韩国经济高速增长，产业结构和技术结构不断发生变化，对技术人才的需求数量不断增加，人才的结构不断发生变化。韩国政府把握产业经济发展的特点，不断地调整学校的课程设置和学校层次，力求使教育跟上产业发展的需求，很好地为社会经济发展服务。如1962—1976年韩国经济起飞阶段，韩国政府制定了三个五年经济发展计划，与其相适应，也制定了三个五年教育发展计划，使教育的发展与经济的发展相适应。1962年为配合以纠正社会和经济恶性循环构建自主经济为目标的第一个五年经济发展计划，韩国制定了"文教重整五年计划"，并于1963年颁布了《产业教育振兴法》与之配套进行改革，使教育结构满足了这一时期以出口经济为导向的劳动密集型人才培养的需求。配合"工业立国"的第二个五年计划，韩国政府制定了"科学技术振兴五年计划"以满足产业结构现代化对高等技术人才的需求。第三个五年计划要求"尖端产业，技术立国"，为此韩国制定了教育发展15年规划，提出高等教育综合发展的改革方案，以适应培养高级技术人才，技术立国的需求。

2. 重视教育立法

战后韩国政府非常重视教育，意识到人才的培养与经济发展紧密相关。因此，为了保障教育的发展，颁布了一系列的教育法律法规。

战后韩国于1949年颁布了《教育法》，1963年颁布了《产业教育振兴法》强调中等教育结构改革，强化职业教育。1967年为配合第二个五年计划，制定了《科学教育法》。1968年制定了《职业训练法》。1973年制定的《国家技术资格法》要求各种技术人才要具备国家统一的标准，这个法律提高了职业学校的社会地位，增强了学生学习的积极性。1974出台《职业培训特殊措施

法》，1976 年出台《职业培训基本法》，以后又根据发展的需要于 1976 年对《教育法》进行了修改。1982 年颁布《社会教育法》和《职业培训与管理公团法》，1997 年以《推进工人职业培训法》取代了原来的《职业培训基本法》。正是由于法律法规健全才保证了韩国教育长期稳定健康的发展。

3. 与企业联系紧密，实行产学合作制

韩国政府大力提倡职业技术学校与企业联系，每所学校都与相关的企业建立合作关系，在企业建立实习基地。为了推动产学合作，韩国政府还专门成立了"产学合作协会"。以指导、促进、协调产学合作。企业为学生实习提供场地、设备，参与课程的开发和学生培养计划的制定等，企业中的技术人员受聘于职业学校做兼职教师或是做实习现场的指导教师，学校为企业的生产革新提供理论指导和技术服务等。韩国鼓励兴办私立大学，把私立大学的办学权交给企业，企业也委托大学为其培养所需的人才。正是由于产学合作制度，使学生的理论与实践有机的结合起来，提高了学生的综合职业能力。

4. 职业高中的学生升学就业渠道畅通

韩国已建立起从初等到高等的完备的职业教育体系，职业高中的学生通过考试可以升入高等职业学校。同时，韩国政府还制定了一系列的措施以保证职业高中的学生升学和就业，职业高中的学生升学就业渠道畅通。例如，升学方面：参加高考时职业高中的学生和普通学校的学生成绩相同时，优先录取职业高中的学生；职业高中的学生比其他类高中的学生有更多的机会获得奖学金和其他补助；免收 10－15％的学费；2002 年职业高中毕业生升入大学的比例为49.8％。就业方面：职业高中的学生就业后即可获得熟练工人证书；职业学校的学生可根据《国家技术资格法》通过考试获得相应的证书，在社会上得到相应的待遇。

新加坡应用型人才培养模式研究

一、现行应用型人才培养体系

新加坡实行从小学开始就层层筛选的精英教育制度，而且教育密切配合市场经济的需要，但政府非常重视全面提高国民教育水平，把资助教育和管理教育看做政府行动，尽可能由政府来负担责任，而不应加重公民的负担。虽然新加坡没有明确提出实施义务教育制度，但 10 年的中小学义务教育已基本普及。为此，政府对教育有很大的投入，特别强调数学、科学和技术训练在各级教育中的重要性，因为它们与新加坡共和国的人力资源和社会发展息息相关。

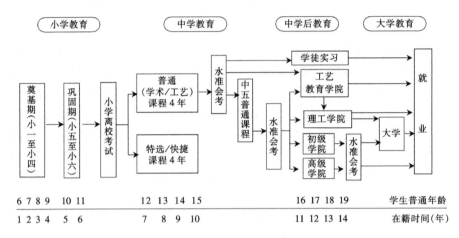

图 1   新加坡学制图①

1979 年以来实施的教育分流制度，总体看来令人满意，但也存在英语、数学基础不牢，小学分流过早，小学毕业生职业训练失败等弊端。1990 年 7 月，一个教育考查委员会在新加坡教育部的授命下成立了，1991 年 3 月该委员会完成了名为"小学教育之改善"的考查报告。新加坡现行的教育体制就是在此基础上，于 1991 年后改革实施的新学制。改革后的教育体制包括小学教育、中学教育、中学后教育、大学教育四个层次。

新加坡的教育分流制度是比较复杂的。根据具体国情和每名学生的能力，制定了极富创造性的小学阶段的分流（语言流）、中学阶段的分流（课程流）和中学后的三次分流，将每名学生的个性及潜能最大限度地发掘出来。

（一）小学阶段

小学教育分两个阶段，即四年级前的奠基阶段及五、六年级的定向阶段。在四年级末有一次校级统考，科目为英语、母语和数学（试题源于教育部的题库）。学校依据学生的统考成绩，前四年的期中、期末考试成绩及平时成绩，与家长商定适合其子女的分流方向。五、六年级进入三个语言流班学习：（1）普通双语班，英语作为第一语言，母语也作为第一语言。（2）延长双语班，英语作为第一语言，母语作为第二语言。（3）单语课程班，英语作为第一语言，母语作为熟练的口语。定向阶段仍侧重培养学生基本的语言和数学能

---

① 中国出国网 . http：//www. ef139. com/singa19. htm.

力。学生在这一阶段可根据期中和期末考试成绩的升降来转换语言流班，使学校有可能进一步评估学生的能力、兴趣和态度，使分流更具有流动性和科学性。

小学课程除了核心课程英语、母语和数学外，还包括道德、音乐、美术、健康教育、社会和体育。

2004 年 3 月 18 日，新加坡教育部代部长尚达曼宣布从 2004 年年底开始，新加坡原来小学教育"三层"制将随着普通双语班和延长双语班的合并而变为"两层"制。新加坡将保留单语课程班，让学生走不同的道路。母语成绩好的单语课程班学生，分流后可选修正常水平的母语，而不再是较低水平的基础母语。新加坡教育部也在考虑让数学好的单语课程班学生选修延长双语班的数学。同时，学校可自行制定"小四分流"的年终考试，并采用各自的方法去测试学生。总之，这次的改革将极大地减轻大部分学生的考试压力，家长们也将松一口气①。

（二）中学阶段

小学生在六年级末要参加国家统一的小学离校考试，对学生再一次进行分流。中学教育分三种课程水平即特选课程、快捷课程和普通课程。中学生可根据自己的能力和水平学习不同的课程。（1）特选课程。为有学术能力和语言才能的学生提供具有高级水平的英语和母语的教育，同时补充大量的课外阅读材料，以拓宽知识面和加强阅读理解能力。（2）快捷课程。为具有学术倾向的学生提供中级英语和母语的教育，其中母语为第二语言。（3）普通课程分为普通（学术）课程和普通（工艺）课程。前者学习 4 年后参加中学普通教育证书"N"级水平考试，合格者再经过一年学习后参加普通教育证书"O"级水平考试。后者在普通工艺性课程中接受英语和数学的学习，同时接受职业技术训练和职业—工业局的培训，其中少数优秀者仍有机会参加和学术流的学生一样的"N"级和"O"级考试。普通工艺性课程带有明显的职业技术教育倾向，但由于新加坡公众对职业教育的评价不高，学生和家长一般很少会选择普通工艺性课程，因此，新加坡并未把普通工艺性课程列入职业技术教育，而是把它作为普通教育的一部分，同时保证学生获得高水准的职业教育和训练。

中一、中二：

特选课程、快捷课程和普通（学术）课程修读，英语、母语、数学、科学、文学、历史、地理、图工、设计与工艺（男生）或家政（女生）等九个考试科目，公民与道德教育、体育、音乐和周会为非考试科目。特别课程还将修

---

① 新加坡：小学"三层"制变"两层"制［J］．上海教育，2004（04）．

读较高的母语（高级华文、高级马来文、高级泰米尔文）。

普通（工艺）课程修读，英文、母语（基础华文、基础马来文、基础泰米尔文）、数学、实用电脑、科学、工艺与家政六个考试科目，社会科学、公民与道德教育、体育、图工和周会非考试科目。

中三、中四：

特选、快捷课程修读，英语、母语、数学、一科文科、一科理科五个核心考试科目，再从约 30 个选修科目中选读二至四个考试科目。特选课程将修读高级母语。

普通（学术）课程修读，英语、母语、数学三个核心考试科目，再从约 20 个选修科目中选读二到四个考试科目。

普通（工艺）课程修读，英语、基础母语、数学和应用电脑四个核心考试科目，再从 6 个选修科目中选读一到三个考试科目。

所有课程都必修的非考试科目：公民与道德教育、体育、音乐和周会。①

（三）中学后教育

（1）中学四年制特选、快捷课程和普通课程第五年结业后普通教育"O"水平会考证书考试中，成绩优秀或优良且具有学术能力与性向者，经申请和审核入大学预科。

（2）中学四年制特选、快捷课程和普通课程第五年级结业后普通教育"O"水平会考证书考试中，成绩良好且具有技术与商业能力与性向者，入理工学院学习。

（3）中学四年制特快、快捷课程和普通课程第五年级结业后普通教育"O"水平会考证书考试中，成绩达到要求者以及普通课程的第四年级结业后在"N"水平会考证书考试中成绩达到要求者，入工艺教育学院。

新加坡以初级学院和中心学院等运作大学预科，发展普通高中教育，以工艺教育学院和理工学院运作技术工人和技术员教育发展职业技术教育，分工清晰，目标明确，追根究底，源于其借鉴英国、德国教育经验，源于其初中就开始按能力和潜能实施分流的教育政策和制度。

（四）高等教育

新加坡的高等教育是近 20 多年才发展起来的，虽然起步较晚，但发展很快，并且吸收了别国的经验教训，根据经济发展的需要培养人才，减少浪费。因此，从数量、质量和办学效益看，都达到了新加坡当局的预期计划要求，并对本国经济和文化的发展起了重大的作用。

---

① 冯生尧. 亚洲"四小龙"课程实践研究［M］. 福州：福建教育出版社，1998（6）.

新加坡的高等教育是国家教育体系的重要组成部分，在人才培养方面发挥了积极作用，为各行各业输送了大量具有较高水准的专业人才。新加坡教育部负责高等教育的实施与管理，所有提供中学以后教育课程的公立或私立机构必须得到教育部高等教育司的批准。教育部在公共高等教育机构的决策中起重要作用。高等教育是由初级学院、综合大学、理工专科学院、技术教育学院等不同形式的学校共同完成的，其中包括公立学校和私立学校。公立学校依法设立，可以自行管理，可授予学位、颁发文凭和证书，其管理标准、入学水平和费用等方面的指导方针均由教育部决定。教育部负责提出公立学校课程的更新与增减以及经费的核算，并向国会提出每年的教育预算建议①。

1. 综合大学的应用型人才培养状况

新加坡的高等教育不单列普职，属普职混合型。综合性本科大学，其教育目标在于培养科技、综合和工程技术、管理及医与药高级人才，基本学制四年。两所综合大学优势互补，相辅相成。新加坡国立大学课程方向主要侧重于理论性，国大的工、理学院培养理论型工程师；南洋理工大学（NTU）课程方向侧重实用性，培养实用型工程师，NTU 的工程和商业相关课程享誉世界。新加坡管理学院还受教育部委托，与英国空中大学协作兴办空中在学学位课程。近年来，新加坡又鼓励和吸纳世界十所著名大学来新开办分校，利用世界名牌教育资源为新加坡培养学士、硕士、博士以及社会高级科技、工程与管理等人才提供进修渠道。

新加坡高等院校可以提供不同级别的学位课程。高等教育可分为 3 个阶段，各个阶段按照不同学位对修业年限与所修课程的不同要求设置学位课程，并授予不同等级的学位。在新加坡共有 5 级学位：普通学士学位、荣誉学士学位、硕士学位、博士学位和专门学科博士学位。"3 个阶段，5 个级别"是新加坡的学位体系的显著特点。（1）学士学位教育阶段。分为普通学士学位和荣誉学士学位两个阶段。在完成大学本科课程以后可以获得普通学士学位。再学习一年后，可获得荣誉学士学位。（2）硕士学位教育阶段。读一至三年的研究生课程可以申请硕士学位。但根据规定，除要完成研究生的课程外，学生还必须持有荣誉学士学位，同时，上交一篇达到硕士水平的论文，才能被授予硕士学位；要获得教育硕士学位还须符合附加规定。（3）博士学位教育阶段。分为博士学位和专门学科博士学位两个阶段。在取得硕士学位后，从事二至五年的研究工作，成就显著，提交具有相当水平的论文以后，就可以获得博士学位。那些获得博士学位时间超过 5 年，并能够提交公开出版的著作的人，就可以获得

---

① 梁俊兰. 新加坡的教育制度与人才培养战略［J］. 国外社会科学，2005（6）.

文学、法学或者理学等专业学科的博士学位①。

2. 高等职业技术学院应用型人才培养状况

职业技术教育是新加坡人才培养战略的重要组成部分。由于新加坡政府积极发展职业技术教育，并给予职业技术教育以优惠的扶持政策，因此职业技术教育得到了良好的发展，并成为新加坡高等教育的显著特点之一。

理工学院相当于中国的高等职业技术学院，学制 3—4 年，共 5 所，分别是南洋理工学院、新加坡理工学院、义安理工学院、淡马锡理工学院及共和理工学院，每年招生近 2 万人；工艺教育学院 1 所，分 10 个校区，学制 2 年，相当于中国的中等职业学校。

新加坡的职业技术教育以技能训练为主，70％的课时用于学习技能，30％的课时用于学习理论，课程设置方式为组合式。按照学生的学习水平，一般将文凭和证书课程由低到高划分为若干单元，每个单元 50—100 课时，求学者可以根据自身的实际水平与情况，任意选择一个单元学起，也可以只学一个单元。每结束一个单元的学习，就可以获得一张证书。全部学完，就可以得到毕业文凭。

新加坡的职业技术教育的特点是办学形式和培训方法灵活多样，教学手段现代化。各种专科技术教育学院根据行业发展的需要应运而生，包括全日制、半日制的培训中心，还有为不同文化程度的学员设置的培训机构。在新加坡各类理工学院，教学与实训实习的场所主要有：教学工厂、教学企业、讲堂与教室、校外实习基地等。

1991 年 7 月，新加坡理工学院开始推行"工读双轨计划"。该计划实行兼读制，学生每周有一天（工作日）、一个傍晚和星期六的上午到学院上课，其余时间都在公司边工作边接受训导员的实际工作训练。

1992 年，成立了直属于教育部的工艺教育学院，以接替职业与工业训练局的工作。工艺教育学院的理事会由政府、工会和企业界的三方代表组成，而且非常重视工商企业对人才的需求。工艺教育学院每隔一段时间就会调整和重新制定发展计划，1996 年该学院开始推行"工艺教育学院 2000 计划"重整课程，加强各所工业学院的联系等，2000 年，面对知识为本经济带来的转变，又推出了"工艺教育学院之突破"的策略性蓝图，对职业教育发展的远景、各阶段的目标、策略和方案都作了详细的规划。

1992 年起，工学院开始为私人公司的工业培训人员开办以华语讲解的训

---

① Singapore's education system：adjusting to a knowledge — based economy，in http ：// singapore. usebassy. gov/ ep/2002/ Education2002. html.

练课程，以及实行"混合型学徒训练计划"。在新的计划下，学徒必须先到工艺教育学院接受 3 个月到半年不等的密集训练方可进入公司边学边工作。

1995 年教育部与工艺教育学院联合推行"工艺教育许愿实习计划"，让所有中二普通（工艺）学生到开办第二级全国技工证书课程的工艺教育学院进行两日实习。通过这两日的实习，使学生了解学校与工艺教育学院的联系，工艺教育学院与工业界的联系以及工艺教育的训练。

南洋理工学院有一些特殊的教学理念，如"教学工厂"，它是从新加坡国情出发，借鉴德国"双元制"的经验而创导的。它力图把"工厂的需要"和"学校的教学"这两方面尽可能地沟通和融合在一起，使培养出来的学生既具有先进的理论知识，又具有现代化工厂所需要的实践技能，使学校教学真正做到"学以致用"，"学用结合"。

二、新加坡应用型人才培养模式对我国的启示

我国的教育体制中存在着应用型人才培养过于单一的情况，体现在普通教育与职业技术教育的严重失衡现象，学生及家长对于职业技术教育十分轻视，形成了千万学子独闯高考独木桥的场面，而职业技术学校面临着倒闭关门的困境。虽然近几年市场机制在职业技术人才的供求上发挥了一定的作用，使教学质量高、学生素质好的职业学校受到欢迎，在人才市场拥有了一席之地，也因此提高了知名度和美誉度，但职业教育部门在很大程度上是凭自己的感觉来决定怎样教育学生，专业课程设置五花八门，培养的学生难以适应社会需要。我国的应用型人才的培养应从新加坡培养模式中得到很大的启示。

（一）灵活的学科与课程设置

新加坡在普通教育中，从中小学就开始对学生进行职业观念和技能的教育，使其对今后的职业选择有清晰的认识。同时，在中学后教育中，工艺教育学院在不断调整发展计划之外，还根据政府的职业教育政策和措施，以人力资源开发为指导方向，灵活地开办各种新学科，并删除一些属于夕阳工业技术的课程。灵活的学科与课程设置可以根据经济发展和工商企业对人才的需要进行及时的调整，因而新加坡的职业教育一直都能紧跟经济发展的步伐，并在其中发挥重要的作用。

（二）理论实践并重，注重创新能力培养

新加坡的大学教育侧重于对学生研究能力的培养，而理工学院、工艺教育学院则理论与实践并重，教师和学生都必须花很大精力用于实践上。学校所设专业、多数科目都十分注重实用性，一般实践考核均占学生成绩一半以上。学校都有小工厂、实习车间，许多课程都是直接在车间教授。不但如此，学生在

假期中还必须有 8 周时间在工商企业界实习，了解产品的生产过程及最新发展方向。

培养学生不但要会做、能动手，还要能紧跟世界先进技术的发展，推动产品技术的革新，这是他们培养人才的出发点。因而，他们还特别注重"设计"教育。

(三) 全国统一的技工证书制度

由国家委托 ITE 制订了全国统一的工业技师和技工证书制度。并由国家标准局正式颁发，工业技师证书不分级；技工证书为三个等级：第一级全国技工证书 (NTC－1)；第二级全国技工证书 (NTC－2)；第三级全国技工证书 (NTC－3)。由 ITE 制订每一级证书的标准，并制订统一的考核标准，凡通过训练并经过考核，均可获得相应等级的技工证书，并规定了明确的等级晋升制度。新加坡的人才培养因为有完善的证书制度，从而保证了社会上所需人才的质量。

(四) 普通教育与职业技术教育相沟通，强调教育的社会合作

普通教育与职业教育是密不可分的，普通教育是各级各类学校的普通文化基础课程的教育，它为职业技术教育提供文化基础。职业技术教育是普通教育的职业定向教育，是普通教育的必然结果。职业教育离不开普通教育，而普通教育最终要落实到职业定向教育上来。对新加坡这种极度缺乏自然资源的城市国家来说，人才是维持经济增长和推动经济发展的主要因素。为适应"普通教育职业化，职业教育普通化"的世界性潮流，新加坡单独设立的职业技术学校不多，而在普通教育的外部和内部，却形成了一个由低级到高级的职业技术教育体系，这种趋势在大中小学都有所体现，即普通教育贯穿着职业技术教育，而职业技术教育渗透着普通教育。这种普职融合可以满足对国家高素质的技术人才的需求。

职业教育要充分发挥为经济发展服务的作用，离不开政府和企业之间的紧密合作。新加坡在发展职业教育的过程中非常强调社会合作对职业教育的重要性，而政府都会积极地参与到职业教育的规划与发展中来。

新加坡的职业教育是由贸易与工业部根据经济发展的远景目标负责规划的，该部门在进行职业教育规划时，非常重视与企业的沟通，在了解了工商业对人力需求的意见后，还会参考一些学术界的意见。贸易与工业部在作出发展规划后，将由经济发展委员会指导专业与技术教育委员会作出相应调整，而专业与技术教育委员会是工商业政策与培训系统联系的纽带，负责新加坡人力发展与培训系统等计划的协调工作。该委员会由贸易工业部、教育部、新加坡国立大学、全国职工总会的代表、经济发展委员会、公共服务委员会和国家工资

局的主要负责人组成，因而其在预测劳动力供求数量、工业需要、离校生的数量，为各职业教育机构设定长远的招生目标时能综合考虑各方面的意见，作出最为合理适当的规划。

具体负责执行职业教育的工艺教育学院在日常运作中同样非常重视企业。该学院的理事会由政府、工会和企业界的三方代表组成，其中企业代表会参与制定学院认可课程的技能水平、确认课程的内容和技能水平的证明事宜，而且该学院的高层每年都会安排定期探访企业，直接了解行业现时和将来的发展。而在院校的层面上，师生都会有充足的机会参与公司的计划，而且这些计划大多都是改良现时工业应用或发展新的应用操作。